Walter Edelmann
Lernpsychologie
Eine Einführung

Walter Edelmann

Lernpsychologie

Eine Einführung

Urban & Schwarzenberg

Psychologie Verlags Union · München–Weinheim 1986

Professor Dr. Walter Edelmann
TU Braunschweig
Seminar für Psychologie im FB für Erziehungswissenschaften
Büttenweg 74/75
3300 Braunschweig

Anschriften des Wissenschaftlichen Beirates des Psychologie-Programms von Urban &
Schwarzenberg:

Prof. Dr. Dieter Frey, Institut für Psychologie der Universität Kiel, Olshausenstraße 40/60,
2300 Kiel
Prof. Dr. Siegfried Greif, Universität Osnabrück, FB 8 Psychologie, Knollstraße 15, 4500
Osnabrück
Prof. Dr. Heiner Keupp, Institut für Psychologie, Sozialpsychologische Abteilung, Univer-
sität München, Kaulbachstraße 93/II, 8000 München 40
Prof. Dr. Ernst-D. Lantermann, Gesamthochschule Kassel, FB 3, Heinrich-Plett-Straße
40, 3500 Kassel
Prof. Dr. Rainer K. Silbereisen, Institut für Psychologie, FB 2, Technische Universität
Berlin, Dovestraße 1–5, 1000 Berlin 10
Dr. Bernd Weidenmann, Universität der Bundeswehr München, Fachbereich Sozialwis-
senschaften, Werner-Heisenberg-Weg 39, 8014 Neubiberg

Lektorat:

Dr. H. Jürgen Kagelmann

CIP-Kurztitelaufnahme der Deutschen Bibliothek

Edelmann, Walter:
Lernpsychologie : e. Einf. / Walter Edelmann. –
2., völlig neu bearb. Aufl. – München ;
Weinheim : Psychologie-Verlags-Union, Urban u.
Schwarzenberg, 1986.
  ISBN 3-621-14351-3

Umschlagentwurf: Atelier Warminski. Gesamtherstellung: Kösel, Kempten
Printed in Germany. © Urban & Schwarzenberg 1986.

Vorwort

Lernpsychologie ist ein zentraler Bestandteil der Pädagogischen Psychologie. Diese gilt als handlungsorientierte Wissenschaft, von der Hilfen bei der Bewältigung pädagogischer Aufgaben und Probleme erwartet werden.

Die Beziehung zwischen Theorie und Praxis ist allerdings selten so, daß man einfach die Ergebnisse der Lernpsychologie in Unterricht und Erziehung anwenden könnte. Wesentlich bedeutsamer als das Angebot ausgearbeiteter *Techniken,* wie beispielsweise diagnostische oder verhaltensmodifikatorische Verfahren, ist die Bereitstellung eines *Grundlagenwissens.* Eine handlungsorientierte Lernpsychologie bietet Lehrern und Erziehern ein überaus differenziertes Bild der verschiedenen Arten von Veränderungsprozessen, das die Voraussetzung für eine flexible Anwendung lerntheoretischer Prinzipien bildet. Gelernt werden auf diese Weise grundlegende Begriffe, die zu einem *pädagogisch-psychologischen Denken* befähigen.

Lehrer und Erzieher bewältigen ihre alltäglichen Aufgaben und Probleme unter Verwendung subjektiver Theorien. Ein Austausch zwischen diesen Alltagstheorien der Praktiker und wissenschaftlichen Modellvorstellungen könnte zu einer *Optimierung von Unterricht und Erziehung* führen. Diese Verbesserung wäre einerseits in einer größeren Effizenz des pädagogischen Handelns und andererseits in einer Humanisierung der Interaktion zwischen Erwachsenen, Kindern und Jugendlichen zu sehen.

Nach einem einleitenden Kapitel über Lernen und Lehren werden vier grundlegende Lernformen behandelt: das assoziative Lernen, das instrumentelle Lernen, das kognitive Lernen sowie planvolles Handeln und Problemlösen. Im abschließenden Kapitel wird dann der Begriff des Lernens präzisiert.

Braunschweig, im Januar 1986   Walter Edelmann

Inhalt

1. Kapitel: Lernen und Lehren

1.1 Der Inhalt dieses Kapitels

Das Hauptanliegen dieses Buches ist es, zur Verbesserung von Erziehung und Unterricht beizutragen. Dies soll aus dem Blickwinkel der psychologischen Lern- und Lehrforschung versucht werden.

Zunächt wird der Begriff des Lernens vorgestellt. Um der Vielfalt der Lernprozesse gerecht zu werden, sollen vier Formen des Lernens unterschieden werden: das assoziative Lernen, das instrumentelle Lernen, das kognitive Lernen sowie das planvolle Handeln und Problemlösen.

Wichtige Beiträge zu der heutigen Auffassung von Lernen haben drei Richtungen der psychologischen Lernforschung geliefert: die verhaltenstheoretische Psychologie, die kognitive Psychologie und die handlungstheoretische Psychologie.

Es folgen Anmerkungen über die Begriffe Lehre und Unterricht sowie über psychologische Lehrtheorien.

Unter dem Aspekt des Theorie-Praxis-Bezugs wird abschließend neben den direkten Interventionsstrategien die Bedeutung des pädagogisch-psychologischen Denkens herausgestellt.

1.2 Das Anliegen der Pädagogischen Psychologie

Die Aufgabe der Pädagogischen Psychologie kann in der Bereitstellung, Vermittlung und Anwendung psychologischen Wissens zur Optimierung von Entwicklungsprozessen gesehen werden (vgl. hierzu *Brandtstädter u. a.* 1976; *Brandtstädter/Reinert/Schneewind* 1979).

Wesentlicher Teil der vorgeschlagenen Definition ist die Forderung, psychologischen Sachverstand nicht mehr nur zur *Beschreibung* und *Erklärung,* sondern letzten Endes zur *Optimierung* individueller Entwicklungsverläufe einzusetzen.

Entwicklung ist der übergeordnete Begriff, da er neben Faktoren der sozialen und ökologischen Umwelt auch noch endogene (genetische) Faktoren einschließt.

Der Unterbegriff der Sozialisation verweist auf den aktiven Umgang eines Individuums mit anderen Menschen und die dadurch erworbenen Verhaltens- und Erlebnismuster.

Erziehung und Unterricht sind wieder Sonderfälle von Sozialisation, die sich in der Regel durch Intentionalität und zum Teil durch Professionalisierung von anderen Sozialisationsvorgängen abheben.

Pädagogische Psychologie dient nach diesem Verständnis nicht nur der Verbesserung von Unterricht und Erziehung, sondern befaßt sich mit allen Sozialisationsfeldern und -institutionen (z. B. Berufsberatung, Umweltplanung).

Im Bereich der *Lehreraus- und -fortbildung* tritt die Optimierung schulischer Bedingungen in den Mittelpunkt des Interesses. Neben bildungspolitischen und schulorganisatorischen Entscheidungen kommt hierbei der fachlichen Kompetenz des Lehrers eine große Bedeutung zu. So kann in allgemeiner Form die Aufgabe der Pädagogischen Psychologie in der Lehrerausbildung definiert werden als Bereitstellung, Vermittlung und Anwendung psychologischen Wissens zur Optimierung vorwiegend schulischer Sozialisationsprozesse durch die berufliche Qualifikation des Lehrers (*Edelmann, W.* 1980 a).

Die Pädagogische Psychologie hat so eine integrative Aufgabe, indem sie *erziehungswissenschaftlich relevante* Ausschnitte des ganzen Spektrums der Psychologie zu verbinden sucht. Dies sind insbesondere solche Theorien und empirischen Befunde, die zur geforderten Optimierung von Entwicklungsprozessen beitragen.

Der Gegenstandsbereich der Pädagogischen Psychologie läßt sich also folgendermaßen festlegen: Sie befaßt sich mit den erziehungswissenschaftlich relevanten Bereichen der Allgemeinen und Differentiellen Psychologie, der Entwicklungs- und Sozialpsychologie sowie der Klinischen Psychologie.

Hierbei handelt es sich beispielsweise um folgende Themen: Abweichendes Verhalten, Aggression, Angst, Anlage-Umwelt, Denken, Diagnostik, Einstellung, Gedächtnis, Gefühle, Gruppendynamik, Intelligenz, Kommunikation, Konflikt und Entscheidung, Leistung, Lernen, Moralisches Verhalten, Motivation, Prävention, Problemlösen, Selbstkonzept, Sexualität, Sprache, Verhaltensmodifikation, Wahrnehmung.

Aus der Vielzahl in diesem Sinne relevanter Beiträge der Psychologie stehen in diesem Buch jene Vorgänge, die als *Lernen* und *Lehren* bezeichnet werden können, im Vordergrund der Darstellung. Eine anwendungsbezogene Lernpsychologie stellt einen wichtigen Teilbereich der Pädagogischen Psychologie dar.

1.3 Lernen

1.3.1 Der Begriff des Lernens

In der Umgangssprache wird der Begriff des Lernens besonders im Zusammenhang mit der Schule gebraucht. Dort lernt man Schreiben, Lesen, Rechnen, erwirbt erdkundliches und geschichtliches Wissen usw. Auch der Erwerb bestimmter sozialer Umgangsformen wird in diesem Verständnis gelernt.

Der psychologische Lernbegriff ist wesentlich weiter gefaßt. Hier sprechen wir auch vom Lernen von Angst und Sicherheit, vom Erwerb von Vorlieben und Abneigungen, der Ausbildung von Gewohnheiten, der Befähigung zu planvollem Handeln und problemlösendem Denken. Gemeinsames Merkmal aller dieser Lernprozesse ist die *Erfahrungsbildung*.

Von Lernprozessen abzuheben sind die weitgehend durch Vererbung festgelegten und im Verlauf der *Reifung* auftretenden Verhaltensmöglichkeiten (z. B. die motorische Entwicklung im ersten Lebenshalbjahr, u. a. das fälschlicherweise sog. Gehen lernen).

Menschliche Aktivität kann als abhängig von Faktoren in der Person und in der Umwelt angesehen werden. In der Abb. 1 wird dies in einer Formel ausgedrückt.

$$\text{MENSCHLICHE AKTIVITÄT} = f\,(P, U)$$
(Reaktion, Verhalten, Denken, Handeln)

Abb. 1: Menschliche Aktivitäten als Funktion von Person und Umwelt

Hierbei ist zu betonen, daß der Zusammenhang von P und U am besten als *Interaktions- oder Wechselwirkung* aufgefaßt werden kann. Umwelteinflüsse (z. B. Erziehungsmaßnahmen) haben unterschiedliche Auswirkungen je nach Vorhandensein bestimmter Personfaktoren (z. B. Motiven). Spezifische Persönlichkeitsmerkmale (z. B. intellektuelle Leistungsfähigkeit) äußern sich in unterschiedlicher Weise je nach Art der Umweltbedingungen (z. B. Attraktivität des Lernangebotes).

Das Gewicht der beiden Faktoren Person und Umwelt kann im Einzelfall sehr unterschiedlich sein. Menschliche Aktivität kann sich entweder

mehr auf *Anpassung an die Umwelt* oder mehr auf aktive *Gestaltung der Umwelt* beziehen. Im ersten Fall wird das Verhalten in starkem Maße durch Umweltreize kontrolliert. Wir sprechen in diesem Zusammenhang von der *Außensteuerung* des Verhaltens. Im zweiten Fall geht die Aktivität schwerpunktmäßig von der Person aus. Beim planvollen Handeln sprechen wir deshalb von *Innensteuerung*.
Beispiele:

– *Außensteuerung:*
Der Probealarm von Luftschutzsirenen löst bei manchen Menschen Angst aus. Falsches Parken wird dann unterlassen, wenn regelmäßig kontrolliert wird und eine empfindsame Strafe droht.
– *Innensteuerung:*
Jemand plant eine Urlaubsreise und gedenkt bestimmte Kathedralen zu besuchen. Ein Problem wird durch einen kreativen Einfall auf unkonventionelle Weise gelöst.

Foppa (1965, S. 13) beschreibt den Gegenstand der Lernpsychologie folgendermaßen: »Letzten Endes geht es jedoch immer um die Frage, auf welche Weise sich der Organismus den mannigfachen Anforderungen seiner Umwelt anpaßt«. Dieser Aussage ist nur zuzustimmen, wenn man den Begriff der Anpassung weit faßt und darunter auch eine aktive Form der Beeinflussung der Umwelt, z. B. durch planvolles Handeln, versteht. Aus diesem Grund erscheint es vorteilhafter, im Zusammenhang mit Lernen nicht mehr von Anpassung, sondern von *Auseinandersetzung mit der Umwelt* zu sprechen.
Im Zuge dieser mehr außen- oder mehr innengesteuerten Auseinandersetzung mit der Umwelt kommt es zur Bildung von Erfahrungen, die in der Zukunft neue Aktivitäten beeinflussen. Dies ist das wesentlichste Merkmal des Lernens.

1.3.2 Die Vielfalt der Lernprozesse

Unter dem Begriff des Lernens werden sehr unterschiedliche Erscheinungen zusammengefaßt, z. B.:

(1) Beim Anblick einer delikaten Speise kann einem das Wasser im Munde zusammenlaufen;
(2) Der Anblick eines bestimmten Vorgesetzten vermag Angstgefühle auszulösen;

(3) Manche Leute spielen mit einer erstaunlichen Ausdauer an Glücksspielauto-
maten;
(4) Gebranntes Kind scheut das Feuer;
(5) Kinder lernen in der Grundschule den Begriff »fließende Gewässer«;
(6) Nach dem Studium dieses Buches hat der Leser (hoffentlich) ein klar
gegliedertes Wissen über die Lernpsychologie erworben;
(7) Jemand plant den Bau eines Hauses (Finanzierung, Grundstück, Architekt
usw.) und kann endlich einziehen;
(8) Ein Lehrer entwickelt ein neues Unterrichtskonzept und verantwortet es
gegenüber Schülern, Eltern und der Schulbehörde.

Diese Vielfalt der Lernprozesse spiegelt sich auch in unterschiedlichen
Definitionen des Lernens:
- Unter Lernen verstehen wir jede überdauernde Verhaltensänderung,
  die durch Übung oder Beobachtung entstanden ist. Hierzu zählen nicht
  Verhaltensänderungen, die durch Reifung oder Medikamente (z. B.
  Drogen, Hormonbehandlung usw.) bedingt sind.
- Unter Lernen verstehen wir die Aufnahme und Verarbeitung von
  Informationen.
- Unter Lernen verstehen wir schwerpunktmäßig solche Vorgänge, bei
  denen die Person Ziele und die Mittel zur Erreichung der Ziele
  willentlich und verantwortlich auswählt.

Die genannten Definitionen zeigen jedoch alle den gleichen Mangel: Jede
allein beschreibt und erklärt nicht die ganze Breite der Lernerscheinungen.
Der Ansatz zur Überwindung solcher unterschiedlichen theoretischen
Positionen besteht in der Annahme verschiedener Unterkategorien (Klassen) von Lernprozessen. Wir unterscheiden deshalb folgende Arten von
Lernen:
(1) Das *assoziative* Lernen
    Erwerb von Reiz-Reaktions-Verbindungen
    (Beispiele 1 und 2)
(2) Das *instrumentelle* Lernen
    Verbindung von Verhalten und nachfolgender Konsequenz
    (Beispiele 3 und 4)
(3) Das *kognitive* Lernen
    Aufbau von Wissensstrukturen
    (Beispiele 5 und 6)
(4) Das Lernen von *planvollem Handeln und Problemlösen*
    (Beispiele 7 und 8).

1.4 Lerntheorien

»Lerntheorien sind Versuche, die Kenntnisse über das Lernen zu syste-
matisieren und zusammenzufassen« (*Lefrancois* 1976, S. 6).
Im Laufe von fast 100 Jahren moderner psychologischer Lernforschung
lassen sich drei große Richtungen in folgender zeitlicher Reihenfolge
unterscheiden:
– die verhaltenstheoretische Psychologie;
– die kognitive Psychologie;
– die handlungstheoretische Psychologie.
In dem folgenden Abschnitt werden diese drei Auffassungen von Lernen
kurz vorgestellt.

1.4.1 Verhaltenstheorien

Angeregt u. a. von dem russischen Physiologen *Pawlow* (1849–1936)
schrieb der Amerikaner *Watson* im Jahre 1913 die programmatische
Schrift »Psychologie, wie der Behaviorist sie sieht«. Damit war der
Behaviorismus (behavior = Verhalten) als psychologische Richtung
begründet. Die russische Reflexologie und den amerikanischen Behaviorismus bezeichnet man auch als objektive Psychologie.
Diese Wissenschaftsauffassung, die damals neuartig war und sich als
objektive Verhaltenslehre von einer *Bewußtseinspsychologie* deutlich
distanzierte, ist durch folgende Merkmale ausgezeichnet:

– Gegenstand der Psychologie ist das mit experimentellen Methoden erfaßbare
  äußere Verhalten von Organismen;
– Da die Methode der Selbstbeobachtung nicht zugelassen wird, sind Erleben
  und Bewußtsein der Forschung nicht zugänglich;
– Es sollen die Voraussetzungen für eine effektive Beeinflussung (Verhaltenskontrolle) bei Tier und Mensch geschaffen werden;
– Das Menschenbild dieser objektiven Naturwissenschaft kann als mechani-
  stisch und deterministisch bezeichnet werden.

Die älteren behavioristischen Theorien (z. B. *Watson* 1925; *Guthrie*
1935) beschreiben Lernen als Stiftung von *Reiz-Reaktions-Verbindungen*. Umweltereignisse (Reize) lösen unter bestimmten Bedingungen
beim Organismus ein gelerntes Antwortverhalten (Reaktion) aus.

Eine wesentliche Erweiterung der Verhaltenstheorie ist in den Beiträgen von *Skinner* (1938, 1978) zu sehen, der etwa ab 1930 das nach außen wirkende (»operante«) Verhalten beschreibt. Entscheidend für das Lernen sind jetzt nicht mehr die Bedingungen, unter denen Reize bestimmte Reaktionen auslösen können, sondern die belohnenden bzw. bestrafenden *Konsequenzen,* die dem Verhalten folgen. Mit *Thorndike* (1913) könnte man auch von »Lernen am Erfolg« sprechen.

1.4.2 Kognitive Lerntheorien

Während behavioristische Lerntheorien schwerpunktmäßig die *äußeren Bedingungen* des Lernens (Auslösung von Reaktionen durch Reize bzw. Belohnung oder Bestrafung des Verhaltens durch nachfolgende Konsequenzen) beschreiben, rückt bei den kognitiven Lerntheorien die *innere Repräsentation* der Umwelt in den Mittelpunkt des Interesses. Diese neue Sichtweise erschien so bedeutsam, daß man in den sechziger Jahren von einer »Kognitiven Wende« in der Psychologie sprach.

Unter Kognitionen versteht man jene Vorgänge, durch die ein Organismus Kenntnis von seiner Umwelt erlangt. Im menschlichen Bereich sind dies besonders: Wahrnehmung, Vorstellung, Denken, Urteilen, Sprache. Durch Kognition wird Wissen erworben. Kognitive Prozesse lassen sich von emotionalen (gefühlsmäßigen) und motivationalen (aktivierenden) unterscheiden.

In deutlicher Abhebung von verhaltenstheoretischen Auffassungen werden jetzt in den Theorien bewußte Prozesse betont. Das Erfassen von Beziehungen und deren sprachlich-begriffliche Formulierung führen zu einer Organisation und Strukturierung der Erfahrung. Die Inhalte dieser *kognitiven Struktur* stellen eine wesentliche Bedingung für neues Lernen dar.

Kognitives Lernen kann aufgefaßt werden als *Informationsaufnahme und -verarbeitung.* Diese Kennzeichnung weist auf zwei Merkmale hin: 1. Es handelt sich um einen Prozeß, an dem die Person aktiv beteiligt ist, und 2. das Ergebnis dieser Art von Lernen sind Strukturen und nicht relativ isolierte Verbindungen zwischen Reiz und Reaktion oder zwischen Verhalten und Konsequenz.
Wichtige Beiträge zu einer Psychologie des kognitiven Lernens sind die

soziale Lerntheorie von *Rotter* (1954), die Theorie des sinnvollen, verbalen Lernens von *Ausubel* (1974), die Theorie des entdeckenden Lernens von *Bruner* (1973, 1974), die Theorie der hierarchischen Struktur des Lernens von *Gagné* (1969) und die Modellierungstheorie von *Bandura* (1976).

1.4.3 Handlungstheorien

Handlungstheorien sind auch kognitive Theorien. Sie befassen sich in besonderer Weise mit dem Zusammenhang zwischen Kognition und Handlung. Diese *interne Handlungssteuerung,* die bei einigen der obengenannten Autoren neben der kognitiven Repräsentation der Umwelt auch eine Rolle spielt, wird jetzt zum Kern der Theoriebildung.

Große Beachtung fand im Jahre 1960 ein Buch von *Miller/Galanter/Pribram.* Mit dem Begriff »Bild« bezeichnen die Autoren das gesamte organisierte Wissen, das ein Mensch von sich und der Welt hat. Die Handlung wird durch einen »Plan« gesteuert, in dem die einzelnen Teilschritte programmiert sind. Ein solcher Plan kann sowohl ein grober Entwurf als auch eine exakte, bis in die Einzelheiten durchdachte Antizipation zukünftiger Handlung sein. Pläne mit hohem Organisationsniveau werden Strategie und einfach strukturierte Taktik genannt.

In der Mehrzahl der Handlungstheorien ist der Begriff des Planes durch den Begriff des *Handlungskonzepts* ersetzt. Diese Bezeichnung verweist auf das zentrale Merkmal psychologischer Handlungstheorien, daß nämlich der Mensch als *Subjekt* gesehen wird, das sich selbst Ziele setzt und Mittel zur Erreichung dieser Ziele bereitstellt. Der Mensch wird nicht mehr wie bei behavioralen Modellen als unter der Kontrolle der Umwelt stehend gesehen, sondern ist von sich aus gegenüber der Umwelt aktiv.

1.5 Lehren

1.5.1 Der Begriff der Lehre

Der Pädagoge *Schulz* (1969, S. 28) beschreibt *Lehren* als »... absichtsvoll Lernprozesse einleiten, fördern oder korrigieren, um Einsichten, Erlebnisse, Verhaltensmuster schneller, lückenloser und sicherer, mithin

ökonomischer lernen zu lassen, als das bloße Miterleben in Natur und Gesellschaft dies gestatten würde«.
Lehre ist gekennzeichnet durch eine prinzipielle Asymmetrie zwischen »Lehrer« und »Schüler«. Die relative Dominanz dessen, der die Lehre organisiert (z. B. Meister, Fachlehrer, älteres Kind) ist u. a. begründet in seiner Fachkompetenz und ggf. der Definition seiner Berufsrolle. Im Gegensatz zur Lehre stellt das Gespräch, etwa als Diskurs (*Habermas* 1971), eine Kommunikationsform dar, die die Ebenbürtigkeit der Partner betont und als symmetrische Interaktion aufgefaßt werden kann.

Unterricht stellt eine plan- und regelmäßige Form der Lehre dar, die besonders durch zwei Merkmale gekennzeichnet ist:
– Unterricht zielt schwerpunktmäßig auf die Vermittlung von neuen Informationen. Das Hauptziel ist der Erwerb von Wissen und Können und deren potentieller Anwendung;
– Die Hauptaufgabe des Unterrichts besteht darin, die äußeren Bedingungen des Lernens so zu arrangieren, daß sie möglichst optimal den inneren Lernvoraussetzungen des Lerners entsprechen (*Gagné* 1969).
Zum erstgenannten Kriterium ist allerdings anzumerken, daß besonders im *Schul*unterricht neben den kognitiven auch emotional-motivationale und sozial-interaktionale Prozesse eine besondere Beachtung finden. Bereits im Jahre 1806 spricht der Pädagoge *Herbart* vom »erziehenden Unterricht«.

Für das an zweiter Stelle genannte didaktisch-methodische Vorgehen hat sich in der Pädagogischen Psychologie der Begriff der *Instruktion* eingebürgert. Man versteht darunter die möglichst präzise Beschreibung der Beeinflussung des Lernens.
Nach *Glaser* (1962) ist die Instruktion durch folgende Punkte gekennzeichnet:
– Genaue Angaben der Instruktions- oder Lernziele;
– Analyse des Eingangsverhaltens des Lerners;
– Wahl und Begründung des Instruktionsverfahrens;
– Diagnose der Lernleistung.

1.5.2 Psychologische Lehrtheorien

Die Pädagogische Psychologie hat sich bisher wesentlich intensiver mit dem Lernen als mit dem Lehren befaßt (vgl. hierzu *Loser/Terhart* 1977; *Keil* 1977). Eine Lehrtheorie hat die Steuerung des Lernens durch einen Lehrer im weitesten Sinne, also etwa auch durch Lehrprogramme zu beschreiben und zu erklären. Solche Lehr-Lern-Prozesse zeichnen sich in der Regel durch eine *hohe Komplexität* aus. Besonders beim Schulunterricht spielen neben Schüler- und Lehrervariablen u. a. die Sachstruktur des Faches und institutionelle Rahmenbedingungen eine Rolle. Man kann sagen, daß fast alle bisher vorliegenden *psychologischen* Lehr-Lern-Modelle diese Komplexität auf relativ wenige Bedingungs-Wirkungs-Zusammenhänge reduzieren. Folgende Gesichtspunkte sind hierbei zu bedenken:

(1) Lehrtheorien aus Lerntheorien abzuleiten, ist aus verschiedenen Gründen problematisch. Es existiert nicht nur eine Theorie des Lernens. Anweisungen zur Organisation des Begriffslernens lassen sich beispielsweise nicht ohne weiteres auf Problemlösen übertragen. Auch innerhalb einer Lernform können unterschiedliche Konzeptionen (z. B. behavioristisches oder kognitives Verständnis von Begriffsbildung) eine Entscheidung für die eine oder andere Auffassung erforderlich machen. Lehrtheorien sind häufig nur als Pendant zu ganz *bestimmten* Lerntheorien zu verstehen.
(2) Die Frage »Lehrt die Lernpsychologie lehren?« (*Weinert* 1969, S. 53) führt zur Frage des Nutzens von Lerntheorien für eine Theorie des Lehrens. Die Befunde der empirischen Lernforschung wurden weitgehend unter den restringierten (eingeengten) Bedingungen des psychologischen Labors gewonnen. Diese kontrollierten experimentellen Studien vernachlässigen aber weitgehend die spezifischen organisatorischen und institutionellen Bedingungen des sozialen Feldes bzw. versuchen sie als »Störfaktoren« auszuschalten. So sind Lehren und Lernen im Kontext der Schule erst neuerdings in verstärktem Maße Gegenstand psychologischer Forschung.
(3) Lehren ist an bestimmte Inhalte gebunden. Aus diesem Grunde erfaßt eine psychologische Lehrtheorie die Lehr-Lern-Situation eigentlich immer verkürzt und bedarf der Ergänzung durch eine Curriculumtheorie, die die Sachstruktur der Fächer, etwa in Form von Lehrplänen, zur Geltung bringt.

Zusammenfassend läßt sich festhalten, daß psychologische Lehrtheorien in der Regel *spezielle* Theorien sind. Sie gehen von bestimmten Lerntheorien aus und beziehen sich aus diesem Grund auch nur auf eine mehr oder minder umrissene Kategorie von Lernprozessen. Zudem machen sie nur Aussagen über einige wenige Komponenten des komplexen Lehr-Lern-Prozesses. Ausgehend von dieser Kritik wird im Kapitel »Planvolles Handeln und Problemlösen« der Entwurf eines *allgemeinen* Lehr-Lern-Modells (ALL) vorgestellt.

Psychologische Lehrtheorien können, so gesehen, nur die Grundlage didaktisch-methodischer Konzeptionen sein.

1.6 Der Aufbau des Buches

1.6.1 Das Theorie-Praxis-Verhältnis

Das zentrale Problem der Pädagogischen Psychologie ist das Verhältnis von Theorie und Praxis.

Diese wissenschaftliche Disziplin kann dem Praktiker folgende Angebote machen:

– Beschreibung und Erklärung komplexer kognitiver und sozialer Sachverhalte und
– Bereitstellung von spezifischen Verfahren (z. B. Verhaltensmodifikation, situationsspezifische Trainingsprogramme für Lehrer).

Wenn man von »Anwendung« der Pädagogischen Psychologie zum Zwecke der Optimierung von individuellen Entwicklungsverläufen spricht, meint man meist die Verwendung solcher Verfahren. Die Psychologie wird so zu einer Art Ingenieurwissenschaft für den Humanbereich. Diese häufig geäußerte Erwartung ist auch verständlich. Wenn Lehrer beispielsweise in ihrer Interaktion mit Schülern schwerwiegende Konflikte erleben, dann bieten verhaltensmodifikatorische Techniken zunächst einen effizienten Lösungsweg.

Neben dem Angebot von direkten *Interventionsstrategien* (»Techniken«) kann die Pädagogische Psychologie jedoch noch etwas anderes leisten: Die Bereitstellung von handlungsrelevantem Hintergrundwissen. Beispielsweise vermag eine anwendungsbezogene Lernpsychologie Lehrern und Erziehern ein überaus differenziertes Bild verschiedener Arten von Veränderungsprozessen zu geben, das die Grundlage für eine flexible Anwendung lerntheoretischer Prinzipien bilden kann. Gelernt werden auf diese Weise grundlegende Kategorien, die zur Überprüfung pädagogischen Handelns dienen und somit indirekt einen Beitrag zur fachlichen Handlungskompetenz des Lehrers leisten. Die Verfügbarkeit dieser handlungsrelevanten Begriffe kann man auch als *pädagogisch-psychologisches Denken* bezeichnen. In diesem Buch steht psychologisches Wissen aus dem Gebiet der Lehr- und Lernforschung ganz im Vordergrund der Darstellung, während die Bereiche der Entwicklungs- und Sozialpsychologie nur wenig angesprochen werden.

Der Erfolg der »Vermittlung von Wissenschaft« hängt wesentlich ab von der adressatenbezogenen didaktischen und methodischen Präsentation (vgl. hierzu: *Edelmann, G.* 1978). Das vorliegende Lehrbuch wendet sich an Studenten aller Lehramtsstudiengänge und an Lehrer aller Schulstufen und -formen, an Studenten des Studiengangs Sozialpädagogik/Sozialarbeit sowie an Ausbilder verschiedenster Art.
Die Gliederung des zweiten bis fünften Kapitels in einen *Informationsteil* (mit Lernzielen aus den Verhaltensklassen »Wissen und Verstehen«) und einen *Arbeitsteil* (mit Lernzielen aus den Bereichen »Anwenden und Beurteilen«) soll einerseits ein solides Grundlagenwissen schaffen und andererseits zu weiterführendem, anwendungsbezogenem Lernen anregen (*Bloom* u. a. 1972).
Außer der in jedem Arbeitsteil genannten Literatur seien zum Nachschlagen empfohlen:

Herrmann, Th./Hofstätter, P. R./Huber, H. P./Weinert, F. E. (Hg.): Handbuch psychologischer Grundbegriffe. Kösel, München 1977.
Asanger, R./Wenninger, G. (Hg.): Handwörterbuch der Psychologie. Beltz, Weinheim und Basel 1980.
Arnold, W./Eysenck, H. J./Meili, R. (Hg.): Lexikon der Psychologie. Herder, Freiburg/Basel/Wien 1976.
Gottschaldt, K./Lersch, Ph./Sander, F./Thomae, H. (Hg.): Handbuch der Psychologie in 12 Bänden. Hogrefe, Göttingen.
Enzyklopädie der Psychologie. Hogrefe, Göttingen/Toronto/Zürich.
Dieses Werk ist erst im Aufbau begriffen. Jedes Jahr erscheinen einige Bände.

1.6.2 Der Inhalt

Nach dieser Einleitung werden zunächst die Beiträge der verhaltenstheoretischen Psychologie vorgestellt. Das 2. Kapitel behandelt »Das assoziative Lernen« und das 3. Kapitel »Das instrumentelle Lernen«. Es folgen die Modelle der kognitiven Psychologie. Im 4. Kapitel werden

»Begriffsbildung und Wissenserwerb« besprochen. Die handlungstheoretische Psychologie kommt dann im 5. Kapitel unter dem Stichwort »Planvolles Handeln und Problemlösen« zu Wort. Im abschließenden 6. Kapitel wird noch einmal zusammenfassend »Der Begriff des Lernens« präzisiert und die Frage der Verbesserung von Erziehung und Unterricht diskutiert.

2. Kapitel: Das assoziative Lernen

2.1 Der Inhalt dieses Kapitels

2.1.1 Lernziele

Der Leser soll
– die zwei Theorien der Assoziation unterscheiden können;
– die Begriffe Reiz und Reaktion sowie das Schema des Reiz-Reaktions-Lernens kennen;
– das Lernen von emotional-motivationalen Reaktionen mit den wichtigsten Fachbegriffen erklären können;
– Die Vorgänge beim Bedingen von Angst und Sicherheit beschreiben können.

Durch diese gründliche Kenntnis der Gesetzmäßigkeiten des assoziativen Lernens soll der Leser darüber hinaus
– angeregt werden, Lernprozesse dieser Art, die Menschen schädigen oder irgendwie beeinträchtigen, wie z. B. die Erzeugung von Angst, möglichst zu unterlassen;
– befähigt werden, Lernprozesse einzuleiten, die bei dem Betroffenen Sicherheit, Selbständigkeit und positive Einstellung zu zahlreichen Dingen der Umwelt bewirken;
– in die Lage versetzt werden, den Einsatz assoziativer Techniken zum Zwecke der Manipulation in der Werbung und in den Massenmedien besser zu durchschauen.

Zudem soll der Leser ermuntert werden, die hier angesprochenen Themen mit Bekannten zu diskutieren und an einzelnen Punkten durch die Arbeitsanregungen und empfohlene weiterführende Literatur zu vertiefen.

2.1.2 Zur Einführung in das Themengebiet

Betrachten wir zunächst drei Situationen!

(1) Früher spielten Merksätze als Gedächtnishilfen in den Schulen eine große Rolle. Gelernt wurden beispielsweise so schöne Regeln wie »Iller, Lech, Isar, Inn fließen rechts zur Donau hin, Altmühl, Naab und Regen kommen ihr von links entgegen«. Wird in diesem Beispiel der Merksatz eingeführt, ehe vorher die geographischen und kulturellen Besonderheiten dieser verschiedenen bayerischen Regionen behandelt wurden, dann können wir von Auswendiglernen sprechen. Ziel dieser sprachlichen Kette ist es, die einzelnen Nebenflüsse auf assoziativem Wege miteinander zu verknüpfen. Ist man in der Lage, den ersten zu erinnern, dann zieht dieser sozusagen die ganze Assoziationskette wieder in das Bewußtsein.

(2) In einem Roman wird die Wirkung des Signals »Höchste Alarmbereitschaft« auf einem britischen Kriegsschiff folgendermaßen beschrieben:

»Von allen Geräuschen unserer Erde wird dem Menschen wohl kaum eins so bis ans Ende seiner Tage im Ohr bleiben wie dieses ›E. A. S.‹ – Emergency Action Stations! Es gibt kein auch nur entfernt vergleichbares. Nichts edel Kämpferisches oder Begeisterndes liegt in dem Laut. Es ist ›nur‹ ein Pfeifen, aber getrieben bis fast an die Grenze der Audiofrequenz, grell abgestuft, durchdringend, ein krasser Klang der verzweifelten Dringlichkeit, der das Gefühl für hohe Gefahr aufpeitscht. Wie ein scharfes Messer fährt er selbst durch das schlaftrunkene Hirn und bringt den Menschen – einerlei wie erschöpft, wie schwach, wie tief abwesend er ist – in Sekunden auf die Beine, wobei sich der Puls sofort beschleunigt in Erwartung des wieder Drohenden, Ungewissen« (*MacLean* 1962, S. 51).

Das akustische Signal können wir als einen Reiz begreifen, der fast automatisch bestimmte Reaktionen der Besatzung auslöst. Dies sind einerseits Angstgefühle und andererseits motorische Verhaltensweisen (Rennen zur Gefechtsstation). Beiden Reaktionskomponenten haftet etwas Reflexartiges an. Die Männer scheinen ähnlich zu reagieren wie ein Mensch, der bei einem plötzlichen Lichtreiz die Augen schließt.

(3) Im Jahre 1979 war die Bevölkerung des Iran aufgerufen, über die Staatsform der »Islamischen Republik« des Schiitenführers *Khomeini* abzustimmen. Die Stimmzettel für »Ja« waren in grün, der Farbe des

Islam gehalten, während die Zettel für »Nein« rot waren. Rot ist die Farbe
der Kommunisten, die neben Zionisten und Imperialisten von den Aya-
tollahs als Hauptgegner angesehen werden.
Die Überlegungen, die dieser Entscheidung zugrunde liegen, sind leicht
einzusehen. Die verschiedenfarbigen Stimmzettel sollten einen unterschiedlichen Aufforderungscharakter haben. Im Zusammenhang mit der
weltweiten Renaissance der Bewegung des Islam dürfte die grüne Farbe
bei den meisten Wählern positive Gefühle wecken. Die rote Farbe
hingegen ruft nicht nur Assoziationen zu der marxistischen Partei,
sondern auch zu anderen gehaßten Staatsfeinden hervor und löst so
wahrscheinlich negative Emotionen aus.

2.1.3 Verschiedene Aspekte des assoziativen Lernens

Nachdem wir drei Beispiele für diese Lernform kennengelernt haben, soll
das Thema in diesem Kapitel in folgender Weise systematisch behandelt
werden:
– Die Assoziationen
Hier werden zwei Theorien unterschieden: die direkte assoziative Ver-
knüpfung von Bewußtseinsinhalten (Typ 1) und das klassische Bedingen
oder Konditionieren (Typ 2).
– Das Modell des Reiz-Reaktions-Lernens
Ausgehend von den Begriffen von Reiz und Reaktion wird ein Schema
des Reiz-Reaktions-Lernens (= assoziatives Lernen vom Typ 2) entwik-
kelt.
– Die Grundbegriffe des Reiz-Reaktions-Lernens
Bekräftigung, Löschung, Generalisierung und Differenzierung, bedingte
Reaktionen höherer Ordnung sind Begriffe, die diese Lernart näher
kennzeichnen.
– Die Gegenkonditionierung
Gelernte emotional-motivationale Reaktionen (z. B. Angst) sind meist
sehr widerstandsfähig gegenüber Löschung. Das Verlernen kann in der
Regel nur nach dem Prinzip der »Gegen-Konditionierung« erfolgen.
– Das Bedingen von Angst und Sicherheit
Angst und Sicherheit werden als Gegenspieler (Antagonisten) aufgefaßt.
Das Lernen und Verlernen von Angst wird in diesem Abschnitt genauer
erklärt. Abschließend werden noch die Auswirkungen von Angst unter-
sucht.

– Der Aufforderungscharakter
Diese Attraktivität, auch Anreiz oder emotionale Valenz einer Sache
genannt, ist von großer Bedeutung für die Motivation.
– Reiz-Reaktions-Lernen in verschiedenen Bereichen
Angesprochen werden Werbung, Verhaltenstherapie, Unterricht und
Erziehung.
– Arbeitsteil
Nach diesem *Informationsteil* bildet ein *Arbeitsteil* den Abschluß des
Kapitels. Er bringt nach einer Zusammenfassung und einem Test ver-
schiedene Arten von Übungsaufgaben, Anregungen zur Diskussion
sowie Literaturhinweise.

2.2 Die Assoziationen

2.2.1 Vorbemerkung

Der Begriff der Assoziation (lat. Verbindung, Verknüpfung) spielt in
verschiedenen wissenschaftlichen Disziplinen eine zentrale Rolle. Den
größten Einfluß auf die Lerntheorie haben folgende zwei Richtungen
ausgeübt:
– die deutsche Assoziationspsychologie *(Ebbinghaus, G. E. Müller);*
– die russische Reflexologie *(Sechenow, Pawlow).*
Diese beiden Assoziationstheorien, die »direkte assoziative Verknüpfung von Bewußtseinsinhalten« und »das klassische Bedingen oder
Konditionieren« werden in ihren Grundzügen vorgestellt. Hierbei sollen
die Gemeinsamkeiten und die Unterschiede herausgearbeitet werden.

2.2.2 Die direkte assoziative Verknüpfung von Bewußtseinsinhalten

Bereits *Aristoteles* hat drei Assoziationsgesetze genannt. Er nahm an, daß
zwei Gedächtnisinhalte unter folgenden Bedingungen miteinander verknüpft werden:
– wenn sie einander ähnlich sind (Gesetz der Ähnlichkeit);
– wenn sie einander unähnlich sind (Gesetz des Kontrastes);
– wenn sie irgendwann gemeinsam in unserem Bewußtsein vorhanden
  waren (Gesetz der zeitlichen und räumlichen Berührung oder Kontiguität).

Beispiele:

– Auf einem Spaziergang begegnen wir einem uns unbekannten Menschen. Da erinnern wir uns an einen lieben Freund. Die Ähnlichkeit mag in der Art sich zu kleiden, im Gang o. ä. liegen.
– Wir speisen in einer Gaststätte und sind gar nicht zufrieden. Da erinnern wir uns an die ausgezeichnete Küche, die wir im letzten Urlaub kennenlernten.
– Wir kommen am Bahnhof vorbei. Da erinnern wir uns, daß sich hier vor einigen Wochen ein Verkehrsunfall ereignet hat.

Die experimentelle Begründung der Assoziationsforschung beginnt im letzten Viertel des 19. Jahrhunderts. Bekannt geworden ist besonders die Untersuchung des Gedächtnisses durch *Ebbinghaus,* der hauptsächlich mit sinnlosen Silben arbeitete (z. B. FAP, KIX). Später hat man dann auch das Lernen von sinnvollem sprachlichen Material untersucht. Ein solches Lernen würden wir heute als Auswendiglernen oder als *mechanisches Lernen* bezeichnen. Früher war dies in Schulen eine häufig anzutreffende intellektuelle Tätigkeit der Schüler.

Diese Assoziationspsychologie der Jahrhundertwende, die die Verbindung der Elemente des Bewußtseins durch Assoziation als wichtigstes Erklärungsprinzip aller psychischen Prozesse annahm, wird in dieser Form heute nicht mehr vertreten. Im Anschluß an die Gestalt- und Ganzheitspsychologie (z. B. *Wertheimer, Krueger*) tritt die *Einsicht in Sinnzusammenhänge oder Strukturen* in den Vordergrund der Betrachtungsweise. Davon wird in dem Kapitel über Begriffsbildung und Wissenserwerb noch ausführlich die Rede sein.

Trotzdem gibt es eine Fülle psychischer Vorgänge, die angemessen als assoziative Verknüpfungen erklärt werden können, wie folgende Beispiele zeigen:

– Wortbedeutungen, d. h. Assoziation eines Begriffes mit einem Begriffsnamen (z. B. Objekte mit vier Beinen, Maul usw. – Wort Hund);
– Paarassoziation (z. B. Blitz und Donner, Hund – dog);
– sprachliche Ketten (z. B. Merksätze; 1×1);
– Vorstellungen (z. B. Knoten im Taschentuch erinnert uns an eine Sache, die wir noch erledigen möchten).

Neben den relativ einfachen *Paarassoziationen* und *Assoziationsketten* können ganze Wissensgebiete im Gedächtnis in Form von *Assoziationskomplexen* gespeichert sein (Abb. 2).

Diesen Begriff der Assoziation können wir demnach als *Verknüpfung psychischer Inhalte im Bewußtsein* definieren.

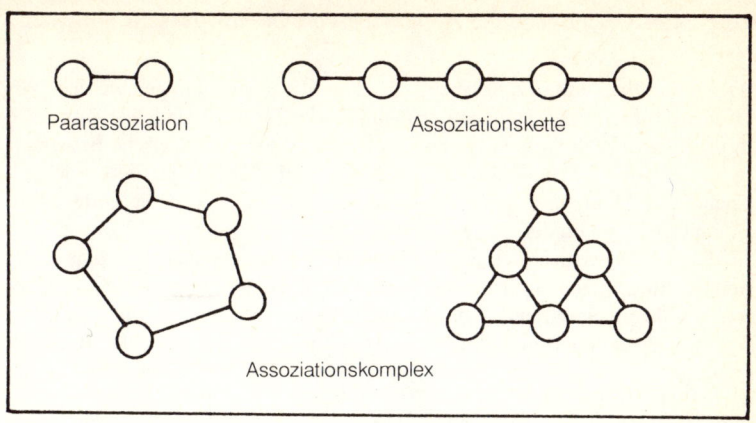

Paarassoziation

Assoziationskette

Assoziationskomplex

Abb. 2: Schematische Darstellung verschiedener Formen von Assoziationen

2.2.3 Das klassische Bedingen oder Konditionieren

Ebenfalls etwa um die Jahrhundertwende untersuchte der russische Physiologe Iwan Petrowich *Pawlow* die psychische Erregung der Speichel- und Magendrüsen. Die Beobachtung, daß bei hungrigen Tieren oder Menschen bereits beim Anblick von Nahrung oder sogar bei der Vorstellung von Speisen Speichel zu fließen beginnt, wurde zum Ausgangspunkt zahlreicher Lernexperimente (Abb. 3).

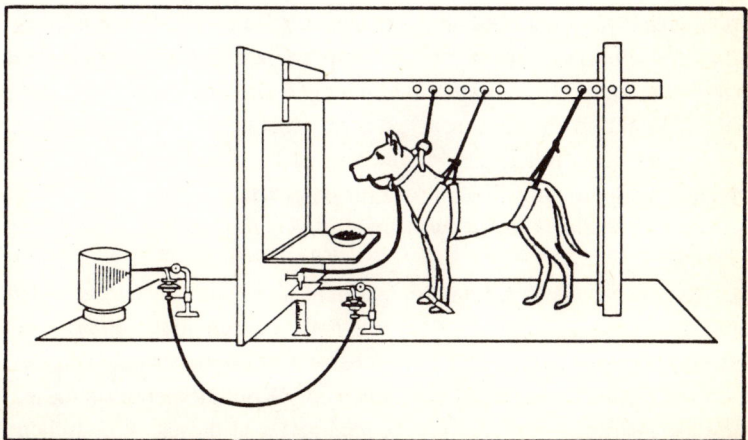

Abb. 3: Versuchsanordnung nach Pawlow (aus *Lefrancois* 1976, S. 75)

In der Schrift »Der bedingte Reflex« beschreibt *Pawlow* sein Vorgehen:

»Wir wollen zwei einfache Versuche anstellen, die jedem gelingen werden. Wir
gießen in das Maul eines Hundes eine mäßig starke Lösung irgendeiner Säure. Sie
ruft die übliche Abwehrreaktion des Tieres hervor: Durch energische Bewegungen des Mauls wird die Lösung ausgespien, und gleichzeitig fließt reichlich
Speichel ins Maul (und dann auch nach außen), der die eingeführte Säure
verdünnt und sie von der Schleimhaut des Mauls abwäscht.
Nun der andre Versuch: Wir lassen einige Male irgendein äußeres Agens, z. B.
einen bestimmten Ton, auf einen Hund einwirken, gerade bevor wir in sein Maul
dieselbe Lösung einführen. Und was geschieht nun? Es genügt, nur diesen Ton
allein zu wiederholen, und bei dem Hund wird wieder dieselbe Reaktion
hervorgerufen: die gleichen Maulbewegungen und derselbe Speichelfluß« (*Pawlow* 1973, S. 67f.).

Bei dem ersten Versuch handelt es sich um einen *unbedingten Reflex*.
Reize (lat. stimulus, stimuli) im engeren Sinne sind physikalische oder
chemische Erscheinungen (z. B. eine Säure in einer bestimmten Konzen-
tration). Diese *Reize* treffen auf ein Sinnesorgan. Duch einen einfachen
nervösen Mechanismus (Reflexbogen) kommt es zur *Reaktion* einer
Drüse oder eines Muskels. Die Antwort auf den Reiz erfolgt unwillkür-
lich und braucht nicht erlernt zu werden. Sie ist angeboren oder *unbedingt*. Bekannte Beispiele wären der Lidschlagreflex und der Knieseh-
nenreflex.
Im zweiten Versuch wurde dem Hund jeweils kurz vor dem Stimulus
Säure, der die unbedingte, d. h. angeborene Reaktion Maulbewegung
und Speichelfluß auslöste, noch ein anderer Reiz, nämlich ein Glok-
kenton dargeboten. Dieser zweite, ursprünglich völlig neutrale Reiz
erlangt nun unter bestimmten Bedingungen die Fähigkeit, eine sehr
ähnliche Reaktion auszulösen, wie der zunächst verwendete Reiz. Diese
jetzt erlernte Reiz-Reaktions-Verbindung ist der *bedingte Reflex*.
Die einzige Bedingung (Kondition) für das Lernen ist das gemeinsame
Auftreten der beiden Reize, was man als *Kontiguität* oder Berührung
bezeichnet.
Von Bedingen oder Konditionieren spricht man, weil diese Voraussetzung, nämlich die Kontiguität, hergestellt werden muß. *Klassisches
Bedingen* oder Konditionieren wird diese Lernform deshalb genannt,
weil man später das operante Bedingen oder Konditionieren (in diesem
Buch als instrumentelles Lernen bezeichnet) von dieser »klassischen«
Form abheben wollte.

Von assoziativem Lernen können wir aus zweierlei Gründen sprechen:
– es werden zwei Reize miteinander assoziiert und
– es wird ein neuer Reiz mit einer Reaktion assoziiert.

2.2.4 Direkte Verknüpfung oder Reizsubstitution

Wir haben jetzt zwei Theorien assoziativen Lernens kennengelernt. Um uns deren Eigenart besser einprägen zu können, wollen wir sie folgendermaßen kennzeichnen:
– *Typ 1:* Direkte assoziative Verknüpfung von Bewußtseinsinhalten: »Knoten im Taschentuch«.
– *Typ 2:* Klassisches Bedingen oder Konditionieren: »Pawlow'scher Hund«.
Gemeinsam ist beiden Theorien, daß das Lernen mit dem relativ mechanischen Prinzip der Assoziation erklärt wird. Begriffe wie Motivation, Einsicht o. a. kommen nicht vor.
Es bestehen allerdings auch eine Reihe von Unterschieden, die jetzt genannt werden sollen.
(1) Assoziationstheorie Typ 1:
– Diese Form von Assoziation kann man als Verknüpfung psychischer Elemente *im Bewußtsein* beschreiben;
– Es handelt sich um *unmittelbare* assoziative Verknüpfung von Bewußtseinsinhalten;
– Bei der bewußten Assoziation erfolgt auf den Reiz normalerweise eine *Totalantwort* (z. B. $7 \times 8 = \ldots$; die Hauptstadt von Italien heißt . . .).
(2) Assoziationstheorie Typ 2:
– Diese Form von Assoziation wird in der ursprünglichen Fassung der Theorie streng *bewußtseinsunabhängig* als Verknüpfung von Reiz und Reaktion erklärt;
– Im Zuge des Lernprozesses geht die Auslösefunktion von einem Reiz auf den anderen über. Ein Reiz wird sozusagen durch einen anderen ersetzt *(Reizsubstitution);*
– Die bedingte Reaktion besteht häufig aus einem ganzen *Bündel von Reaktionskomponenten* (z. B. plötzlicher lauter Ton löst reflektorisches Zusammenschrecken, erhöhte Herzfrequenz, Schweißausbruch, Zittern, Erlebnis der Angst aus).

2.2.5 Erweiterung des Modells der klassischen Konditionierung

Pawlows Gedankengänge wurden in Amerika bald von den Behavioristen um *Watson* aufgegriffen. Beiden Richtungen gemeinsam war die Auffassung, daß bei der klassischen Konditionierung Bewußtseinsprozesse den Psychologen nicht zu interessieren haben. Ausschließlich die Berührung der Reize (Kontiguität) stellt das Erklärungsprinzip für die von außen beobachtbare gelernte Reaktion dar.

Eine Erweiterung des ursprünglichen physiologischen oder streng behavioristischen Ansatzes ist besonders in folgenden Punkten zu sehen:

– Unter Reizen werden nicht mehr nur physikalisch-chemische Außenwelterereignisse verstanden. Reize können auch in der Vorstellung gegeben sein;

– Der Begriff der Reaktion schließt zwei Arten von Antwortverhalten ein: *Verhalten* im engeren Sinne und *Erleben*.

Beispiele:

– Nicht nur das tatsächliche Eingeschlossensein in einem defekten Aufzug, sondern bereits die Vorstellung eines solchen Ereignisses kann Angst auslösen.

– Diese Angst zeigt neben äußerlich beobachtbaren Verhaltenskomponenten (z. B. Erhöhung des Pulsschlags, Schweißabsonderung, motorische Unruhe) auch eine bestimmte Erlebnisqualität.

Vorstellungen und Gefühle sind spezifische Bewußtseinszustände. Die Erklärung gelernter emotional-motivationaler Reaktionen (z. B. Angst vor engen Räumen) nach dem Modell des klassischen Bedingens stellt demnach eine Erweiterung des ursprünglichen Konzeptes dar.

2.2.6 Verschiedene Bezeichnungen

Leider gibt es in der Literatur eine Reihe von Begriffen zur Bezeichnung des assoziativen Lernens von Typ 2.

Bedingen oder Konditionieren bedeutet, die Bedingungen oder Konditionen herstellen, unter denen gelernt wird. Von *klassischem Bedingen* spricht man, weil dies die früheste in der Literatur beschriebene Lernform war.

Diese Art von Lernen wird auch *Signallernen* genannt, weil während der Lernphase der erste Reiz (z. B. Ton) ein Signal für den kurzzeitig später einsetzenden Reiz (z. B. Säure) darstellt.

Die Bezeichnung *reaktives Lernen* wird gebraucht, weil der Organismus sowohl während des Lernprozesses, wie auch bei der späteren Auslösung der Reaktion weitgehend passiv bleibt und jeweils nur auf die entsprechenden Reize reagiert.

Dies ist auch die Begründung für die Bezeichnung *Reiz-Reaktions-Lernen* (oder S-R-Lernen).

Und schließlich heißt die Lernart auch noch *assoziatives Lernen*, da eine neue Verbindung oder Assoziation zwischen einem Stimulus und einer Reaktion bzw. zwei Stimuli gebildet wird.

2.2.7 Zusammenfassung

In diesem Anschnitt wurden folgende Begriffe eingeführt:

Zwei Assoziationstheorien

Assoziatives Lernen vom Typ 1:
Direkte assoziative Verknüpfung von Bewußtseinsinhalten
    Verknüpfung psychologischer Elemente im Bewußtsein
    unmittelbare assoziative Verknüpfung
    Totalantwort
Ähnlichkeit, Kontrast, Kontiguität *(oder Berührung)*
Paarassoziation, Assoziationsketten, Assoziationskomplex

Assoziatives Lernen vom Typ 2:
Das klassische Bedingen oder Konditionieren
    bewußtseinsunabhängige Verknüpfung von Reiz und Reaktion
    Reizsubstitution
    Bündel von Reaktionskomponenten
Kontiguität
unbedingter bzw. bedingter Reflex (Reaktion)
Weitere Bezeichnungen: Reiz-Reaktions-Lernen oder S-R-Lernen, Signallernen, reaktives Lernen

Lidschlag   *Ton (→ Pawlow Hund)*

2.3 Das Modell des Reiz-Reaktions-Lernens

2.3.1 Vorbemerkung

Wir haben zwei Assoziationstheorien kennengelernt. Wenn im weiteren Verlauf dieses Kapitels von assoziativem Lernen die Rede ist, dann ist fast ausschließlich der Typ 2 gemeint. Wegen der behavioristischen Implikationen des Begriffs »klassisches Bedingen« sollte man diese Art des assoziativen Lernens besser als »Reiz-Reaktions-Lernen« bezeichnen.

In diesem Abschnitt werden zunächst die Begriffe Reiz und Reaktion erläutert, wobei gelernte Reiz-Reaktions-Verbindungen besondere Beachtung finden. Anschließend wird ein Schema dieser Art des Lernens entwickelt.

2.3.2 Reiz und Reaktion

Betrachten wir zunächst einige Beispiele:

– Beim Anblick einer delikaten Speise kann einem das Wasser im Munde zusammenlaufen;
– Wenn man in der Dunkelheit von einer Taschenlampe geblendet wird, schließt man die Augen;
– Der Anblick eines bestimmten Vorgesetzten vermag Angstgefühle hervorzurufen;
– Bei Betrachtung eines schönen Blumenstraußes freuen wir uns.

Jetzt wollen wir diese Alltagsbeispiele in der Sprache der Verhaltenspsychologie beschreiben.

In allen Fällen wirkt ein Ereignis auf den Organismus ein und ruft ein bestimmtes Verhalten hervor. Das einwirkende Ereignis nennt man *Reiz* und das hervorgerufene Verhalten bezeichnet man als *Reaktion*.

Reize können in der Wahrnehmung oder in der Vorstellung gegeben sein. Um eine Wahrnehmung handelt es sich, wenn Ereignisse in der Umwelt über die Sinnesorgane auf den Organismus einwirken (z. B. Anblick eines Menschen). Von Vorstellung sprechen wir, wenn in Abwesenheit der entsprechenden Sinnesreize früher wahrgenommener Gegenstände oder Vorgänge wieder in das Bewußtsein gerufen werden (z. B. Erinnerung an einen Menschen).

Ein solcher Reiz kann unter bestimmten Bedingungen eine Reaktion auslösen. Unter Reaktion wollen wir zunächst ein äußerlich beobachtbares Verhalten verstehen (z. B. das Schließen der Augen). In einem weiteren Sinn zählen zu den Reaktionen auch Erlebnisse (z. B. Gefühlsreaktionen).

Wir können jetzt allgemeiner formulieren: Ein *Reiz* löst unter bestimmten Bedingungen ein *Antwortverhalten* aus.

Abb. 4: Ein Reiz löst eine Reaktion aus (Marie Marcks 1982)

2.3.3 Gelernte Reiz-Reaktions-Verbindungen

Daß man bei plötzlichem Lichteinfall die Augen schließt, braucht man nicht zu lernen. Diese Reiz-Reaktions-Verbindung ist angeboren. Ob man sich über die Begegnung mit einem Menschen freut oder ärgert, ist augenscheinlich nicht angeboren, sondern erlernt. Das von den Reizen ausgelöste Antwortverhalten kann also einmal angeborenermaßen im Verhaltensrepertoire vorhanden sein oder es muß erst erlernt werden. Uns interessiert hier besonders das erlernte Antwortverhalten.

Betrachten wir einige Alltagsbeispiele für solche erlernten Reiz-Reaktions-Verbindungen!

– Der Anblick des Bohrers beim Zahnarzt löst bei manchen Patienten die gleiche reflektorische Ausweichreaktion aus, wie die eigentliche Anwendung dieses Gerätes.

– Der weiße Kittel eines Verkäufers im Supermarkt vermag bei einem kleinen Kind unter Umständen genauso Angst auszulösen wie der Arzt, der einige Zeit zuvor eine Spritze verabreicht hat.

Diese beiden Fälle von assoziativem Lernen vom Typ 2 sind zwei verschiedenen Klassen zuzuordnen:

– dem Lernen von Reflex-Reaktionen, d. h. Aktivierung von Muskeln oder Drüsen (z. B. reflektorisches Zurückweichen, Speichelabsonderung);

– dem Lernen von emotional-motivationalen Reaktionen, d. h. Auslösung von Gefühlen und Bedürfnissen (z. B. Angst, Anreiz).

2.3.4 Das Schema des Reiz-Reaktions-Lernens

Zum genaueren Verständnis des Lernens von Reiz-Reaktions-Verbindungen soll im Anschluß an das Experiment von *Pawlow* nun ein Schema entwickelt werden (Abb. 5).

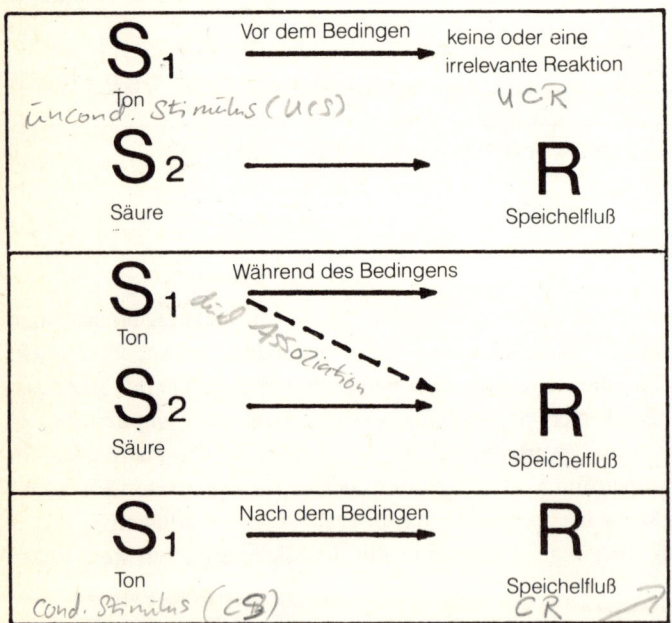

Abb. 5: Schema des Reiz-Reaktions-Lernens (Lernen einer Reflex-Reaktion)

Der Reiz, der angeborenermaßen die *unbedingte Reaktion* R auslöst, wird als *unbedingter Reiz* bezeichnet. Wir wollen ihn in diesem Buch als S2 kennzeichnen.

Der ursprünglich neutrale Reiz, der nach Abschluß des Lernvorgangs die
dann *bedingte Reaktion* auslöst, wird als *bedingter Reiz* bezeichnet. Wir
wollen ihn in diesem Buch als S1 kennzeichnen.
Warum wir die Bezeichnungen S1 und S2 einführen, wird noch begründet werden.
Es soll auch nicht mehr vom bedingten Reflex gesprochen werden,
sondern von der *bedingten Reaktion,* da nach diesem Modell nicht nur
einfache Reflexe gelernt werden.
Bedingte Reaktion bedeutet soviel wie gelernte Reaktion, d. h., die
Reaktion kann jetzt von einem neuen Reiz ausgelöst werden. Als ausschlaggebende Bedingung haben wir das gemeinsame Auftreten der
beiden Reize (Kontiguität) kennengelernt.

Das Experiment von *Pawlow* war ein Beispiel für das Lernen einer
Reflex-Reaktion. Ganz analog läßt sich das Lernen einer emotional-
motivationalen Reaktion (z. B. die Angst des Kindes vor dem weißen
Kittel) erklären (Abb. 6).

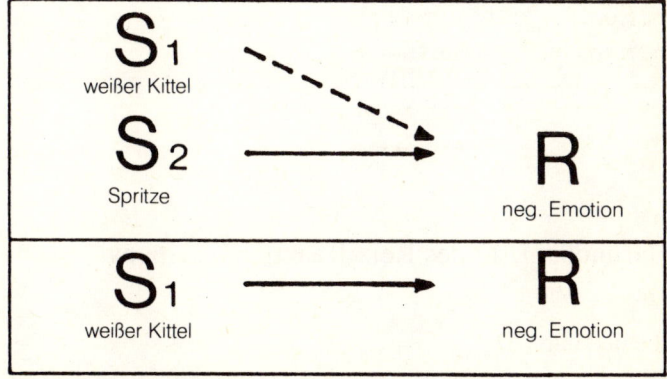

Abb. 6: Schema des Reiz-Reaktions-Lernens (Lernen einer emotional-motivationalen Reaktion)

Betrachten wir zum Schluß noch ein Beispiel, an dem die verschiedenen
Arten des assoziativen Lernens sichtbar werden!

Stellen wir uns vor, wir sitzen am Schreibtisch und arbeiten konzentriert.
Plötzlich hören wir die quietschenden Reifen eines bremsenden Autos. Bei
manchen Menschen können drei Dinge geschehen:

– wir empfinden Angst (Auslösung einer emotional-motivationalen Reaktion);
– wir zittern (Auslösung einer skelettmuskulären Reaktion);
– wir erinnern uns an einen bestimmten Unfall (direkte assoziative Verknüpfung zweier Bewußtseinsinhalte).

2.3.5 Zusammenfassung

In diesem Abschnitt wurden folgende Begriffe eingeführt:

Reiz als Wahrnehmung eines Umweltereignisses oder als Vorstellung

Reiz = Auslöser

Reaktion als direkt beobachtetes oder erschlossenes Verhalten
Reaktion = Antwort

gelernte Reiz-Reaktions-Verbindungen

Schema des Reiz-Reaktions-Lernens
unbedingter Reiz S2
bedingter Reiz S1
unbedingte und bedingte Reaktion R

2.4 Die Grundbegriffe des Reiz-Reaktions-Lernens

2.4.1 Vorbemerkung

Reize haben zweierlei Funktion: Hinweisfunktion und Auslösefunktion. Im Zusammenhang mit dem Lernen von emotional-motivationalen Reaktionen steht die Auslösefunktion ganz im Vordergrund. Anschließend werden in diesem Abschnitt folgende Grundbegriffe des assoziativen Lernens besprochen: Bekräftigung, Löschung, Generalisierung und Differenzierung, bedingte Reaktionen höherer Ordnung.

2.4.2 Hinweisfunktion und Auslösefunktion der Reize

Bei der Darstellung des *Pawlow*schen Experiments haben wir davon gesprochen, daß zweierlei Assoziationen stattfinden:
– die Verbindung von zwei Reizen (Ton – Säure) und
– die Verknüpfung eines Reizes mit einer Reaktion (Ton – Speichelabsonderung).
Die erste Art von Assoziation haben wir bisher nicht weiter betrachtet. Dies soll jetzt nachgeholt werden.
Wählen wir wieder ein Beispiel!

– Während des Krieges erwartete man beim Ertönen der Luftschutzsirene einen baldigen Luftangriff.
– Auch in Friedenszeiten löst die Sirene bei zahlreichen Menschen Angst aus, selbst wenn es sich nur um Probealarm handelt.

Reize haben zunächst eine *Hinweisfunktion* oder wie man auch sagt eine *Signalfunktion*. Der Ton der Luftschutzsirene weist zumindest in Kriegszeiten auf den bald zu erwartenden Angriff hin, der Ton in dem *Pawlow*schen Experiment kündigt die Säure an, dem Glockenzeichen im Rundfunk folgen die Nachrichten usw. Dieses Lernen von Signalen spielt beim instrumentellen Lernen eine große Rolle und wird dort unter dem Stichwort *Hinweisreize* ausführlicher behandelt werden. Da es sich um die direkte Verknüpfung zweier Reize handelt, ist das Signallernen der Assoziationstheorie vom Typ 1 (»Knoten im Taschentuch«) zuzuordnen (Abb. 7).

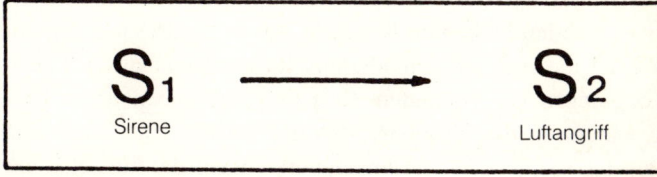

Abb. 7: Hinweisfunktion des Reizes

Wie wir wissen, ist die Luftschutzsirene auch in der Lage Angst hervorzurufen. Im Gegensatz zur Werkssirene, die das Ende der Arbeitszeit

ankündigt, ist sie aufgrund der Verknüpfung mit Kriegsereignissen in der
Lage, Reflex-Reaktionen und emotional-motivationale Reaktionen auszulösen. Unter diesem Gesichtspunkt sprechen wir von der *Auslösefunktion* des Reizes (Abb. 8).

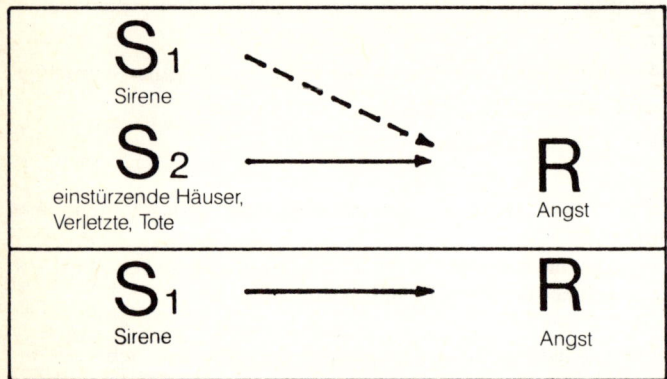

Abb. 8: Auslösefunktion des Reizes

Beim Reiz-Reaktions-Lernen ist die Auslösefunktion des Reizes wesentlich bedeutsamer als seine Hinweisfunktion.

Durch Wdhg. des Reizes   *// Durch Belohnung (Fisch)*

2.4.3 Bekräftigung — *Pavlow // Verstärkung — Thorndike*

Wir haben erfahren, daß die Kontiguität, die Berührung der beiden
Reize, die ausreichende Bedingung für den Aufbau bedingter Reaktionen
ist.

Eine einmalige Berührung der beiden Reize reicht jedoch meist nicht zur
Bildung einer stabilen bedingten Reaktion aus. In zahlreichen Experimenten hat sich gezeigt, daß mindestens fünf, manchmal auch über
hundert Kopplungen von bedingtem Reiz (S1) und unbedingtem Reiz
(S2) nötig waren. In der Regel ist also der Erwerb einer bedingten
Reaktion an das *wiederholte* Zusammenvorkommen der beiden Reize
gebunden. Dieses Prinzip wollen wir *Bekräftigung* nennen. Den hierfür
in der Literatur auch gebrauchten Begriff der Verstärkung (engl. reinforcement) wollen wir, um Verwechslungen zu vermeiden, ausschließlich
im Zusammenhang mit dem instrumentellen Lernen verwenden.

Beispiel:

Jüngere Kinder zeigen ein natürliches Interesse an ihrem Körper. Dieser unbefangenen Einstellung zur Nacktheit wird in nicht wenigen Familien und Heimen durch wiederholte Kritik und Schimpfen begegnet.
Die Folge ist, daß nach einiger Zeit beim Anblick eines nackten Körpers Unlust, schlechtes Gewissen usw. auftreten.

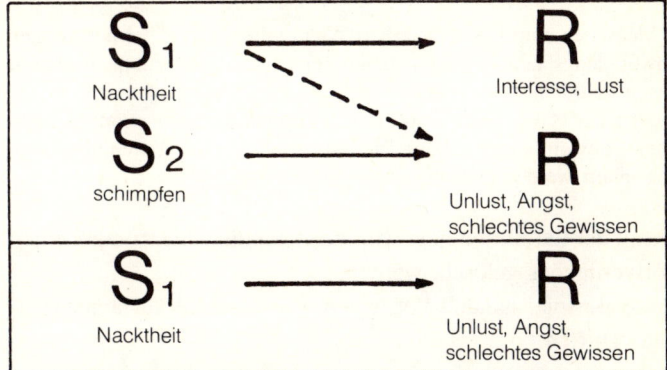

Abb. 9: Bedingen der Einstellung zur Nacktheit bei Kindern

Es hat sich weiterhin gezeigt, daß die Reihenfolge der beiden Reize für die Ausbildung der bedingten Reaktion von Bedeutung ist. Gelernt wird am sichersten, wenn der später bedingte Reiz kurz vor dem unbedingten dargeboten wird und gleichzeitig mit oder unmittelbar vor diesem endet. Die Reihenfolge des Auftretens ist einer der Gründe, warum wir den ursprünglich neutralen Reiz als S1 und den unbedingten Reiz als S2 bezeichnet haben.
Diese Grundregel, bedingter Reiz (S1) kurzzeitig vor unbedingtem Reiz (S2), gilt allerdings für das Lernen von emotional-motivationalen Reaktionen nicht uneingeschränkt.

2.4.4 Löschung

Bei den bedingten Reflexen läßt sich bald nach dem Aufbau der Verhaltensweise durch mehrfache Bekräftigung, d.h. durch Koppelung der beiden Reize, ein Abbau der Reiz-Reaktions-Verbindung beobachten.

Diese findet dann statt, wenn mehrmals der bedingte Reiz (S1) allein, d. h. ohne den unbedingten (S2) dargeboten wird. Diesen Vorgang nennt man *Löschung* oder Extinktion.

Im Gegensatz zu diesen bedingten Reflexreaktionen sind emotional-motivationale Reaktionen häufig sehr widerstandsfähig gegenüber Löschung.

Beispiele:

– Manche Menschen empfinden dauerhaft Widerwillen gegenüber bestimmten Speisen, obwohl längst keine unangenehmen Reize mehr im Zusammenhang mit diesen Speisen auftreten.
– Kinder und auch Erwachsene empfinden zuweilen auch vor relativ kleinen Hunden Angst, obwohl unangenehme Erlebnisse mit solchen Tieren überhaupt nicht mehr erinnert werden können.

Ein Sonderfall der Extinktion liegt vor, wenn nur einzelne Komponenten des Antwortverhaltens gelöscht werden.

Das folgende Beispiel handelt von einem Alarmsignal auf amerikanischen Kriegsschiffen.

»Im Krankenhaus befindliche Army- und Navy-Veteranen, die aktiv am 2. Weltkrieg teilgenommen hatten, wurde eine Serie von 20 akustischen Reizen dargeboten, wobei gleichzeitig ihre psychogalvanische Hautreaktion gemessen wurde (PGR). Der größte Unterschied zwischen den beiden Gruppen (Army und Navy) zeigte sich bei wiederholter Darbietung von ca. 100 Gongschlägen pro Minute. Dies war während des 2. Weltkrieges auf den Schiffen der amerikanischen Kriegsmarine das Signal für ›Alle Mann auf Gefechtsstation‹. Mehr als 15 Jahre nach dem Krieg löste dieses Signal bei den Navy-Veteranen starke emotionale Reaktion aus, während es auf die ehemaligen Army-Angehörigen keinerlei Wirkung ausübte. Der Unterschied zwischen beiden Gruppen war statistisch hoch signifikant . . .« (nach *Edwards* 1962: aus *Ruch/Zimbardo* 1975, S. 137).

Die Teilreaktion »Loslaufen« ist im Laufe der Zeit gelöscht worden, während die hautelektrische Reaktion (PGR), die als physiologisches Pendant zum Erlebnis der Angst aufgefaßt werden kann, erhalten blieb.

Noch anschaulicher wird uns der Vorgang, wenn wir ihn in unser Schema eintragen (Abb. 10).

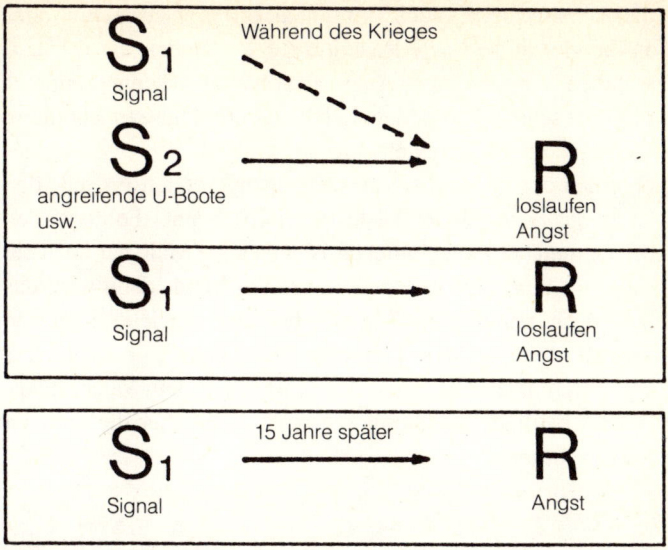

Abb. 10: Extinktionswiderstand bei einzelnen Teilreaktionen

Im Alltag gibt es vermutlich zahlreiche Fälle eines solchen Extinktions-
widerstandes einzelner Reaktionskomponenten.
Gantt schreibt zu diesem Phänomen:

»Die Tatsache, daß es so schwierig ist, konditionierte Reaktionen zu löschen,
macht das Individuum, wenn es älter wird, zu einem regelrechten Antiqua-
riat . . .
Es ist mit vielen Reaktionen belastet, die nichts mehr nützen, ja manchmal sogar
seinem Leben schaden. Dies trifft besonders für den cardio-vasculären Bereich
zu, und gerade diese konditionierten Reaktionen sind am widerstandsfähigsten.
Eine Person kann auf eine alte Niederlage oder eine längst nicht mehr existierende
Situation reagieren, und sie ist sich gewöhnlich nicht bewußt, wie die Erhöhung
iher Herzfrequenz oder ihres Blutdrucks zustandekommt. Das Ergebnis kann ein
chronischer Hochdruck sein, der wiederum die Erklärung für manches Herzver-
sagen ist« (*Gantt* 1966, zit. nach: *Ruch/Zimbardo* 1975, S. 137).

2.4.5 Generalisierung und Differenzierung

In den Experimenten von *Pawlow* konnte beobachtet werden, daß ein
Hund, der gelernt hatte, auf einen Ton einer bestimmten Schwingungs-

zahl Speichel abzusondern, auch auf einen etwas niedrigeren oder höheren Ton die gleiche bedingte Reaktion zeigte. Kinder, die vor dem Vater Angst haben, könnten diese Angst auch bei Anwesenheit anderer männlicher Erwachsener oder vor dem Lehrer äußern. Diese Erscheinung wird *Reiz-Generalisierung* genannt.

Es gibt auch einen der Generalisierung entgegengesetzten Prozeß, den man *Reiz-Differenzierung* (oder Diskrimination) nennt. Folgt in den Hunde-Experimenten bei zwei ähnlichen Tönen einige Male nur noch bei dem einen Ton die Einbringung von Säure in das Maul, dann wird das Tier bald nur noch bei diesem Ton die bedingte Speichel-Reaktion zeigen. In dem Beispiel aus dem Humanbereich könnte es so sein, daß das Kind eine differenzierte bedingte Angst-Reaktion dem Vater gegenüber zeigt, wenn häufiger nur dieser schimpft, nicht aber die anderen männlichen Erwachsenen.

2.4.6 Bedingte Reaktionen höherer Ordnung

Wie wir bereits wissen, kann ein bedingter Reiz (S1) nach mehrmaliger Koppelung mit einem unbedingten Reiz (S2) eine bedingte (gelernte) Reaktion (R) auslösen. Dieser Reiz (S1) kann nun noch mit einem anderen neutralen Reiz (S 1') gekoppelt werden. Bei der dann entstehenden Verbindung handelt es sich um eine *bedingte Reaktion zweiter Ordnung*.

Betrachten wir einen Fall von Schulangst!

Wenn man angeschrien oder gar geschlagen wird, empfindet man angeborenermaßen Angst. Mit diesem Reiz war in dem Beispiel häufiger ein Tadel des Lehrers verbunden. Wegen der Kontiguität wird bald bereits vom Tadel allein die Angst ausgelöst. Nach kurzer Zeit kann diese Auslösefunktion dann auf das Stirnrunzeln übergehen usw.

Solche *bedingten Reaktionen höherer Ordnung,* d. h. ganze Ketten von einzelnen bedingten emotional-motivationalen Reaktionen stellen vermutlich bei Menschen, im Gegensatz zu Tieren, die Regel dar. Dies ist auch der Hauptgrund, warum wir für die beiden Reize die Bezeichnungen S1 und S2 eingeführt haben und die Begriffe bedingten und unbedingten Reiz weitgehend vermeiden. Der S2 ist eben meist kein unbedingter Reiz mehr, der angeborenermaßen eine bestimmte Reaktion auslöst, sondern seinerseits Teil einer bereits gelernten Reiz-Reaktions-Verbindung.

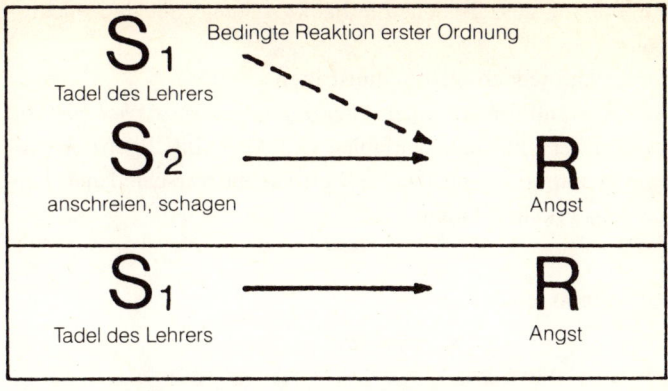

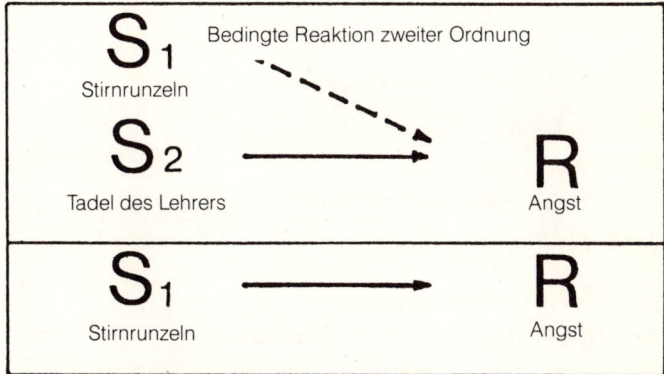

Abb. 11: Bedingte Reaktion zweiter Ordnung

2.4.7 Individuelle Unterschiede

Zu individuellen Unterschieden bei Menschen im Bereich des Reiz-Reaktions-Lernens gibt es zahlreiche Untersuchungen, die allerdings keineswegs eine abschließende Beurteilung zulassen.

Eysenck (1965) stellte fest, daß extravertierte Versuchspersonen (»psychische Energie auf die Außenwelt gerichtet; offenes, entgegenkommendes Verhalten«) einen bedingten Lidschlagreflex langsamer erlernen als introvertierte Versuchsteilnehmer (»psychische Energie auf die Innenwelt gerichtet; verschlossenes, zurückgezogenes Verhalten«). Das hieße, daß Extravertierte weniger leicht konditionierbar wären – oder wie *Eysenck* meint, daß Introvertierte dazu neigen, schnell und nachhaltig bedingte Reaktionen auszubilden, die häufig unangepaßt und »neurotisch« seien.

Diese Befunde sind jedoch nicht unumstritten.

Wir sind noch weit entfernt von einer *differentiellen Lernpsychologie,* die den Einfluß von Persönlichkeitsvariablen wie Alter, Intelligenz, Extraversion/Introversion oder Angstbereitschaft auf die verschiedenen Formen des Lernens erklären könnte.

2.4.8 Zusammenfassung

In diesem Abschnitt wurden folgende Begriffe eingeführt:

Hinweis- und Auslösefunktion der Reize

Bekräftigung

Löschung (Extinktion)
Widerstand gegen Löschung
Löschung einzelner Komponenten des Antwortverhaltens

Generalisierung und Differenzierung

Bedingte Reaktionen höherer Ordnung
Ketten von emotional-motivationalen Reaktionen

individuelle Unterschiede

2.5 Die Gegenkonditionierung

2.5.1 Vorbemerkung

Unter pädagogischen Gesichtspunkten spielt im Rahmen des Reiz-Reaktions-Lernens (assoziatives Lernen vom Typ 2) der Auf- und Abbau von emotional-motivationalen Reaktionen eine besondere Rolle.

In diesem Abschnitt soll das Lernen und Verlernen von Angst zunächst anhand zweier Untersuchungen aus der Frühzeit der Lernpsychologie betrachtet werden. Es sind dies: »Der Fall Albert« und »Der Fall Peter«.

Da erworbene Gefühlsreaktionen, wie wir bereits wissen, gegenüber Löschung häufig sehr widerstandsfähig sind, ist zum Abbau von Angst eine sog. Gegenkonditionierung nötig.

2.5.2 Der Begriff der Gegenkonditionierung

(1) Der Fall Albert
Im Jahre 1920 veröffentlichten *Watson* und *Rayner* die inhumane Geschichte vom kleinen Albert.

Der neun Monate alte Albert spielte gerne mit einer weißen Ratte. Er war ein besonders ausgeglichenes Kind. In Vorversuchen hatte man festgestellt, daß nur zwei Reize in der Lage waren, bei ihm Angst auszulösen: das plötzliche Wegziehen der Unterlage und plötzliche, laute Geräusche.
In dem eigentlichen Lernexperiment wurde, während Albert mit dem Tier spielte, hinter seinem Rücken auf eine Eisenstange geschlagen. Nach einigen Versuchsdurchgängen begann Albert beim Anblick der Ratte sofort zu schreien, ohne daß das laute Geräusch erzeugt wurde.

Inzwischen fällt es uns leicht, den Vorgang als assoziatives Lernen zu begreifen:

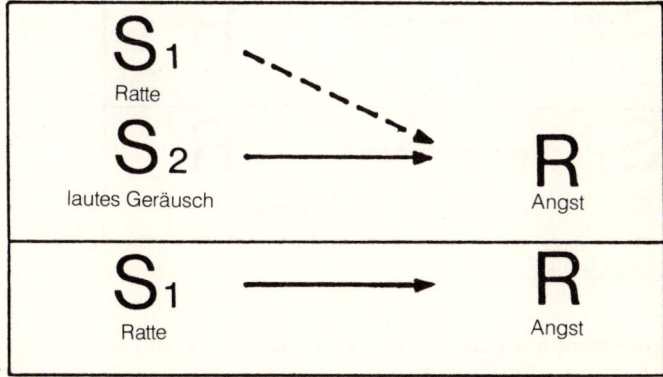

Abb. 12: Lernen von Angst

An dieser Geschichte wird noch einmal das Prinzip der Kontiguität deutlich. Daß das Kind am Ende gerade vor der Ratte Angst hat, erscheint zufällig und willkürlich. Statt der Ratte hätte der Versuchsleiter auch eine

Gummiente oder eine Puppe nehmen können. Man kann in der Tat auf ähnliche Weise lernen, vor Ratten, Zahnärzten, Kommunisten, Polizisten, Eltern, Lehrern, Ruten, Nikoläusen und Geschlechtsverkehr Angst zu haben. Diese Vorstellung ist zu Recht beklemmend.

(2) Der Fall Peter
Die Geschichte von Peter ist sozusagen die Fortsetzung des eben geschilderten Falles. *Jones* (1924) versuchte, bei einem dreijährigen Jungen eine Angstreaktion gegenüber Kaninchen abzubauen.

In der entscheidenden Phase des Experiments saß der kleine Peter auf einem Stuhl und erhielt seine Lieblingsspeise, während das Kaninchen schrittweise näher gebracht wurde. Nachdem das Kind anfänglich bereits Angst hatte, wenn das Tier in den Raum gebracht wurde, war Peter am Schluß der Behandlung in der Lage, das Tier auf dem Schoß zu halten und zu streicheln.

Auch dieses Beispiel können wir als assoziatives Lernen verstehen.

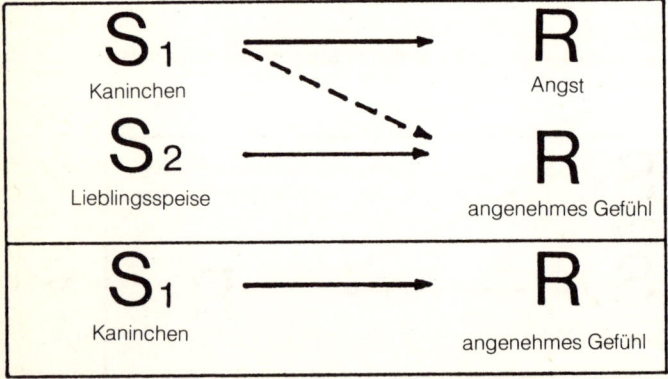

Abb. 13: Verlernen von Angst

In dem Experiment mit dem kleinen Peter lernen wir den Fall der sog. *Gegenkonditionierung* kennen. Diese Gegenkonditionierung unterscheidet sich eigentlich in keinem Punkt von dem Normalfall der Konditionierung, wie wir ihn in zahlreichen Demonstrationsbeispielen bereits kennengelernt haben. Die Vorsilbe »Gegen« weist lediglich darauf hin, daß gegen eine bereits erworbene Reiz-Reaktions-Verbindung angegangen werden soll.

Nun kann man vollständig zu Recht fragen, warum lernt der kleine Peter, sich dem Kaninchen zu nähern und warum lernt er nicht, vor Süßigkeiten Angst zu haben?

Diese zweite, unerwünschte S-R-Verbindung kann nur vermieden werden, wenn die positive Reaktion auf den Stimulus Süßigkeiten stärker ist als die negative Reaktion Angst auf den Stimulus Kaninchen. Um dieses zu gewährleisten, bedient man sich eines therapeutischen Verfahrens, das unter der Bezeichnung *systematische Desensibilisierung* bekannt geworden ist. Das Prinzip ist deutlich: Man benötigt eine Reiz-Reaktions-Verbindung, die mit Angst (Furcht) unvereinbar ist und die jeweils stärker ist als die Angstreaktion. Zu diesem Zweck wird vom Patienten eine *Angsthierarchie* erstellt. Dies ist eine Liste von den schwächsten bis zu den stärksten angstauslösenden Situationen. Im Fall Peter war die Angsthierarchie festgelegt durch die Entfernung vom angstauslösenden Objekt, d. h. Peter hatte um so weniger Angst, je weiter das Kaninchen von ihm entfernt war. Zu immer stärkeren Angstzuständen fortschreitend, wird der Patient im Verlaufe der Therapie auf jeder Stufe gegenkonditioniert. Bei Erwachsenen wählt man meist Entspannung als Reaktion, die mit Angst unvereinbar ist, bei Kindern nimmt man deren Lieblingsspeisen.

Im Arbeitsteil findet sich eine ausführlichere Darstellung des »Falles Albert« und des »Falles Peter« und im Abschnitt 2.8.3 wird die systematische Desensibilisierung am Beispiel einer Phobie (abnorme und sehr intensive Angst) vorgestellt.

2.5.3 Aversionstherapie

Im Fall Albert haben wir in dem plötzlich lauten Geräusch einen Reiz kennengelernt, der eine unangenehme Reaktion zur Folge hatte. Solche Reize nennt man auch *aversive Reize*. Sie lösen meist Angst aus, seltener auch Zorn. Im Fall Peter ist uns mit der Lieblingsspeise ein Reiz begegnet, der eine angenehme Reaktion auslöst. Wir wollen diesen Reiz mit *Fürntratt* (1974) einen *Sicherheitsreiz* nennen.

Bei der Gegenkonditionierung kann also einmal eine aversiv erlebte Reiz-Reaktions-Verbindung durch die Darbietung eines Sicherheitsreizes oder eine als positiv erlebte Reiz-Reaktions-Verbindung durch die Anwendung eines aversiven Reizes gegenkonditioniert werden.

Die erste Art der Gegenkonditionierung haben wir in der Form der

Angsttherapie kennengelernt. Zur zweiten Art von Gegenkonditionierung folgt ein Beispiel aus der Aversionstherapie bei der Behandlung von
Alkoholismus. Diese Therapie wird allerdings heute nur noch selten
angewandt.

Patienten erhalten ein Medikament (Apomorphin) injiziert, das nach etwa 10
Minuten Überkeit und Erbrechen hervorruft. Kurz vor oder zu Beginn dieser
unangenehmen Erlebnisse werden dem Kranken alkoholische Getränke verabreicht.

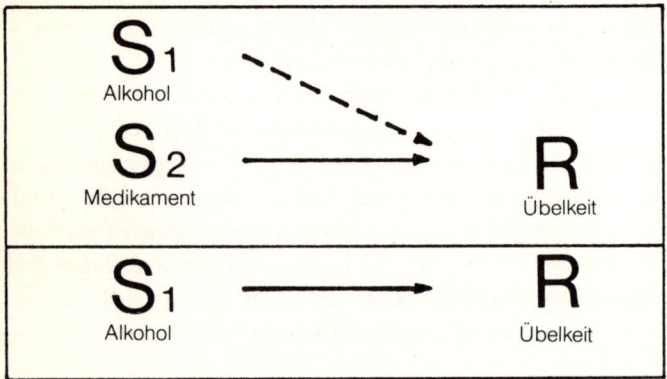

Abb. 14: Aversionstherapie bei Alkoholikern

Es muß an dieser Stelle erwähnt werden, daß die Erfolgsquote solcher
isolierten Maßnahmen dann nicht sehr hoch ist, wenn der Kranke nach
der Entlassung keine weiterführende therapeutische Betreuung erfährt
und somit nicht versucht wird, die Sucht von ihren Ursachen her zu
behandeln.

2.5.4 Zusammenfassung

In diesem Abschnitt wurden folgende Begriffe eingeführt:

Gegenkonditionierung
systematische Desensibilisierung
Angsthierarchie

Aversionstherapie

aversive Reize, Sicherheitsreize

2.6 Das Bedingen von Angst und Sicherheit

2.6.1 Vorbemerkung

Im Mittelpunkt der Betrachtung steht die Angsttheorie von *Fürntratt* (1974), in der Angst und Sicherheit als einander entgegenwirkende Erscheinungen aufgefaßt werden.

Den Abschluß bilden Überlegungen zu den Auswirkungen von Angst. An dieser Stelle sei darauf hingewiesen, daß es auch andere Angsttheorien gibt, z. B. *Freud* (1926), *Lazarus* (1968), *Schachter* (1971), die allerdings nicht behandelt werden. Allgemein läßt sich sagen, daß Gefühlstheorien heute stärker den kognitiven Aspekt betonen (vgl. *Krohne* 1976).

2.6.2 Angst und Sicherheit als antagonistisches System

Manche Autoren unterscheiden die Begriffe Furcht und Angst. In dieser Auffassung spricht man von Furcht, wenn die Gefahrenquelle eindeutig lokalisierbar ist (z. B. Furcht vor Hunden). Den Begriff Angst gebraucht man, wenn die Reizkonstellation mehrdeutig ist und die Person Schwierigkeiten hat, auf die empfundene Bedrohung angemessen und zielgerichtet zu reagieren (z. B. Angst vor einer ungewissen Zukunft). In behavioristischen Lerntheorien, so auch bei *Fürntratt,* werden die beiden Begriffe gleichbedeutend verwendet.

Die Vielfalt der Erscheinungen, die unter dem Begriff »*Angst*« zusammengefaßt werden, soll durch folgende Bezeichnungen angedeutet werden: »Unsicherheit, Ungewißheit, Unbehagen, Nervosität, Beklemmung, Bangen, Sich-Bedroht-Fühlen, Gespanntheit, Unruhe, Aufregung, Furcht, Bestürzung, Angst, Schrecken, Panik, Entsetzen, Grauen« (*Fürntratt* 1974, S. 11). Aus dieser Aufzählung ist ersichtlich, daß der Begriff der Angst keine einheitliche psychische Erscheinung meint, sondern eine ganze Klasse einander ähnlicher Emotionen. Das allgemeine Merkmal von Angst ist eine negativ getönte Befindlichkeit.

Angst ist eine alltägliche Erscheinung, auch wenn sie selten zugegeben wird. Dieses Leugnen, daß man Angst habe, finden wir in unserer Gesellschaft häufiger bei Erwachsenen als bei Kindern und dort wieder in stärkerem Maße bei Männern als bei Frauen.

Als Bezeichnungen für »*Sicherheit*« können genannt werden: »Ruhe, Gelassenheit, Sicherheit, Entspannung, Erleichterung« (*Fürntratt* 1974, S. 30).

Die Effekte von Angst sind sehr verschiedenartig. Einerseits macht sie das Individuum wacher und handlungsbereiter, d. h. Angst aktiviert. Andererseits schwächt Angst andere Motive, z. B. Hunger, Durst, Sex, Zorn, Neugier oder wird selbst durch diese gehemmt. Hierbei spielen, etwas vereinfacht gesagt, die Stärkeverhältnisse der verschiedenen Motivationen eine Rolle.

Sicherheit dagegen aktiviert nicht, sie beruhigt. Sicherheit ist keine treibende Kraft zu irgendwelchen Aktivitäten. Sie ist, wie *Fürntratt* im Anschluß an *Konorski* betont, ein der Angst entgegenwirkender Mechanismus.

Wenn wir nun das bisher Gesagte zusammenfassen, können wir festhalten: Als antagonistisch (entgegengesetzt wirkend) können aufgefaßt werden auf der einen Seite Angst und auf der anderen Seite Hunger, Durst, Sex, Neugier, Zorn sowie die emotionale Reaktion der Sicherheit.

So bedeutsam im menschlichen Leben Sex, Hunger, Neugierde und Zorn als Gegenspieler von Angst sein mögen, im erzieherischen Bereich scheint es schwer möglich, diese als Angsthemmer einzusetzen. Aus diesen Gründen sollen im folgenden die Gegenpole Angst und Sicherheit im Vordergrund stehen.

2.6.3 Das Bedingen von Angst

Nach dieser Einführung eines antagonistischen Prinzips kann Angst ausgelöst werden *direkt* durch die Darbietung eines unbedingten bzw. eines bedingten angstauslösenden Reizes oder *indirekt* durch das Verschwinden eines sicherheitsauslösenden Reizes (Abb. 15).

Beispiele:

– Direkte unbedingte Angstauslösung
Erschrecken bei einem unerwarteten Klopfen an der Tür; Herzbeschwerde; Folter.
– Direkte bedingte Angstauslösung
Furcht vor Hunden; Angst vor Zahnarztbesuch; Luftschutzsirene.

– Indirekte Angstauslösung
Krankenhausaufenthalt eines Kindes, das nicht in geeigneter Form auf dieses
Ereignis vorbereitet wurde; Isolationshaft als Extremfall von Reizarmut.

Angst kann ausgelöst werden...

	unbedingt	bedingt
direkt – durch Auftreten eines (Angst-)reizes	z. B. durch Schmerzreize, plötzlichen Lärm, rasche Annäherung eines Gegenstandes, Atemnot	z. B. durch schmerzavisierende Signale, Drohung mit Aggression oder Verlassen
indirekt – durch Verschwinden oder Ausbleiben eines vorhandenen bzw. erwarteten (Sicherheits-)Reizes	z. B. durch plötzlichen Verlust von körperlichem Kontakt, Verlust eines vertrauten Gegenstandes, Nicht-Antreffen einer geliebten Person	Anm.: Alle diese Auslöser können auch als Vorstellungen auftreten und wirksam sein

Abb. 15: Direkte und indirekte Auslösung von Angst (aus *Fürntratt* 1974, S. 47)

Das *direkte Bedingen von Angst* folgt – wie wir bereits wissen – dem
Prinzip des assoziativen Lernens. »Ein Reiz, der – einmal oder wiederholt – der Auslösung von Angst vorausgegangen ist oder längere Zeit
zusammen mit einem Angst-Auslöser gegeben war, kann die Fähigkeit
erlangen, selbst Angst auszulösen« (*Fürntratt* 1974, S. 57). Diese
bedingten, aversiven, angstauslösenden Reize sind im menschlichen
Leben von weitaus größerer Bedeutung als die unbedingten. Man denke
nur an Fälle wie Prüfungsangst, Konkurrenz und Rivalität im Berufsleben, Androhung von Repressalien oder Strafen in Schule und Familie
usw.

Angstbedingen auf der Grundlage *indirekter Angst-Auslösung* ist identisch mit dem Verschwinden eines Sicherheitsreizes. Dies ist ein ebenfalls häufig zu beobachtendes Phänomen. Ein sehr drastisches Beispiel
wäre das Alleingelassenwerden. Im Märchen sind es Hänsel und Gretel,
die sich im Wald verirren, bei Erwachsenen könnten genannt werden der
Verlust eines geliebten Menschen durch Tod bzw. Trennung oder die
aufkommende Angst bei Verspätung oder Nichterscheinen eines zu
einem bestimmten Zeitpunkt erwarteten Familienangehörigen.

Abb. 16: Direkte bedingte Angstauslösung (aus pardon Nr. 5/1976)

2.6.4 Das Bedingen von Sicherheit

Dieser Punkt kann nun wesentlich kürzer abgehandelt werden, da alle Erscheinungen analog zum Bedingen von Angst betrachtet werden können. Abb. 17 gibt einen Überblick über die verschiedenen Formen des Bedingens von Sicherheit.

Sicherheit kann ausgelöst werden...

	unbedingt	bedingt
direkt – durch Auftreten eines (Sicherheits-)Reizes	z. B. durch körperlichen Kontakt, Saugen, Lächeln	z. B. durch Stimme der Pflegeperson, freundliche Worte, Erscheinen eines »Retters in der Not«
indirekt – durch Verschwinden oder Ausbleiben eines vorhandenen bzw. erwarteten (Angst-)Reizes	z. B. durch plötzliches Aufhören von Schmerz, Verschwinden einer Bedrohung	Anm.: Alle diese Auslöser können auch als Vorstellungen auftreten und wirksam sein.

Abb. 17: Direkte und indirekte Auslösung von Sicherheit (aus: *Fürntratt* 1974, S. 47)

Auch hierzu wollen wir einige Beispiele betrachten:

– Direkte, unbedingte Sicherheitsauslösung
Jemanden an der Hand führen; jemanden umarmen.
– Direkte, bedingte Sicherheitsauslösung
Schlaftiere, die manche Kinder zum Einschlafen brauchen; sich an der Zigarette
»festhalten«.
– Indirekte Sicherheitsauslösung
Aufatmen nach Zahnarztbehandlung; Erleichterung, nachdem sich in der Dunkelheit eine fremde Person entfernt hat.

2.6.5 Auswirkungen von Angst

Wir unterscheiden zwischen Zustandsangst (akute Angst) und dispositioneller Angst (Ängstlichkeit). Ängstliche Personen neigen dazu, häufig und bei relativ geringfügigen Anlässen mit Angst zu reagieren.
Nach der Auffassung des amerikanischen Psychologen *Hull* (1952) hängt die Lernleistung eines Organismus von der jeweiligen Stärke seines Erregungspotentials ab. Das Aktivierungsniveau einer Person im Zustand der Angst wirkt sich nun augenscheinlich unterschiedlich aus, je nachdem ob man den Erwerb neuer Ängste, kognitive Leistungen oder das Lernen angstmotivierten instrumentellen Verhaltens betrachtet.

Zum erstgenannten Punkt formuliert *Herrmann* (1972, S. 24): »Furcht vor etwas ist nicht nur etwas, was man schnell lernt und langsam verlernt; man lernt auch schnell und verlernt auch langsam, wenn man sich fürchtet.« Diese größere Lernleistung ängstlicher Menschen scheint sich allerdings weitgehend auf assoziatives Lernen von bedingten Reflexen und emotionalen Reaktionen zu beschränken. Wir können also zumindest die Hypothese formulieren, daß ängstliche Menschen leicht Angst lernen und diese dann auch besonders widerstandsfähig gegen Löschung ist.
Wesentlich anders scheinen die Auswirkungen von Angst auf Schulleistungen zu sein. Allerdings sind die Beziehungen zwischen Angst und Leistung außerordentlich komplex. Folgende Faktoren spielen u. a. eine Rolle: die Intelligenz des Lerners, die Art der Aufgaben, der Schwierigkeitsgrad der Aufgaben, das Geschlecht, das Alter und der soziale Kontext (z. B. Gruppen- oder Einzelarbeit). Während bei einfach strukturierten Aufgaben (z. B. Additionsaufgaben) ein leistungshemmender

Effekt nicht so sehr beobachtet werden konnte und in einzelnen Fällen sogar im Zustand leichter Angst eine Leistungssteigerung zu verzeichnen war, ist bei komplexen Aufgaben (z. B. Problemlösen) eine Abnahme der Informationsverarbeitungskapazität bei ängstlichen Schülern klar erwiesen. Faßt man die teilweise widersprüchlichen Befunde zusammen, so läßt sich feststellen: Von hoher Intelligenz abgesehen, besteht ein negativer Zusammenhang zwischen Angst und Schulleistung. Im Regelfall setzt Angst die intellektuelle Leistungsfähigkeit herab.

Unter Angstmotivation werden bestimmte Verhaltensweisen gelernt oder verlernt. Beim Vorhandensein von Schulangst kann es zu häufigerem Schulschwänzen oder zum Vortäuschen von Unwohlsein kommen und bei Androhung einer Strafe wird u. U. aus Angst ein Verhalten unterlassen. Diese Erscheinungen werden im Kapitel über das instrumentelle Lernen unter den Stichworten »negative Verstärkung« und »Bestrafung« noch ausführlicher behandelt.

2.6.6 Zusammenfassung

In diesem Abschnitt wurden folgende Begriffe eingeführt:

Erscheinungsformen von Angst und Sicherheit

Angst und Sicherheit als antagonistisches System

direkte und indirekte Auslösung von Angst bzw. Sicherheit

Auswirkungen der Angst
    Ängstlichkeit (Angstneigung)
    Lernen von Angst
    Angst und kognitive Leistungen
    Angst und instrumentelles Verhalten

2.7 Der Aufforderungscharakter

2.7.1 Vorbemerkung

In den letzten Abschnitten wurde das Lernen emotionaler Reaktionen behandelt. Im Mittelpunkt der Betrachtung standen die einander entgegenwirkenden (antagonistischen) Gefühle der Angst und Sicherheit. Solche Gefühlsreaktionen haben auch etwas mit der Motivation zu tun. Aus diesem Grunde sind jetzt emotionale Faktoren im Motivationsgeschehen zu untersuchen.

Zunächst werden die Begriffe Motive und Motivation vorgestellt. Im Mittelpunkt der Betrachtung steht dann der Erwerb eines positiven oder negativen Aufforderungscharakters.

Nach diesen Überlegungen wird uns klar geworden sein, warum wir vom Lernen von *emotional-motivationalen* Reaktionen sprechen.

2.7.2 Motiv und Motivation

»Motive stehen hier als Sammelname für so unterschiedliche Bezeichnungen wie Bedürfnis, Beweggrund, Trieb, Neigung, Streben etc. Bei allen Bedeutungsunterschieden im einzelnen verweisen alle diese Bezeichnungen auf eine ›dynamische‹ Richtungskomponente. Es wird eine Gerichtetheit auf gewisse, wenn auch recht unterschiedliche, aber stets wertgeladene Zielzustände angedeutet; und zwar Zielzustände, die noch nicht erreicht sind, deren Erreichung aber angestrebt wird . . .« (*Heckhausen* 1980, S. 24).

Motive werden in diesem Sinne aufgefaßt als Persönlichkeitsdispositionen, die beträchtliche individuelle Unterschiede aufweisen können. Diese Motive gehen über in den Zustand der *aktuellen Motivation,* wenn Situationsfaktoren sie dazu anregen. Das Motivationsgeschehen ist also abhängig von einem Motiv *und* dem Aufforderungscharakter der Situation.

Man könnte auch sagen, daß sich bei der Motivation zwei Pole unterscheiden lassen (Abb. 18):

– der interne Pol, den wir als Personfaktor bezeichnen (Motiv = Trieb, Bedürfnis, Strebung, Neigung, Wunsch, Interesse usw.),
– der externe Pol, den wir als Situationsfaktor bezeichnen (Aufforderungscharakter, Anreizwert, emotionale Valenz der Sache).

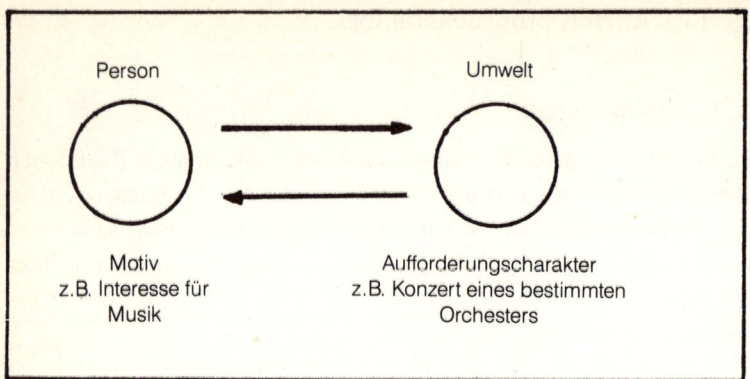

Abb. 18: Motivationsvorgang

Man nimmt an, daß in diesem Wechselwirkungsverhältnis das Motiv eine allgemeine Aktivierung des Organismus bewirkt, während der Aufforderungscharakter der Situation die Ausrichtung dieses Strebens auf ein ganz bestimmtes Objekt bewerkstelligt.

Abb. 19: Aufforderungscharakter (aus betrifft: erziehung, Nov. 1972)

Die verschiedenen Motivationstheorien unterscheiden sich durch das Gewicht, das sie jedem dieser beiden Pole zumessen und zusätzlich noch darin, in welchem Ausmaß sie kognitive Prozesse (z. B. Erfolgswahrscheinlichkeit, Ursachenzuschreibung) annehmen. Im Zusammenhang mit dem assoziativen Lernen interessiert uns allerdings ausschließlich der Situationsfaktor.

2.7.3 Positiver oder negativer Aufforderungscharakter

Statt von *Aufforderungscharakter* haben wir auch von *Anreiz* oder von der *emotionalen Valenz* gesprochen. Diese *Attraktivität* kann selbstverständlich auch ein intellektueller Anreiz sein, z. B. Neuheit, Komplexität oder Zweideutigkeit einer Sache (*Berlyne* 1974).

Aufforderungscharakter wollen wir im Zusammenhang mit dem assoziativen Lernen jedoch hauptsächlich als einen emotionalen Wert auffassen. Hierbei ist davon auszugehen, daß diese Valenz in der Mehrzahl der Fälle erworben, d. h. gelernt ist. Wählen wir ein Beispiel:

In südeuropäischen Ländern wird jeder Reisende irgendwann mit den Früchten des Meeres (frutti di mare) konfrontiert. Für den einen ist dies eine außerordentliche Delikatesse, für den anderen ein abscheuliches und ekelerregendes Getier.

Solche unterschiedlichen emotionalen Reaktionen lassen sich nach dem Modell des assoziativen Lernens erklären (Abb. 20).

Was im Einzelfall wirklich zum Erlernen des unterschiedlichen Aufforderungscharakters beigetragen hat, ist schwer zu sagen. Dies können sehr verschiedenartige Erlebnisse sein (z. B. erstmaliger Genuß in angenehmer Atmosphäre gegenüber abwertenden Äußerungen der Eltern u. ä.).

Diesem emotionalen Aufforderungscharakter, der positiven oder negativen Valenz einer Sache, kommt im Motivationsgeschehen größte Bedeutung zu. Vereinfacht kann man sagen: Ziele mit positivem Aufforderungsgehalt werden angestrebt und solche mit negativem Aufforderungsgehalt werden gemieden. Ein Musterbeispiel hierfür ist das Sexualverhalten, das in hohem Maße anreizmotiviert ist. Es ist festzustellen, daß in Motivationstheorien eine Schwerpunktverlagerung vom *Antrieb* auf den *Anreiz* stattgefunden hat. Zwar sind Motiv (Antrieb) und Anreiz (Auffor-

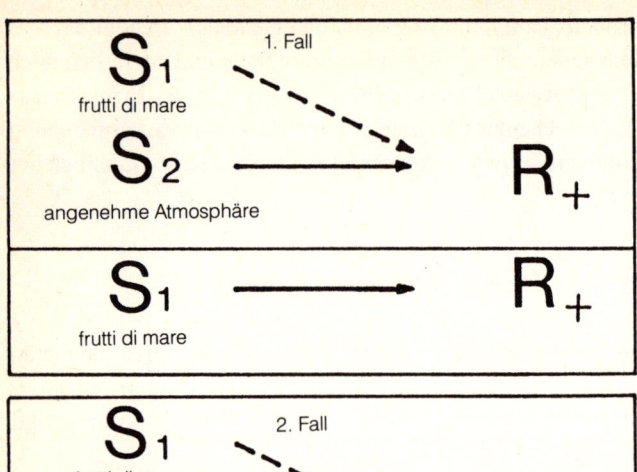

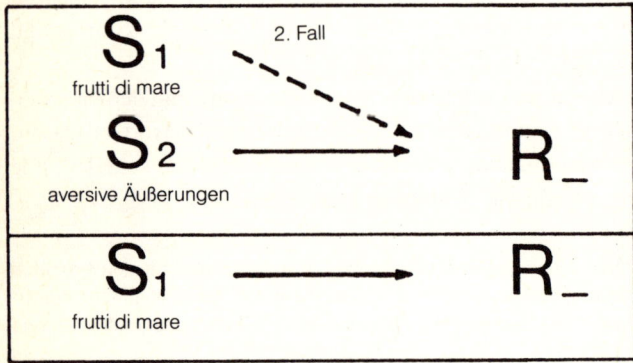

Abb. 20: Aufbau eines positiven (R₊) bzw. negativen (R₋) Aufforderungscharakters

derungscharakter) im Sinne eines Wechselwirkungsverhältnisses aufeinander bezogen, die größere dynamische Kraft ist jedoch oft dem emotionelen Wert des Zielzustandes zuzuschreiben.

Sehr häufig sind *kognitive Prozesse* der Situationsbewertung und rationale Argumente weit weniger motivierend als der beschriebene *emotionale Aufforderungscharakter*.

Das Lernen von Gefühlen einerseits und das Lernen eines bestimmten Aufforderungscharakters andererseits sind eigentlich zwei Sichtweisen ein und desselben Vorgangs. Im ersten Fall richtet sich die Aufmerksamkeit mehr auf die Person und im zweiten Fall mehr auf das Objekt in unserer Umwelt. Aus diesem Grund sprechen wir vom Lernen emotional-motivationaler Reaktionen. Dabei ist zu beachten, daß das assoziative

Lernen selbst nicht motiviert ist (Prinzip der Kontiguität), aber bedeuten-
den Einfluß auf den Prozeß der Motivation hat.

2.7.4 Die sekundären Verstärker

Jetzt soll noch eine Erscheinung vorgestellt werden, die im Rahmen des
instrumentellen Lernens eine gewisse Rolle spielt – die sekundären
Verstärker.
Zunächst wollen wir etwas ungenau sagen, daß Verstärker das sind, was
man in der Umgangssprache Belohnungen nennt. Im Kapitel über das
instrumentelle Lernen werden wir darüber dann genaueres erfahren.
Primäre Verstärker sind solche, die eine unmittelbare biologische
Bedeutung für den Organismus haben. Ihr motivationaler Wert braucht
nicht erlernt zu werden. Sehr wirksame primäre Verstärker für Kinder
sind beispielsweise Süßigkeiten.
Sekundäre Verstärker sind solche, die erst durch einen Lernprozeß ihren
Belohnungswert erhalten haben.
Wählen wir ein Beispiel:

In zahlreichen Alltagssituationen werden chips oder Wertmarken verwendet
(z. B. als Telefonmünze).
Nehmen wir den Fall an, daß Kinder für eine Tätigkeit solche chips erhalten, die
sie später in Bonbons umtauschen können.

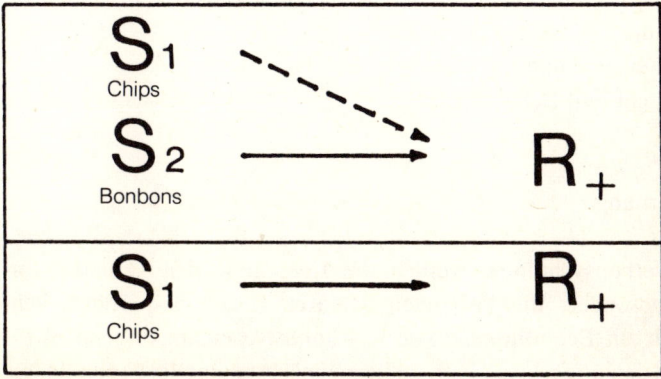

Abb. 21: Sekundäre Verstärker

Der bekannteste sekundäre Verstärker ist das Geld. Die mit Ziffern bedruckten Papierscheine erhalten ihren Wert erst dadurch, daß man sie gegen primäre Verstärker eintauschen kann.

Die Erklärung, wie sekundäre Verstärker ihren Belohnungswert erhalten, dürfte für uns leicht zu verstehen sein. Es handelt sich ganz einfach um den Erwerb eines positiven Aufforderungscharakters.

2.7.5 Zusammenfassung

In diesem Abschnitt wurden folgende Begriffe eingeführt:

Motiv und Motivation

Aufforderungscharakter = Anreiz, emotionale Valenz, Attraktivität

Anreiztheorie der Motivation

sekundäre Verstärker

2.8 Reiz-Reaktions-Lernen in verschiedenen Bereichen

2.8.1 Vorbemerkung

Assoziatives Lernen vom Typ 2 findet außerordentlich häufig statt. Es sollen Beispiele aus folgenden drei Gebieten angesprochen werden:
(1) Werbung
(2) Verhaltenstherapie
(3) Unterricht und Erziehung.

2.8.2 Werbung

In der Werbepsychologie werden die Ergebnisse der Verhaltensforschung, besonders die Prinzipien des Reiz-Reaktions-Lernens, sehr erfolgreich zur Beeinflussung von Konsumentscheidungen genutzt.

Da gibt es den einfachsten Fall, daß ein zunächst neutraler Produktname assoziiert werden soll mit einer angenehmen Reaktion. Der Leser kann sicher zahlreiche Beispiele analysieren, in denen Stars, angenehme Gesellschaft, gesellschaftlicher oder sexueller Erfolg, Genuß, Entspannung, Aktivität (S2) häufig zusammen mit einer Ware dargestellt werden.

Auf diese Weise wird der bedingte Reiz »Produktname« (S1) verbunden mit einer positiven emotionalen Reaktion (Abb. 22).

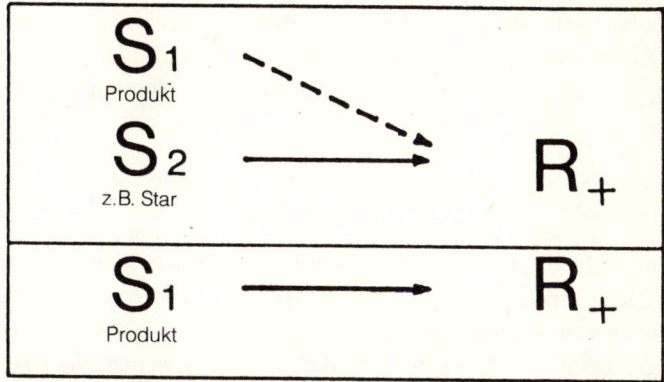

Abb. 22: Gezielter Einsatz des assoziativen Lernens in der Werbung
(R_+ = positive emotionale Reaktion)

»Wir müssen uns . . . klar machen, daß zwei Prozesse ineinandergreifen, wenn die Einstellung des Konsumenten konditioniert wird:

1. Prozeß: Die Konditionierung der Wortbedeutung. Ein Markenname wie ›XY-Kaffee‹ wird durch fortwährende Darbietung zusammen mit angenehmen Reizen emotional aufgeladen. Er erhält für die Umworbenen dadurch eine positive Bedeutung.

2. Prozeß: Die Auswirkung auf das Verhalten. Die emotionale Aufladung des Markennamens führt zu einer Änderung der Einstellung. ›XY-Kaffee‹ wird aufgrund der stärkeren positiven Haltung tatsächlich vorgezogen . . .

Die Einstellung zu Marken (Produkten) läßt sich ohne sachliche Informationsvermittlung allein durch emotionale Konditionierung verändern. Diese Beeinflussung entzieht sich weitgehend der willentlichen und gedanklichen Kontrolle des Umworbenen« (nach *Kroeber-Riel/Meyer-Hentschel* 1982, S. 119, 122).

Der wesentlichste Teil der Werbewirkung besteht demnach in der Veränderung des Aufforderungscharakters der Ware. Zusätzliche Informationen über das Produkt werden häufig als nutzlos angesehen und nicht selten nur aus Rechtfertigungsgründen aufgenommen.

Als besonders wirkungsvoll erweist sich ein Appell an die soziale Motivation (Bedürfnis nach sozialem Kontakt, nach sozialer Akzeptanz, nach Status und Prestige).

Auch bei der Wahlwerbung treten bei der Anwendung solcher emotionalen Techniken zuweilen die Sachargumente in den Hintergrund. Hier ist das Ziel beobachtbar, die eigene Partei mit positiven emotionalen Reaktionen (z. B. Sicherheit, Fortschritt) zu verbinden und die gegnerische Partei mit aversiven emotionalen (angstauslösenden) Reaktionen zu assoziieren.

2.8.3 Verhaltenstherapie

Das folgende Fallbeispiel zur systematischen Desensibilisierung vermag nur unzureichend einen Einblick in die Arbeitsweise eines lerntheoretisch orientierten Therapeuten zu geben.

Trotzdem erscheint es wünschenswert, daß der Leser wenigstens eine ungefähre Vorstellung vom angesprochenen Gegenstand hat.

Der Psychiater *Wolpe* wollte die bei den meisten Neurosen auftretende Angst dadurch überwinden, daß der Patient, wenn er an die angstauslösenden Situationen denkt, sich vollständig entspannt. Dabei ist es nötig, daß das Ausmaß der Entspannung größer ist als die durch die spezifische Situation hervorgerufene Angst. Dies wird durch zwei Verfahren erreicht: durch die progressive Entspannung und den Aufbau einer Angsthierarchie.

Bei dem Verfahren der progressiven Entspannung lernt der Patient in etwa fünf bis sieben Sitzungen, seine Muskeln wirkungsvoll zu entspannen, d. h. er lernt Reaktionen des autonomen Nervensystems (Herzfrequenz, Schweißabsonderung usw.) in der Weise zu kontrollieren, daß sie den Reaktionsweisen bei Angstauslösung (Erregung) entgegengesetzt sind.

Bei der Erstellung der Angst-Hierarchie werden die Situationen analysiert, vor denen der Patient Angst empfindet, und diese Situationen dann in eine Rangreihe gebracht, so daß die am stärksten angstauslösenden Situationen am Anfang und die am schwächsten angstauslösenden Situationen am Ende der Liste stehen.

Wir entnehmen ein Beispiel aus *Mednik/Pollio/Loftus* (1975, S. 52–53). Es handelt sich um eine Patientin, die vor engen Räumen starke Furcht empfand (Klaustrophobie):

»1. In einem Fahrstuhl stecken bleiben (je länger die Zeit, desto unangenehmer);
2. In einem Raum eingeschlossen werden (je kleiner der Raum und je länger die Zeit, desto unangenehmer);
3. durch einen Eisenbahntunnel fahren (je länger der Tunnel, desto unangenehmer);
4. allein in einem Fahrstuhl fahren (je größer die Entfernung, desto unangenehmer);
5. in einem Fahrstuhl mit Fahrstuhlführer (je größer die Strecke, desto unangenehmer);
6. mit der Eisenbahn fahren (je länger die Reise, desto unangenehmer);
7. in einem Kleidungsstück mit verklemmtem Reißverschluß stecken;
8. einen engen Ring am Finger haben;
9. einen Besuch machen und dabei nicht in der Lage sein, jederzeit den Raum zu verlassen (z. B. beim Kartenspiel);
10. erzählt bekommen, daß jemand im Gefängnis sitzt;
11. Nagellack am Finger haben und keine Möglichkeit, ihn zu entfernen;
12. einen Bericht über verschüttete Bergleute lesen.«

Im Verlauf der Therapie mußte die Patientin nacheinander die angstauslösenden Situationen von Nr. 12 bis Nr. 1 durchlaufen. Hierbei hatte sie sich bei möglichst vollständiger Entspannung die jeweilige Situation vorzustellen. Ohne jetzt auf die genaue Prozedur einzugehen, kann der Endzustand der Therapie darin gesehen werden, daß an der Spitze der Angst-Hierarchie die Angst so stark gehemmt ist, daß man annehmen darf, daß die Patientin auch in der Realität mit dieser Situation fertig wird.

Dies war ein Beispiel für die Technik der systematischen Desensibilisierung, die auf dem Prinzip der Gegenkonditionierung beruht.

2.8.4 Unterricht und Erziehung

Warum sollen Lehrerstudenten, Lehrer, Erzieher und Eltern über solche Kenntnisse verfügen, wie sie im vorliegenden Kapitel dargestellt werden? Angesprochen werden sollen der Abbau von Angst und das Bestreben, dem Unterricht einen positiven Aufforderungscharakter zu verleihen.

Man kann davon ausgehen, daß der Ursprung der Ängstlichkeit in der frühen Kindheit zu suchen ist. Sowohl im Elternhaus als auch in der Schule ist mit einem gewissen Ausmaß von Angstbereitschaft der Kinder zu rechnen. Dies führt unvermeidlich zum Auftreten von Angst-Reaktionen.

Die hemmende Auswirkung der Angst auf andere Motive sowie auf die intellektuelle Leistungsfähigkeit konnte deutlich aufgezeigt werden. Angst ist außerdem das Motiv für das Erlernen instrumenteller feindseliger und einschmeichelnder Verhaltensweisen, was noch ausführlicher im nächsten Kapitel besprochen wird.

Aus diesen Gründen kommt zunächst der *Verhinderung* von Angst-Lernen größte Bedeutung zu. Weiterhin ist häufiges Gegenkonditionieren, d. h. die Darbietung unbedingter und bedingter Sicherheitsreize, ein sinnvolles Mittel zum *Abbau* von Angst. Hierzu äußern *Tausch, R.* und *Tausch, A.* (1973, S. 114):

»Erziehende Erwachsene haben die Möglichkeit, Ängste und emotionale Beeinträchtigung von Kindern und Jugendlichen durch Gegenkonditionierung zu vermindern. Statt der in der Verhaltenstherapie üblichen körperlichen Entspannungen können die in der Gesprächspsychotherapie als effektiv erwiesene emotionale Wärme und Freundlichkeit, Wertschätzung und verständnisvolle Zugewandtheit, Sicherheit und Ruhe des Erwachsenen wirksam werden. Teilweise werden derartige Formen auch intuitiv etwa von Müttern realisiert, indem sie ihre Kleinkinder auf den Arm nehmen und sich mit ihnen angsterregenden Situationen, wie etwa dem Meer, nur langsam nähern oder indem sie ihre Kinder, die Angst vor dem Kindergarten oder der Schule haben, schon Wochen vorher langsam daran gewöhnen, indem sie zunehmend mehr davon sprechen, während sie dem Kinde gewisse angenehme Erfahrungen zuteil werden lassen oder indem sie Spaziergänge mit angenehmen Erfahrungen in die Nähe der Schule oder des Kindergartens machen.«

Insbesondere scheinen solche Maßnahmen nach dem Prinzip der Gegenkonditionierung in schulischen Streß- und Konfliktsituationen angebracht (Klassenarbeiten, schlechte Zensuren).

Ganz klar muß gesagt werden, daß der angesprochene Adressatenkreis keineswegs zu Hilfs-Therapeuten ausgebildet werden soll. Vielmehr sollten die mit Erziehung befaßten Personen über so genaue lerntheoretische Kenntnisse verfügen, daß sie sensibilisiert werden, möglichst häufig Effekte ihrer erzieherischen Aktionen einschätzen zu können.

Aus diesem Grunde können für Lehrer und Erzieher eigentlich nur zwei Regeln gelten;

- Vermeide möglichst das Auftreten unbedingter und bedingter Angstauslöser! *S. 43*
- Schaffe eine Atmosphäre von Sicherheit! *S. 44*

Da Lehrer über keine therapeutische Ausbildung verfügen und Angsttherapie außerdem ein recht schwieriges Unterfangen ist, sind diese *psychohygienischen Grundregeln* das Optimum an pädagogisch-psychologischer Information und Beratung.

Allerdings ist anzumerken, daß solche Empfehlungen sich schnell als
fromme Wünsche erweisen, wenn man Schule als Abbild der Konkur-
renzgesellschaft versteht. Die Situation des Hauptschülers und die dro-
hende Jugendarbeitslosigkeit, die Selektion der Orientierungsstufe, der
Leistungsdruck an Gymnasien, Numerus clausus und Akademikerar-
beitslosigkeit sind Angstauslöser, die durch Höflichkeit, Wertschätzung
und emotionale Wärme kaum gegenkonditioniert werden können.

Auch die Manipulation des Aufforderungscharakters der Lerninhalte ist
von besonderer pädagogischer Bedeutung. Es ist wohl die elementarste
Kompetenz von guten Lehrern, die Lernangebote interessant und attraktiv darzubieten. Hierbei kommt neben kognitiven Aspekten (neue, über-
raschende, zunächst widersprüchliche Informationen bilden intellektuelle Anreize) auch der emotionalen Valenz einiges Gewicht zu. Freuen
sich Schüler auf die nächste Englisch- oder Sportstunde, weil der Lehrer
so nett und der Unterricht spannend und abwechslungsreich ist, dann darf
man wegen dieses postiven Aufforderungscharakters mit einer hohen
Lernmotivation rechnen.

Der Stellenwert des normalen didaktisch-methodischen Könnens für die
berufliche Tätigkeit des Lehrers soll nicht verkannt werden. Aber nur wer
darüber hinaus in der Lage ist, von seinem Unterricht eine gewisse
Faszination ausgehen zu lassen, die einen kognitiven *und* emotionalen
Anreiz darstellt, wird seine Schüler begeistern.

2.8.5 Zusammenfassung

In diesem Abschnitt wurden folgende Themen angeschnitten:

Verbindung eines Produktnamens mit einer positiven emotionalen Reaktion
Wahlwerbung

Fall von Klaustrophobie

progressive Entspannung
Aufbau einer Angsthierarchie

Gegenkonditionierung in Elternhaus und Schule
zwei »psychohygienische Grundregeln«

positiver Aufforderungscharakter und Faszination

2.9 Arbeitsteil

Dieser Arbeitsteil bietet Ihnen die Möglichkeit, das erworbene Wissen über das assoziative Lernen anzuwenden. Sie sollen angeregt werden, selbständig komplexere Probleme aus dem Alltag und dem Bereich der Schule zu *analysieren* und zu *beurteilen*.

Der Arbeitsteil besteht aus folgenden Abschnitten:

(1) Als erstes wird Ihnen noch einmal eine *Zusammenfassung des Informationsteils* gegeben. Sie soll Ihnen die wesentlichen Gesichtspunkte in Erinnerung rufen.

(2) Ein *Test mit Lösungsschlüssel* soll Ihnen zeigen, wo Sie eventuell noch Lücken haben, die aufgearbeitet werden müssen.

(3) Es werden Ihnen zwei *Forschungsberichte* vorgestellt, an denen Sie exemplarisch erkennen können, wie assoziatives Lernen in der Psychologie erforscht wird.

(4) Im Abschnitt *Übungen* werden Ihnen Arbeitsaufgaben angeboten, die Sie mit Hilfe des erworbenen Wissens lösen sollen.

(5) Unter der Bezeichnung *Diskussion* werden Sie mit Situationsschilde-

rungen konfrontiert, die unter Verwendung der einschlägigen Begriffe analysiert und beurteilt werden können.

(6) Am Ende des Arbeitsteils finden Sie kommentierte Hinweise auf *weiterführende Literatur*.

2.9.1 Zusammenfassung des Informationsteils

(1) Der Begriff Assoziation wird in zweierlei Bedeutung gebraucht: »direkte assoziative Verknüpfung von Bewußtseinsinhalten« (Typ 1) und »klassisches Bedingen oder Konditionieren« (Typ 2).

(2) Das assoziative Lernen vom Typ 2 wird auch noch Reiz-Reaktions-Lernen oder S-R-Lernen, Signallernen, reaktives Lernen genannt.

(3) Reize lösen ein Antwortverhalten aus. Beim Lernen von Reiz-Reaktionsverbindungen kommt es zu einer Reizsubstitution (Reiz-Ersetzung). Ein neuer Reiz löst die gleiche oder eine sehr ähnliche Reaktion aus wie der ursprüngliche Stimulus.

(4) Das ausschlaggebende Erklärungsprinzip ist die Kontiguität, d. h. die Berührung der beiden Reize.

(5) Weitere wichtige Gesichtspunkte beim Auf- oder Abbau von Reiz-Reaktions-Verbindungen sind die Bekräftigung, die Löschung, Generalisierung und Differenzierung und die bedingten Reaktionen höherer Ordnung.

(6) Da emotional-motivationale Reaktionen gegenüber Löschung meist sehr widerstandsfähig sind, ist zum Abbau eine Gegenkonditionierung nötig.

(7) Für erziehungswissenschaftliche Fragestellungen ist das Bedingen von Angst und Sicherheit von besonderer Bedeutung.

(8) Der Aufforderungscharakter (Anreiz, Attraktivität, emotionale Valenz) einer Sache ist ein zentraler Punkt des Motivationsgeschehens. Er ist häufig erlernt und wird als assoziatives Lernen erklärt.

(9) Assoziatives Lernen spielt in der Werbung, in der Verhaltenstherapie sowie in Unterricht und Erziehung eine bedeutsame Rolle.

(10) Obwohl das Prinzip des assoziativen Lernens in der Werbung und Verhaltenstherapie professionell angewandt wird, kann Eltern und Lehrern keine bestimmte Technik vermittelt werden. Es kann nur dringend geraten werden, Angstauslösung zu vermeiden und Auslösung von Sicherheit anzustreben.

2.9.2 Test mit Lösungsschlüssel

Mit diesem Test können Sie überprüfen, ob Sie das Lernziel

»Die Grundbegriffe des assoziativen Lernens kennen«

erreicht haben.

Die Zeit zur Bearbeitung des Tests ist nicht begrenzt. Im Informationsteil oder anderen Lehrbüchern dürfen Sie jetzt nicht mehr nachschlagen.

Zu jeder Aufgabe sind 4 Antworten (Lösungen) vorgegeben. Nur eine dieser vorgeschlagenen Antworten ist richtig bzw. die beste Lösung und ist deshalb anzukreuzen.

Am Ende des Arbeitsteils finden Sie einen Lösungsschlüssel, mit dessen Hilfe Sie Ihr Ergebnis selbst kontrollieren können.

Wenn Sie 7 oder mehr Aufgaben richtig lösen, haben Sie das Ziel erreicht. Wenn Sie im Zweifelsfall raten, müssen Sie mindestens 8 richtige Lösungen vorweisen.

Und nun: *Viel Erfolg!*

1. Man unterscheidet zwei Theorien des assoziativen Lernens: Die direkte assoziative Verknüpfung von Bewußtseinsinhalten und das Reiz-Reaktions-Lernen.

   Als *Reiz-Reaktions-Lernen* werden u. a. erklärt

   a) das Lernen von emotional-motivationalen Reaktionen.

   b) die Verknüpfung eines Begriffs mit einem Begriffsnamen.

   c) Paarassoziationen.

   d) Knoten im Taschentuch.

2. Unter bestimmten Bedingungen löst ein Reiz eine Reaktion aus.

   Für den Erwerb *neuer* Reiz-Reaktions-Verbindungen ist die ausschlaggebende Bedingung

   a) die Bekräftigung der Reaktion.

   b) das Vorhandensein einer Reflex-Reaktion.

   c) die Kontiguität zweier Reize.

   d) ein Reiz als Auslöser.

3. Nach Abschluß des Lernvorgangs ist der dann *bedingte Reiz* in der Lage, die gleiche oder eine sehr ähnliche Reaktion auszulösen wie der *unbedingte Reiz*.

   Diese Erscheinung nennt man

   a) bedingten Reflex.

b) Signallernen.

c) Totalantwort.

d) Reizsubstitution.

4. Der Aufbau einer bedingten Reaktion vollzieht sich meist nicht in einem einzigen Lerndurchgang.

Unter *Bekräftigung* versteht man

a) ein wiederholtes Vorkommen des auslösenden Reizes.

b) ein wiederholtes Vorkommen der bedingten Reaktion.

c) ein wiederholtes Zusammenvorkommen des Reizes und der Reaktion.

d) ein wiederholtes Zusammenvorkommen des bedingten und des unbedingten Reizes.

5. Den Abbau einer Reiz-Reaktions-Verbindung nennt man Löschung oder Extinktion.

Löschung findet statt, wenn

a) die Reaktion zu häufig ausgelöst wird.

b) mehrfach der bedingte ohne den unbedingten Reiz angeboten wird.

c) zwischen den Versuchsdurchgängen eine längere Pause eintritt.

d) die emotional-motivationale Reaktion zu schwach ist.

6. Generalisierung und Differenzierung sind entgegengesetzt wirkende Vorgänge.

Bei der *Reiz-Generalisierung* ist

a) ein Reiz in der Lage, eine ähnliche bedingte Reaktion auszulösen.

b) ein dem bedingten Reiz ähnlicher Reiz ebenfalls in der Lage, die bedingte Reaktion auszulösen.

c) es nach dem Lernvorgang nicht mehr möglich, zwischen unbedingtem und bedingtem Reiz zu unterscheiden.

d) die Ähnlichkeit zwischen unbedingtem und bedingtem Reiz von Bedeutung.

7. Unter *bedingten Reaktionen höherer Ordnung* versteht man Ketten von einzelnen bedingten Reaktionen.

Das wesentliche Merkmal dieser Erscheinung besteht darin, daß

a) ein neuer Reiz mit einem bereits bedingten Reiz gekoppelt wird.

b) keine Bekräftigung nötig ist.

c) der auslösende Reiz eine bestimmte Intensität aufweisen muß.

d) diese Erscheinung nur bei emotional-motivationalen Reaktionen beobachtet wird.

8. Bei der Gegenkonditionierung kann entweder eine aversiv erlebte Reiz-Reaktions-Verbindung durch Darbietung eines Sicherheitsreizes oder eine positiv erlebte Reiz-Reaktions-Verbindung durch Darbietung eines aversiven Reizes beeinflußt werden.

   Diese *Gegenkonditionierung*

   a) überschreitet den Rahmen des assoziativen Lernens.
   b) unterscheidet sich in keinem Punkt von dem Normalfall der Konditionierung.
   c) ist nur in Verbindung mit anderen therapeutischen Maßnahmen erfolgversprechend.
   d) ist eigentlich nichts anderes als Löschung.

9. Angst kann direkt durch unbedingte und bedingte Angstauslöser und indirekt durch Verschwinden eines Sicherheitsreizes hervorgerufen werden.

   Direkte, bedingte Angstauslösung findet beispielsweise statt

   a) beim Auftreten eines Schmerzreizes.
   b) bei Atemnot während eines Asthmaanfalls.
   c) bei Androhung einer empfindlichen Strafe.
   d) beim Verirren in einem Wald.

10. Der Aufforderungscharakter einer Sache ist von großer Bedeutung für das Motivationsgeschehen.

    Diese *emotionale Valenz* ist sehr häufig

    a) ein unbedingter Reiz.
    b) ein bedingter Reiz.
    c) eine unbedingte Reaktion.
    d) eine bedingte Reaktion.

Lösungsschlüssel auf S. 71.

2.9.3 Forschungsberichte

Die beiden Studien stammen aus der Frühzeit der Lernpsychologie und sind sozusagen »Klassiker« der Verhaltensforschung.

In der Untersuchung von *Watson* und *Rayner* wird hauptsächlich der Aufbau einer bedingten Reaktion beschrieben und erklärt. Man erkennt bei diesem äußerst problematischen Vorgehen sowohl reflektorische als auch emotional-motivationale Reaktions-Komponenten.

In dem Versuch von *Jones* geht es um den Abbau einer gelernten Reiz-Reaktions-Verbindung. Im Mittelpunkt steht die Anwendung des Prinzips der Gegenkonditionierung.

(1)

Der Fall Albert

Watson, J. B./Rayner, R.: Conditioned Emotional Reactions. Journal of Experimental Psychology. Vol. III Nr. 1,1–14 (1920).

Problem: Wie wird Angst gelernt?

Die konditionierte emotionale Reaktion

Watson ging davon aus, daß sehr wenige emotionale Verhaltensweisen beim Kinde angeboren sind, so etwa Angst, Zorn, Liebe. Andererseits war bis dahin die Vielzahl und Komplexität emotionaler Reaktionen beim Erwachsenen lerntheoretisch nicht zu erklären.

Versuchsdurchführung: Experimentell untersucht wurde ein einziges Kind – Albert. Von Albert wird berichtet, daß er von Geburt an gesund und eines der am besten entwickelten Kinder war, die je an diesem Hospital untersucht wurden. Zu Beginn der Untersuchung war er neun Monate alt und emotional sehr stabil, weswegen man ihn auch für diese Untersuchung ausgewählt hatte.

Bei zahlreichen Tests, bei denen er mit einer weißen Ratte, einem Kaninchen, einem Hund, einem Affen, Masken mit und ohne Haar, Baumwolle usw. konfrontiert wurde, zeigte er niemals Angst. Es wird berichtet, daß das Kind praktisch nie schrie. Lediglich durch laute Geräusche und plötzliches Wegziehen der Unterlage konnte Angst ausgelöst werden. Das laute Geräusch wurde erzeugt, indem man mit einem Hammer auf eine hängende Eisenstange schlug.

(1) Der Aufbau einer bedingten Reaktion

Im Alter von 11 Monaten wurde dem kleinen Albert eine weiße Ratte gezeigt. In dem Augenblick, als das Kind mit der linken Hand nach der Ratte greifen wollte, wurde hinter seinem Rücken auf die Eisenstange geschlagen. Das Kind zuckte heftig zusammen, fiel nach vorn und verbarg sein Gesicht in der Matratze. Als später die rechte Hand die Ratte berührte, wurde wieder auf die Eisenstange geschlagen. Das Kind erschrak wieder sehr und begann zu wimmern. Nach einer Woche wurde eine ähnliche Versuchsserie durchgeführt an deren Ende Albert sofort zu schreien begann, sobald die Ratte nur gezeigt wurde.

(2) Gibt es einen »Transfer« auf andere Objekte?

Nach fünf Tagen entwickelte Albert ähnliche (teilweise schwächere) Angstreaktionen auch beim Anblick eines Kaninchens, eines Hundes, eines Pelzmantels, bei Baumwolle usw. Die Reaktion konnte wohlgemerkt ausgelöst werden, ohne daß in diesem Versuchsdurchgang auf die Eisenstange geschlagen wurde.

(3) Nachuntersuchung

Nach einem Monat wurde Albert noch einmal untersucht. Dabei konnte man feststellen, daß sich die bedingten emotionalen Reaktionen erhalten hatten. Lediglich war die Stärke mancher Reaktionen etwas geringer geworden.

(4) Der Abbau der bedingten emotionalen Reaktionen

Albert wurde aus dem Hospital genommen. Deswegen konnte ein Abbau nicht ausprobiert werden. Die Autoren diskutierten folgende Vorgehensweisen.

– Kind dauernd mit den angstauslösenden Reizen konfrontieren, um so den Reflex zu »ermüden«

– Darbietung angstauslösender Reize und gleichzeitige Stimulation der erogenen Zonen (bis einschließlich der Sexualorgane)

– »Entkonditionierung« durch Fütterung von Süßigkeiten, während das Tier gezeigt wird

– Aufbau konstruktiver Aktivitäten in Richtung angstauslösendes Objekt durch Imitation oder durch das Führen der Hand des Kindes durch einen Erwachsenen.

Abschließend wird das Daumenlutschen als Verhalten zur Eindämmung der Angst erklärt. Besonders gegen Ende der Versuchsserie begann Albert sofort mit dem Daumenlutschen, wenn ein angstauslösender Reiz dargeboten wurde. Dieses Daumenlutschen konnte sofort abgebrochen werden, wenn er seine Bauklötze erhielt.

Um die Auslösung der bedingten emotionalen Reaktion zu ermöglichen, mußte ihm wieder der Daumen aus dem Mund genommen werden.

Ergebnis: Albert erwirbt in mehreren Versuchsdurchgängen eine bedingte Angstreaktion. Durch Reizgeneralisation können später auch andere Objekte die Angst auslösen. Die bedingte emotionale Reaktion erweist sich während eines Zeitraums von vier Wochen als resistent gegen Löschung. Daumenlutschen hemmt sehr wirksam die Angst.

(2)

Der Fall Peter

Jones, M. C.: Eine experimentelle Untersuchung der Furcht: Der Fall Peter. In: *Hofer, M./Weinert, F.E.* (Hrsg.): Funkkolleg Pädagogische Psychologie, Bd. 2. Frankfurt 1973, S. 28–36 (erstmals wurde die Untersuchung im Jahre 1924 veröffentlicht).

Problem: Gegenkonditionierung
Peter, ein Junge von knapp drei Jahren, hat Furcht vor weißen Ratten. Durch Generalisation sind Furchtreaktionen z. B. auch gegenüber Kaninchen und pelzigen Gegenständen wie Pelzmänteln, Federn, Baumwolle usw. entstanden. Diese Furcht soll dem Jungen durch systematische »Entkonditionierung« *(Jones)* genommen werden.
Der Versuch könnte also als Fortsetzung des Falles »Albert« bezeichnet werden.
Jones kennzeichnet die Aufgabenstellung folgendermaßen: »Das erste Problem bestand darin, eine Furchtreaktion auf ein Tier zu löschen, zu »entkonditionieren«, und das zweite, festzustellen, ob die Entkonditionierung bei einem Tier ohne weitere Übung auf andere Reize übergreift« (S. 31).

Versuchsdurchführung: Über mehrere Monate hinweg erfolgte ein schrittweiser Abbau der Furchtreaktionen gegenüber dem Objekt »Kaninchen«, vor dem der Junge die stärksten Furchtreaktionen zeigte. Es wurde ein Versuchsplan aufgestellt, bei dem die einzelnen Situationen in graduellen Abstufungen eine engere Fühlungnahme mit dem Kaninchen erforderten.
Die Reaktionen des Jungen bei der Konfrontation mit diesen Situationen zeigen seine zunehmende Toleranz gegenüber dem ursprünglichen Furchtobjekt Kaninchen und geben das Ausmaß seiner Besserung an:

a) Kaninchen irgendwo im Käfig im Raum verursacht Furchtreaktionen
b) Kaninchen 12 Fuß entfernt im Käfig, toleriert
c) Kaninchen 4 Fuß entfernt im Käfig, toleriert
d) Kaninchen 3 Fuß entfernt im Käfig, toleriert
e) Kaninchen im Käfig, nahe herangerückt, toleriert
f) Kaninchen frei im Raum, toleriert
g) Kaninchen berührt, wenn Versuchsleiter es hält

h) Kaninchen berührt, wenn frei im Zimmer
i) Kaninchen trotzig abgelehnt, indem es bespuckt, mit Dingen beworfen und imitiert wird
j) Kaninchen zugelassen auf Ablagebrett des Kinderstuhles
k) kauert neben dem Kaninchen in wehrloser Stellung
l) hilft Versuchsleiterin, Kaninchen in Käfig zu tragen
m) hält Kaninchen auf dem Schoß
n) bleibt im Raum allein mit Kaninchen
o) duldet Kaninchen im Spielstall
p) liebkost Kaninchen
q) läßt Kaninchen an seinen Fingern knabbern.

Die Behandlungsphase gliedert sich in zwei Teile, da sie wegen einer zweimonatigen Krankheit von Peter unterbrochen werden mußte.

1. Phase
Peter konnte drei furchtfreie Kinder beobachten, die unbefangen mit dem Kaninchen spielten. Jones bezeichnet dieses Verfahren als »soziales Imitationslernen«.
Die ersten Erfolge dieses Abschnitts (Toleranzgrade a–h) wurden dadurch zunichte gemacht, daß der Junge sich kurz vor Beginn seiner Krankheit heftig vor einem großen Hund erschrak, so daß er auf sein altes Furchtniveau zurückfiel.

2. Phase
Während des zweiten Abschnitts wandte die Autorin ein anderes Verfahren an: die sogenannte »Gegenkonditionierung«. Jetzt wurde Peter auf seinen Stuhl gesetzt und bekam etwas Leckeres zu essen, während die Distanz zwischen ihm und dem Kaninchen langsam verringert wurde.
Auf diese Weise bekam das Kaninchen allmählich eine Art Signalwert für etwas dem Jungen Angenehmes, nämlich Leckereien. »Da bei jedem Vorzeigen des Hasen ein erfreulicher Reiz (Nahrung) vorhanden war, wurde die Furcht allmählich zugunsten einer positiven Reaktion abgebaut« (S. 34). Diese Methode wurde so lange fortgesetzt, bis der Junge während des Essens das Kaninchen auf dem Schoß behielt (Toleranzgrade j–q).

Ergebnis: Peters Furcht vor dem Kaninchen konnte vollkommen abgebaut werden. Außerdem berichtet die Autorin, daß der Junge bei ihrem letzten Gespräch auch keine Furcht mehr vor Pelzmänteln, Federn, Baumwolle usw. zeigte.

2.9.4 Übungen

(1) Erklären Sie die Untersuchungen von *Watson/Rayner* bzw. *Jones*
unter Verwendung des Schemas des assoziativen Lernens (Abb. 23)!

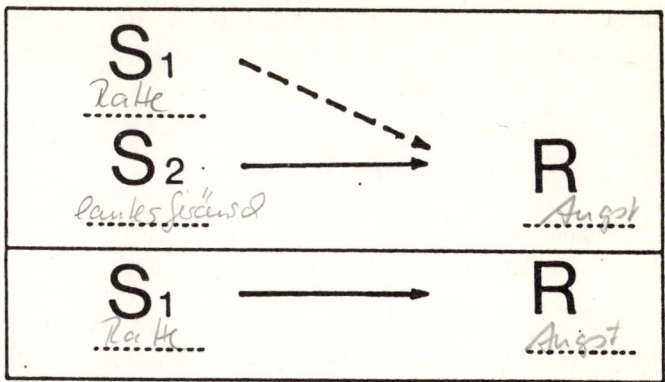

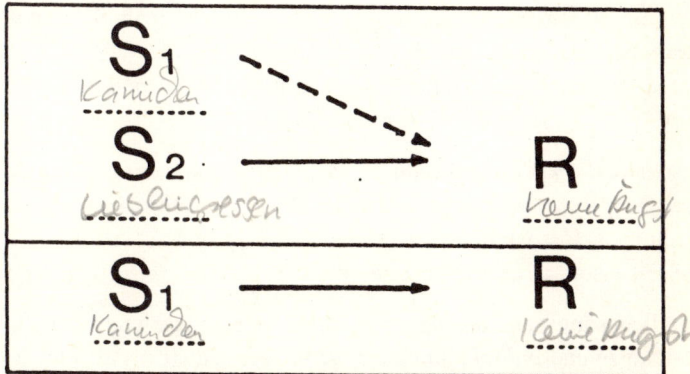

Abb. 23: Übungsaufgabe

(2) Führen Sie den folgenden Versuch durch und verfahren Sie wie bei
der vorhergehenden Aufgabe!
Beobachten Sie Ihre Pupillen im Spiegel, während Sie eine Taschenlampe auf Ihre Augen richten und diese einschalten (günstig ist dabei ein
Schaltgeräusch).
Nach etwa 10 Wiederholungen nehmen Sie die Batterie aus der Lampe
und führen dann das Experiment zum 11. Mal durch.

(3) Wenden Sie die Grundbegriffe des assoziativen Lernens auf folgende Situationen an:
– Der Probealarm von Sirenen löst unter bestimmten Bedingungen Angst aus.
– Manche Kinder haben Angst vor Zahnärzten oder Friseuren.
– Krankenhausgeruch ruft bei Besuchern Unbehagen hervor.
– Vor aufregenden Ereignissen lutschen einige Menschen gerne Bonbons oder kauen Kaugummi.

(4) Analysieren Sie konkrete Fälle von Schülern, die Abneigung gegen bestimmte Schulfächer, gegen Lehrer u. ä. aufweisen!

(5) Schüler gebrauchen manchmal Ausdrücke wie »Penne«, »Pauker« o. ä. Welche Konditionierungen haben wahrscheinlich stattgefunden?

(6) Arbeiten Sie ein Beispiel für eine bedingte Reaktion höherer Ordnung aus und überlegen Sie sich genau die situativen Bedingungen!

(7) Analysieren Sie die folgende Beobachtung:
Susanne weigert sich, abends ins Bett zu gehen. Seitdem sie ihr Schmusetier mitnimmt, macht sie keine Schwierigkeiten mehr.
Suchen Sie weitere Beispiele für Gegenkonditionierung in alltäglichen Situationen!

(8) Angst kann *direkt* durch unbedingte (angeborene) und durch bedingte (gelernte) Angstreize und *indirekt* durch das Verschwinden von Sicherheitsreizen ausgelöst werden.
Finden Sie Beispiele für alle drei Fälle!

(9) Sicherheit kann ganz analog *direkt* durch unbedingte und bedingte Sicherheitsreize und *indirekt* durch das Verschwinden eines Angstreizes ausgelöst werden.
Nennen Sie wieder Beispiele für die drei Formen!

(10) Ein Lehrer, der eine Faschingsfeier durchführt, ist entsetzt darüber, wie viele Kinder Spielpistolen und -gewehre mitbringen und mit welcher Begeisterung sie damit umgehen. Welche Lernvorgänge können bei dem Lehrer einerseits und bei den Schülern andererseits stattgefunden haben, die zu solchen unterschiedlichen Reaktionen führen?
Überlegen Sie sich verschiedene Möglichkeiten und stellen Sie jeweils eine im Schema des assoziativen Lernens dar!

2.9.5 Diskussion

(1) Ein Werbeslogan heißt »Alte Schuhe wirken ärmlich«.
Welches Ziel wird mit dieser Formulierung verfolgt?

(2) Farben werden nicht nur physikalisch wahrgenommen, sondern haben auf den Betrachter eine emotionale Wirkung. So wird beispielsweise in der Farbenlehre zwischen warmen und kalten Farben unterschieden. Warme Farben sind gelb, orange und rot, kalte Farben sind blau, blau-grün und blauviolett. Die warme bzw. kalte emotionale Wirkung von Farben läßt sich dadurch erklären, daß mit rot, gelb und orange Feuer und Sonne assoziiert wird und mit blau Wasser, Eis und Schnee. Mit warmen Farben werden unter anderem auch Gemütlichkeit, Geborgenheit und Zuneigung verbunden, mit kalten Farben u. a. Frische und Sauberkeit.
Versuchen Sie, Illustrierten-Werbungen hinsichtlich solcher Farbwirkungen zu analysieren!

(3) Studieren Sie die Wahlwerbung verschiedener Parteien!
In welcher Weise werden bedingte emotional-motivationale Reaktionen bewußt eingesetzt?

(4) Gesellschaftspoltitisch relevante Begriffe erhalten in der politischen Diskussion je nach dem Standpunkt des Kommunikators ein unterschiedliches Bedeutungsumfeld. Diskutieren Sie die Verwendung der Begriffe
  Gesamtschule – Einheitsschule
  Chancengleichheit – Gleichmacherei
  Schwangerschaftsabbruch – Abtreibung
  Selbsttötung – Selbstmord
  Mitglieder einer Freiheitsbewegung – Aufständige.
Studieren Sie unter diesem Gesichtspunkt Fernsehsendungen und Zeitungen!

(5) In schwierigen Lebenslagen ist für viele Menschen ein Partner besonders wichtig. Diese Erscheinung kann man auch unter dem Gesichtspunkt des assoziativen Lernens betrachten.

(6) Identifizieren Sie in Familien, Heimen und Schulen unbedingte und bedingte Angst- bzw. Sicherheitsauslöser!
Wenn Sie hierbei Schwierigkeiten haben, dann bedenken Sie, daß es noch andere Angsttheorien gibt, die in diesem Kapitel nicht behandelt wurden!

(7) Diskutieren Sie die Formen und Auswirkungen von Angst!

(8) Was halten Sie von den zwei vorgestellten »psychohygienischen Grundregeln«?

(9) Und zum Schluß erfahren Sie noch die Meinung zweier Lehrerinnen. Wem würden Sie zustimmen, Lehrerin A oder Lehrerin B? Diskutieren Sie!

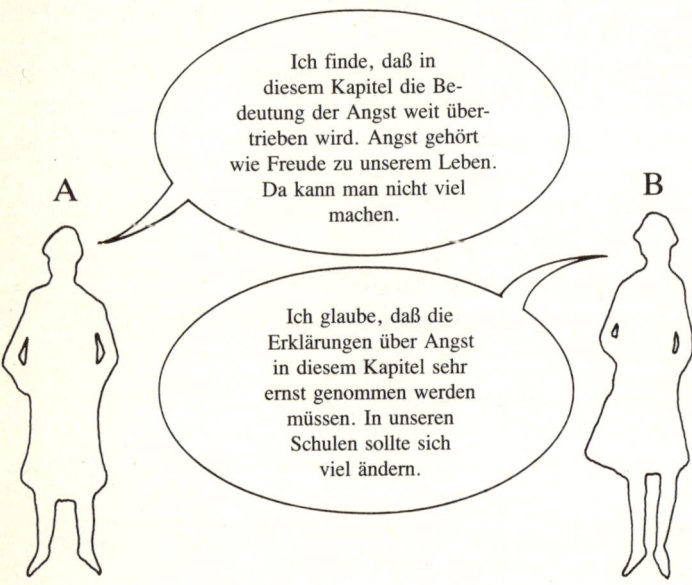

Abb. 24: Bedeutung der Angst

2.9.6 Weiterführende Literatur

In dem folgenden Taschenbuch finden Sie eine Reihe von Aufsätzen *Pawlows*. Interessieren dürften besonders die Schriften zum bedingten Reflex:
Pawlow, I. P.: Auseinandersetzungen mit der Psychologie. Kindler, München 1973.

Die Grundlagen der Reflexlehre und deren Beziehung zur Psychosomatik und Verhaltensmodifikation finden Sie in:
Angermeier, W. F./Peters, M.: Bedingte Reaktionen. Springer, Berlin/Heidelberg/New York 1973.

Die systematische Selbst-Desensibilisierung (z. B. bei Prüfungsangst) können Sie erlernen in:
Watson, D./Tharp, R.: Einübung in Selbstkontrolle. Grundlagen und Methoden der Verhaltensänderung. Pfeiffer, München 1975.

Obwohl in diesem Kapitel einige Male von Psychotherapie gesprochen wurde, konnten nur ganz wenige Gesichtspunkte behandelt werden. Zum Nachschlagen geeignet ist:
Bastine, R./Fiedler, P. A./Grawe, K./Schmidtchen, S./Sommer, G. (Hrsg.): Grundbegriffe der Psychotherapie. Edition Psychologie, Weinheim/Deerfield Beach, Florida/Basel 1982.

Die wichtigsten Angsttheorien, Probleme der Angstmessung, der Zusammenhang zwischen Angst und Leistung sowie Grundfragen der Angsttherapie werden besprochen in:
Walter, H.: Angst bei Schülern. Reinhardt, München/Basel 1978.
Krohne, H. W.: Theorien zur Angst. Kohlhammer, Stuttgart 1976.

Erst seit einigen Jahren beschäftigt sich die Pädagogische Psycholgie mit der Angst des Lehrers. Zur Information kann dienen:
Weidenmann, B.: Lehrerangst. Ein Versuch, Emotionen aus der Tätigkeit zu begreifen. Ehrenwirth, München 1978.

Lösungsschlüssel zum Test »Assoziatives Lernen«
Folgende Lösungen waren richtig:

Aufgabe	1	2	3	4	5	6	7	8	9	10
A	a	c	d	d	b	b	a	b	c	d
B										

Tragen Sie Ihre Lösungen in die Zeile B ein und zählen Sie die Übereinstimmungen aus. Sie können jetzt beurteilen, ob Sie das Lernziel erreicht haben.
Haben Sie das Lernziel nicht erreicht, sollten Sie den Informationsteil oder einzelne Abschnitte noch einmal durcharbeiten. Das ist auch dann zu empfehlen, wenn Sie den Test zwar insgesamt bestanden haben, aber dennoch einige Aufgaben nicht richtig lösen konnten. Sie sollten auch die Items beachten und in Ihre Nacharbeit mit einbeziehen, die Sie richtig gelöst haben, bei denen Sie sich Ihrer Sache aber nicht so sicher waren.
Wenn Sie an dieser Stelle konsequent sind, erleichtert Ihnen das die weitere Beschäftigung mit dem Arbeitsteil.

3. Kapitel: Das instrumentelle Lernen

3.1 Der Inhalt dieses Kapitels

3.1.1 Lernziele

Der Leser soll
- die Grundbegriffe des instrumentellen Lernens kennen und und verstehen;
- die vier Formen des instrumentellen Lernens (positive und negative Verstärkung, Bestrafung und Löschung) unterscheiden können;
- in der Lage sein, einzelne Lernvorgänge möglichst detailliert zu analysieren;
- instrumentelles Lernen in verschiedenen Lebensbereichen erkennen können.

Durch diese gründliche Kenntnis der Gesetzmäßigkeiten des instrumentellen Lernens soll der Leser darüber hinaus
- angeregt werden, Formen aversiver Verhaltenskontrolle (negative Verstärkung, Bestrafung) seltener gegenüber anderen Personen anzuwenden;
- befähigt werden, positive Verhaltenskontrolle häufiger und effizient zu praktizieren;
- in die Lage versetzt werden, bestimmte, bisher wenig reflektierte Verhaltensmuster in einem neuen Licht zu sehen.

Zudem soll der Leser wieder ermuntert werden, die hier angesprochenen Themen mit Bekannten zu diskutieren und an einzelnen Punkten durch die Arbeitsanregungen und empfohlene weiterführende Literatur zu vertiefen.

3.1.2 Zur Einführung in das Themengebiet

Betrachten wir zunächst drei Situationen:

(1) In einem englischen Kriminalroman wird die Schlacht von 1807 zwischen den Truppen Napoleons und den vereinigten russischen und preußischen Armeen in der Nähe von Königsberg beschrieben. Von den Ansbacher Dragonern wird folgendes berichtet:

». . . Der Begriff der Nationalität bedeutet ihnen wenig. Sie waren Berufssoldaten, Söldner, wie das im 18. Jahrhundert üblich war. Wenn sie zwei Tage und Nächte marschiert waren, wenn sie leiden und sterben mußten, so geschah das weder aus Liebe zu den Preußen noch aus Haß gegen Napoleon, sondern einfach, weil man sie so gedrillt hatte, weil sie auf Kriegsbeute hofften und die Folgen des Ungehorsams fürchteten« (*Ambler* 1975, S. 6).

Soldatische Disziplin wird hier erklärt durch die Konsequenzen, die das Verhalten hat. Auf der einen Seite bestand der Anreiz neben dem regulären Sold durch Diebstahl und Raub Beute zu machen und auf der anderen Seite drohten für abweichendes Vehalten drakonische Strafen.

(2) Während des II. Weltkriegs programmierte der amerikansiche Psychologe *Skinner* Tauben darauf, Raketen auf bestimmte Ziele zu lenken. Im Laufe eines Unterscheidungstrainings erhielten die Tiere jedesmal ein Futterkorn, wenn sie auf das Zentrum des Ziels pickten. Dies war beispielsweise eine Schiffssilhouette auf einer Glasscheibe. Beim späteren Einsatz in der Rakete war am Schnabel der Taube eine Gold-Elektrode angebracht. Bei jeder Berührung der Sichtscheibe bestimmte ein elektronisches Steuergerät die genaue Position der einzelnen Schnabelhiebe. Die Rakete blieb auf Kurs, wenn auf dem Mittelteil der Scheibe gepickt wurde. Beim Abweichen der Rakete vom Zielkurs lagen die Schnabelhiebe zwar nach wie vor auf dem Zentrum des Zieles, aber am Rande der Scheibe. Das Steuergerät korrigierte nun so lange die Flugrichtung, bis die Taube wieder auf das Zentrum der Scheibe pickte (nach *Ruch/Zimbardo* 1975, S. 152).
In diesem abschreckenden Beispiel für die Anwendung lerntheoretischer Prinzipien für kriegerische Zwecke, einer Vorwegnahme der modernen Endsteuerung von Raketen, erkennt man wieder die Bedeutung der Folgen des Verhaltens. Die Tauben lernten, genau auf das Zentrum des Zieles auf die Glasscheibe zu picken, weil sie nur dafür mit Futter belohnt wurden, nicht aber für das Picken auf eine andere Stelle.

(3) Eine Mutter kommt mit einem Kind an einem Eisstand vorbei. Das Kind möchte gern ein Eis essen. Da das Kind an diesem Tag schon eine Menge Süßigkeiten verzehrt hat, lehnt die Mutter ab. Das Kind nörgelt, weint und schreit so lange, bis die Mutter endlich doch nachgibt und ihm die Eiswaffel kauft.

Man kann wohl mit ziemlicher Wahrscheinlichkeit voraussagen, daß das Kind bei nächster Gelegenheit diese so erfolgreiche Taktik wieder anwenden wird. Inkonsequenz der Erzieher ist eine verläßliche Voraussetzung dafür, daß ein unerwünschtes Verhalten nicht zum Verschwinden gebracht wird.

3.1.3 Verschiedene Aspekte des instrumentellen Lernens

Nachdem wir drei Beispiele für diese Lernform kennengelernt haben, soll das Thema in diesem Kapitel in folgender Weise systematisch behandelt werden:

– Die Konsequenzen des Verhaltens

Ausgehend von frühen Ansätzen der Verstärkungstheorie wird zunächst der Begriff der Kontingenz, d. h. der Zusammenhang von Verhalten und nachfolgender Konsequenz, eingeführt und dann ein Schema des instrumentellen Lernens entwickelt.

– Die Grundbegriffe des instrumentellen Lernens

Die vier Formen des instrumentellen Lernens sind die positive Verstärkung, die negative Verstärkung, die Bestrafung und die Löschung. Verstärkung und Bestrafung können in Form von Fremd- oder Selbststeuerung erfolgen. Instrumentelles Verhalten ist ein gewohnheitsmäßiges Verhalten.

– Die positive Verstärkung

Durch Darbietung einer positiven Konsequenz, eines Verstärkers, wird die Auftretenswahrscheinlichkeit eines Verhaltens erhöht. Diese Verstärker müssen motivationsadäquat sein. Bedeutsam ist die Unterscheidung von intrinsischer und extrinsischer Motivation.

– Die negative Verstärkung

Durch Entzug einer negativen (aversiven) Konsequenz wird die Auftretenswahrscheinlichkeit eines Verhaltens erhöht. Diese Form des instrumentellen Lernens begegnet uns als Flucht- oder Vermeidungslernen. In sozialen Situationen sprechen wir vom Zwang.

– Bestrafung und Löschung

Unter Strafe verstehen wir die negative (aversive) Konsequenz, die dem Verhalten folgt. Sie führt zu einer Verminderung der Auftretenswahrscheinlichkeit des Verhaltens. Die Anwendung von Strafen ist nicht unproblematisch.

Nicht-Verstärkung einer gelernten Verhaltensweise führt zur Löschung.

– Komplexe Fälle

Die Lernsituation weist häufig eine komplexe Struktur auf. Der Aufbau eines erwünschten Verhaltens wird unterstützt durch den gleichzeitigen Abbau eines damit nicht zu vereinbarenden Verhaltens. Das gleiche gilt für den Abbau eines unerwünschten Verhaltens. Lernprozesse finden außerdem häufig so statt, daß zwei Interaktionspartner wechselseitig voneinander lernen.

– Instrumentelles Lernen in verschiedenen Bereichen

Angesprochen werden Verhaltensmodifikationen, Alltag, Unterrricht und Erziehung.

– Arbeitsteil

Nach diesem *Informationsteil* bildet ein *Arbeitsteil* den Abschluß des Kapitels. Er bringt nach einer Zusammenfassung und einem Test verschiedene Arten von Übungsaufgaben, Anregungen zur Diskussion sowie Literaturhinweise.

3.2 Die Konsequenzen des Verhaltens

3.2.1 Vorbemerkung

Beim instrumentellen Lernen entscheiden die Konsequenzen, die dem Verhalten folgen, über dessen zukünftiges Auftreten. Nach einem kurzen Rückblick auf *Thorndike* und *Skinner,* die wesentliche theoretische und experimentelle Beiträge zu dieser Art des Lernens geliefert haben, wird der zentrale Begriffe der Kontingenz erklärt und ein Schema des instrumentellen Lernens entwickelt.

3.2.2 Das Lernen am Erfolg

Etwa gleichzeitig mit *Pawlow* führte in den Vereinigten Staaten *Thorndike* (1898) Experimente zur Erforschung des Lernens durch.

Das Versuchstier, häufig eine Katze, wird in eine Problemsituation gebracht. Diese besteht beispielsweise aus einem Käfig, dessen Tür durch einen verdeckten Mechanismus zu öffnen ist. Das Ziel (Befreiung aus dem Käfig oder Zugang zu Futter) wird durch Ausprobieren einer Anzahl von Reaktionen zu erreichen versucht. Die *erfolgreiche* Verhaltensweise wird beibehalten und in solchen Problemsituationen bald prompt angewandt.

Man spricht in diesem Zusammenhang auch vom *Lernen durch Versuch und Irrtum*. Mit der Formel »*Lernen am Erfolg*« hat *Thorndike* das Prinzip der Verstärkungstheorien entdeckt.

Trotz der großen Bedeutung, die *Thorndike* für die Pädagogische Psychologie erlangte, wollen wir uns hier stärker auf einen anderen amerikanischen Autor beziehen, nämlich *Skinner,* der etwa ab 1930 die *operante Konditionierung* beschreibt. Im Gegensatz zu *Thorndike* wartete *Skinner* nicht ab, bis die Versuchstiere zufällig die erwünschte Verhaltensweise zeigten. Er konstruierte die später so genannte »Skinner Box« (Abb. 25) vielmehr so, daß jede minimale Verhaltensänderung in Richtung Endverhalten gleich verstärkt werden konnte. Hatten die Tiere etwa einen Hebel zu drücken oder auf eine bestimmte Stelle zu picken, dann konnte durch Futtergaben die Auftretensrate dieser Verhaltensweise sehr schnell deutlich erhöht werden. Mit dieser Verhaltenssteuerung gelangen *Skinner* eindrucksvolle Tierdressuren, etwa mit Ratten und Tauben.

3.2.3 Die Folgen des Verhaltens

Skinner unterscheidet zwischen *Antwort-* und *Wirkverhalten*. Beim Antwortverhalten antwortet der Organismus auf Reize und beim Wirkverhalten wirkt er von sich aus auf die Umwelt ein.

Beim Antwortverhalten handelt es sich um solche Reaktionen, die durch identifizierbare Reize ausgelöst werden. Man könnte hier von dem Prinzip sprechen: »Ohne Reiz keine Reaktion.« Es sind dies die im vorigen Kapitel beschriebenen ungelernten Reiz-Reaktions-Verbindungen. Als Beispiel sei an die *unbedingte* Angstauslösung erinnert.

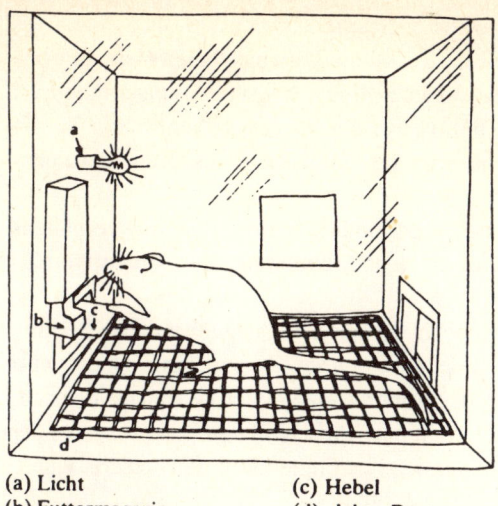

(a) Licht   (c) Hebel
(b) Futtermagazin   (d) elektr. Rost

Abb. 25: Skinner Box
        (aus *Lefrancois* 1976, S. 63)

Beim Wirkverhalten lassen sich die Reaktionen des Organismus nicht
mehr auf bestimmte Reize beziehen. Obwohl in jeder Situation Reizbe-
dingungen vorliegen, handelt es sich hier nicht um ein reaktives, sondern
um ein spontanes Verhalten, das auf die Umwelt einwirkt und dort
bestimmte Konsequenzen erfährt. *Skinner* geht davon aus, daß der
Mensch grundsätzlich ein *aktives* Wesen ist, dessen Verhalten nicht erst
durch Außenreize angeregt werden muß.
Die große Mehrzahl der menschlichen Verhaltensweisen dürfte als Wirk-
reaktionen einzuordnen sein. Man wird kaum Autofahren, Spazierenge-
hen, Beschäftigung mit einem Hobby o. ä. als Antwortreaktionen auf
spezifische Reize ansehen wollen.
Es werden also zwei Reaktionsklassen unterschieden
– die ausgelösten Reaktionen (Antwortverhalten) und
– die abgegebenen Reaktionen (Wirkverhalten).

Diesen zwei Verhaltensklassen sind zwei unterschiedliche Konditionie-
rungstypen zuzuordnen:
– die Konditionierung des Antwortverhaltens
– die Konditionierung des Wirkverhaltens.

Die *Konditionierung des Antwortverhaltens* haben wir als assoziatives Lernen vom Typ des Reiz-Reaktions-Lernens bereits ausführlich beschrieben. Als Beispiel sei an die *bedingte* Angstauslösung erinnert.

Die *Konditionierung des Wirkverhaltens* (»operant behavior«) ist die sogenannte operante Konditionierung, die in diesem Kapitel instrumentelles Lernen genannt wird.

Skinner geht davon aus, daß die Konditionierung des Wirkverhaltens wesentlich wichtiger ist als die Konditionierung des Antwortverhaltens.

Beim assoziativen Lernen haben wir als ausschlaggebende Bedingung dieser Lernform den Begriff der *Kontiguität* kennengelernt. Damit wird das Zusammenvorkommen der beiden Reize in der Lernphase bezeichnet. Man könnte auch sagen, daß nach Abschluß des Lernprozesses der unbedingte Reiz (S2) durch den jetzt bedingten Reiz (S1) ersetzt wurde (Reizsubstitution).

Beim operanten Konditionieren spielen die Ereignisse auf der Reizseite eine untergeordnete Rolle. Bei diesem Konditionierungstyp steht das Verhalten in Verbindung mit den Ereignissen, die ihm *folgen*. Verhalten hat bestimmte *Konsequenzen* und diese entscheiden über das zukünftige Auftreten.

Wir sprechen beim instrumentellen Lernen von *Verhalten,* da es sich meist um komplexere Reaktionsmuster handelt und verwenden den Begriff der *Reaktion* ausschließlich im Zusammenhang mit dem assoziativen Lernen.

Der zentrale Begriff des instrumentellen Lernens ist der Begriff der *Kontingenz.* Damit ist die Regelmäßigkeit (genauer: hoher Grad an Wahrscheinlichkeit) gemeint, mit der Umweltereignisse von einer bestimmten Verhaltensweise der Person abhängen. Man könnte die Kontingenz auch eine Wenn-Dann-Beziehung nennen. Der Aufbau solcher Beziehungen zwischen Verhalten und Konsequenz erhöht oder vermindert die Auftretenswahrscheinlichkeit eben dieses Verhaltens (Abb. 26).

Wählen wir einige Beispiele zur Veranschaulichung:

– Ein Schüler schreibt einfallsreiche Aufsätze. Diese werden vom Lehrer sehr beachtet und mit einer guten Note bewertet.
– Ein Kind hat sich angewöhnt, so lange zu betteln und zu weinen bis es ein Bonbon erhält.

– Der Schüler, der die interessanten Aufsätze schreibt, wird jetzt vom Lehrer
nicht gelobt und von seinen Mitschülern wegen seiner Bemühungen ausge-
lacht.
– Das Kind wird von der Erzieherin ermahnt und erhält kein Bonbon.

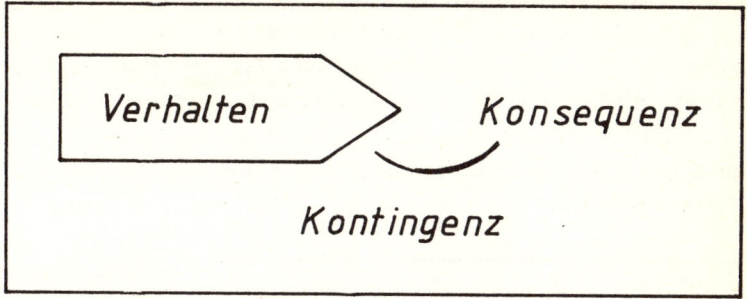

Abb. 26: Kontingenz, die Beziehung zwischen Verhalten und nachfolgender
Konsequenz

Augenscheinlich sind unterschiedliche Kontingenzen zustande gekom-
men, d. h. bestimmte Verhaltensweisen führen einigermaßen regelmäßig
zu immer wieder den gleichen Ergebnissen. In den beiden ersten Fällen
folgt dem Verhalten eine angenehme Konsequenz. Die Auftretenswahrscheinlichkeit dieses Verhaltens wird sich erhöhen. In den letzten beiden
Fällen folgt dem Verhalten eine unangenehme Konsequenz. Die Auftretenswahrscheinlichkeit dieses Verhaltens wird sich verringern.

3.2.4 Vorläufiges Schema des instrumentellen Lernens

Skinners »Wissenschaft vom Verhalten« kennt keine Begriffe, die *Erlebnisse*
beschreiben. In seinem Verständnis ist es nicht zulässig, zu sagen, daß ein
Mensch bestimmte Konsequenzen seines Verhaltens erwartet, erhofft oder
befürchtet. Weiterhin hat er sich gegen die Einführung theoretischer Annahmen
gewandt, die Beobachtungen erklären. Demgegenüber spielt nach heutiger
Auffassung z. B. der Begriff der Motivation als eine grundlegende Bedingung
dieser Lernform eine große Rolle. Um bestimmte Implikationen von *Skinners*
»deskriptivem System« zu vermeiden, ersetzen wir den Begriff des operanten
Konditionierens durch den des instrumentellen Lernens.

Von *instrumentellem* Verhalten (IV) sprechen wir, weil das Verhalten
das Instrument oder Mittel ist, das die entsprechende Konsequenz (K)

hervorruft. In der Regel wird erst durch häufig wiederkehrende, gleich-
förmige Konsequenzen allmählich ein stabiles instrumentelles Verhalten
gelernt.

In der Sprache der Verhaltenspsychologie werden Umweltereignisse, die
auf den Organismus einwirken als Reize (Stimuli) bezeichnet. Beim
assoziativen Lernen haben wir Reize kennengelernt, die die Reaktion
auslösen. Beim instrumentellen Lernen haben wir es mit Reizen zu tun,
die dem Verhalten folgen. Um Verwechslungen zu vermeiden, nennen
wir diese nachfolgenden Reize Konsequenzen.

Damit hätten wir ein vorläufiges Schema des instrumentellen Lernens
entwickelt (Abb. 27).

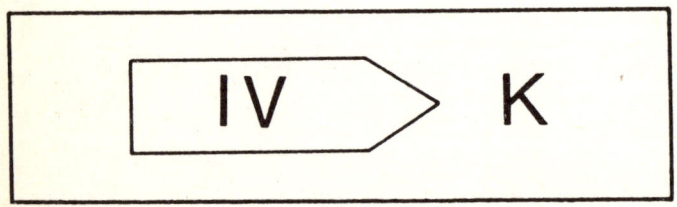

Abb. 27: Vorläufiges Schema des instrumentellen Lernens

3.2.5 Das erweiterte Schema des instrumentellen Lernens

Aber auch beim instrumentellen Lernen gibt es Reize, die dem Verhalten
vorangehen. Diese Reize lösen aber das Verhalten nicht aus, sie signali-
sieren lediglich, welcher Art die nachfolgenden Konsequenzen sein
werden.

Beispiel:

Ein Einbrecher nähert sich bei Nacht einem Haus, dessen Bewohner anscheinend
abwesend sind, steigt ein und verschwindet mit seiner Beute.
Bei einem späteren beabsichtigtem Einbruch sieht er, daß in dem Haus Licht
brennt und verschiebt sein Vorhaben.
Bei einem dritten Versuch liegt das Haus wieder völlig im Dunkeln und der
Einbruch wird wie beim ersten Mal durchgeführt.

Der *Hinweisreiz* »keine Beleuchtung« hat seinen Signalcharakter
dadurch erworben, daß er bei früherer Gelegenheit mit einem Erfolg beim
Einbrechen assoziiert wurde Es handelt sich hier um die im 2. Kapitel

besprochene direkte assoziative Verknüpfung von Bewußtseinsinhalten (assoziatives Lernen vom Typ 1). In gleicher Weise ist der Reiz »Beleuchtung« assoziiert mit der Erfahrung »zu gefährlich, kein Erfolg«. Diese Hinweis- oder Signalreize begünstigen zwar das Auftreten des instrumentellen Verhaltens, entscheidend für das Lernen sind aber die nachfolgenden Konsequenzen (Reize).

Diese beiden Hinweisreize nennt man auch diskriminative (unterscheidende) Stimuli. Der Reiz, bei dessen Anwesenheit später eine Belohnung des instrumentellen Verhaltens zu erwarten ist, wird als S^D und der Reiz, bei dem keine Belohnung erfolgt, wird als S^Δ (sprich: S Delta) bezeichnet.

Betrachten wir noch einmal das letzte Beispiel!

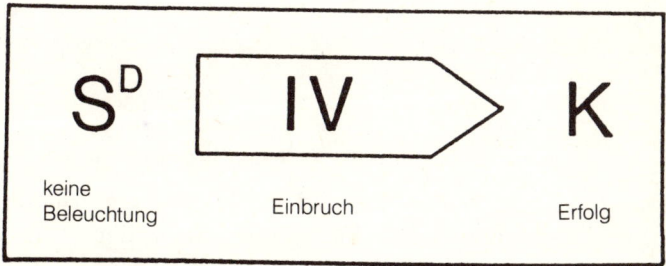

Abb. 28: Erweitertes Schema des instrumentellen Lernens

Der positive diskriminative Reiz S^D gibt sozusagen »grünes Licht« für das instrumentelle Verhalten.

In Alltagssituationen sind häufig die Hinweisreize nicht eindeutig identifizierbar. In solchen Fällen dürfte es der spezifische Charakter einer komplexen Situation sein, der das Auftreten oder die Unterdrückung eines instrumentellen Verhaltens bestimmt.

Beispiel:

Aus einer gewissen Ängstlichkeit und Unsicherheit hat ein Angestellter sich angewöhnt, seinem Chef gegenüber geflissentlich, überaus höflich, ja unterwürfig aufzutreten.

Dieses Verhalten gegenüber anderen Menschen wird um so wahrscheinlicher, je ähnlicher die neue Situation den Umständen in der Firma entspricht.

So könnte der Mann etwa beim Besuch einer Behörde oder bei Verhandlungen mit anderen »Autoritäten« ähnliches Verhalten zeigen.

Untergebenen gegenüber könnte er jedoch ausgesprochen arrogant und anmaßend gegenübertreten.

In diesem Beispiel könnte der S^D etwa die Kleidung der Autoritätsperson sein oder ein entsprechendes Vorzimmer oder eine bestimmte Sitzgelegenheit vor einem imponierenden Schreibtisch usw.

Statt vom Hinweisreiz S^D zu sprechen, kann man instrumentelles Verhalten auch als *situationsabhängig* kennzeichnen. Der Lernprozeß findet unter bestimmten situativen Bedingungen statt und das Verhalten wird später nur in ähnlichen Situationen gezeigt. Dies gilt sowohl für Verhaltensweisen, die durch Belohnung gelernt, als auch für solche, die durch Bestrafung abgebaut werden.

Beispiele:

– Kinder gehorchen eventuell nur bei Strafandrohungen des Vaters, nicht aber bei der Ankündigung solcher Maßnahmen durch die Mutter.
– Störendes Verhalten in einer Schulklasse tritt nur bei bestimmten Lehrern auf.
– Eine Ausflugsfahrt wird nur bei günstiger Wetterprognose unternommen.

Dieses Prinzip der Situationsabhängigkeit besagt, daß ein *Transfer* (Übertragung des Gelernten auf neue Situationen) beim instrumentellen Lernen nur in sehr begrenztem Maße möglich ist.

3.2.6 Verschiedene Bezeichnungen

Leider hat sich in der Literatur keine einheitliche Terminologie durchgesetzt.

Von *Lernen am Erfolg* spricht man, weil die Belohnung oder der Erfolg eines Verhaltens darüber entscheiden, ob es in Zukunft häufiger auftritt, also gelernt wird.

Ein Verhalten wird operant genannt, weil es auf die Umwelt einwirkt (Wirkverhalten). Die hier besprochene Lernart wird *operantes Konditionieren* genannt, weil unter bestimmten Bedingungen (Konditionen), nämlich je nach Art der Konsequenzen, die Auftretenswahrscheinlichkeit dieser Verhaltensweise (des Operanten) erhöht oder gesenkt wird.

Die weniger gebräuchliche Ausdrucksweise *operatives Konditionieren* betont den Gegensatz zum reaktiven Konditionieren (assoziatives Lernen von Typ 2).

Instrumentelles Lernen wird diese Lernart genannt, weil das Verhalten das Instrument oder Mittel ist, das die entsprechende Konsequenz hervorruft.

In diesem Kapitel wird die Bezeichnung instrumentelles Lernen verwendet.

3.2.7 Zusammenfassung

In diesem Abschnitt wurden folgende Begriffe eingeführt:

Das Lernen am Erfolg
Lernen durch Versuch und Irrtum

Konditionierung des Antwortverhaltens = assoziatives Lernen
Konditionierung des Wirkverhaltens = instrumentelles Lernen

Kontingenz = Zusammenhang zwischen Verhalten und nachfolgenden Konsequenzen

instrumentelles Verhalten

Hinweisreiz (Signalreiz) S^D = positiver diskriminativer Reiz
instrumentelles Verhalten ist situationsabhängig

3.3 Die Grundbegriffe des instrumentellen Lernens

3.3.1 Vorbemerkung

Zunächst werden vier Formen des instrumentellen Lernens unterschieden: die positive Verstärkung, die negative Verstärkung, die Bestrafung und die Löschung. Anschließend wird die Motivation als ein grundlegendes Merkmal des instrumentellen Lernens behandelt. Die Unterschiede zwischen Fremd- und Selbststeuerung sind ein weiterer bedeutsamer Punkt. Den Abschluß dieses Abschnittes bildet die Kennzeichnung des instrumentellen Lernens als gewohnheitsmäßiges Verhalten.

3.3.2 Verschiedene Arten von Konsequenzen

Über die verschiedenen Formen des instrumentellen Lernens können wir uns durch Abb. 29 einen Überblick verschaffen.

	Darbietung	Entzug
positive Konsequenz (angenehmer Reiz oder Zustand)	positive *Verstärkung*	*Bestrafung* durch Verstärkerentzug
negative Konsequenz (unangenehmer Reiz oder Zustand)	*Bestrafung* durch aversive Folgen	negative *Verstärkung*
keine Konsequenz	*Löschung*	

Abb. 29: Verschiedene Konsequenzen

Der *Aufbau* eines Verhaltens kann auf zweierlei Art geschehen: durch Darbietung einer angenehmen oder durch Entzug einer unangenehmen Konsequenz (positive und negative Verstärkung).

Der *Abbau* erfolgt nach der schematischen Übersicht zunächst durch Darbietung einer unangenehmen oder Entzug einer angenehmen Konsequenz (sogenannte positive und negative Bestrafung).

Die beiden Formen der Bestrafung sind allerdings nur theoretisch auseinanderzuhalten. So ist zu fragen, ob »Privilegienentzug« (z. B. nicht Fernsehen dürfen) oder »sozialer Ausschluß« (z. B. Kind aus dem Zimmer schicken) nicht doch als Darbietung aversiver Konsequenzen aufgefaßt werden müssen. Aus diesem Grund soll in diesem Kaptiel Bestrafung als ein einheitliches Phänomen betrachtet werden. Darunter werden alle Verhaltensweisen zusammengefaßt, denen irgendwie aversiv erlebte Konsequenzen folgen.

Durch die Einbeziehung der Löschung, d. h. dem Verhalten folgen weder angenehme, noch unangenehme Konsequenzen, liegen dazu doch zwei Fälle vor, die zum Abbau führen.

Es werden also vier Formen des instrumentellen Lernens unterschieden (Abb. 30).

Aufbau	Abbau
(1) positive Verstärkung	(3) Bestrafung
(2) negative Verstärkung	(4) Löschung

Abb. 30: Die vier Formen des instrumentellen Lernens

Im folgenden soll diese Einteilung durch Beispiele veranschaulicht werden.

(1) Die positive Verstärkung
Dem Verhalten folgt ein positives (belohnendes) Ereignis, das auch Verstärker genannt wird. Die Abkürzung K^{V+} steht für Darbietung einer positiven Konsequenz.

Ein Kind deckt ab und zu selbständig den Frühstückstisch. Die Eltern bringen darüber ihre Freude zum Ausdruck und loben es. Bald übernimmt das Kind diese Aufgabe fast regelmäßig.

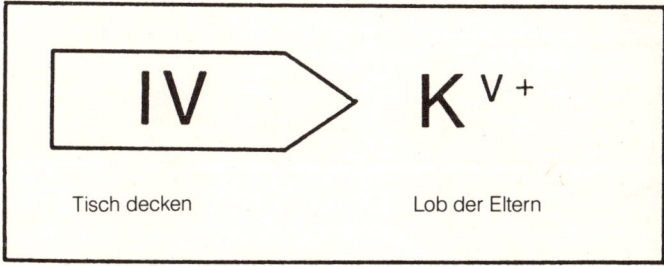

Abb. 31: Schema und Beispiel für positive Verstärkung

(2) Die negative Verstärkung
Dem Verhalten folgt das Verschwinden eines aversiven (unangenehmen) Ereignisses. Die Abkürzung K^{-av} steht für Entzug dieser möglichen aversiven Konsequenz.

Ein Lehrer sagt: In der kommenden Woche werdet ihr eure Hausaufgaben einwandfrei erledigen, sonst fällt der Wandertag aus. Die Schüler strengen sich alle an und die angedrohte Repressalie muß nicht angewandt werden.

Abb. 32: Schema und Beispiel für negative Verstärkung

(3) Die Bestrafung

Dem Verhalten folgt ein unangenehmes Ereignis. Die Abkürzung K^{av} steht für Darbietung dieser aversiven Konsequenz.

Ein Kind streitet sich mit seinen Geschwistern und schlägt den kleinen Bruder. Die Strafe kann darin bestehen, daß es geschimpft wird (Darbietung eines aversiven Reizes) oder es darf nicht die abendliche Kindersendung im Fernsehen anschauen (Entzug eines positiven Reizes, der aber auch aversiv erlebt wird).

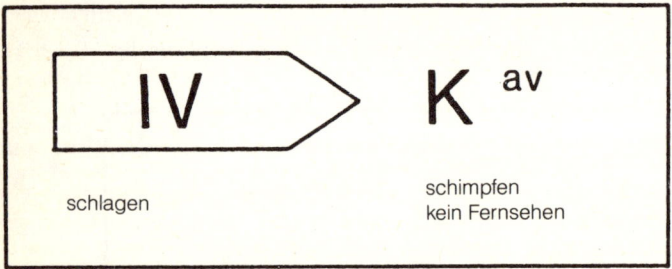

Abb. 33: Schema und Beispiel für Bestrafung

(4) Löschung

Dem Verhalten folgt weder ein angenehmes, noch ein unangenehmes Ereignis. Die Abkürzung K_0 steht für »keine Konsequenz«.

Das Töchterchen sagt beim Abendessen laut und vernehmlich: »Scheiße«. Wenn die Eltern nicht wünschen, daß das Kind diesen Ausdruck gebraucht, dann tun sie gut daran, weder zu lachen, noch zu schimpfen, sondern dieses Wort konsequent nicht zu beachten.

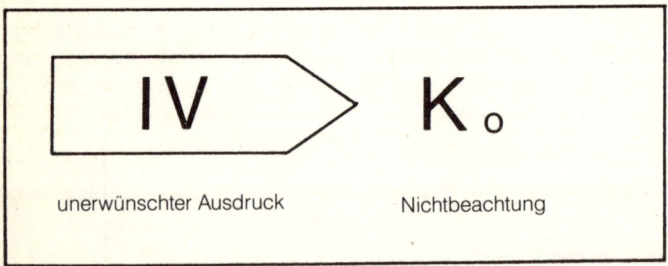

Abb. 34: Schema und Beispiel für Löschung

Diese vier Formen des instrumentellen Lernens werden später noch ausführlicher behandelt.

3.3.3 Die Motivation

In dem Kapitel über das assoziative Lernen haben wir zwei wichtige Motivationskomponenten kennengelernt: das Motiv als Persönlichkeitsdisposition und den Aufforderungscharakter als emotionale Valenz des Zieles.

Heckhausen (1980) verweist u. a. noch auf folgende Gesichtspunkte:

– Es gibt soviele Motive, wie es inhaltlich ähnliche Klassen von Person-Umwelt-Bezügen gibt.
– Motive haben sich im Laufe einer individuellen Lebensgeschichte als relativ überdauernde Wertungsdispositionen herausgebildet.
– Personen unterscheiden sich in der Art und Ausprägung von Motiven. Es gibt individuelle Motiv-Hierarchien.
– Das Verhalten einer Person wird zum jeweiligen Zeitpunkt von dem im Augenblick stärksten Motiv bestimmt.
– Das Motiv ist so lange wirksam bis der Zielzustand erreicht ist.
– Motivation heißt Steuerung des Verhaltens oder Handelns durch den Personenfaktor Motiv in einer konkreten Situation mit spezifischem Aufforderungscharakter. Auf diese Weise wird die Aktivität der Person auf ein ganz bestimmtes Ziel gelenkt, wobei andere Verhaltensmöglichkeiten ausgeschlossen werden.

Ein Verhalten wird nach dieser Auffassung angeregt durch den Aufforderungscharakter der voraussichtlichen Folgen des Verhaltens. Da Anreiz und Motiv in einem Wechselwirkungsverhältnis stehen, findet diese Aktivierung allerdings nur statt, wenn die Person auch über ein Bedürfnis (= Motiv) verfügt, solche Konsequenzen herbeizuführen.
Beispiele:

– Ein hungriger Mensch sucht ein Restaurant. Er kann sich nun durch das Angebot von Schweinshaxe mit Sauerkraut oder von bistecca fiorentina anregen lassen, ein bestimmtes Lokal zu betreten. Hätte er keinen Hunger, sondern ästhetische Bedürfnisse, könnte er vielleicht durch ein Plakat veranlaßt werden, eine Kunstausstellung zu besuchen.
– Die meisten Kinder essen gerne Bonbons und Eis. Solche Süßigkeiten können dann als Belohnung für bestimmte Tätigkeiten ausgesetzt werden. Für einen Erwachsenen, der keine Süßigkeiten mag, wären dies keine attraktiven Verhaltenskonsequenzen.

Zusammenfassend läßt sich sagen, daß die Konsequenzen eines Verhaltens nur dann zum Lernen bzw. Verlernen führen, wenn sie *motivations-*

adäquat sind. Dies gilt im gleichen Maße für die positive und negative
Verstärkung und für die Bestrafung.
Beispiele:

– Das Lob des Lehrers kann Hohn und Gelächter hervorrufen. In diesem Fall
sind die Schüler nicht motiviert, von diesem Lehrer soziale Anerkennung zu
erfahren.
– Die Androhung einer Repressalie ist dann wirkungslos, wenn die Schüler
dieses Ereignis nicht aversiv erleben und deswegen auch nicht motiviert sind,
entsprechende Aktivitäten zu zeigen.
– Einen Schüler wegen Unterrichtsstörungen aus der Klasse zu verweisen, ist
nicht nur aus rechtlichen Gründen kaum vertretbar. Wenn der Schüler keine
Angst vor dieser Strafe hat, dann ist er nicht motiviert, das unerwünschte
Verhalten zu unterlassen.

Wir haben bereits erfahren, daß instrumentelles Verhalten *situationsabhängig* ist. Als zweites wichtiges Merkmal ist nun festzuhalten, daß es
auch *motivationsabhängig* ist. Die Wahrscheinlichkeit, daß ein bestimmtes Verhalten auftritt, hängt ab von der Stärke der Motivation und der
Ähnlichkeit der neuen Situation mit der ursprünglichen Lernsituation.

3.3.4 Fremd- und Selbststeuerung

Eine Grundannahme des instrumentellen Lernens besteht darin, daß zum
Aufbau, zur Formung und zur Aufrechterhaltung eines Verhaltens Ver-
stärkung notwendig ist. Nun gibt es augenscheinlich Verhaltenssteue-
rung ohne erkennbare äußere Verstärkung. Bereits *Skinner* hat den
Begriff der *Selbstverstärkung* eingeführt. Später spricht dann *Kanfer* von
Selbstregulation und erweitert den ursprünglichen behavoristischen
Standpunkt durch Einbeziehung kognitiver Komponenten.
Im folgenden sollen diese beiden Theorieansätze kurz vorgestellt
werden.

(1) Selbstverstärkung im Sinne *Skinners*
Halisch/Butzkamm/Posse (1976) nennen drei wesentliche Bestimmungs-
stücke dieser Auffassung:
– Das Individuum verabreicht sich selbst die Verstärker. Im Gegensatz
   zu den bisher besprochenen Beispielen sind Subjekt und Objekt in
   einer Person vereint.

– Das Individuum muß frei über die Verstärker verfügen können.
– Das Individuum verstärkt sich nicht nach Belieben, sondern nur solche Verhaltensweisen, die bestimmten Forderungen genügen.

Diese Art der Selbstkontrolle kann nicht nur in Form der positiven Verstärkung, sondern auch nach dem Prinzip der negativen Verstärkung und Bestrafung durchgeführt werden. Nach *Skinners* Meinung gibt es keinen prinzipiellen Unterschied zur Steuerung des Verhaltens durch Fremdkontrolle.

(2) Selbstverstärkung als Teilprozeß der Selbstregulation

Wenn normalerweise reibungslos ablaufende Tätigkeiten (wie Autofahren, Rasieren) unterbrochen werden müssen, setzt ein *Selbstregulations-Prozeß* ein. Nach *Kanfer* (1976) lassen sich hierbei drei Abschnitte unterscheiden:

– *Selbstbeobachtung*. Zunächst findet die sorgfältige Überprüfung des eigenen Tuns statt.
– *Selbstbewertung*. Aufgrund früherer Erfahrungen besitzt die Person Standards (Leistungskriterien) für die korrekte Ausführung des Verhaltens. Jetzt wird das beobachtete Verhalten verglichen mit diesen Standards.
– *Selbstverstärkung*. Auf dieser motivationalen Stufe wird entweder das unterbrochene Verhalten verstärkt und somit fortgesetzt oder bei Nicht-Übereinstimmung mit den Standards werden neue Verhaltensweisen aufgebaut, um den Fehler zu korrigieren.

Selbstkontrolle ist nach *Kanfer* ein Sonderfall der Selbstregulation. Die Selbstkontrollsituation ist gekennzeichnet durch das Vorhandensein eines Konflikts, d. h. ein Verhalten hat sowohl positive als auch aversive Konsequenzen (z. B. Zigaretten rauchen).

Genau wie bei *Skinner* gibt es auch bei *Kanfer* neben der Selbstverstärkung die Selbstbestrafung. Da der Verstärkung gegenüber der Bestrafung allgemein eine größere Wirksamkeit zugeschrieben wird, steht bei beiden Autoren allerdings die Selbstverstärkung ganz im Vordergrund.

Bei diesem zweiten Theorieansatz spielen kognitive Komponenten eine bedeutsame Rolle. Das Individuum setzt selbst die Normen, an denen es das eigene Verhalten mißt. Die nachfolgende Selbstverstärkung bekommt die motivationale, verhaltenssteuernde Wirkung erst durch Bezug auf diese Standards. Solche Standards sind Ansprüche an die eigene Person und im Selbstkonzept verankert.

Das Prinzip der Selbststeuerung (oder Selbstkontrolle) spielt eine große Rolle bei bestimmten Formen der Verhaltensmodifikation. Als Beispiele wären ein relativ selbständig durchgeführtes Raucher-Entwöhnungs-Training (siehe Forschungsarbeit im Arbeitsteil) oder Programme zur Immunisierung gegenüber Gruppendruck zu nennen.

Aber auch im Alltag läßt sich häufig eine unsystematische Anwendung von Selbstverstärkung, von Zwang gegenüber der eigenen Person und von Selbstbestrafung beobachten.

3.3.5 Kognitive Komponenten

In einer streng behavioristischen Auffassung ist das operante Konditionieren durch folgende Grundannahmen gekennzeichnet:
- Prinzip der Steuerung des Verhaltens durch Darbietung oder Entzug von positiven und aversiven Konsequenzen, wobei das Anbieten von Belohnungen (Verstärker) als bedeutsamer erachtet wird.
- Hilfsprinzipien der Reiz- und Reaktionsdifferenzierung (Hinweisreize, differentielle Verstärkung).

Dispositionelle (auf überdauernde Personmerkmale zielende) und mentalistische (auf Absichten und Beweggründe zielende) Begriffe kommen in diesem System nicht vor. Behaviorale Lernmodelle befassen sich nicht mit »Bewußtsein« oder »höheren geistigen Prozessen«. Der klassische Behaviorismus ist eine *objektive Verhaltenslehre*. Als experimenteller Zweig der Naturwissenschaften befaßt er sich nicht mit dem Erleben, sondern mit dem Verhalten, d. h. den *äußerlich* wahrnehmbaren Aktivitäten des Organismus. Nicht mehr Gegenstand dieser damals neuen Psychologie sollten innerseelische Vorgänge sein, wie Vorstellungen, Denken, Gefühl, Wollen usw.

Der Behaviorismus hat sich in verschiedenen Richtungen weiterentwickelt. Manche Autoren unterscheiden *offenes* und *verdecktes* (= vorgestelltes) *Verhalten*. Man nimmt an, daß auch beim verdeckten Verhalten die Prinzipien des instrumentellen Lernens gelten (*Mahoney* 1972; *Thoresen/Mahoney* 1974). Nach dieser Auffasssung kann also auch gelernt werden, wenn das instrumentelle Verhalten und seine Konsequenzen nur in der Vorstellung gegeben sind. Hierdurch wird die allgemeine Regel »Eine Verstärkung eines Verhaltens in dessen Abwesenheit ist nicht möglich« relativiert.

Beim Versuch, Lernphänomene möglichst voraussetzungslos zu erfassen, kommt man nicht umhin anzunehmen, daß der Mensch *auch* ein *bewußtseinsfähiges Individuum* ist. Kognitive Organisationsprozesse und emotional-motivationale Qualitäten beeinflussen in starkem Maße die Verhaltenssteuerung. Die Formulierung, daß nicht »objektive« Gegebenheiten das Verhalten determinieren, sondern die kognitive Repräsentation und die subjektive Bewertung durch die Person, ist in dieser allgemeinen Form jedoch sicher überspitzt.

Kognitive Organisationsprozesse in der Handlungssteuerung werden ausführlich im Kapitel »Planvolles Handeln und Problemlösen« behandelt. Hier soll nur demonstriert werden, daß die heutige Auffassung von instrumentellem Lernen eine deutliche Ausweitung des ursprünglichen Konzepts des operanten Konditionierens darstellt.

Beispiel:

Eine Person hat Übergewicht und wünscht, durch ein Diätprogramm das Gewicht zu reduzieren. Neben den oft mühsamen neuen Eßgewohnheiten (IV) spielt der tägliche Gang zur Waage (K) eine Rolle.

Die Voraussetzung jeden instrumentellen Lernens, die Motivation, kann hier als gegeben vorausgesetzt werden. Kognitive Komponenten können neben der von *Kanfer* genannten Selbstbeobachtung und -bewertung besonders in den Ergebnissen des Meßvorgangs (Waage) gesehen werden. Die Konsequenzen K^{v+} oder K^{av}, die auf das Verhalten belohnend oder bestrafend wirken, können als *informative* Konsequenzen aufgefaßt werden. In ähnlicher Weise wird ein Autofahrer während der Fahrt durch Beobachtung des Tachometers laufend seine Geschwindigkeit regeln. Solche Informationen sind kontingent zur geäußerten Verhaltensweise und dienen dem Lernenden als Rückmeldung (feedback).

3.3.6 Instrumentelles Lernen als gewohnheitsmäßiges Verhalten

Instrumentelles Lernen führt zu *gewohnheitsmäßigem Verhalten*. Es ist motiviert und zielgerichtet, aber eng an bestimmte Situationen gebunden und erscheint deswegen relativ starr. Im Gegensatz dazu ist das *planvolle Handeln* (siehe Kapitel 5) durch Flexibilität gekennzeichnet und kann auch in neuartigen Situationen angewandt werden. Ein Musterbeispiel hierfür ist der kreative Einfall zur Lösung eines Problems.

Beispiele für gewohnheitsmäßiges Verhalten.

– Auf dem Weg zur Arbeitsstätte fahren wir meist die gleiche Wegstrecke.
– Ein Schüler erledigt seine Hausaufgaben regelmäßig zu einem bestimmten Zeitpunkt und nach einem bestimmten System.

– Ein Kind hat gelernt, dreimal täglich nach den Mahlzeiten seine Zähne zu putzen.
– Bei Auseinandersetzungen zwischen Eheleuten gibt die Frau gewöhnlich nach.
– Jemand hat sich angewöhnt, schwierigen Aufgaben oder konflikthaften Situationen aus dem Wege zu gehen.

Instrumentelles Verhalten wird immer gesteuert von den Konsequenzen, auch wenn diese nur vorgestellt und im Augenblick nicht wirklich dargeboten werden. Die Selbstmanagement-Methoden nach *Kanfer* nehmen eine Zwischenstellung zwischen instrumentellem Verhalten und planvollem Handeln ein. Es geht jedoch auch hier im wesentlichen um die Organisation der Konsequenzen (Selbstverstärkung und Selbstbestrafung). Die *Außensteuerung* des Verhaltens durch Managemant der Konsequenzen kann, so paradox das klingt, auch vom Lerner selbst übernommen werden. Die wirkliche *Innensteuerung* werden wir im Zusammenhang mit dem planvollen Handeln noch kennenlernen.

3.3.7 Zusammenfassung

In diesem Abschnitt wurden folgende Begriffe eingeführt:

Vier Formen des instrumentellen Lernens
    positive Verstärkung
    negative Verstärkung
    Bestrafung
    Löschung

Aufbau des Verhaltens durch positive und negative Verstärkung
Abbau des Verhaltens durch Bestrafung und Löschung

Motivation
Motiv und Aufforderungscharakter

Zwei Merkmale des instrumentellen Lernens: situations- und motivationsabhängig

Fremd- und Selbststeuerung

Kognitive Komponenten

instrumentelles Lernen als gewohnheitsmäßiges Verhalten.

3.4 Die positive Verstärkung

3.4.1 Vorbemerkung

Zunächst wird der Begriff der Verstärkung erklärt. Es folgt die Beschreibung verschiedener Arten von Verstärkern. Anschließend werden Verstärkungspläne sowie die Verhaltensformung und Verhaltensketten behandelt. Unter pädagogischen Gesichtspunkten wichtig ist die Unterscheidung von intrinsischer und extrinsischer Motivation. Abschließend werden einige Gesichtspunkte beim Aufbau neuer Verhaltensweisen besprochen und die Häufigkeit positiver Verstärkung untersucht.

3.4.2 Der Begriff

Lernen kann man als *Prozeß* (Vorgang) oder als *Produkt* (Ergebnis) betrachten. Der Vorgang der Verstärkung führt zu dem Ergebnis der Erhöhung der Auftretenswahrscheinlichkeit bzw. Intensivierung des betreffenden Verhaltens. Im Falle der *positiven* Verstärkung wird dies durch die Darbietung einer positiven (belohnenden) Konsequenz erreicht, die auch positiver Verstärker genannt wird. (Abb. 35).

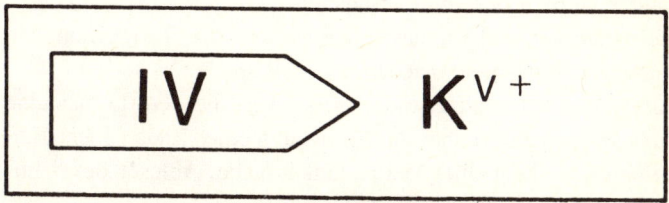

Abb. 35: Schema der positiven Verstärkung

Ein Verstärker wird also durch seine Auswirkungen definiert. Ein Reiz (Konsequenz) ist dann ein Verstärker, wenn er die Auftretenswahrscheinlichkeit eines Verhaltens erhöht. Das Verhalten wird durch derartige Konsequenzen gestärkt, und zwar hinsichtlich seiner Häufigkeit oder Intensität. Der Begriff der Verstärkung weist bereits drauf hin, daß eine Voraussetzung für eine derartige Beeinflussung darin besteht, daß das Verhalten wenigstens hin und wieder auftritt. Nur dann kann es verstärkt werden. Davon wird noch die Rede sein.

3.4.3 Verschiedene Arten von Verstärkern

(1) Primäre und sekundäre Verstärker
Primäre Verstärker sind solche Konsequenzen eines Verhaltens, die ohne Lernprozeß verstärkend wirken. Es sind dies beispielsweise Nahrung und Zärtlichkeiten, also Reize, die grundlegende, angeborene Bedürfnisse befriedigen. Sekundäre Verstärker sind solche Konsequenzen, die ursprünglich nicht verstärkend wirkten, sondern erst durch wiederholtes Zusammenvorkommen mit primären Verstärkern selbst zu Verstärkern wurden. Dieser Vorgang läßt sich als assoziatives Lernen erklären. Sekundäre Verstärker haben gebenüber primären häufig den Vorteil, daß es nicht so schnell zu einer Sättigung kommt. Geld ist für viele Menschen immer wieder ein Anreiz, während man Bonbons bald nicht mehr mag.

(2) Vier Arten von Verstärkern
Es können folgende Formen von Verstärkern unterschieden werden:
- *Materielle Verstärker* sind beispielsweise Spielsachen, Bildchen, Radiergummis usw. oder Chips, die gegen solche Gegenstände eingetauscht werden können.
- *Soziale Verstärker* im sprachlichen Bereich sind Ausdrücke, wie das gefällt mir, prima, da warst du aber fleißig usw. Soziale Verstäker im nichtsprachlichen Bereich sind anerkennende Gesten, jemandem auf die Schulter klopfen oder ihm zuschauen.
- *Aktivitätsverstärker* sind Verstärker in Form beliebter Tätigkeiten, wie Filme ansehen, Ratespiele machen, Fußball spielen.
- *Informative Verstärker* sind solche Verstärker, die dem Lerner eine Mitteilung (Information) über die Erreichung eines Ziels geben. Beispiele: richtige Lösung einer Mathematikaufgabe, Ablesen der richtigen Geschwindigkeit auf einem Tachometer.

3.4.4 Zeitpunkt der Verstärkung und Verstärkungspläne

Die Verstärkung erzielt ihre beste Wirkung, wenn sie dem Verhalten unmittelbar folgt. Dies ist einleuchtend, da der Begriff Kontingenz ja die Beziehung zwischen Verhalten und Konsequenz beschreibt. Dauert bei Versuchstieren in der Skinner-Box die Verzögerung der Verstärkung einige Sekunden (etwa 5–30), so kann das dazu führen, daß das betreffende Verhalten nicht gelernt wird. Dieses Prinzip ist von größter pädagogischer Bedeutung. Lob und Anerkennung für gute schulische Leistungen oder positives Sozialverhalten sind eben nur dann Verstärker, wenn sie möglichst sofort auf das geäußerte Verhalten folgen. Halbjährlich erteilte Zeugnisse, selbst wenn sie gute Noten enthalten, sind in der Regel keine Verstärker, die kontingent einem bestimmten Verhalten folgen.

Die Programmierte Unterweisung durch Buchtexte oder Lernmaschinen versucht, den geschilderten Gesichtspunkt dadurch zu berücksichtigen, daß kleinste Lernschritte jeweils individuell verstärkt werden.

Eine weitere Möglichkeit, diesem Grundsatz Rechnung zu tragen, besteht darin, die Lernziele so präzise anzugeben, daß jeder Lerner sofort nach Abschluß eines Arbeitsschrittes feststellen kann, ob er erfolgreich war oder nicht.

Skinner untersuchte in seinen Lernexperimenten mit Tieren die Auswirkungen einer Vielzahl von Verstärkungsplänen. Für menschliches Lernen in Alltagssituationen sind allerdings nur einige Ergebnisse wichtig.

Im Zusammenhang mit der positiven Verstärkung lassen sich zwei Grundmuster von Verstärkungen unterscheiden:
– die Immerverstärkung (kontinuierliche Verstärkung)
– die gelegentliche Verstärkung (intermittierende Verstärkung).

Beim Erlernen einer neuen Verhaltensweise ist es in aller Regel notwendig, das Verhalten immer (kontinuierlich) zu verstärken. Dieser Grundsatz ist von größter Bedeutung. Sehr viel Ärger und Schwierigkeiten in Familien und Schulen könnten vermieden werden, wenn die geforderten neuen Verhaltensweisen in der Aneignungsphase regelmäßig verstärkt würden. Dieses Prinzip der Immerverstärkung beinhaltet auch die Forderung, in diesem Abschnitt dem Verhalten auf keinen Fall Strafreize folgen zu lassen, da diese die Wirkung der positiven Verstärker beeinträchtigen.

Beispiel:

Kleine Kinder wollen von sich aus im Haushalt mithelfen. Sie möchten gern Tisch decken, Essen kochen, Boden putzen. Bei diesen Aktivitäten kommt es verständlicherweise zu zahlreichen Pannen. Aus Ungeduld kritisieren Erwachsene dann schnell oder verrichten die Arbeiten gleich selbst. Später beklagen sie sich über die geringe Bereitschaft der Kinder, solche Pflichten zu übernehmen.

Um in der Lernphase Strafreize zu vermeiden, ist es nötig, die Anforderungen an den Lerner geschickt zu dosieren, damit Mißerfolge, die als

Bestrafung erlebt werden könnten, möglichst ausgeschlossen werden. Wünscht man z. B., daß ein Kind das Klavierspiel erlernen soll, dann müssen die Übungen über einen längeren Zeitraum so gestaltet sein, daß das Kind Erfolge erlebt oder daß häufiges Lob erteilt werden kann.

Sobald die Verhaltensweise aufgebaut ist, erscheint eine Immerverstärkung nicht mehr nötig. Dann ist eine gelegentliche Verstärkung nicht nur ausreichend, sondern sogar vorteilhafter. Besonders eine gelegentliche Verstärkung, die keinem regelmäßigen Schema folgt, verhindert sehr wirksam eine Abschwächung des gelernten Verhaltens.

Beispiele:

– Die unregelmäßige Folge von Treffern in einem Glücksspiel (z. B. Spielautomat) motiviert manche Menschen, geraume Zeit vor solchen Geräten zu verbringen.

– Die oft erstaunliche Ausdauer von Anglern erklärt sich mit der Hoffnung, doch ab und zu einen Fisch zu fangen.

– Die Inkonsequenz in pädagogischen Situationen, etwa dem zielgerichteten Schreien eines Kindes hin und wieder nachzugeben, führt mit ziemlicher Sicherheit dazu, daß diese Verhaltensweise beibehalten wird.

3.4.5 Verhaltensformung und Verhaltensketten

(1) Verhaltensformung

Zunächst soll die Methode der *Verhaltensformung* (engl. shaping), auch sukzessive Approximation (stufenweise Annäherung) genannt, etwas genauer betrachtet werden.

In einem Experiment von *Skinner* kam es beispielsweise darauf an, daß eine Taube auf ein Lichtsignal (S^D) hin, sich zweimal entgegen dem Uhrzeigersinn um die eigene Achse drehen sollte. Jede minimale Verhaltensänderung des Versuchstieres in Richtung Endverhalten (z. B. leichte Anhebung des linken Fußes, geringe Drehung des Kopfes nach links) wurde sofort mit Futter verstärkt. Es gelang mit diesem Verfahren meist in etwa 2–4 Minuten das Tier entsprechend zu konditionieren.

Auch für Menschen ist es bei komplexen Verhaltensmustern nicht immer möglich, gleich beim ersten Versuch das gewünschte Verhalten zu zeigen. Wenn ein kleines Kind lernt, die Schuhbänder zu binden, wenn jemand sich bemüht, die Zähne richtig zu putzen oder wenn jemand in der Fahrschule das Autofahren lernt, dann wird die Perfektion der Ausführung sukzessiv zunehmen. Bei den einzelnen Versuchsdurchgängen werden solche Verhaltenselemente verstärkt, die sich mehr und mehr dem erwünschten Endverhalten annähern. Bei korrekter Ausführung wird dann nur noch das solchermaßen geformte Verhalten verstärkt.

Dieses Verfahren der Verhaltensformung ist oft außerordentlich zeitraubend und erfordert viel Geschick und Sorgfalt, zumal hierbei auch möglichst noch das Prinzip der Immerverstärkung zu beachten ist.

Beispiel:

Ich erinnere mich an den Fall eines 13jährigen Schülers, der ein 6. Schuljahr besuchte. Im Durchschnitt blieb dieser Junge etwa jeden dritten Tag unentschuldigt dem Unterricht fern. Das »normale« Verhalten der meisten Lehrer dürfte folgendes sein: Kommt der Schüler wieder einmal zum Unterricht, wird er getadelt, erhält einen Eintrag in das Klassenbuch und muß u. U. in einer zusätzlichen Unterrichtsstunde (»Nachsitzen«) einen Teil des versäumten Unterrichtsstoffes nacharbeiten. Dem operanten Verhalten »Schulbesuch« folgt also eine ganze Serie von aversiven Konsequenzen.

In dem geschilderten Fall verhielt sich der Lehrer völlig anders. War der Schüler anwesend, wurde er vom Lehrer ohne Spott begrüßt. Möglichst jede noch so kleine schulische Leistung (hat einen Teil der Hausarbeiten erledigt, meldet sich ab und zu usw.) wurde sofort positiv verstärkt.

Nach wenigen Wochen war der Schulbesuch absolut regelmäßig und die Leistungen einigermaßen akzeptabel. Lediglich samstags fehlte der Schüler manchmal, da er dann im Haushalt der Eltern arbeiten mußte.

Skinner spricht davon, daß diese Technik »das Verhalten so formt, wie ein Bildhauer sein Material« oder daß es möglich sei, »das Verhalten eines Organismus fast nach Belieben zu formen« (zit. nach *Correll* 1976, S. 22).

(2) Verhaltensketten

Eine eindrucksvolle Demonstration einer *Verhaltenskette* lieferten *Pierrel/Sherman* (1963). Hierbei lernte die Ratte Barnabus folgende artistisch anmutende Verhaltenskette:

a) eine Wendeltreppe hinaufzusteigen,
b) über eine schmale Zugbrücke zu laufen,
c) eine Leiter hinabzuklettern,
d) ein Spielzeugauto an einer Kette herbeizuziehen,
e) in das Auto einzusteigen,
f) mit dem Auto zu einer zweiten Leiter zu fahren,
g) diese Leiter hinaufzuklettern,
h) durch ein Rohr zu kriechen,

i) in einen Aufzug zu klettern,
j) an einer Kette zu ziehen, die eine Fahne hochzog und Barnabus zur Ausgangs-
    plattform zurückbrachte, wo er
k) einen Hebel drücken konnte und dafür eine Futterpille bekam, die er fraß;
l) dann kletterte er die Wendeltreppe hinauf . . . usw. (aus *Ruch/Zimbardo* 1974,
    S. 154).

Häufig werden solche Verhaltensketten vom Ende her gelernt. In unse-
rem Beispiel lernte Barnabus zuerst den Hebel zu drücken, um das Futter
zu erlangen usw.
Solche Verhaltensketten spielen auch im menschlichen Alltag eine große
Rolle.
Beispiel: Anfahren mit dem Auto.

a) Tür aufschließen
b) einsteigen
c) Gangschaltung auf Leerlauf stellen
d) Schlüssel ins Zündschloß stecken
e) ggf. Choke ziehen
f) Starter betätigen
g) Gas geben
h) in Rückspiegel schauen
i) Blinker betätigen
j) Kupplung treten
k) Gang einlegen
l) Kupplung loslassen
m) Lenkrad drehen
n) Gas geben usw.

Voraussetzung für diese Art von Kettenbildung ist, daß jede Verhaltensweise, z. B. die richtige Stellung des Zündschlüssels, einwandfrei erlernt
ist.
Die Konsequenzen, die jedes Glied der Kette erfährt, stellen einen S^D für
das nächste Glied dar. So ist das Anspringen des Motors nach Betätigung
des Zündschlüssels Hinweisreiz für das nächste IV, nämlich Loslassen
des Schlüssels und ggf. Gas geben. Der dann einwandfrei laufende Motor
ist ein S^D für weitere Maßnahmen usw. Verstärkt wird die gesamte Kette
durch den abschließenden Erfolg.

3.4.6 Intrinsische und extrinsische Motivation

Man unterscheidet intrinsische und extrinsische Motivation. *Intrinsische Motivation* liegt dann vor, wenn die Tätigkeit aus Motiven gezeigt wird, die in unmittelbarer Verbindung mit der Ausführung der Tätigkeit selbst stehen.
Beispiel:

– Ein Schüler kann durch den Neuigkeitswert oder die Schwierigkeit einer Aufgabe motiviert werden, sich um eine Lösung zu bemühen.
– Die Tätigkeit des Spielens mit einem Ball macht Spaß. Die Motivation zielt auf die Herbeiführung dieser Funktionslust.

Extrinsische Motivation liegt vor, wenn positive Konsequenzen erwartet werden, die nicht in unmittelbarer Verbindung mit der Ausführung der Tätigkeit stehen.
Beispiele:

– Ein Schüler bemüht sich um die Lösung von Mathematikaufgaben, weil die Eltern ihm für eine gute Note ein Fahrrad versprochen haben.
– Ein Kind erledigt die Hausaufgaben besonders sorgfältig, weil es von der Lehrerin gelobt werden will.

Diese Unterscheidung spielt eine besondere Rolle in der Theorie der Leistungsmotivation. Leistungshandeln ist gekennzeichnet durch einen *Gütemaßstab*, d. h. die Tätigkeit kann mehr oder minder gut gelingen. Der Lerner entwickelt ein individuelles *Anspruchsniveau*, an dem das Handlungsergebnis gemessen wird. Bei Erreichen oder Verfehlen der Leistungsstandards treten Gefühle wie Freude und Stolz bzw. Ärger oder Scham auf.
Atkinson (1975) hat eine Summenformel der Leistungsmotivation aufgestellt (Abb. 36).

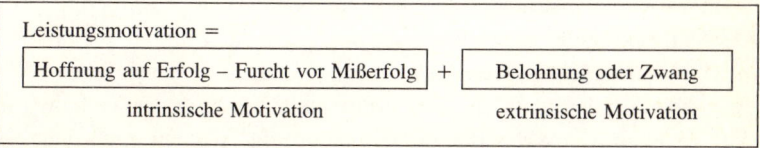

Leistungsmotivation =

$$\underbrace{\text{Hoffnung auf Erfolg} - \text{Furcht vor Mißerfolg}}_{\text{intrinsische Motivation}} + \underbrace{\text{Belohnung oder Zwang}}_{\text{extrinsische Motivation}}$$

Abb. 36: Summenformel der Leistungsmotivation (frei nach *Atkinson*)

Jemand, der über ein hohes Ausmaß von Hoffnung auf Erfolg und ein niedriges Ausmaß von Furcht vor Mißerfolg verfügt, ist demnach intrinsich hoch motiviert.

Eine Person, die intrinsisch niedrig motiviert ist, weil die Furcht vor Mißerfolg überwiegt, kann insgesamt doch hochmotiviert sein, dann nämlich, wenn die extrinsische Motivationskomponente (Hoffnung auf Belohnung) sehr groß ist. Der Fall der Zwangsmotivation wird im Abschnitt über die negative Verstärkung noch behandelt werden.

Bei der positiven Verstärkung kann die positive Konsequenz also einmal in dem instrumentellen Verhalten selbst liegen oder sozusagen von außen hinzugefügt werden. Wenn nach einer Reparatur eine Lampe wieder brennt, dann wirkt dieses Ereignis verstärkend auf das Verhalten »defekte Leuchten reparieren«. Diese Verhaltensweise kann aber auch dadurch verstärkt werden, daß man für eine solche Arbeit eine bestimmte Geldsumme erhält.

In der lernpsychologischen Literatur wird der Begriff der positiven Verstärkung allerdings meist in der zweiten Bedeutung gebraucht. Lernen durch Darbietung von Belohnungen wird hier als Außensteuerung aufgefaßt, bei der die Verstärker zwar auch motivationsadäquat sein müssen, aber eigentlich mit dem instrumentellen Verhalten nicht in einem direkten inhaltlichen Zusammenhang stehen. In diesem Fall wäre der Lerner dann extrinsisch motiviert.

3.4.7 Der Aufbau neuer Verhaltensweisen

Eltern und Lehrer sind oft enttäuscht, wenn der Versuch, das Prinzip der positiven Verstärkung anzuwenden, mißlingt. Nicht wenige Erzieher sind sogar von der Unwirksamkeit dieses Verfahrens überzeugt. Solche Erfahrungen sind in der Unkenntnis bzw. fehlerhaften Anwendung dieser Theorie begründet. Positive Verstärkung findet nur statt, wenn die Grundsätze des instrumentellen Lernens berücksichtigt werden.

Der Aufbau einer neuen Verhaltensweise durch positive Verstärkung wird nun in Anlehnung an *Fürntratt* (1977, S. 39f.) beschrieben.

Wir haben erfahren, daß beim instrumentellen Lernen das Verhalten in der Regel zunächst überhaupt einmal gezeigt werden muß, ehe es verstärkt werden kann. In pädagogischen Situationen ist es meist nicht möglich abzuwarten, bis es spontan auftritt, sondern es muß irgendwie veranlaßt werden. Diese Phase nennen wir *Anregung* des zu lernenden Verhaltens.

Verhalten kann angeregt werden durch

- geeignetes Arrangement der Situationsbedingungen
  z. B. Bereitstellen von Papier und Bleistift zum Zeichnen.
- verbale Beschreibung
  z. B. Aufforderung, das Zimmer in bestimmter Weise aufzuräumen.
- Demonstration durch Modelle
  z. B. Vorführen, wie man mit dem Zirkel arbeitet.
- Schaffung von Motivation
  z. B. Ankündigung einer interessanten Tätigkeit (intrinsisch), Versprechen einer Belohnung oder Androhung von Zwangsmaßnahmen (extrinsisch).

In der nächsten Phase geht es um die *Etablierung* der instrumentellen Verhaltensweise. In der Anfangsphase muß möglichst sofort und möglichst oft verstärkt werden. Um eine solche Immerverstärkung zu gewährleisten ist es nötig, die Aufgabenschwierigkeit nur sehr langsam zu steigern, um Mißerfolge, die als Bestrafung wirken könnten, zu vemeiden. Mehrfach wurde auch darauf hingewiesen, daß die Konsequenzen des Verhaltens nur dann als Verstärker wirken, wenn sie motivationsadäquat sind.

In der dritten Phase erfolgt eine *Formung, Differenzierung* und *Perfektionierung* des Verhaltens. Durch differentielle Verstärkung wird das Verhalten allmählich in Richtung Endverhalten geformt und ggf. als Verhaltenskette aufgebaut bis es am Ende in einer spezifischen Situation perfekt ausgeführt werden kann.

In der letzten Phase erfolgt die *Stabilisierung* der Verhaltensweise. Hier geht es darum, eine gewisse Minimumverstärkung (gelegentliche Verstärkung) zu sichern.

3.4.8 Häufigkeit und Echtheit positiver Verstärkung

Tausch/Tausch (1973) referieren zahlreiche Untersuchungen, die die Häufigkeit der positiven Verstärkung nachweisen. Im einzelnen werden folgende Bereiche genannt: Änderung des Sprachverhaltens, Förderung des pro-sozialen Verhaltens, Verstärkung aggressiven Verhaltens, Änderung von Einstellungen, Änderung des zwischenmenschlichen Beziehungsverhältnisses, Förderung des Leistungsverhaltens.

Zur Veranschaulichung der Wirksamkeit der positiven Verstärkung folgen jetzt fünf Beispiele.

(1) Sogenanntes »abergläubiges« Verhalten
Es gibt auch *zufällige* Beziehungen zwischen Verhalten und nachfolgenden Konsequenzen. Erhielt beispielsweise in den Experimenten *Skinners* eine Taube, durch eine Uhr gesteuert, alle 15 Sekunden etwas Futter, ungeachtet dessen, was sie gerade tat, dann zeigte das Versuchstier bald eigentümliche Verhaltensweisen, etwas Hüpfen von einem Fuß auf den anderen, Beugen und Hochstellen des Kopfes, Körperdrehungen usw. Dieses komplexe Verhaltensmuster wird als abergläubiges Verhalten bezeichnet.
Solche zufälligen Kontingenzen lassen sich auch bei Menschen beobachten.
Hat ein Student einmal zu einer Prüfung einen bestimmten Talisman mitgebracht und die Prüfung dann tatsächlich bestanden, so ergibt sich eine gewisse Wahrscheinlichkeit, daß er in Prüfungssituationen zukünftig außer mit Fachwissen auch mit einem Glücksbringer ausgerüstet sein wird.

(2) Trainer im Ohr
An der Innsbrucker Universität wurde ein Gerät zur Verbesserung des Trainings von Abfahrtsläufen entwickelt. Ein Kunststoffwinkel, der am Unter- und Oberschenkel befestigt ist und die Beugung des Knies mitmacht, ist mit einem Sensor verbunden, der auf den im Windkanal ermittelten optimalen Abfahrtswinkel eingestellt ist. Bei Abweichung von der Idealstellung nimmt der Rennläufer über einen Ohrhörer einen Summton wahr. In der Idealstellung schweigt das Gerät. Ziel dieses Trainingsprogramms ist es, daß der Läufer seine Haltung weitgehend automatisiert.
Hier begegnet uns ein informativer Verstärker. »Ausbleiben des Summtons« und »Summton« sind Informationen über »richtig« und »falsch«. Die sofortige Rückmeldung führt zu einer sehr effizienten Verhaltensformung und ist den Anweisungen eines Trainers nach Abschluß des Laufes wesentlich überlegen.

(3) Verkaufsförderung
Um ihre Angestellten anzuspornen, locken manche Unternehmen mit Traumreisen. Damit leitende Mitarbeiter veranlaßt werden, durch noch mehr Leistung den Umsatz zu steigern, werden nicht wie im Außendienst Umsatzprovisionen gewährt, sondern besondere Anreize geschaffen. Die Mitgliedschaft in einem firmeneigenen exklusiven Club gewährt beispielsweise die Berechtigung, einmal im Jahr mit den Ehefrauen an einer attraktiven Gruppenreise teilzunehmen.
Der Aufforderungscharakter (Anreizwert) des Ziels ist klar umrissen: Als Krönung der Bemühungen winkt eine außergewöhnliche Prämie, die vor allem das Bedürfnis nach Anerkennung und Prestige befriedigen soll.

(4) Vorsorgeuntersuchungen
Vorsorgeuntersuchungen für Schwangere wurden in der Bundesrepublik Deutschland im Jahr 1977 nur von 38 Prozent der Frauen in vollem Umfang wahrgenommen. In diesem Zusammenhang wurde die österreichische Lösung

diskutiert. Dort bekommt jede Frau eine Geldprämie, wenn sie mindestens fünf Untersuchungen während der Schwangerschaft und eine Untersuchung des Neugeborenen nachweist. Die gleiche Geldsumme wird noch einmal gezahlt, wenn das Kind im ersten Lebensjahr viermal dem Arzt vorgestellt wird.

In Verbindung mit diesen Maßnahmen soll die Säuglingssterblichkeit um 30 Prozent gesunken sein.

(5) Tierdressur
Ehe das Tier in der Schau auftreten kann, muß das Verhalten nach dem Prinzip der Verhaltensformung aufgebaut werden. Wenn beispielsweise der Delphin gelernt hat, durch einen Reifen zu springen, erhält er nach jedem gelungenen Versuch einen Pfiff mit der Trillerpfeife als Bestätigung und nach mehreren Durchgängen einen Fisch als Belohnung.

Der akustische Reiz stellt hierbei einen informativen und der Fisch einen primären (materiellen) Verstärker dar.

Ein häufig gehörter Vorwurf gegenüber der Anwendung der Prinzipien des instrumentellen Lernens ist der, Eltern und Lehrer verhielten sich wie der Versuchsleiter in einem Experiment mit Ratten oder Tauben. Im alltäglichen Umgang von Personen mit Personen scheint neben der Verhaltensdimension *Hilfe/Unterstützung* die Dimension *Echtheit* sehr förderlich für spontane, konstruktive und ebenfalls echte Verhaltensäußerungen beim Partner zu sein.

Tausch/Tausch (1973), S. 215) beschreiben die Dimension Echtheit u. a. durch folgende Merkmale:

– eine Person sagt das, was sie denkt und fühlt,
– sie gibt sich so, wie sie wirklich ist,
– sie verhält sich ungekünstelt, natürlich, spielt keine Rolle,
– sie ist ohne professionelles, routinemäßiges Gehabe,
– sie ist sie selbst, sie lebt ohne Fassade und Panzer,
– sie verhält sich in individueller, origineller, vielfältiger Weise . . .

Ein Optimum an positiver Verstärkung erfahren Kinder in einer Erziehungsumwelt, die durch Respektierung der Persönlichkeit des Kindes und emotionale Zuwendung gekennzeichnet ist. Nicht so sehr einzelne verhaltenstheoretische Tricks, sondern eine Atmospähre der Wertschätzung für die Leistungen der Kinder bieten die beste Voraussetzung für eine optimale individuelle Entwicklung.

3.4.9 Zusammenfasssung

In diesem Abschnitt wurden folgende Begriffe eingeführt:

positive Verstärkung

primäre und sekundäre Verstärker

4 Arten von Verstärkern: materielle Verstärker, soziale Verstärker, Aktivitätsverstärker, informative Verstärker

Zeitpunkt der Verstärkung
Immerverstärkung – gelegentliche Verstärkung

Verhaltensformung
Verhaltensketten

intrinsische und extrinsische Motivation

Aufbau neuer Verhaltensweisen

Häufigkeit und Echtheit positiver Verstärkung

3.5 Die negative Verstärkung

3.5.1 Vorbemerkung

Nach der Einführung des Begriffs der negativen Verstärkung werden zwei Formen dieser Art des instrumentellen Lernens vorgestellt, das Flucht- und das Vermeidungslernen. Anschließend ist davon die Rede, daß das Verständnis der negativen Verstärkung durch Verwendung umgangssprachlicher Begriffe erheblich erschwert wird. Als nächster Punkt wird dann die Häufigkeit von Zwang und die Immunisierung gegenüber Zwang behandelt. Zum Abschluß wird der Zusammenhang zwischen Angst und Aggression bzw. Ingratiation besprochen.

3.5.2 Der Begriff

Wie wir bereits wissen, führt der Vorgang der Verstärkung zu dem Ergebnis der Erhöhung der Auftretenswahrscheinlichkeit bzw. Intensivierung des betreffenden Verhaltens. Im Falle der *negativen* Verstärkung wird dies durch Entzug einer negativen (aversiven) Konsequenz erreicht, die auch negativer Verstärker genannt wird (Abb. 37). In jedem Fall ist, wie der Begriffsname bereits sagt, auch die negative Verstärkung eine Verstärkung und darf auf keinen Fall mit der Bestrafung verwechselt werden, wie dies leider zuweilen auch bei prominenten Autoren geschieht.

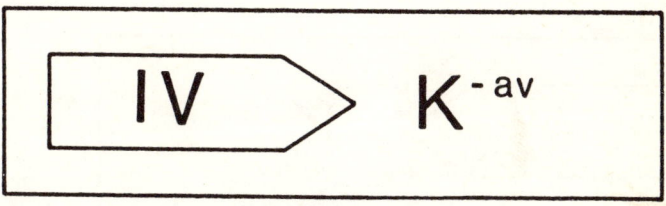

Abb. 37: Schema der negativen Verstärkung

3.5.3 Zwei Formen der negativen Verstärkung

Es lassen sich zwei Formen dieser Art des instrumentellen Lernens unterscheiden:
– das Fluchtlernen (Flucht- und Abschaltverhalten)
– das Vermeidungslernen (Ausweich- und Vorbeugungsverhalten).
Von *Fluchtlernen* sprechen wir, wenn die Person direkt mit dem aversiven Ereignis konfrontiert wird und Maßnahmen ergreift, diesem zu entkommen. Der Fall des *Vermeidungslernens* liegt vor, wenn eine Person durch einen Signalreiz gewarnt, rechtzeitig Vorsorge trifft, um das aversive Ereignis vorbeugend zu vermeiden.
Beispiel:

Stellen wir uns vor, wir gehen spazieren und kommen an einem Garten vorbei, in dem laut bellend ein großer Hund am Zaun hochspringt. Viele Menschen werden Angst empfinden und vielleicht auf die andere Straßenseite wechseln oder schneller gehen. Mit zunehmender Entfernung von dem Tier wird sich die Angst vermindern. In Zukunft werden wir diese Stelle immer schnell passieren (Flucht-lernen).

Wahrscheinlicher ist, daß wir beim nächsten Spaziergang kurz vor dem Garten mit dem Hund rechtzeitig den gegenüberliegenden Fußweg benutzen und einen kleinen Umweg in Kauf nehmen. Möglicherweise werden wir in Zukunft den neuen Weg immer einschlagen (Vermeidungslernen).

Im zweiten Teil des Beispiels begegnet uns wieder eine Verschränkung von assoziativem und instrumentellem Lernen. Der Signalreiz (z. B. das Eckhaus am Beginn der Straße) erhält seine Bedeutung als Warnsignal vor dem aversiven Ereignis erst durch einen Prozeß des assoziativen Lernen von Typ 1 (direkte assoziative Verknüpfung von Bewußtseinsinhalten).

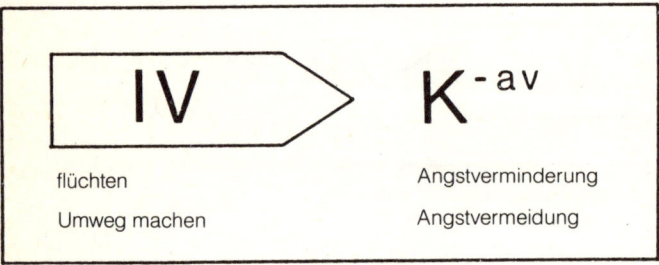

Abb. 38: Flucht- und Vermeidungslernen

Organismen weisen eine Tendenz auf, aversive Zustände zu beenden oder vorbeugend zu vermeiden. In dem hier beschriebenen Zusammenhang ist es wichtig, daß es sich um eine *aktive* Form der Vermeidung handelt. Man muß etwas tun, um beispielsweise Kälte, Lärm, Angst oder andere unangenehme Zustände auszuschalten oder zu vermeiden. Streng davon zu unterscheiden ist ein *passives* Meiden, das Unterlassen einer Verhaltensweise. Dieser Fall wird unter dem Stichwort »Bestrafung« besprochen werden.

Weitere Beispiele für Flucht- und Abschaltverhalten:

– Manche Schmerzen können sehr schnell durch ein Medikament beendet werden. Dies führt unter Umständen zu einer häufigeren Einnahme dieses Präparates und kann als Schmerzmittelmißbrauch enden.
– In Notwehrsituationen wird jedes zur Verfügung stehende Mittel angewandt, um den Angreifer zurückzuweisen.

Weitere Beispiele für Ausweich- und Vorbeugungsverhalten:

– Bei niedrigen Temperaturen tragen wir vorsichtshalber wärmere Kleidung, damit wir nicht frieren.
– Die Androhung eines Säumniszuschlages veranlaßt uns, einen Rechnungsbetrag rechtzeitig einzuzahlen.

3.5.4 Terminologische Probleme

Das Verständnis der negativen Verstärkung wird in erheblichem Maße durch die Verwendung umgangssprachlicher Begriffe erschwert. Man spricht beispielsweise davon, daß ein Schüler durch Strafandrohung zu einem bestimmten Verhalten veranlaßt werden soll. Eine solche Ausdrucksweise ist lerntheoretisch gesehen völlig ausgeschlossen. Strafe und Strafandrohung führen in dieser Sichtweise immer zu einer Schwächung oder Unterdrückung eines Verhaltens und niemals zu einer Verstärkung. Die Schwierigkeit besteht nun darin, daß es keinen allgemein anerkannten Begriff für das aversive Ereignis gibt, das im Zuge der negativen Verstärkung entweder abgeschaltet oder vorbeugend vermieden werden soll. Im Anschluß an *Fürntratt* (1977) wollen wir von einer *Repressalie* sprechen. Unter einer bestimmten Motivation und in einer bestimmten Situation kann also ein Verhalten durch Darbietung oder Androhung einer Repressalie erzwungen werden.
Diese begriffliche Genauigkeit ist von enormer pädagogischer Bedeutung.
Betrachten wir einen konkreten Fall! Ein Schüler geht zum Fußballspielen statt seine Hausaufgaben zu erledigen. Zunächst könnte man daran denken, das Fußballspiel zu verbieten (zu bestrafen). Diese Maßnahme muß aber nicht zu dem gewünschten Erfolg führen. Dem Verhalten »Hausaufgaben machen« stehen nämlich eine ganze Reihe konkurrierender Verhaltensweisen gegenüber. Wenn das Fußballspiel ausgeschlossen ist, könnte der Schüler in seinem Zimmer Discomusik hören oder in einem Buch lesen oder einfach trotzend vor seiner Aufgabe sitzen. In aller Regel geht am *Aufbau* des erwünschten Verhaltens kein Weg vorbei. Normalerweise reicht ein *Abbau* inkompatiblen (ein damit nicht zu vereinbarendes) Verhaltens nicht aus. Wünscht man die Erledigung der Hausaufgaben, dann gibt es im Rahmen des instrumentellen Lernens nur zwei Möglichkeiten: die positive und die negative Verstärkung. Obwohl

die positive Verstärkung aus einer Reihe von Gründen vorteilhafter wäre, wollen wir hier den Fall der negativen Verstärkung betrachten. Es gilt eine Repressalie anzudrohen, die allerdings nur wirksam sein wird, wenn sie motivationsadäquat ist. »Wenn du deine Hausaufgaben nicht erledigst, dann darfst du am Nachmittag auch nicht auf den Fußballplatz« ist eben nur dann für den Schüler eine Situation mit Zwangscharakter, wenn dieses Spiel für ihn sehr attraktiv und die Drohung schmerzlich ist. An Stelle einer diffusen Maßnahme, irreführend als Strafe bezeichnet, muß in diesem Beispiel gezielt eine empfindsame Repressalie angewandt werden.

Weiteres Beispiel:

Studenten sind nicht immer ausreichend intrinsisch motiviert, eine Vorlesung angemessen nachzuarbeiten und Literaturstudien zu betreiben. Kritik und Klagen des Professors bleiben meist ohne Erfolg. Die Einführung eines obligatorischen »Scheins«, der nach einem bestandenen umfangreichen Test erworben werden kann, gewährleistet dagegen meist eine ausreichende extrinsische Motivation für intensives Arbeitsverhalten.

Es scheint in pädagogischen Situationen ein häufiger Fall zu sein, daß die Darbietung oder Androhung aversiver Ereignisse mit dem Ziel des

Abb. 39: Untauglicher Versuch, erwünschtes Verhalten aufzubauen
(Zeichnung von Marie Marcks, aus betrifft: erziehung, März 1974)

Aufbaus eines Verhaltens deshalb wirkungslos bleiben, weil sie nicht klar genug als Zwangsmaßnahmen erlebt werden. Die Effizienz solcher Fälle von negativer Verstärkung wird in dem Maße erhöht, je mehr es gelingt, die Situation möglichst vollständig zu kontrollieren, d. h. dem Betroffenen darf kein Ausweg offenbleiben.

Die genannten Maßnahmen sollten als Repressalie bezeichnet werden und der in der Umgangssprache übliche Begriff der Strafe ist in diesem Zusammenhang streng zu vermeiden. Es gilt die Regel: Verhalten wird nicht durch Strafe oder Strafandrohung aufgebaut. Für etwas, das man *nicht* tut, kann man auch nicht bestraft werden.

Nachdrücklich soll allerdings an dieser Stelle noch einmal die *positive* Verstärkung propagiert werden. Aus pädagogischen und ethischen, aber auch aus psychologischen Gründen ist sie der aversiven Verhaltenskontrolle unbedingt vorzuziehen. Davon wird noch die Rede sein. Andererseits ist festzuhalten, daß Zwangsmaßnahmen, wenn sie richtig angewandt werden, durchaus sehr erfolgreich sein können.

3.5.5 Häufigkeit von Zwang

Den Begriff »Zwang« wollen wir bevorzugt für solche Formen negativer Verstärkung einführen, bei denen in einer sozialen Situation eine Person zu etwas veranlaßt wird, was sie von sich aus nicht tun würde.
Man kann sagen, daß Lernen unter Zwang eine besonders häufig vorkommende Form menschlichen Lernens darstellt.
Die Spannweite der auf diese Weise hervorgerufenen Verhaltensweisen soll durch folgende Beispiele veranschaulicht werden:

– Nötigung durch einen Gastgeber, sich noch einmal Speisen aufzulegen, obwohl man schon satt ist;
– Übernahme von Geschlechts-, Alters- und Berufsrollen zur Vermeidung von Sanktionen;
– Sklavenhaltung, Ausbeutung aller Art unter dem Druck massiver Repressalien;
– Folter zur Erzwingung eines Geständnisses.

Die zugrundeliegende Motivation bei dem Betroffenen ist in aller Regel durch irgendeine Bedrohung erzeugte Angst. Ohne Angst gäbe es keine Herrschaft und damit keine Möglichkeit, Zwang auszuüben.

Im Alltag sprechen wir aber auch davon, daß wir gezwungen seien, wegen hoher Verkehrsdichte auf der Autobahn langsam zu fahren oder das ungünstige Wetter uns gezwungen habe, den Urlaub abzubrechen. Zwang im Sinne der oben gegebenen Definition liegt dagegen vor, wenn in einer sozialen Interaktion eine Person (oder Institution) Macht über eine andere Person hat. Musterbeispiel hiefür ist die Erpressungssituation.

Zwang, der durch die Struktur und Tradition der Institution Schule bedingt ist, wird in ausgezeichneter Weise von *Fürntratt* (1977) beschrieben.

In der Tat scheinen in Schulen derzeit Formen von Zwang gegebenüber positiver Verstärkung zu dominieren. Schüler lernen vermutlich häufiger durch Androhung von Repressalien (sog. »Strafarbeiten«, Nachsitzen, schlechte Noten, Nicht-Versetzung, Blamage vor Mitschülern usw.) als aufgrund der positiven Konsequenzen ihrer Arbeiten.

Ein gewisses Ausmaß von Zwang scheint im menschlichen Zusammenleben unvermeidlich und auch notwendig, doch gibt es Zeiten, in denen das Ausmaß an Zwang für eine demokratische Gesellschaft als problematisch angesehen werden muß.

3.5.6 Immunsierung gegen Zwang

Zwang kann eine Person sehr unterschiedlich berühren. Die Anmerkung auf einer Rechnung »Die Einhaltung der Zahlungsfrist erspart Ihnen unnötige Mahngebühren« hat eine andere Qualität als der Zwang zur Übernahme oder Bekundung bestimmter politischer Einstellungen. Zwang im sozialen Bereich ist immer nach dem Schema aufgebaut: Wenn Du nicht dies oder jenes tust, dann . . .

Ziel jeder emanzipatorischen Erziehung wäre es, den Lerner zu befähigen, Zwangsmaßnahmen, die seine Selbstachtung untergraben, zu widerstehen.

Dies wäre möglich durch einen Wechsel der vorherrschenden Motivationslage. Tritt an die Stelle der Angstmotivation eine Zornmotivation, dann können Anpassung und Konformität durch Auflehnung und Rebellion ersetzt werden. Wie schwierig allerdings der Abbau von Angst ist, wurde im zweiten Kapitel beschrieben.

Der zweite Ansatzpunkt wäre der Aufbau und die Stärkung von Verhaltensweisen, die mit der zu erzwingenden Reaktion unvereinbar sind. Davon wird in dem Abschnitt »Komplexe Fälle« noch die Rede sein.

3.5.7 Angst, Aggression, Ingratiation

Aggression ist kein einheitliches Phänomen. *Fürntratt* (1974) unterscheidet
- Beute-Aggression,
- primäre (oder »zornmotivierte«) Aggression,
- Pseudoaggression und
- instrumentelle Aggression.

Beim Menschen spielen besonders die zornmotivierte und die instrumentelle Aggression eine Rolle. Erstere ist ein aggressives Verhalten im Affekt, ein Ausbruch ohne direktes Ziel, letztere ist zielgerichtet oder beabsichtigt.

Der Begriff »Aggression« wird folgendermaßen definiert: »Unter ›aggressiven Verhaltensweisen‹ werden hier solche verstanden, die Individuen oder Sachen aktiv und zielgerecht Schaden zufügen, sie schwächen oder in Angst versetzen« (*Fürntratt* 1974, S. 283).

Gelernt werden instrumentelle aggressive Verhaltensweisen, wenn sie erfolgreich sind. Die Motivation kann hierbei sehr unterschiedlich sein. Dies wird einsichtig beim Vergleich folgender Verhaltensweisen: Vergewaltigung, Mundraub, Streit um Spielsachen, Notwehr. Die zugrundeliegenden Motivationen sind in diesen Fällen: Sex, Hunger, Besitzstreben und die Verminderung von Angst.

Nach *Fürntratt* ist die häufigste Motivation gelernter aggressiver Verhaltensweisen die Verminderung einer Bedrohung oder mit anderen Worten, die Verminderung von Angst. Im folgenden ist nur noch die Rede von der *angstmotivierten, instrumentellen Aggression.*

Hierzu eine Reihe von Beispielen:

- Jemand wird bei einem Einbruch überrascht und geift den Hausherrn tätlich an.
- Bei einer nächtlichen Verkehrskontrolle versucht ein Autofahrer, den Polizisten zu überfahren.
- Jemand wird wegen irgendeiner Sache zur Rede gestellt und reagiert seinerseits mit Vorwürfen.
- Ein Kind wird von den Klassenkameraden gehänselt und zerbricht einem anderen Kind den Füllfederhalter.
- In Notwehr wird der Angreifer von einer Brücke gestoßen.

Diese Form von Aggression läßt sich als negative Verstärkung begreifen
(Abb. 40).

Abb. 40: Verminderung von Angst durch aggressives Verhalten

Musterbeispiele hierfür sind die Notwehrsituation und der Spruch
»Angriff ist die beste Verteidigung«.
Es ließen sich zahllose weitere Situationen beschreiben, in denen durch
Angriff in aggressiver Form das Ausmaß der Bedrohung und Angst
verringert wird.
Nach dieser Auffassung ließen sich aggressive, feindselige Verhaltens-
weisen in Familien, Heimen und Schulen verringern, wenn es möglich
wäre, Angst abzubauen.

Obwohl das Ausmaß aggressiven Verhaltens in unserer Gesellschaft ein
ernstes Problem darstellt, erscheint mir eine andere Erscheinung weitaus
bedenklicher. Es handelt sich um die *Ingratiation* (*Jones* 1964), was man
als einschmeichelndes Verhalten umschreiben könnte.
Ingratiation ist ein Sammelbegriff für Taktiken, die eine Person anwendet, um sich selbst für andere attraktiver zu machen. Eine andere
Bezeichnung für diese Erscheinung ist »Eindrucksmanagement«. Damit
ist gemeint, daß im Rahmen der interpersonalen Wahrnehmung eine
Person allerhand Aufwand betreibt, um einen bestimmten Eindruck zu
erzielen. Ingratiation läßt sich besonders dann beobachten, wenn die eine
Person von der anderen irgendwie abhängig ist.
Jones nennt besonders drei Taktiken, die die abhängige Person benutzt,
um sich beliebt zu machen:
– Konformität
– Komplimente-Machen
– Anpreisen der eigenen Stärken.

Bei der Ingratiation können wir wieder, wie bei der Aggression, sehr unterschiedliche Motivationen feststellen.

Anscheinend bedingt die Rolle der Frau eine im Vergleich zu Männern reichere Palette von Strategien des sich Anziehend-Machen (Make up, Kleidung usw.). Die ursprüngliche Motivation dürfte hier die Sexualität sein. Ingratiative Techniken werden von Kindern und Erwachsenen häufig angewandt, um Gegenstände oder Privilegien zu erhalten, die dem jeweils Mächtigeren gehören (»betteln«). In zahlreichen Fällen dürfte aber, wieder wie bei der Aggression, die zugrundeliegende Motivation die Angst sein. In Abhängigkeitsverhältnissen verhalten sich nicht wenige Menschen aus Angst ingratiativ. Dies könnte man sehr eindrucksvoll an Beispielen aus den Bereichen Vorgesetzter – Untergebener und Lehrer – Schüler demonstrieren.

Auch bei der Ingratiation betrachten wir jetzt nur die *angstmotivierte Ingratiation*. Diese läßt sich wieder als negative Verstärkung begreifen (Abb. 41).

Abb. 41: Verminderung von Angst durch ingratiatives Verhalten

Als Ergebnis der bisherigen Überlegungen läßt sich festhalten, daß *bestimmte* Formen aggressiven und ingratiativen Verhaltens, nämlich angstmotivierte, gleichermaßen nach dem Prinzip der negativen Verstärkung gelernt werden.

Menschen und auch die meisten Tiere scheinen in bedrohlichen Situationen eher mit *Flucht* oder Unterwerfung als mit *Angriff* zu reagieren. So sind nach meiner Meinung auch ingratiative Verhaltensweisen weitaus häufiger zu beobachten als aggressive. Aggressives Verhalten wird aber wegen seiner auffälligen Symptomatik eher bemerkt und auch in der Literatur häufiger beschrieben.

Hier wird uns wieder die zentrale Bedeutung der Angstmotivation vor

Augen geführt. Der Abbau von Angst würde einerseits zu einer Verminderung aggressiver Verhaltensweisen führen und andererseits die Möglichkeit eröffnen, sich nicht mehr so häufig Zwang, Anpassung und
Konformität zu unterwerfen.

An dieser Stelle bietet sich eine Anwendung dieses lernpsychologischen
Erklärungsansatzes auf gesellschaftliche Phänomene an. In einer Zeit,
deren vorherrschende Stimmungslage vielleicht durch Angst und Unsicherheit gekennzeichnet ist (Bedrohung des Friedens, Zerstörung der
Umwelt, Strukturwandel der Wirtschaft, Arbeitslosigkeit, no future)
kann es bei der Jugend entweder zur Auflehnung und Revolte oder zur
Anpassung und Fatalismus kommen. Allerdings verlassen wir bei solchen Überlegungen das Gebiet des instrumentellen Lernens. Sowohl die
neuen Wertideen, z. B. der Friedensbewegung oder des Umweltschut-
zes, wie auch die Aktionsformen sind eher als planvolles Handeln zu
begreifen, denn als Lernen am Erfolg.

3.5.8 Zusammenfassung

In diesem Abschnitt wurden folgende Begriffe eingeführt:

Zwei Formen der negativen Verstärkung
    Fluchtlernen (Flucht- und Abschaltverhalten)
    Vermeidungslernen (Ausweich- und Vorbeugeverhalten)

Repressalie
strikte Vermeidung des Begriffs Strafe bzw. Strafandrohung in
diesem Zusammenhang

Zwang

angstmotivierte Aggression und Ingratiation als negative Verstärkung

3.6 Bestrafung und Löschung

3.6.1 Vorbemerkung

Zunächst wird der Begriff der Bestrafung vorgestellt. Anschließend werden die Bestrafungswirkung und die Frage der Wirksamkeit der Bestrafung untersucht. Es folgt eine Diskussion der Problematik der Bestrafung. Am Ende dieses Abschnittes wird die Löschung behandelt.

3.6.2 Der Begriff der Bestrafung

Unter Strafe verstehen wir die negative (aversive) Konsequenz, die dem Verhalten folgt. Die Bestrafung führt zu einer Verminderung der Auftretenswahrscheinlichkeit, d. h. zu einer Schwächung oder Unterdrückung des betreffenden Verhaltens.

Die genannte negative Konsequenz kann einmal darin bestehen, daß ein unangenehmes Ereignis dargeboten (sog. positive Bestrafung) oder ein angenehmes Ereignis entzogen wird (sog. negative Bestrafung). Diese Unterscheidung ist für pädagogische Fragestellungen allerdings unerheblich.

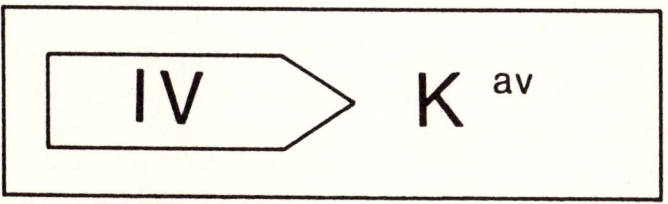

Abb. 42: Schema der Bestrafung

Der lerntheoretische Begriff der Bestrafung ist erheblich weiter als der pädagogische. Lerntheoretisch gesehen sprechen wir auch von Bestrafung, wenn ein kleines Kind an einen heißen Ofen faßt und anschließend dieses Vehalten nicht mehr zeigt. Der pädagogische Begriff der Bestrafung beinhaltet neben den aversiven Konsequenzen noch eine erzieherische Absicht auf der Seite des Bestrafenden.

3.6.3 Die Bestrafungswirkung

Im Zusammenhang mit instrumentellem Lernen tritt eigentlich immer auch assoziatives Lernen auf. Dadurch entsteht aber nicht eine neue Mischform des Lernens.
Wegen der Kontiguität von instrumentellem Verhalten und nachfolgender Strafe überträgt sich die negative Valenz des Strafreizes auf die bestrafte Verhaltensweise. Diese Erscheinung läßt sich als assoziatives Lernen von Typ 2 (Lernen von emotional-motivationalen Reaktionen) erklären (Abb. 43).

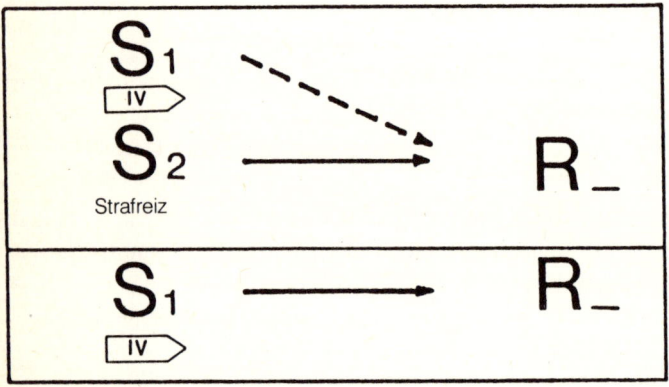

Abb. 43: Verschränkung der beiden Lernformen bei der Bestrafung

Die negative emotionale Reaktion, die vom aversiven Strafreiz (z. B. körperliche Strafe) ausgelöst wird, beeinflußt das instrumentelle Verhalten und hemmt so dessen Intensität oder Auftretenswahrscheinlichkeit.
Diese negative emotionale Reaktion kann häufig als Angst aufgefaßt werden, so daß wir sagen können: Die Bestrafungwirkung besteht in der Hemmung oder Unterdrückung des IV durch Angstmachen.
Mowrer (1960) hat im Zusammenhang mit der Bestrafung den Ausdruck »passive Vermeidung« eingeführt, den wir allerdings wegen der Gefahr der Verwechselung mit dem aktiven Vermeidungslernen (negative Verstärkung) nicht übernehmen wollen. Wir könnten statt dessen von passivem Meiden sprechen. Die Verhaltensweisen, denen eine Strafe folgt, werden unter bestimmten Bedingungen gemieden, geschwächt oder unterdrückt.

Analog zur positiven Verstärkung lassen sich primäre und sekundäre Strafreize unterscheiden. Primäre Strafstimuli sind solche, die ohne vorherige Lernprozesse aufgrund ihrer aversiven Eigenschaften wirksam sind. Hierzu gehören beispielsweise Elektroschock, Lärm, Schläge, An-den-Haaren-Ziehen, Berührung mit Kälte oder Hitze. Sekundäre Strafstimuli haben erst durch einen Prozeß des assoziativen Lernens, d. h. durch Verknüpfung mit primären Strafreizen ihre aversive Eigenschaft erworben. Dies sind beispielsweise verbale und nicht-verbale Strafreize, wie das Wort »falsch«, Schimpfworte, Drohungen, Stirnrunzeln.

Von diesen primären und sekundären Strafreizen, die das instrumentelle Verhalten beeinflussen, wenn sie dargeboten werden, sind noch solche abzuheben, die die Möglichkeit positive Verstärkung zu erlangen, ausschließen. Dies sind besonders die Auszeit (z. B. ein Kind aus dem Zimmer schicken) und der Verstärker- oder Privilegienentzug (z. B. ein Fernsehprogramm nicht sehen dürfen).

3.6.4 Wirksamkeit der Bestrafung

Seit *Thorndike* gibt es zu dieser Frage zwei unterschiedliche Meinungen. Ein Teil der Autoren meint, daß Bestrafung keine oder wenig Auswirkungen habe, allenfalls zu einer vorübergehenden Unterdrückung führe, andere Lernforscher betonen, daß Strafe durchaus wirksam ist, wenn man nur eine Vielzahl von Bedingungen beachtet.

Die Bedingungen sind die bereits beschriebenen Prinzipien des instrumentellen Lernens.

Nach *Christoph-Lemke* (1974, S. 34f.) sind bei der Bestrafung u. a. folgende Gesichtspunkte zu beachten:

– Der Verstärkungsplan des instrumentellen Verhaltens *vor* der Bestrafung ist bedeutsam. Je stabiler das Verhalten, desto schwieriger ist eine Bestrafung zu organisieren.

– Je stärker die Motivation zur Ausführung des instrumentellen Verhaltens, desto weniger wirksam ist die Bestrafung.

– Die Bestrafung muß möglichst sofort auf das unerwünschte instrumentelle Verhalten folgen.

– Die Wirksamkeit steigt im allgemeinen mit der Intensität des Strafreizes an.

– Der Bestrafungsplan spielt eine Rolle. Immerbestrafung führt zu einer größeren Verhaltensunterdrückung als gelegentliche Bestrafung.

– Der Erfolg der Bestrafung läßt sich entscheidend verbessern durch Bereitstellen eines alternativen Verhaltens, für das Verstärkung erlangt werden kann.

Zusammenfassend läßt sich sagen, daß Strafreize wirksam sind, wenn
– die unerwünschte Verhaltensweise nicht besonders stabil etabliert ist und keine besonders starke Motivation zu ihrer Ausführung besteht;
– der Strafreiz möglichst sofort, möglichst stark und mindestens am Anfang möglichst immer dargeboten wird;
– ein alternatives Verhalten angeboten werden kann, das dann positiv verstärkt wird.

Da in diesem Buch die Belohnung propagiert wird, nicht aber die Bestrafung, wollen wir eine differenzierte Beschreibung der Effizienz dieser Lernform jetzt nicht weiter fortsetzen.

3.6.5 Nebenwirkungen der Bestrafung

Bestrafungsprozeduren haben häufig unerwünschte Nebenwirkungen.

Der aversive Reiz kann einer Generalisierung unterliegen. Ein Vater, der seinen Sohn wegen einer zerbrochenen Fensterscheibe schimpft oder gar prügelt, kann sehr leicht selbst als aversiv erlebt werden. Auf diese Weise kann die soziale Beziehung zwischen bestraftem Individuum und strafender Person gestört werden.

Die Bestrafungswirkung im Humanbereich besteht sehr häufig im Hervorrufen von Angst. Angst vor der Strafe, dem Erzieher, dem Lehrer können u. U. zu Flucht- und Vermeidungsverhalten (negative Verstärkung) führen. Oft dramatische Fälle von Weglaufen von Kindern und Jugendlichen aus Familie und Heimen sind so zu erklären.

Weiterhin muß im Zusammenhang mit Bestrafung auf Modell-Lernen verwiesen werden. Strafende Erwachsene sind leicht Modelle für aggressives Verhalten und nicht Modelle für flexibles Problemlösen. Unter Bedingungen, die im Kapitel über planvolles Handeln und Problemlösen noch besprochen werden, kann es zur Imitation dieser Verhaltensweisen durch den Beobachter kommen.

Schließlich muß sorgfältig darauf geachtet werden, daß die beabsichtigte Anwendung von Strafreizen nicht von dem Betroffenen subjektiv als Belohnung aufgefaßt wird. Zuweilen hat man bei manchen Kindern den Eindruck, daß sie durch »unangemessenes« Verhalten geradezu Strafen zu provozieren suchen. Die im Zuge der Strafprozedur notwendige

Aufmerksamkeit des Erwachsenen könnte durchaus als Zuwendung erlebt werden und das »unangemessene« Verhalten verstärken.

Am Rande soll hier noch ein Phänomen angesprochen werden, das als *permissives Verhalten* bezeichnet wird. Untersuchungen legen nahe, daß ein solches gewährenlassendes Verhalten besonders bei aggressiven Akten als Verstärkung wirkt. Verhaltensweisen, die in der Vergangenheit bestraft wurden oder die unter Strafandrohung stehen und trotzdem ausgeführt werden können, ohne daß Sanktionen erfolgen, pflegen sehr dauerhaft beibehalten zu werden. Das Fahren mit Mopeds auf Wegen, die ausdrücklich Radfahrern vorbehalten sind oder die Schwarzfahrer in öffentlichen Verkehrsmitteln sind Beispiele hierfür. Auch der oft erschreckenden Zerstörungswut in Schulen und in der Öffentlichkeit wäre unter diesem Gesichtspunkt energisch entgegenzutreten. Beabsichtigt man die Anwendung repressiver Maßnahmen, dann sollte man auch versuchen, diese erfolgversprechend durchzuführen. Erschwert wird dies allerdings durch eine verbreitete Verhaltensunsicherheit von Erwachsenen gegenüber aggressivem Verhalten von Jugendlichen. Wie wir bereits wissen, würde ein solcher Abbau von unerwünschtem Verhalten wesentlich erleichtert durch den gleichzeitigen Aufbau inkompatiblen Verhaltens, beispielsweise durch eine pädagogische Beeinflussung in einem Jugendzentrum.

3.6.6 Die Problematik der Bestrafung

Die Anwendung von Strafen ist äußerst problematisch. Strafen sind häufig nicht effektiv, da die Bedingungen des instrumentellen Lernens selten alle beachtet werden können. Das Verhalten wird meist nur unterdrückt. Es tritt wieder auf, wenn es ungestraft ausgeführt werden kann. Außerdem zeigt Bestrafung häufig unerwünschte Nebenwirkungen. Strafen wirken außerdem nur, wenn der Strafreiz entsprechend stark ist.
Eine Ausnahme hiervon bilden gewisse *informative* Strafstimuli. Bei intellektuellen Tätigkeiten können leichte Strafreize (Kritik, Korrekturen) in einer sonst unterstützenden, wertschätzenden Atmosphäre durchaus effektiv sein. Das große Können eines Lehrers zeigt sich gerade in der Befähigung, solche Lernhilfen zu geben.

WIE ICH MEIN KIND ERZIEHE

Abb. 44: Permissives Verhalten führt zu wechselseitigen Lernprozessen (aus Claire Bretecher: Die Frustrierten, 1978)

Auch in einem Gespräch können leichte Formen von Mißbilligung, Erstaunen usw. schnell zu minimalen Verhaltensänderungen (Einlenken, Präzisierung usw.) auf seiten des Betoffenen führen.

Schreiner (in *Cloer* 1982, S. 71) definiert Strafe als »aversive Reizung eines Menschen in direktem zeitlichen oder kognitiv-symbolisch vermitteltem Zusammenhang mit einer unerwünschten Verhaltensweise desselben«. Gerade die letztgenannte kognitiv-symbolische, d. h. sprachliche Strafe ist, besonders wenn sie Informationen über das Fehlverhalten enthält, eine wichtige Vorbedingung für Umlernprozesse.

Man könnte unter diesem Aspekt auch davon sprechen, daß Strafe einen *kommunikativen Aspekt* hat. Nach *Watzlawik/Beavin/Jackson* (1969) kann es hierbei allerdings zu Schwierigkeiten kommen, weil Sender und Empfänger die Botschaft unterschiedlich interpretieren können. Nach *Montada/Setter To Bulte* (1974) ist die Strafwirkung abhängig von der subjektiven Bewertung durch den Bestraften. Strafen sind, vereinfacht gesagt, nur wirksam, wenn sie entweder schmerzlich sind oder vom Opfer als angemessen erlebt werden.

In der psychologischen und pädagogischen Literatur wird die Frage »sinnvoller« Strafen diskutiert. In diesem Zusammenhang werden von *Tausch/Tausch* (1973, S. 110) Bestrafungen in »Form relativ unpersönlicher sog. natürlicher Konsequenzen« befürwortet. Für den Fall, daß sich solche Bestrafungen nicht durchführen lassen, plädieren sie für Wiedergutmachung, wobei sich allerdings die Frage erhebt, ob sich ein solches Vorgehen noch als Strafe auffassen läßt. Allgemein anerkannt ist die These, daß Strafen sparsam verabreicht werden sollten, da die Gefahr der Angstgeneralisierung besteht und bei häufiger Anwendung die Kinder generell gehemmt und ängstlich werden könnten. Obwohl von einer ganzen Reihe von Autoren auch körperliche Strafen akzeptiert werden, scheint mir diese Frage nicht diskutabel.

Wesentlich erscheint mir dagegen der Befund, daß die Effizienz der Bestrafung von unerwünschtem Verhalten in starkem Maße dadurch gefördert wird, daß gleichzeitig ein erwünschtes, damit unvereinbares, Verhalten aufgebaut wird.

Auch im klinischen Bereich erscheint Bestrafung nur in Extremsituationen angemessen. Als letzte Maßnahme kann es angezeigt sein, autoaggressive, selbstzerstörerische Akte oder massive Angriffe gegenüber Mitpatienten oder Ärzten zunächst zu hemmen, um dann den Versuch einer positiven Verhaltenskontrolle zu unternehmen.

Strafgesetzgebung und Strafvollzug sind ebenfalls nicht gerade Beispiele für Effizienz der Bestrafung. Repressive Maßnahmen sollten allenfalls den ersten Abschnitt eines Behandlungsplanes bilden. So kann es etwa nötig sein, einen Überfall sogenannter Rocker zunächst unter Einsatz von Gewalt zu beenden. Anschließend versprechen aber zumindest bei gewissen Tätergruppen resozialisierende Maßnahmen größeren Erfolg als ausschließlich repressive (Gefängnisaufenthalt ohne Behandlung).

3.6.7 Die Löschung

Wenn eine gewisse Minimumverstärkung nicht gewährleistet ist, schwächt sich das Verhalten ab und erreicht irgendwann die gleiche Auftretenswahrscheinlicht wie vor Beginn der Verstärkungsprozedur. Wir können also festhalten: *Nicht-Verstärkung* einer gelernten Verhaltensweise führt zur Löschung (Extinktion).

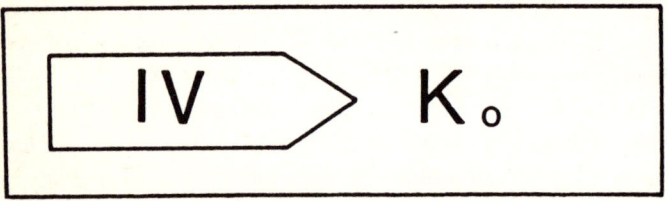

Abb. 45: Schema der Löschung

Ein gewisses Problem besteht in der Abgrenzung der Löschung von der Bestrafung. Eine Form der Bestrafung besteht im Entzug positiver Konsequenzen (sog. negative Bestrafung). Diese unterscheidet sich von der Löschung dadurch, daß ihr Hinweisreize (diskriminative Stimuli) vorangehen. Bestrafung hat immer Verbotscharakter. Bei der Löschung dagegen signalisiert kein Hinweisreiz das Ausbleiben positiver Verstärkung.

Beispiel:

– Ein Kind wird in der Schule ermahnt, Unterrichtsstörungen in Form von Clownerien zu unterlassen und im Wiederholungsfall wird ihm das Privileg, Blumen zu gießen, entzogen (Bestrafung).
– In einem anderen Fall verabredet der Lehrer ohne Wissen des betreffenden

Kindes mit den anderen Schülern, daß diese den Clownerien keine Beachtung schenken und vor allen Dingen nicht mehr lachen sollen. Er selbst übersieht konsequent das unerwünschte Verhalten (Löschung).

Eigentlich wäre dies nun das optimale Verfahren zur Eliminierung »unerwünschter« Verhaltensweisen. Alle Probleme, die im Zusammenhang mit Bestrafung besprochen wurden, könnten vermieden werden. Bei dieser Prozedur wäre es nur notwendig, die Darbietung von Verstärkern zu vermeiden.

Im Gegensatz zum Laborexperiment stehen dem aber in der Praxis größte Schwierigkeiten entgegen. Wie wir gehört haben, bewirken in der Phase der Stabilisierung gelegentliche Verstärkungen eine größere Wiederstandsfähigkeit gegenüber Löschung als Immerverstärkung. Das heißt, gerade seltene Verstärkungen verhindern die Extinktion. Es ist nun außerordentlich schwierig, ein Verhalten überhaupt nicht zu verstärken. Eltern mögen vielleicht ein Extinktionsprogramm durchführen können – dann kommt die Großmutter zu Besuch und alle Bemühungen sind umsonst. In der Schule können die Bemühungen des Klassenlehrers durch das Verhalten von Fachlehrern oder Mitschülern zunichte gemacht werden usw.

Erschwerend kommt noch hinzu, daß auch bei Ausbleiben äußerer Verstärkung das Verhalten durch Selbstverstärkung aufrechterhalten werden kann. Nicht wenige instrumentelle Verhaltensweisen enthalten zudem bereits eine Verstärkung in der Ausführung selbst. Beispiele sind: das häufige Singen einer Melodie (»Ohrwurm«), das laute Hämmern auf Metall oder Holz.

Neben den Schwierigkeiten, Verstärkungen wirklich auszuschalten, beobachtet man zu allem Überfluß bei der Löschungsprozedur meist auch noch, daß die Verhaltensrate zunächst ansteigt. Der Lerner macht den Eindruck, als sei er über das Ausbleiben der Verstärkung irritiert und als versuche er, durch gesteigerte Aktivität diese positiven Konsequenzen doch noch herbeizuführen. Erst nach einer gewissen Zeit pflegt sich das Verhalten dann abzuschwächen und unterbleibt am Ende ganz. Dies sind vermutlich die Gründe dafür, daß die Löschung wenig Ansehen genießt. Zum Abbau von Verhalten ist sie jedoch ein überaus wirkungsvolles Verfahren.

3.6.8 Zusammenfassung

In diesem Abschnitt wurden folgende Begriffe eingeführt:

Bestrafung
lerntheoretischer Begriff
pädagogischer Begriff

Bestrafungswirkung

Wirksamkeit der Bestrafung

Nebenwirkungen der Bestrafung

Löschung

3.7 Komplexe Fälle

3.7.1 Vorbemerkung

Im folgenden werden zunächst die Vorteile der positiven Verhaltenskontrolle im Vergleich zur negativen herausgestellt. Anschließend wird noch einmal der Auf- und Abbau von Verhalten zusammenfassend beschrieben. Den Abschluß bilden dann wechselseitige Lernprozesse und Konflikte.

3.7.2 Positive und negative Verhaltenskontrolle

Die am häufigsten angewandte Kombination der verschiedenen Formen des instrumentellen Lernens sind Bestrafung des unerwünschten und negative Verstärkung des erwünschten Verhaltens. Diese beiden Formen werden als negative Verhaltenskontrolle bezeichnet. Dieser Begriff verweist auf die Tatsache, daß im einen Fall eine negative (aversive) Konsequenz dargeboten wird (bzw. eine positive entzogen wird) und im anderen Fall eine negative Konsequenz geflohen oder vorbeugend gemieden werden muß. Wie wir bereits erfahren haben, tritt bei der negativen Verhaltenskontrolle häufig Angst auf. Angst ist eine unangenehme

Emotion. Angst hemmt andere Motivationen (z. B. Hunger, Sex) und beeinträchtigt kognitive Leistungen. Außerdem kann die Angst in Bestrafungs- und Zwangssituationen ihrerseits zu Flucht- und Vermeidungsverhalten führen (Weglaufen aus Heimen, Schulschwänzen).
Es gibt in der Gesellschaft und in Schulen eine lange Tradition, die negative Verhaltenskontrolle als selbstverständliche Erziehungsmaßnahmen erscheinen läßt (*Fürntratt* 1977).

Abb. 46: Tradition der negativen Verhaltenskontrolle
»Wer seinen Sohn liebt, der züchtigt ihn.«
»Sonst ziehe ich dir die Hammelbeine lang!«
(Zeichnung von Marie Marcks, aus betrifft: erziehung, Nov. 1975)

Die positive Verhaltenskontrolle, d. h. die positive Verstärkung des erwünschten Verhaltens und die Löschung des unerwünschten wird dagegen von Eltern, Erziehern und Lehrern leicht als idealistisch abgetan und deren Effizienz bezweifelt. Tatsächlich sind diese beiden Formen bei sachkundiger Anwendung nicht nur sehr wirksam, es werden außerdem die bereits beschriebenen unerwünschten Nebenwirkungen vermieden.

3. Kapitel: Das instrumentelle Lernen

3.7.3 Der Auf- und Abbau von Verhalten

Im Rahmen des instrumentellen Lernens gibt es zum Aufbau neuer Verhaltensweisen zwei Methoden: die positive und die negative Verstärkung. In beiden Fällen wird das Lernen unterstützt durch die Reduktion inkompatiblen Verhaltens.

Der Abbau von Verhalten erfolgt durch Bestrafung oder Löschung. In beiden Fällen wird das Verlernen unterstützt durch die Verstärkung inkompatibler Verhaltensweisen.

Der zusätzliche Ab- bzw. Aufbau von inkompatiblem (unvereinbarem, unverträglichem) Verhalten ist keine neue Form des instrumentellen Lernens, sondern erfolgt in Form von Bestrafung oder Löschung bzw. positiver oder negativer Verstärkung (Abb. 47).

Aufbau	Abbau
positive Verstärkung	Bestrafung
negative Verstärkung	Löschung
Abbau inkompatiblen Verhaltens	Aufbau inkompatiblen Verhaltens
(= Bestrafung oder Löschung)	(= positive oder negative Verstärkung)

Abb. 47: Auf- und Abbau von Verhalten

Beispiel:

– Ein Lehrer wünscht bei einem Schüler ein bestimmtes schulisches Lernverhalten, beispielsweise konzentrierte Einzelarbeit, aufzubauen. Dies wird wesentlich gefördert, wenn ein damit unvereinbares Störverhalten gleichzeitig abgebaut wird.
– Ein Störverhalten, wie Umherlaufen im Klassenraum soll durch informative Strafreize abgebaut werden. Dies wird unterstützt, wenn gleichzeitig eingeübt wird, wie man die Klassenbücherei im Gruppenraum benutzt.

3.7.4 Wechselseitige Lernprozesse und Konflikte

(1) Wechselseitige Lernprozesse
Alle bisherigen Beispiele waren aus Gründen der Verständlichkeit so

konstruiert, daß immer nur eine Person die Konsequenzen ihres Verhaltens erfuhr. In sozialen Situationen kommt es aber häufig zu wechselseitigen Lernprozessen.

Beispiel:

In einer Schulklasse herrscht Unruhe. Die Schüler schwätzen und streiten sich. Der Lehrer schlägt mit der Faust auf das Pult und schimpft. Es tritt sofort Ruhe ein. Unter Umständen lernen beide Seiten etwas. Unter ganz bestimmten Bedingungen lernen die Schüler nach der Anwendung dieser Strafe die Störungen zu unterlassen. Gleichzeitig lernt vielleicht auch der Lehrer, daß dieses Verhalten erfolgreich ist (Abb. 48).

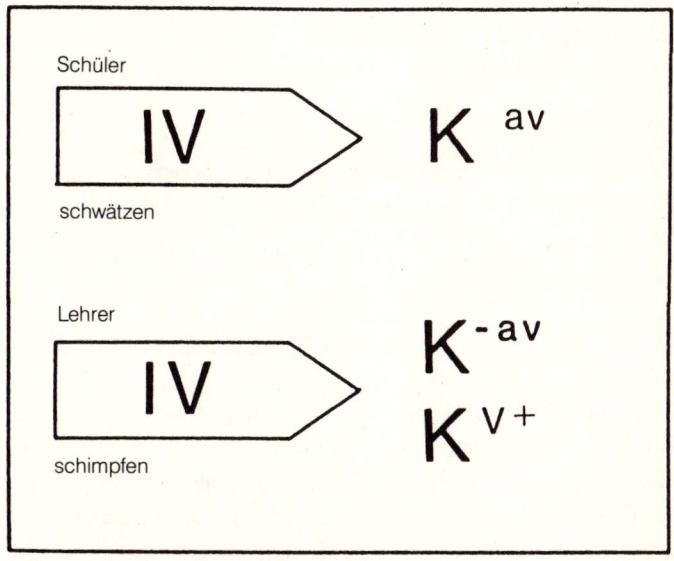

Abb. 48: Wechselseitiger Lernprozeß

Ob es sich auf der Seite des Lehrers um negative oder positive Verstärkung handelt, sei dahingestellt. Diese Frage ließe sich nur bei genauerer Analyse des situativen Kontextes klären. Auf jeden Fall ist dies *eine* mögliche Erklärung für die Häufigkeit der Anwendung von Strafen. Strafen scheinen zumindest kurzzeitig erfolgreich zu sein. Gerade in Streßsituationen schaffen sie vorübergehend Erleichterung. Aus dem Kapitel über die Bestrafung wissen wir allerdings, daß sie in nicht wenigen Fällen das unerwünschte Verhalten nur unterdrücken und zudem leicht problematische Nebenwirkungen aufweisen.

(2) Konflikte

Komplexe Lernsituationen begegnen uns auch beim *Konflikt*. In diesem Zusammenhang sprechen wir von einem Konflikt, wenn ein Reizmuster bei einem Organismus zwei oder mehr inkompatible Reaktionen (oder Verhaltensweisen) von annähernd gleicher Stärke aktiviert.

Lewin (1935) beschreibt drei grundlegende Arten von Konfliktsituationen:

Typ 1: Annäherungs-Annäherungs-Konflikt
           (Appetenz-Appetenz-K.)

Typ 2: Annäherungs-Vermeidungs-Konflikt
           (Appetenz-Aversions-K.)

Typ 3: Vermeidungs-Vermeidungs-Konflikt
           (Aversions-Aversions-K.)

Beispiele:

Typ 1: Ein Kind hat zwischen einer Party oder einem Kinobesuch zu wählen.
Typ 2: Für die Ausführung einer unangenehmen Tätigkeit wird eine Belohnung versprochen.
Typ 3: Um das Kind zu veranlassen, eine unangenehme Aufgabe zu erledigen, wird eine Repressalie angedroht.

Betrachten wir lediglich den Annäherungs-Vermeidungs-Konflikt etwas genauer!

Auf ein bestimmtes Verhalten können gleichzeitig unterschiedliche Konsequenzen folgen. Ein Schüler kann mit einem störenden Verhalten von seinen Mitschülern durch Aufmerksamkeit und Anerkennung positiv verstärkt werden und durch den Lehrer bestraft werden. In diesem Fall steht eine Tendenz, das Verhalten auszuführen im Konflikt mit einer anderen, das Verhalten zu unterlassen (Abb. 49).

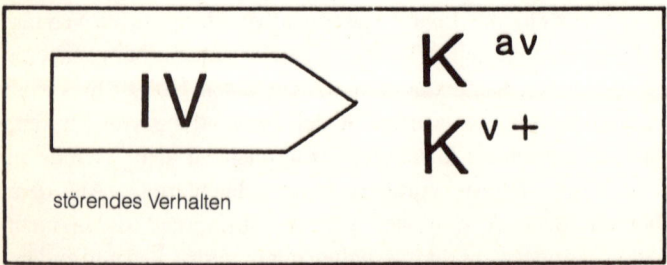

Abb. 49: Beispiel für Annäherungs-Vermeidungs-Konflikt

Ganz ähnlich ist die Situation, wenn der Lehrer versucht, einen Schüler zu etwas zu zwingen, die Mitschüler dieses Verhalten aber durch Verachtung des Schülers bestrafen. Solche Fälle, bei denen *einem* Verhalten sowohl positive als auch negative Konsequenzen folgen, nennt man den einfachen Appetenz-Aversions-Konflikt.

Von einem doppelten Appetenz-Aversions-Konflikt sprechen wir, wenn *zwei* mögliche Verhaltensalternativen sowohl positive als auch negative Konsequenzen folgen.

Beispiel:

Im Sportunterricht wählen zwei Schüler die Mitglieder zweier Mannschaften für ein Fußballspiel aus. Soll als erster Mitspieler der beste Freund oder der beste Fußballspieler gewählt werden? Wird der beste Spieler gewählt, ist der Freund verärgert, wird der Freund gewählt, erheben die Klassenkameraden Protest (Abb. 50).

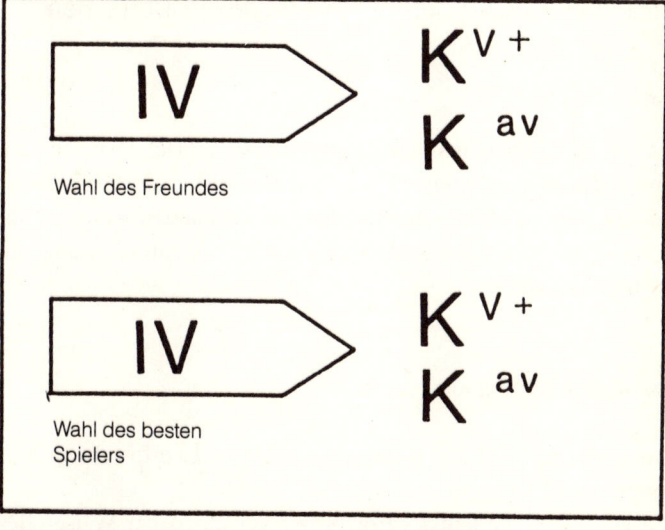

Abb. 50: Doppelter Appetenz-Aversions-Konflikt

3.7.5 Zusammenfassung

In diesem Abschnitt wurden folgende Begriffe eingeführt:

positive und negative Verhaltenskontrolle

Auf- und Abbau von Verhalten
Auf- und Abbau von inkompatiblem Verhalten

wechselseitige Lernprozesse

Konflikt
Drei-Grundformen des Konflikts nach *Lewin*
einfacher und doppelter Annäherungs-Vermeidungs-Konflikt (Appetenz-Aversions-K.)

3.8 Instrumentelles Lernen in verschiedenen Bereichen

3.8.1 Vorbemerkung

Zunächst wird die Verhaltensmodifikation als systematische Anwendung der Prinzipien des instrumentellen Lernens vorgestellt. Es folgen Alltagserscheinungen, die als instrumentelles Lernen verstanden werden können. Den Abschluß bilden einige Hinweise auf instrumentelles Lernen in Unterricht und Erziehung.

3.8.2 Verhaltensmodifikation

Die Verhaltenstherapie ist aus der experimentellen Lernforschung hervorgegangen.
»Verhaltensstörungen werden als Ergebnisse verschiedener Weisen des Lernens, die Behandlungsmethoden demgemäß als verschiedene Wege des Verlernens oder Neulernens definiert« (*Pongratz* 1975, S. 293).
Verhaltenstherapie hat also als wichtigste Aufgabe neue Lernprozesse unter wissenschaftlichen, d. h. möglichst experimentellen Bedingungen zu organisieren, die ältere Lernprozesse in einer Weise verändern (modifizieren), daß das Therapieziel erreicht wird.

Die Verhaltenstherapie hat eine lange Geschichte. Auf die klassischen Arbeiten von *Watson* und *Rayner* sowie *Jones* haben wir im Kapitel über das assoziative Lernen hingewiesen, einen systematischen Ausbau hat diese Therapierichtung etwa seit 1960 erfahren.

Von *Verhaltenstherapie* wollen wir sprechen, wenn ausgebildete Therapeuten (Diplom-Psychologen mit Zusatzausbildung) im klinischen Bereich (Praxis, Krankenhaus u. ä.) nach einem Behandlungsplan, der die individuelle Biographie des Klienten berücksichtigt, tätig werden.

Von *Verhaltensmodifikation* sprechen wir, wenn Lehrer, Erzieher, Sozialarbeiter mit möglichst genauen Kenntnissen über dieses Verfahren in sozialen Institutionen (z. B. Schule, Heim u. ä.) bestimmte Techniken (z. B. Münzverstärkungssystem) zur Anwendung bringen.

Es erscheint unmittelbar einleuchtend, daß man nach den kurzen Anmerkungen in diesem Abschnitt nicht die Verhaltensmodifikation erlernen kann. Zur Einführung ist das Buch von *Adameit/Heidrich/Möller/Sommer* (1983) sehr gut geeignet.

Die genannten Autoren beschreiben folgende *Handlungsschritte einer Verhaltensmodifikation:*

(1) Operationale Beschreibung des auffälligen Verhaltens
   vorurteilsfrei beobachtet?
   Normen angemessen?
   Hat auffälliges Verhalten problematische Folgen?
(2) Operationale Beschreibung des erwünschten Verhaltens
   Hat erwünschtes Verhalten problematische Folgen?
(3) Analyse des Problemverhaltens
   Qualitative Analyse
   Quantitative Analyse
   Genaue Festlegung der Zielverhaltensweisen
   Verarbeitung der Analyseergebnisse zu einem Modifikationsplan
(4) Entschluß: Aufbau oder Abbau
   (meist beides, vgl. unterstützende Funktion von inkompatiblem Verhalten)
(5) Aufbau
   Systematische Verstärkung
   Suche des individuell wirksamsten Verstärkers
   Auswahl einer geeigneten Technik usw.

(6) Abbau

Ist es möglich, diskriminative Reize zu vermeiden?

Andere Befriedigung der Motivation möglich?

Ist Löschung möglich?

Ist Aufbau inkompatiblen Verhaltens möglich? usw.

(7) Evaluation

Ist das Zielverhalten dauerhaft erreicht?

Die Verhaltensmodifikation (VM) bemüht sich um systematische Anwendung lernpsychologischer Forschungsergebnisse. Die größte Bedeutung kommt hierbei dem instrumentellen Lernen zu. Die Mehrzahl der Modifikationspläne benutzt Techniken, die nach dem Prinzip der positiven Verstärkung aufgebaut sind. Als Beispiele sollen kurz vorgestellt werden:

– das Münzverstärkungssystem und

– der Kontingenzvertrag.

Bei einem *Münzverstärkungssystem* verwendet man »Münzen« (engl. »token«) als sekundäre Verstärker. Dies sind entweder bunte Plastikchips oder Punkte bzw. Sternchen, die in eine Liste eingetragen werden. Diese Spielmarken können dann später gegen primäre Verstärker (Süßigkeiten, Spielsachen) oder gegen sekundäre Verstärker (Lob, Privilegien) eingetauscht werden. Der Vorteil solcher generalisierter Münz-Verstärker besteht vor allem darin, daß kaum eine Sättigung beim Lerner erzielt wird, d. h. die Motivation, solche Verstärker zu erlangen, bleibt lange erhalten. Sie sind weiterhin in jeder Situation leicht anwendbar und können kontingent auf das zu modifizierende Verhalten angeboten werden.

Die Probleme, die diese Technik aufwirft, sind evident. Kinder, die ihr Zimmer nur aufräumen oder Pflichten im Haushalt nur übernehmen, um Punkte zu sammeln, für die man dann Geld oder einen Baukasten erhält, lernen unter Umständen im Zuge differentieller Verstärkung sehr schnell, nur dann diese Arbeiten zu verrichten, wenn die genannten Belohnungen winken. Um diesem unerwünschten Effekt vorzubeugen, empfehlen die Verhaltensmodifikateure, die Münzverstärkung nach Stabilisierung der erwünschten Verhaltensweise allmählich auszublenden.

Das Prinzip des *Kontingenzvertrags* oder des Kontingenz-Managements wird in dem Buch von *Homme* u. a. (1974) folgendermaßen beschrieben: »Arrangieren Sie die Bedingungen so, daß der Schüler dann tun kann, was er möchte, wenn er getan hat, was Sie von ihm erwarten« (S. 11). Man könnte auch sagen, das Verhalten, das mit höherer Wahrscheinlichkeit auftritt, wird zum Verstärker des Verhaltens, das mit niedrigerer Wahrscheinlichkeit auftritt. »Ein Lehrer, der Kontingenzverträge einsetzt, trifft mit seinen Schülern eine Übereinkunft, er schließt einen Vertrag ab, in dem er Belohnungen als Gegenleistungen für erwünschtes Lernverhalten der Schüler verspricht« (*Homme* u. a. 1974, S. 15). Zwar unterscheidet *Homme* verschiedene Arten von Kontingenzverträgen, je nachdem wer die Bedingungen des Vertrages festsetzt, der Erzieher, der Schüler oder beide, doch erscheint mir diese Technik eher der Form der negativen Verstärkung (Zwang) zuzuordnen zu sein, als der Form der positiven Verstärkung. Das Prinzip »Erst die Arbeit, dann das Spiel« ist vermutlich von den Betroffenen auch immer so aufgefaßt worden. Daran ändert auch die Forderung nichts, daß Kontingenzverträge positiv und nicht negativ formuliert werden sollten. Die Bedingung »Wenn Du Deine Hausaufgaben erledigt hast, kannst Du Fußball spielen« wird wahrscheinlich doch so verstanden: »Solange Du Deine Hausaufgabe nicht erledigt hast, gehst Du nicht Fußball spielen.«

Es soll hier nicht eine hemmungslose Anwendung der Verhaltensmodifikation propagiert werden. Verhaltensmodifikation ist insbesondere kein Allheilmittel gegen sogenannte Disziplinschwierigkeiten. Didaktisch-methodisches Können und erzieherisches Feingefühl sind wesentlich wichtigere Vorbedingungen für einen guten Unterricht als die Befähigung, eine Verhaltensmodifikation durchzuführen. Außerdem ist eine sachgerechte Durchführung relativ aufwendig. In *Einzelfällen* kann aber das Problemverhalten für den Betroffenen selbst oder für andere doch zu erheblichen Beeinträchtigungn führen und bedarf deshalb einer Modifikation. Im Vergleich zu Nachsitzen und Strafarbeiten sind dann Münzverstärkungssysteme und Kontingenzverträge pädagogische Errungenschaften!

In der Schule haben häufig gruppensteuernde Maßnahmen, die etwa die ganze Klasse betreffen, den Vorrang vor einer Einzelmodifikation.

Bei der Selbstmodifikation, die in den vorhergehenden Kapiteln bereits häufiger angesprochen wurde, setzt die Person die Ziele weitgehend selbst und führt auch die Modifikationstechnik eigenständig durch. Solche Programme, etwa zur Verminderung des Zigarettenrauchens oder zur Erhöhung der Studienleistungen sind ausgesprochen attraktiv.

Der hier vertretene Standpunkt läßt sich folgendermaßen zusammenfassen: VM nur in Ausnahmefällen, statt dessen sehr genaue Kenntnisse der Lernpsychologie mit dem Ziel, Erzieher zu sensibilisieren, in ihren Erziehungsmaßnahmen die Effekte zu erkennen, die Schüler beeinflussen. Das gleiche gilt für Eltern in ihrem Verhältnis zu den Kindern und ganz allgemein für das Zusammenleben von Menschen. Hierbei werden Lerntheorien nicht als Sozialtechnik angesehen mit deren Hilfe es sehr effektiv gelingt, Menschen zu manipulieren; es wird vielmehr propagiert, einen Beitrag zur Humanisierung des Zusammenlebens von Menschen zu leisten. Dies gelingt insbesondere dadurch, daß die fast allgegenwärtigen Formen von Zwang und Repression (negative Verstärkung und Bestrafung) zunächst als solche erkannt und gegebenenfalls abgebaut werden.

Aus der in diesem Buch versuchten differenzierten Betrachtung von Lernvorgängen lassen sich unter den eben dargelegten Gesichtspunkten folgende pädagogische Grundregeln ableiten:

– Vermeide möglichst das Auftreten unbedingter und bedingter Angstauslöser!
  Schaffe eine Atmosphäre von Sicherheit!
– Wende möglichst wenig Zwang an!
  Bestrafe selten!
– Die wichtigste und auch zuverlässigste Methode der Verhaltensbeeinflussung ist die positive Verstärkung.
– Stelle »angemessene« Modelle bereit (auch wenn Modellierungseffekte nicht so gut organisierbar sind!)
– Bemühe Dich um rationales Konflikt-Management!

Mit dem letzten Punkt haben wir das Gebiet des instrumentellen Lernens verlassen. Dieser Gesichtspunkt wird in den Abschnitten über planvolles Handeln und Problemlösen noch einmal aufgegriffen.

Zum Abschluß übernehmen wir aus dem Buch von *Adameit/Heidrich/ Möller/Sommer* (1983, S. 329) eine »goldene Regel«, die den wichtigsten Gesichtspunkt der Anwendung von Lerntheorie folgendermaßen zusammenfaßt: »Positives sehen und verstärken«. Im Englischen heißt das: »Catch him at being good«, »Ertappe den Schüler, den Menschen, wenn er gerade etwas Gutes, Richtiges, für ihn Wichtiges tut.«

3.8.3 Alltag

Das Verhalten von Menschen im Alltag wird in so vielfältiger Weise durch nachfolgende oder vorgestellte Konsequenzen gesteuert, daß hier nur einige Beispiele geannt werden sollen.

Positive Verstärkung:

– Als außerordentlich wirkungsvoll erweist sich das Versprechen von Belohnungen verschiedenster Art (Rabattsparmarken, Preisrätsel, Medaillen bei Wettkämpfen usw.).
– Wie sehr Verhaltensweisen durch gelegentliche Verstärkung vor Löschung bewahrt werden können, zeigt die Ausdauer, die manche Menschen bei Glücksspielen beweisen. Beim Zahlenlotto ist diese intermittierende Verstärkung zudem eine stellvertretende (Modellernen). Meist erfährt man nur von Erfolgen anderer.
– Der Wunsch zahlreicher Menschen nach einem »Eigenheim« wäre ohne bestimmte Prämien und Steuererleichterungen kaum so verbreitet.
– Manche Menschen werden zum Wandern im Hochgebirge dadurch motiviert, daß man auf den Hütten Stempel sammelt, für die man dann ein Abzeichen erhält.

Negative Verstärkung:

– Die aktive Vermeidung aversiver Reize kann sehr einfallsreiche Formen annehmen. Wer sich schon einmal auf eine Prüfung vorbereitet hat, wird sich vielleicht errinnern, daß er ausgedehnte Wanderungen unternommen, Kino- oder Saunabesuche oder auch größeren Hausputz gemacht hat, und das alles nur, um den leidigen Büchern zu entkommen.
– Die Einnahme von schmerzlindernden Medikamenten kann schnell zu einer gefährlichen Gewohnheit werden.
– Die große Mehrzahl der Autofahrer bringt ihr Auto rechtzeitig zur nächsten Hauptuntersuchung zum TÜV, weil bei Kontrollen durch die Polizei eine abgelaufene Marke einigen Ärger einbringt.
– Das Anlegen des Sicherheitsgurtes kann bei manchen Menschen nicht durch rationale Appelle bewirkt werden. Um dieses Ziel dennoch zu erreichen, gibt es in einigen Ländern die Androhung eines sog. Bußgeldes.

Bestrafung:

– Das Sprichwort »Wer nicht hören will, muß fühlen« drückt das Wesen der Bestrafung anschaulich aus.
– Radarmessungen und die damit möglicherweise verbundenen Ordnungsstrafen

sollen Autofahrer dazu veranlassen, nicht mit überhöhter Geschwindigkeit zu
fahren.
– Das Rauchen in Konferenzen wird wegen einer Anordnung des Vorgesetzten
oder der Mißbilligung der Kollegen unterlassen.
– Parkverbote sind besonders dann wirksam, wenn sie überwacht werden und
Bußgelder drohen.

Löschung:

– Ein Kind hat sich bestimmte Albernheiten angewöhnt. Die Eltern beachten
dies konsequent nicht und vermeiden Belehrungen und Kritik.
– Eine Frau bemüht sich eine gewisse Zeit lang, dem Mann zuliebe den Tisch
besonders schön zu decken. Wenn dieser die Bemühungen nicht anerkennt, wird
sie vermutlich bald mit ihren Anstrengungen nachlasssen.
– Jemand spricht an einen sozial isolierten Menschen mehrfach Einladungen zu
einem geselligen Beisammensein aus. Wenn dieser die Einladungen nicht
annimmt, wird man solche Aktivitäten unterlassen.
– Ein Kind hat im Elternhaus gelernt, daß man durch Betteln und gegebenenfalls
Schreien fast alles erreichen kann. Für eine Erzieherin im Kindergarten ist es dann
sehr schwierig, ein solches Verhalten zu löschen.

Gerade im Alltag sind die Prozesse des instrumentellen Lernens häufig
durch einen hohen Komplexitätsgrad ausgezeichnet. Ein Beispiel hierfür
sind soziale Normen und die hiermit verbundene soziale Kontrolle. Unser
Verhalten wird in starkem Maße gesteuert von nicht voll bewußt wahrgenommenen Signalen (Hinweisreizen), die durch Auftreten, Blicke, Kleidung unserer Mitmenschen ausgesendet werden. Auch die dem Verhalten folgenden Konsequenzen durch die Umwelt, bestätigender oder
mißbilligender Art, können nichtsprachlich vermittelt werden.
Das Lernen sozialer Normen oder Rollen (Konventionen, Sitten und
Gebräuche, Straßenverkehrsordnung, Geschlechts- und Berufsrollen)
kann unter lerntheoretischen Gesichtspunkten durch positive Verstärkung des normenkonformen Verhaltens, durch Zwang (negative Verstärkung) oder durch Bestrafung normabweichenden Verhaltens erklärt
werden. Wie bereits mehrfach betont, wird ein Verhalten am stabilsten
durch positive Verstärkung aufgebaut. Dieser Grundsatz gilt auch im
Zusammenhang mit Normen. Ein normativ festgelegtes Verhalten, das
unter Zwang gelernt wurde, wird später u. U. auch nur in ähnlichen
Situationen gezeigt.
Dieses Prinzip, daß instrumentelles Lernen im Regelfall situationsspezi-

fisch ist, wird auch in dem Sprichwort »Wenn die Katze aus dem Haus ist, tanzen die Mäuse auf dem Tisch« sichtbar. Hier wird die häufig zu beobachtende Tatsache angesprochen, daß Strafreize nur so lange wirksam sind, wie sie dargeboten werden.

3.8.4 Unterricht und Erziehung

Positive Verstärkung scheint derzeit in öffentlichen Schulen nicht allzuhoch im Kurs zu stehen. Sieht man einmal von Erklärungen in Lehrplänen ab, dann scheint Schule für viele Schüler ein recht freudloser Arbeitsort zu sein. Lediglich in einigen Reformkonzeptionen (z. B. Waldorfschulen) scheint das Prinzip der individuellen Förderung ernst genommen zu werden.

Umfangreiche Lehrpläne, zahlreiche Lernkontrollen (Diktate, Aufsätze, Tests usw.), Leistungsehrgeiz oder -druck der Lehrer und Eltern, System der Altersklassen, Selektionen in einem dreigliedrigen Schulsystem und mangelnde Reflexion der Lehrer über die eigene Tätigkeit führen zu vielfältigen Formen von negativer Verstärkung (Zwang) und von Bestrafung. Gruppenarbeit und andere Formen kooperativen Lernens bereiten Schwierigkeiten bei der »objektiven Zensurengebung«, programmierte Unterweisung und andere Formen individuellen Lernens sind zeit- und arbeitsaufwendig.

Lehrer sind aber selbst auch Gegenstand aversiver Kontrolle. Ein Dschungel von Rechtsvorschriften ist kaum noch durchschaubar. Bei jedem Wechsel im Kultusministerium werden alte Reformvorhaben gestoppt und neue gestartet.

Wenn Lehrer so etwas wie »schülerzentrierten Unterricht« versuchen, sehen sie sich u. U. schnell massivem Druck durch die Eltern ausgesetzt. Der »strenge« Lehrer, der im Pensum anderen Klassen voraus ist und viele Hausaufgaben aufgibt, scheint nicht wenigen Eltern Garant für Erfolg in der Schule und im späteren Leben zu sein.

Zum Ausmaß aversiver Kontrolle in Schulen ist ein Ungleichgewicht im Bereich der Forschung festzustellen: Schülerängste sind relativ häufig Gegenstand von Untersuchungen, zu Lehrerangst liegen gerade die ersten Studien vor.

Diese hier für die Schule beschriebenen Verhaltensmuster korrespondieren natürlich mit gesamtgesellschaftlichen Strukturen. Es ist deshalb ungerecht, einen ganzen Berufsstand zum Exponenten aversiver Verhaltenskontrolle zu erklären, zumal ja trotz der allgemeinen Mentalität nicht wenige Lehrer das Prinzip der positiven Verhaltenskontrolle oft eindrucksvoll demonstrieren.

Ein Hauptziel dieses Bandes besteht darin, professionellen Erziehern und auch Eltern die Grundsätze zu vermitteln, nach denen stabile Verhaltensweisen und Interessen aufgebaut werden. Es sind dies in erster Linie die positive Verstärkung und leichte, informative Fälle von Bestrafung.

Wie wir bereits wissen, ist bei der intrinsischen Motivation das Verhalten durch Interesse an der Sache selbst gekennzeichnet. Bei der extrinsischen Motivation wird das Verhalten nicht ohne weiteres gezeigt. Es muß ein attraktives Ziel angeboten werden, das mit der Sache eigentlich nichts zu tun hat. Ein ähnlicher Effekt kann mit der Androhung einer unangenehmen Represssalie erreicht werden.

Die vorübergehende Darbietung von positiven Verstärkern zur Erzielung einer extrinsischen Motivation sollte nicht ohne weiteres abgelehnt werden. Das Versprechen von Belohnungen, z. B. einen Film ansehen, wenn die ganze Klasse zwei Wochen lang alle für den Zeichenunterricht benötigten Dinge mitbringt, ist im Vergleich zur negativen Verhaltenskontrolle sehr wahrscheinlich effektiver und vermeidet zudem bestimmte unerwünschte Nebenwirkungen.

Wichtig in diesem Zusammenhang ist auch das Prinzip der Verhaltensformung. Ein komplexes Verhalten kann am Anfang häufig nicht perfekt ausgeführt werden. In diesem Fall gilt es, alle erwünschten Verhaltenstendenzen zu verstärken, was auf der Seite des Erziehers meist ein beträchtliches Ausmaß von Geduld voraussetzt.

Der Titel eines Buches von *Fürntratt/Möller* (1982) lautet: »Lernprinzip Erfolg«. Die pädagogische Relevanz des instrumentellen Lernens könnte nicht besser auf einen Nenner gebracht werden! Ein Erfolg liegt zwar auch beim *Verschwinden einer Bedrohung* vor (negative Verstärkung, Zwang), propagiert wird jedoch eine *Atmosphäre des Gelingens,* d. h. der Lerner soll aufgrund intrinsischer oder auch extrinsischer Motivation möglichst häufig positive Verstärkung erfahren.

3.8.5 Zusammenfasssung

In diesem Abschnitt wurden folgende Themen angeschnitten:

Verhaltensmodifikation
  Handlungsschritte einer VM
  Münzverstärkungssystem
  Kontingenzvertrag

Lernen sozialer Normen

aversive Kontrolle von Schülern und Lehrern

»Lernprinzip Erfolg«

3.9 Arbeitsteil

Dieser Arbeitsteil bietet Ihnen die Möglichkeit, das erworbene Wissen über das instrumentelle Lernen anzuwenden. Sie sollen angeregt werden, selbständig komplexere Probleme aus dem Alltag und dem Bereich der Schule zu *analysieren* und zu *beurteilen*.

Der Arbeitsteil besteht aus folgenden Abschnitten:

(1) Als erstes wird Ihnen noch einmal eine *Zusammenfassung des Informationsteils* gegeben. Sie soll Ihnen die wesentlichen Gesichtspunkte in Erinnerung rufen.

(2) Ein *Test mit Lösungsschlüssel* soll Ihnen zeigen, wo Sie eventuell noch Lücken haben, die aufgearbeitet werden müssen.

(3) Es werden Ihnen zwei *Forschungsberichte* vorgestellt, an denen Sie exemplarisch erkennen können, wie instrumentelles Lernen in der Psychologie erforscht wird.

(4) Im Abschnitt *Übungen* werden Ihnen Arbeitsaufgaben angeboten, die Sie mit Hilfe des erworbenen Wissens lösen sollen.

(5) Unter der Bezeichnung *Diskussion* werden Sie mit Situationsschilderungen konfrontiert, die unter Verwendung der einschlägigen Begriffe analysiert und beurteilt werden können.

(6) Am Ende des Arbeitsteils finden sie kommentierte Hinweise auf *weiterführende Literatur*.

3. Kapitel: Das instrumentelle Lernen

3.9.1 Zusammenfassung des Informationsteils

(1) Von instrumentellem Verhalten (IV) sprechen wir, weil das Verhalten das Instrument oder Mittel ist, das bestimmte Konsequenzen hervorruft.

(2) Beim instrumentellen Lernen entscheiden die Konsequenzen, die dem Verhalten folgen, über dessen zukünftiges Auftreten.

(3) Diese Beziehung zwischen Verhalten und nachfolgender Konsequenz wird Kontingenz genannt. Man versteht darunter den hohen Grad an Wahrscheinlichkeit, mit dem ein Verhalten immer wieder die gleiche Konsequenz herbeiführt.

(4) Je nach Art der Konsequenzen unterscheiden wir vier Formen des instrumentellen Lernens: die positive Verstärkung, die negative Verstärkung, die Bestrafung und die Löschung.

(5) Der Aufbau eines Verhaltens erfolgt durch die positive und negative Verstärkung, der Abbau durch die Bestrafung und die Löschung.

(6) Instrumentelles Lernen ist situationsabhängig. Der Lernprozeß findet unter bestimmten situativen Bedingungen statt und das Verhalten wird später nur in ähnlichen Situationen gezeigt.

(7) Instumentelles Lernen ist motivationsabhängig. Die Konsequenzen eines Verhaltens führen nur dann zum Auf- oder Abbau dieses Verhaltens, wenn sie einem bestimmten Motiv der Person entsprechen.

(8) Instrumentelles Lernen kann in Form von Fremd- oder Selbststeuerung auftreten. In beiden Fällen geht es um das Management der Konsequenzen.

(9) Das instrumentelle Lernen führt zu einem gewohnheitsmäßigen Verhalten. Es ist motiviert und zielgerichtet, aber eng an bestimmte Situationen gebunden.

(10) Bei der positiven Verstärkung wird durch die Darbietung einer positiven (belohnenden) Konsequenz eine Erhöhung der Auftretenswahrscheinlichkeit erreicht. Es können folgende Formen von Verstärkern unterschieden werden: materielle Verstärker, Sozialverstärker, Aktivitätsverstärker und informative Verstärker. Die Verstärkung erzielt ihre beste Wirkung, wenn sie dem Verhalten unmittelbar folgt. In der Anfangsphase ist Immerverstärkung besonders vorteilhaft, später reicht eine gelegentliche Verstärkung aus. Bei komplexen Verhaltensmustern kann das Verhalten nicht

immer gleich perfekt ausgeführt werden. Es muß dann erst geformt werden. Einzelne Verhaltenselemente lassen sich zu Verhaltensketten zusammenfügen. Wichtig ist die Unterscheidung von intrinsischer und extrinsischer Motivation.

(11) Bei der negativen Verstärkung wird durch den Entzug einer negativen (aversiven) Konsequenz eine Erhöhung der Auftretenswahrscheinlichkeit erreicht. Es werden zwei Formen unterschieden: das Flucht- und das Vermeidungslernen. Fälle von negativer Verstärkung in sozialen Situationen werden meist als Zwang bezeichnet. Das aversive Ereignis, das entweder abgeschaltet oder vorbeugend vermieden werden soll, nennen wir eine Repressalie.

(12) Bei der Bestrafung führt eine negative (aversive) Konsequenz zur Verminderung der Auftretenswahrscheinlichkeit des Verhaltens. Die negative Konsequenz kann darin bestehen, daß ein negatives Ereignis dargeboten oder ein angenehmes Ereignis entzogen wird. Strafen sind dann wirksam, wenn die Prinzipien des instrumentellen Lernens beachtet werden. Bestrafung ist insgesamt problematisch und hat nicht selten unerwünschte Nebenwirkungen.

(13) Nicht-Verstärkung einer gelernten Verhaltensweise führt zur Löschung (Extinktion).

(14) Die positive Verhaltenskontrolle (positive Verstärkung und Löschung) ist der negativen Verhaltenskontrolle (negative Verstärkung und Bestrafung) vorzuziehen, da sie im allgemeinen effizienter und mit weniger unerwünschten Nebenwirkungen belastet ist.

(15) Der Aufbau von erwünschtem Verhalten wird durch den gleichzeitigen Abbau von unerwünschtem erleichtert. Analog wird der Abbau von unerwünschtem Verhalten durch den gleichzeitigen Aufbau von erwünschtem Verhalten gefördert.

(16) Ein wesentliches Anliegen dieses Kapitels besteht darin, für Eltern, Erzieher und Lehrer das »Lernprinzip Erfolg« zu propagieren und diesen Personenkreis besonders von der Wirksamkeit der positiven Verstärkung zu überzeugen.

3.9.2 Test mit Lösungsschlüssel

Mit diesem Test können Sie überprüfen, ob sie das Lernziel

> »Die Grundbegriffe des instrumentellen Lernens kennen«

erreicht haben.

Die Zeit zur Bearbeitung des Tests ist nicht begrenzt. Im Informationsteil oder anderen Lehrbüchern dürfen Sie jetzt nicht mehr nachschlagen.

Zu jeder Aufgabe sind 4 Antworten (Lösungen) vorgegeben.

Nur eine dieser vorgeschlagenen Antworten ist richtig bzw. die beste Lösung und ist deshalb anzukreuzen.

Am Ende des Arbeitsteils finden sie einen Lösungsschlüssel, mit dessen Hilfe Sie Ihr Ergebnis selbst kontrollieren können.

Wenn Sie 7 oder mehr Aufgaben richtig lösen, haben Sie das Ziel erreicht. Wenn sie im Zweifelsfall raten, müssen Sie mindestens 8 richtige Lösungen vorweisen.

Und nun: *Viel Erfolg!*

1. Man spricht von instrumentellem Verhalten, weil das Verhalten das Instrument oder das Mittel ist, das bestimmte Konsequenzen hervorruft.

   Die Beziehung *zwischen dem Verhalten und seinen Folgen* nennt man

   a) Kontiguität.

   b) Motivation.

   c) Kontingenz.

   d) Differenzierung.

2. Instrumentelles Lernen ist *situationsspezifisch*.

   Dies bedeutet, daß das Verhalten

   a) nur in spezifischen Situationen gelernt werden kann.

   b) nur in einer der ursprünglichen Lernsituation ähnlichen Situation gezeigt wird.

   c) nicht geformt werden kann, da das neue Verhaltensmuster der ursprünglichen Lernsituation nicht mehr entspricht.

   d) eigentlich nicht wiederholbar ist, da keine Situation der anderen exakt gleich ist.

3. Instrumentelles Lernen findet nur statt, wenn die Person motiviert ist. Man unterscheidet intrinsische und extrinsische Motivation.

Von *intrinsischer Motivation* spricht man, wenn

a) das Verhalten aus Motiven gezeigt wird, die in unmittelbarer Verbindung mit der Ausführung der Tätigkeit selbst stehen.

b) eine bestimmte Belohnung für das Verhalten erwartet wird.

c) ein Anspruchsniveau mit einem bestimmten Gütemaßstab aufgebaut worden ist.

d) positive Konsequenzen erwartet werden, die nicht in unmittelbarer Verbindung mit der Ausführung der Tätigkeit stehen.

4. Der Vorgang der Verstärkung führt zu einer Erhöhung der Auftretenswahrscheinlichkeit des Verhaltens.

Als *Verstärkung* wirken

a) nur die Darbietung einer positiven Konsequenz, nicht aber das Verschwinden eines aversiven Reizes.

b) nur das Verschwinden eines aversiven Reizes, nicht aber die Darbietung einer positiven Konsequenz.

c) sowohl die Darbietung einer positiven Konsequenz als auch das Verschwinden eines aversiven Reizes.

d) sowohl die Darbietung einer positiven Konsequenz als auch die Darbietung eines aversiven Reizes.

5. Bei der positiven Verstärkung wird eine rasche und zuverlässige Etablierung eines Verhaltens und hohe Widerstandsfähigkeit gegenüber Löschung durch einen bestimmten *Verstärkungsplan* gewährleistet.

Es muß

a) möglichst immer verstärkt werden.

b) nur gelegentlich verstärkt werden.

c) am Anfang gelegentlich, dann aber immer verstärkt werden.

d) am Anfang immer, dann nur noch gelegentlich verstärkt werden.

6. Bei der negativen Vestärkung unterscheidet man zwei Formen: das Flucht- und das Vermeidungslernen.

Von *Vermeidungslernen* spricht man, wenn

a) die Person direkt mit dem aversiven Ereignis konfrontiert wird und Maßnahmen ergreift, diesem zu entkommen.

b) die Person aufgrund von diskriminativem Lernen grundsätzlich aversive Konsequenzen meidet.

c) eine Person, durch einen Signalreiz gewarnt, rechtzeitig ein Ausweich- oder Vorbeugungsverhalten zeigt.

d) es eine Person wegen der aversiven Konsequenzen vermeidet, ein bestimmtes Verhalten zu zeigen.

7. Der Vorgang der Bestrafung führt zur Verminderung der Auftretenswahrscheinlichkeit des Verhaltens.

Als *Bestrafung* wirken

a) sowohl die Darbietung eines aversiven Reizes als auch die Wegnahme einer positiven Verstärkung.

b) sowohl die Wegnahme einer positiven Verstärkung als auch die Wegnahme eines aversiven Reizes.

c) nur die Darbietung eines aversiven Reizes, nicht aber die Wegnahme einer positiven Verstärkung.

d) nur die Wegnahme eines positiven Verstärkers, nicht aber die Darbietung eines aversiven Reizes.

8. Neben der Bestrafung ist die Löschung das zweite Verfahren zum Abbau von Verhalten.

Löschung findet statt bei

a) Wechsel von Verstärkung und Bestrafung.

b) unregelmäßiger Darbietung eines positiven Verstärkers.

c) Darbietung eines aversiven Reizes.

d) Ausbleiben von Verstärkung.

9. Komplexe Verhaltensmuster können nicht immer gleich perfekt ausgeführt werden. In solchen Fällen ist dann eine *Verhaltensformung* nötig.

Hierbei ist besonders darauf zu achten, daß

a) zu Beginn eine Immerverstärkung gewährleistet ist.

b) jeweils solche Verhaltensansätze verstärkt werden, die sich dem Endverhalten annähern.

c) Bestrafung möglichst vermieden wird.

d) die Lernprozedur nicht zu aufwendig wird.

10. Man unterscheidet positive und negative Verhaltenskontrolle.

Zur *positiven Verhaltenskontrolle* zählen

a) die positive Verstärkung und die Löschung.

b) die positive und die negative Verstärkung.

c) die positive Verstärkung und die Bestrafung.

d) die negative Verstärkung und die Löschung.

Lösungsschlüssel auf S. 154

3.9.3 Forschungsberichte

In der Studie von *Brown/Elliot* geht es um die Anwendung einer Doppel-strategie: Löschung von aggressivem Verhalten und positive Verstärkung von kooperativem Verhalten. Dies ist ein Beispiel für positive Verhal-tenskontrolle.

Die Untersuchung von *Euler* stellt ein Modifikationsverfahren vor, das nach dem Prinzip der Selbststeuerung i. S. von *Kanfer* aufgebaut ist. Der Versuch, stufenweise immer weniger Zigaretten zu rauchen, wird durch Zeichnen einer Graphik fortlaufend registriert. Die auf diese Weise gewährleistete häufige Rückmeldung des eventuellen Erfolgs kann als positive Verstärkung aufgefaßt werden.

(1)

Brown, P./Elliot, R.: Control of aggression in a nursery school. Journal of experimental Child Psychology 2 (1965), 103–107.

Problem: Verminderung aggressiver Verhaltensweisen und Förderung prosozialer Verhaltensweisen durch systematisches Nicht-Beachten des aggressiven Verhaltens und Aufmerksamkeitszuwendung bei koopera-tivem Verhalten.

Versuchsdurchführung: Die Untersuchung wurde mit 27 besonders aggressiven 3–4jährigen Kindern eines Kindergartens durchgeführt. Zwei trainierte Beobachter registrierten täglich während der Freispielzeit eine Stunde lang mit Hilfe einer Schätzskala sämtliche auftretenden aggressiven Handlungen der Kinder. Die aggressiven Verhaltensweisen werden in die beiden Hauptkategorien, physische Aggression (schlagen, stoßen, boxen usw.) und verbale Aggression (hänseln, drohen usw.) unterteilt.

Vor Beginn der Behandlung lag die Zahl der täglich innerhalb der einstündigen Beobachtungsphase registrierten Aggressionen insgesamt bei durchschnittlich 64.

Während der ersten zweiwöchigen Behandlungsphase ignorierten die Kindergärtnerinnen jede From verbaler oder physischer Aggression. Nur bei positivem, pro-sozialem Verhalten wandten sie ihre Aufmerksamkeit den Kindern zu.

Am Ende dieser ersten Behandlungsphase waren die aggressiven Akte durchschnittlich bereits auf etwa 43 abgesunken.

Es folgte jetzt eine dreiwöchige Phase, in der die Erzieherinnen kein spezielles Verhalten gegenüber Aggressionen zeigten. Am Ende dieser 3 Wochen fand eine Nachuntersuchung statt.

Zwei Wochen später folgte eine zweite, zweiwöchige Behandlungsphase, während der sich die Erzieher analog zur ersten Behandlungsphase verhielten.

Es liegen also Beobachtungsdaten von 4 verschiedenen Zeitpunkten vor:

Tab. 1: Häufigkeit von Aggressionen

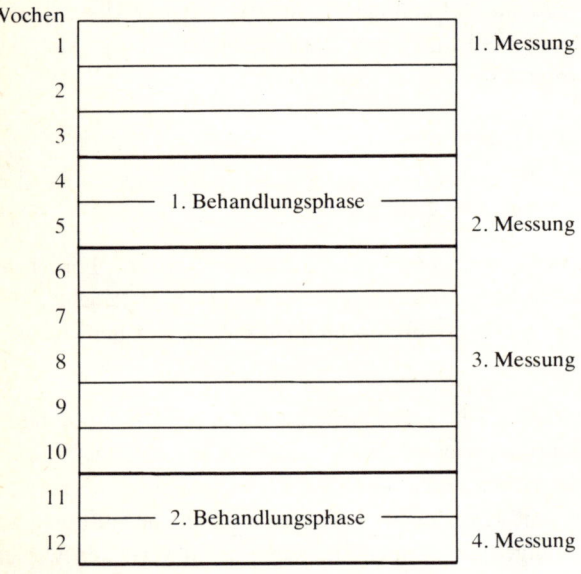

Ergebnis: In Tabelle 1 sind die durchschnittlichen aggressiven Handlungen der Kindergartengruppe pro Tag während der einzelnen Phasen der Untersuchung dargestellt:

Zeitpunkt der Beobachtung	Anzahl der Aggressionen		
	physisch	verbal	insgesamt
vor Beginn der Behandlung	41,2	22,8	64,0
Ende der 1. Behandlungsphase	26,0	17,4	43,4
Nachuntersuchung	37,8	13,8	51,6
Ende der 2. Behandlungsphase	21,0	4,6	25,6

Durch zwei zweiwöchige Behandlungsphasen konnten die physischen Aggressionen um etwa 50% und die verbalen um fast 80% verringert werden.

Angesichts der Tatsache, daß die physischen Aggressionen zum Zeitpunkt der Nachuntersuchung wieder anstiegen, diskutieren die Autoren die Frage, ob es möglicherweise für die Erzieherinnen besonders schwierig war, physische Aggressionen zu ignorieren.

Die Erzieherinnen, denen es anfangs schwer fiel, das von ihnen geforderte Verhalten – Ignorieren von Aggressionen – zu zeigen, konnten besonders durch deutliche Erfolge bei zwei hochaggressiven Jungen überzeugt werden, die nach Ablauf der Behandlung ausgesprochen freundliches und kooperatives Verhalten zeigten.

(2)

Euler, H. A.: Die Reduktion des Zigarettenrauchens durch Selbstmonitoring. Zeitschrift für klinische Psychologie und Psychotherapie 21 (1973), 271 –282.

Problem: Auf dem Gebiet der Verhaltensmodifikation haben Techniken der Selbstkontrolle eine zunehmende Bedeutung gewonnen. Aus der Literatur über die Reduzierung des Rauchens ergibt sich, daß keines der etwa bis 1970 vorgestellten Behandlungsverfahren besonders erfolgreich war. Dies gilt auch für Selbstkontrollmethoden. Im Durchschnitt rauchten die Klienten am Ende der Behandlung etwa 2/3 weniger, wobei sich allerdings anschließend in vielen Fällen ein beträchtlicher Rückfall zeigte.

Euler vermutet, daß häufige Rückmeldung von Erfolg der zentrale Punkt der Behandlung ist. Demnach müßte ein Verfahren, das den Klienten die Möglichkeit der »Selbstaufzeichnung« oder des »Selbst-Monitoring« (etwa des täglichen Zigarettenkonsums) bietet, die Möglichkeit ausreichender Selbstverstärkung schaffen. *Euler* geht davon aus, daß eine solche Methode *allein,* d. h. ohne zusätzliche Behandlung etwa die gleichen Erfolge erzielt wie die früheren Verfahren.

Durchführung: In zwei Untersuchungen wurden 27 bzw. 41 Raucher zunächst instruiert, wie man das Rauchen einschränken kann. Anschließend erfolgte 10 Tage lang die Feststellung des täglichen Zigarettenkonsums (Erfassung der Grundrate).

Als erste Zielsetzung (Standard) wurde der geringste Konsum während der ersten zehn Tage genommen, der bei den meisten Versuchspersonen bei etwa 70% des Durchschnitts lag. Täglich war die Differenz zu diesem Standard in eine sog. Kummulativkurve einzutragen.

Tab. 2: Daten der Kommulativkurve

Tag	Standard	tatsächl. Konsum	Differenz	Eintragung
1.	30	42	12	12
2.	30	40	10	12 + 10 = 22
3.	30	36	6	22 + 6 = 28
4.	30	44	14	28 + 14 = 42
.				
.				
.				
15.	30	30	0	133 + 0 = 133
16.	30	24	−6	133 − 6 = 127

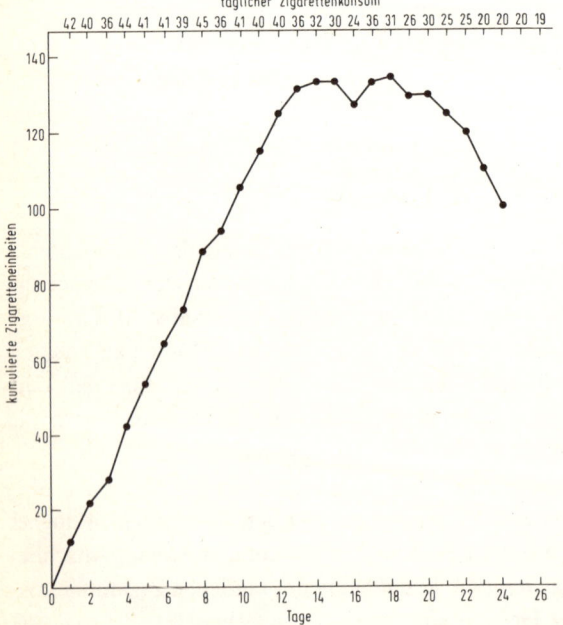

Abb. 51: Standard-Differenz-Kummulativkurve

Diese Methode der Aufzeichnung veranschaulicht bereits schwache Verhaltensänderungen. Wird der festgelegte Standard überschritten, steigt die Kurve, wird er unterschritten, fällt die Kurve.
Sobald die Kurve über mehrere Tage kontinuierlich abfiel, konnten die einzelnen Versuchspersonen den Standard ändern.
Die Kurven wurden von den Probanden selbst gezeichnet und waren im Flur des Instituts ausgehängt. Die Dauer des Modifikationsprogramms war bei der ersten Untersuchungsgruppe 5 und bei der zweiten 6 Wochen.

Ergebnis: Die Ergebnisse zeigen, daß die Methode des Selbst-Monitorings *allein* genauso wirkungsvoll zu sein scheint, wie ausgefeiltere Behandlungsmethoden. Beide Behandlungsgruppen reduzierten das Rauchen auf etwa 1/3 der vorexperimentellen Rate. Die Daten einer Nachbefragung waren mit denen anderer Behandlungsmethoden vergleichbar, wo Rückfälle ebenfalls zur Regel gehörten.

3.9.4 Übungen

(1) In diesem Kapitel wurden je nach Art der Konsequenzen vier Formen des instrumentellen Lernens unterschieden.
Suchen Sie je ein Beispiel, verwenden Sie das Schema des instrumentellen Lernens und analysieren Sie den situativen Kontext!
Wird situationsspezifisch gelernt? Sind die Konsequenzen motivationsadäquat? Liegt eine intrinsische oder extrinsische Motivation vor? Muß das Verhalten erst geformt werden? Handelt es sich um eine Verhaltenskette? Treten wechselseitige Lernprozesse auf? Handelt es sich um einen einfachen oder um einen komplexen Lernvorgang? Läßt sich das Lernen als Fremd- oder als Selbststeuerung klassifizieren? Welche Maßnahmen unterstützen, welche stören das Lernen? Ist der Lernerfolg von relativer Dauer?

(2) Es wurden folgende Arten von Verstärkern vorgestellt: materielle Verstärker, soziale Verstärker, Aktivitätsverstärker und informative Verstärker.
In welcher Weise können solche Verstärker in der Familie, im Heim und in der Schule angewandt werden? Welche Verstärker stehen zur Verfügung?

(3) Die dem Lernen zugrunde liegende Motivation kann entweder intrinsisch oder extrinsisch sein.
Analysieren Sie Fälle, bei denen die gleiche Verhaltensweise einmal intrinsisch und ein anderes Mal extrinsisch motiviert ist! Welche Probleme treten möglicherweise auf?

(4) Instrumentelles Lernen ist weitgehend situationsspezifisch. Finden Sie Beispiele, in denen ein gelerntes Verhalten nur in spezifischen Situationen gezeigt wird! Ist dieses Prinzip auch für die Arbeit in Schulen bedeutsam?

(5) Komplexere Verhaltensmuster können häufig nicht gleich perfekt ausgeführt werden. Das Endverhalten muß dann erst ausgeformt werden.
Betrachten Sie folgende Fälle einer Verhaltensformung: Schüler lernen im Englischunterricht eine immer korrektere Aussprache des »th«, ein kleines Kind lernt die Zähne zu putzen, jemand besucht einen Tanzkursus!

(6) Beim Aufbau neuer Verhaltensweisen wurden folgende Phasen vorgestellt: Anregung des zu lernenden Verhaltens; Etablierung; Formung, Differenzierung und Perfektionierung; Stabilisierung.
Untersuchen Sie an einem Beispiel, ob sich diese vier Abschnitte auffinden lassen!

(7) Man könnte sagen, daß Zwang Gebotscharakter habe.
Zwang ist im Alltag und in der Schule sehr häufig. Finden Sie Beispiele! Welche Gesichtspunkte des instrumentellen Lernens werden sichtbar?

(8) Bestrafung hat Verbotscharakter.
Analysieren Sie einige Strafsituationen! Ist die Bestrafung wirksam? Treten unerwünschte Nebenwirkungen auf? Wird der Aufbau inkompatiblen Verhaltens versucht?

(9) Bei der Interaktion von Eltern und Kindern bzw. von Lehrer und Schüler kommt es häufig zu wechselseitigen Lernprozessen. Untersuchen Sie solche Fälle!

(10) Versuchen Sie eine Reihe von alltäglichen Situationen lerntheoretisch zu erklären. Beispiele:
– Ein Schüler, der häufig seine Schularbeiten vernachlässigt, beginnt nach einem Lehrerwechsel wieder regelmäßig zu arbeiten.

– Eine Lehrerin kümmert sich besonders um einige »schwache« Schüler in der Klasse. Die Kollegen sind erstaunt, daß diese Schüler nach einiger Zeit respektable Leistungen zeigen.

– Ein Kind weigert sich, weiterhin zum Vereinssport zu gehen, nachdem einige Male über seine Ungeschicklichkeit beim Turnen gelacht wurde.

– Mehrere Mütter bieten sich wiederholt an, bei Schulausflügen oder Unterrichtsgängen mitzugehen, um den Lehrer zu entlasten. Dieser geht jedoch nicht darauf ein; die Angebote der Eltern lassen nach und verschwinden schließlich ganz.

3.9.5 Diskussion

(1) Betrachten Sie folgende Erscheinung aus dem Alltag: Die Verkehrsdisziplin der Autofahrer bessert sich meist erheblich, wenn ein Polizeifahrzeug in der Nähe ist.
Dies hat etwas mit Fremd- und Selbststeuerung zu tun und damit, daß situationsspezifisch gelernt wird.

(2) In den ersten zwei Monaten nach Einführung der Gurtpflicht in Großbritannien sank die Zahl der Verkehrstoten und Schwerverletzten um 25 Prozent gegenüber dem Vergleichszeitraum im Vorjahr. Allerdings werden Verstöße gegen die Anschnallpflicht dort auch mit hohen sog. Bußgeldern bis 50 Pfund (200 Mark) geahndet. Da die Polizei von Anfang an rigoros durchgriff, erhöhte sich die Anschnallquote innerhalb weniger Tage von rund 40 auf 95 Prozent.
Was halten Sie von solchen rechtlichen Maßnahmen?

(3) *Machiavelli* (1469-1527) wirft in seinen Büchern über Politik und Staatsführung (Discorsi, Der Fürst) die Frage nach der Vereinbarkeit von Politik und Moral auf. Zwang und Repression werden in seinen Schriften in einer auch heute noch faszinierenden Art abgehandelt.
Wie begegnen uns im Alltag oder in der Politik Formen von sog. Machiavellismus?

(4) Vielleicht wollen Sie einmal ein Selbstmodifikationsprogramm durchführen. Starkes Rauchen, Übergewicht oder Arbeitsstörungen bei Studenten sind häufige Anlässe, diese Art der Selbstkontrolle anzuwenden. In der Regel braucht man hierzu eine Anleitung durch einen

Fachmann oder durch eine entsprechende Schrift (z. B. *Günther/Heinze/ Schott:* Konzentriert arbeiten – gezielt studieren 1977).
Erscheinen Ihnen die lernpsychologischen Grundlagen solcher Verfahren plausibel?

(5) Wie stehen Sie zu der Anwendung der Verhaltensmodifikation in Familie und Schule? Betrachten Sie gruppensteuernde Maßnahmen und Einzelmodifikation!

(6) Inkonsequenz verhindert Löschung.
In nicht wenigen Familien bereiten Kinder nach dem Zu-Bett-Gehen Schwierigkeiten. Sie müssen noch einmal aufstehen, wollen noch etwas essen oder trinken, man soll ihnen noch ein Lied singen usw. Das kann sich im Laufe eines Abends mehrfach wiederholen und kann Eltern sehr entnerven. Wenn Erwachsene beschließen, auf solche Wünsche nicht mehr einzugehen, dieses aber nicht konsequent verwirklichen, so ist der Effekt ein gegenteiliger: die Kinder kommen jetzt noch häufiger.
Wie läßt sich dieses Geschehen erklären? Welche Erfahrungen haben Sie mit der Wirksamkeit der Löschung gemacht?

(7) Versuchen Sie an einem Beispiel zu demonstrieren, daß negative Verhaltenskontrolle (Kombination von negativer Verstärkung und Bestrafung) durch positive Verhaltenskontrolle (positive Verstärkung und Löschung) ersetzt werden kann.
Welche Art von pädagogisch-psychologischem Denken liegt Ihnen näher?

(8) Was halten Sie grundsätzlich nach Ihren Erfahrungen von dem in diesem Kapitel propagierten »Lernprinzip Erfolg«?

(9) Hier erfahren sie noch die Meinung zweier Lehrerinnen. Wem würden sie zustimmen, Lehrerin A oder Lehrerin B?

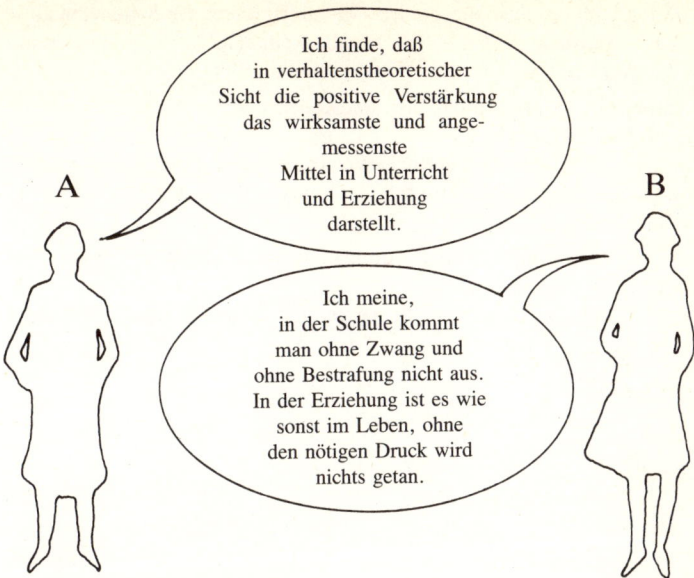

Abb. 52: Lernprinzip Erfolg?

3.9.6 Weiterführende Literatur

Wenn Sie *Skinner* im Original lesen wollen, dann sind zur Einführung geeignet
Skinner, B. F.: Was ist Behaviorismus? Rowohlt Verlag, Reinbek bei Hamburg 1978.
Skinner, B. F.: Futurum Zwei. Rowohlt Verlag, Reinbek bei Hamburg 1972.
Skinner, B. F.: Jenseits von Freiheit und Würde. Reinbek bei Hamburg 1973.

Ein programmiertes Lehrbuch über das von *Skinner* sog. operante Konditionieren ist
Holland, J. G./Skinner, B. F.: Analyse des Verhaltens. Urban & Schwarzenberg, München/Berlin/Wien 1974.

Eine kurzgefaßte Einführung in die experimentellen Befunde und theoretischen Ansätze dieser Lernart bietet
Angermeier, W. F.: Kontrolle des Verhaltens. Das Lernen am Erfolg. Springer, Berlin/Heidelberg/New York 1976.

Ein Abriß aller wichtigen lernpsychologischen Strömungen ist enthalten in
Hilgard, E. R./Bower, H. G.: Theorien des Lernens. 2 Bände. Klett, Stuttgart 1984.

Einen Überblick über Selbstmanagement-Methoden bietet der Sammelband
Kanfer, F. H./Goldstein, A. P. (Hrsg.): Möglichkeiten der Verhaltensänderung.
Urban & Schwarzenberg, München/Wien/Baltimore 1976.

Die Bedeutung der Prinzipien des instrumentellen Lernens für Unterricht und
Erziehung werden dargestellt in
Fürntratt, E./Möller, Chr.: Lernprinzip Erfolg. Entwurf einer Pädagogischen
Psychologie auf verhaltenstheoretischer Grundlage. Peter Lang Verlag, Frank-
furt a. M./Bern 1982.

Der Zusammenhang von Angstmotivation und instrumentellem Lernen wird
analysiert in
Fürntratt, E.: Angst und instrumentelle Aggression. Beltz, Weinheim und Basel
1974.

Lösungsschlüssel zum Test »Instrumentelles Lernen«
Folgende Lösungen waren richtig:

Aufgabe	1	2	3	4	5	6	7	8	9	10
A	c	b	a	c	d	c	a	d	b	a
B										

Tragen sie Ihre Lösungen in die Zeile B ein und zählen Sie die Übereinstimmungen aus. Sie können jetzt beurteilen, ob Sie das Lernziel erreicht
haben.

Haben sie das Lernziel nicht erreicht, sollten Sie den Informationsteil
oder einzelne Abschnitte noch einmal durcharbeiten. Das ist auch dann
zu empfehlen, wenn Sie den Test zwar insgesamt bestanden haben, aber
dennoch einige Aufgaben nicht richtig lösen konnten. Sie sollten auch die
Items beachten und in Ihre Nacharbeit mit einbeziehen, die Sie richtig
gelöst haben, bei denen Sie sich Ihrer Sache aber nicht so sicher waren.

Wenn Sie an dieser Stelle konsequent sind, erleichtert Ihnen das die
weitere Beschäftigung mit dem Arbeitsteil.

4. Kapitel: Begriffsbildung und Wissenserwerb

4.1 Der Inhalt dieses Kapitels

4.1.1 Lernziele

Der Leser soll
- in der Lage sein, Eigenschafts- und Erklärungsbegriffe mit ihren wesentlichen Merkmalen zu beschreiben;
- die drei Definitionsformen anwenden können;
- die Bedeutung der Begriffsbildung für den Erwerb von Wissen begreifen;
- das sinnvoll rezeptive und das sinnvoll entdeckende Lernen mit den wichtigsten Fachbegriffen erklären können.

Durch diese gründliche Kenntnis der Gesetzmäßigkeiten der Begriffsbildung und des Wissenserwerbs soll der Leser darüber hinaus
- befähigt werden, kognitive Lernvorgänge im Alltag und in der Schule zu erkennen und möglichst differenziert zu analysieren;
- angeregt werden, solche kognitiven Prozesse bei sich selbst aufgrund des erworbenen Wissens zu optimieren;
- in die Lage versetzt werden, insbesondere bei Kindern und Jugendlichen deren kognitive Entwicklung zu fördern.

Zudem soll der Leser ermuntert werden, die hier angesprochenen Themen mit Bekannten zu diskutieren und an einzelnen Punkten durch die Arbeitsanregungen und empfohlene weiterführende Literatur zu vertiefen.

4.1.2 Zur Einführung in das Themengebiet

Betrachten wir zunächst drei Situationen!

(1) Wir befinden uns in einer Buchhandlung und wollen ein Kochbuch kaufen. Um zu einer Entscheidung für ein bestimmtes Werk zu gelangen, lesen wir dessen Inhaltsverzeichnis. Nach einer kurzgefaßten Ernährungslehre finden wir folgende Kapitel: Suppen, Fleischgerichte, Wild und Geflügel, Fischgerichte, Gemüse, Salate, Eierspeisen, Nachspeisen usw.

Begriffsbildung ist nicht nur eine Angelegenheit des wissenschaftlichen Denkens. Wie das Beispiel zeigt, ist auch im Alltag die Bildung und Verwendung von Begriffen häufig zu beobachten. In den einzelnen Kapiteln des Kochbuchs sind jeweils sehr verschiedenartige, aber in einigen Merkmalen doch wieder ähnliche Speisen zusammengefaßt. Solche Klassifikationen (z. B. Suppen) nennt man Eigenschaftsbegriffe. Eine Ernährungslehre ist eine Theorie, die Aussagen über die Bedürfnisse unseres Körpers und die Zusammensetzung der Nahrungsmittel macht. Hier haben wir es mit einem sog. Erklärungsbegriff zu tun.

(2) In den Bedingungen für eine Hausratsversicherung ist der Gegenstand der Versicherung unter dem Punkt »Einbruchsdiebstahl- und Beraubungsversicherung« folgendermaßen beschrieben:

»Einbruchsdiebstahl im Sinne dieser Bedingungen liegt vor, wenn ein Dieb in ein Gebäude oder den Raum eines Gebäudes einbricht, einsteigt oder mittels falscher Schlüssel oder anderer nicht zum ordnungsmäßigen Öffnen bestimmter Werkzeuge eindringt . . .
Raub ist die Entwendung unter Anwendung von Gewalt gegen eine Person oder unter Drohung mit Gefahr für Leib oder Leben oder unter Verwendung von Mitteln zur Ausschaltung der Widerstandskraft . . .«

Besonders in der Wissenschaft und in solchen juristischen Texten sind Begriffe klar definiert. Aber auch im Alltag ist es zuweilen nötig, durch eine Definition, d. h. eine nähere Erläuterung mitzuteilen, in welchem Sinne man einen Begriff gebraucht.

(3) Großmutter lernte vielleicht noch Schillers Gedicht »Der Ring des Polykrates«:

> Er stand auf seines Daches Zinnen,
> Er schaute mit vergnügten Sinnen
> Auf das beherrschte Samos hin.
> »Dies alles ist mir untertänig«,
> Begann er zu Ägyptens König,
> »Gestehe, daß ich glücklich bin.«
> Es folgen noch 15 Strophen.

Vielleicht hat Großmutter am ersten Tag vier Strophen gelernt, indem sie jede einzelne häufig las und immer wieder aufsagte. Wenn Großmutter eine kluge Schülerin war, dann wiederholte sie den Lernstoff bereits nach einer halben Stunde und dann noch einmal nach einer Stunde. Da der Lernstoff auch in der Schule immer wieder abgefragt wurde, gelang es ihr allmählich, das ganze Gedicht auswendig zu lernen. Nach Abschluß des Themas »Höhepunkte klassischer Lyrik und Balladendichtung« ist allerdings zu befürchten, daß relativ schnell, zumindest Teile dieser Ballade, wieder vergessen wurden.

In dieser Geschichte haben wir es mit einer Art von Wissenserwerb zu tun, die man als weitgehend mechanisches Lernen bezeichnen könnte. Ein solches Lernen ist heute in Schulen nicht mehr sehr angesehen.

4.1.3 Verschiedene Aspekte der Begriffsbildung und des Wissenserwerbs

Nachdem wir drei Beispiele für diese Lernformen kennengelernt haben, soll das Thema in diesem Kapitel in folgender Weise systematisch behandelt werden:

– Die drei Formen der Repräsentation

Wahrgenommene Gegenstände und Vorgänge können in unserem Bewußtsein in verschiedener Weise repräsentiert sein. Im Verlauf der menschlichen Entwicklung treten auf: die handlungsmäßige, bildhafte und die symbolische Darstellung.

– Eigenschafts- und Erklärungsbegriffe

Eigenschaftsbegriffe werden auch als Kategorien bezeichnet. Der wesentlichste Punkt bei der Bildung von Eigenschaftsbegriffen ist die Erfassung der logischen Struktur, d. h. der Art der Kombination der kritischen Attribute. Erklärungsbegriffe enthalten zusätzlich noch eine Erklärung, d. h. eine Theorie im weitesten Sinne.

– Die Subjektivität der Begriffsbildung
Begriffsbildung ist nicht nur ein kognitiver Vorgang, sondern weist auch
subjektive Aspekte auf. Die Subjektivität begegnet uns in Form der
relativen Willkürlichkeit und der Ich-Beteiligung.

– Begriffe und ihre Entstehung
In der Umgangssprache meint »Begriff« immer auch die sprachliche
Bezeichnung für eine Kategorie oder Theorie. In der Psychologie spricht
man auch von vorsprachlichen Begriffen. In diesem Abschnitt werden
auch die drei Formen von Definitionen behandelt.

– Wissenserwerb als Regellernen
Regeln sind Ketten von Begriffen. Beim Lernen von Regeln ist darauf zu
achten, daß nicht sprachliche Ketten auswendig gelernt werden.

– Verschiedene Formen des Wissenserwerbs
Beim sprachlichen Lernen kann man zwei Dimensionen unterscheiden:
»mechanisch/sinnvoll« und »rezeptiv/entdeckend«. Im schulischen
Bereich sind das sinnvoll rezeptive und das sinnvoll entdeckende Lernen
von besonderer Bedeutung.

– Begriffsbildung und Wissenserwerb in verschiedenen Bereichen
Angesprochen werden Alltag und Unterricht und Erziehung.

– Arbeitsteil
Nach diesem *Informationsteil* bildet ein *Arbeitsteil* den Abschluß des
Kapitels. Er bringt nach einer Zusammenfassung und einem Test verschiedene Arten von Übungsaufgaben, Anregungen zur Diskussion
sowie Literaturhinweise.

4.2 Die drei Formen der Repräsentation

4.2.1 Vorbemerkung

Im folgenden Abschnitt ist von der Wahrnehmung unserer Umwelt die
Rede und von der Art und Weise, wie sich die wahrgenommenen
Gegenstände und Vorgänge im menschlichen Bewußtsein darstellen
oder, wie man auch sagt, wie sie repräsentiert sind.
Bruner (siehe: *Bruner/Olver/Greenfield* 1971) unterscheidet drei Formen
dieser *inneren* Repräsentation:
– die handlungsmäßige Darstellung

– die bildhafte Darstellung
– die symbolische Darstellung.

Beispiel:

– Die handlungsmäßige Darstellung (Repräsentation) eines Knotens besteht aus dem gewohnheitsmäßigen Handlungsschema des Knüpfens oder Bindens (Krawatte, Schnürsenkel).
– Die innere bildhafte Darstellung besteht aus dem Vorstellungsbild eines Knotens vergleichbar der Abbildung in einem seemännischen Lehrbuch.
– Die symbolische Darstellung ist durch das Wortklangbild oder das Schriftbild »Knoten« gegeben.

4.2.2 Die handlungsmäßige Darstellung

Sie spielt besonders in der zweiten Hälfte des ersten Lebensjahres eine große Rolle. Das Kind »erfaßt« seine Umwelt durch Verhaltensweisen wie Greifen, Festhalten, Zum-Munde-Führen usw. Die besondere Leistung dieser Altersstufe besteht in der Koordination von Wahrnehmung und Bewegung.

Zu Beginn dieser Phase der »sensumotorischen Intelligenz« *(Piaget)* hat jede Handlung noch eine *spezifische* Verlaufsgestalt und ist noch nicht auf andere Aktivitäten bezogen. So bilden sich etwa das Greifen nach einem bunten Tuch, einem Bauklotz oder einem Ball relativ unabhängig voneinander aus. Nach und nach kann dann das Kind immer schneller und zuverlässiger unterschiedliche Objekte mit den Händen erfassen. In einem solchen *Handlungsschema* (z. B. dem Greifschema) sind die vorher isolierten Einzelhandlungen als allgemeine Verhaltensmöglichkeit zusammengefaßt. Der Erwerb dieser umfassenden Handlungsschemata stellt die bedeutsamste Errungenschaft dieses Entwicklungsabschnitts dar.

Läßt das Kind ein festgehaltenes Objekt fallen und verschwindet es dadurch aus seinem Gesichtsfeld, dann hat es auch kein Vorstellungsbild mehr von der Sache. »Der Endpunkt dieser ersten Periode der Entwicklung ist durch die Entstehung einer Welt gekennzeichnet, in der die Dinge unabhängig von den auf sie bezogenen Handlungen werden« (*Bruner u. a.* 1971, S. 39).

Auch im Erwachsenenalter spielen Handlungsschemata noch eine Rolle. So ist z. B. das Lenken eines Zweirades gekennzeichnet durch eine

bestimmte Art der Koordination von Wahrnehmung und Motorik, die in
ähnlicher Weise beim Lenken eines Fahrrades, Mopeds oder Motorrades
gegeben ist.

4.2.3 Die bildhafte Darstellung

Sie kennzeichnet eine zweite Phase der Repräsentation, in der das
»Begreifen« einer Sache immer unabhängiger wird vom manuellen
Hantieren. Etwa ab dem Ende des ersten Lebensjahres ist das Kind fähig,
die Welt in Bildern zu sehen. Ein Objekt, das aus dem Gesichtsfeld
verschwindet, kann jetzt als Vorstellung wieder in das Bewußtsein treten.
Es gilt nicht mehr die Regel: Aus den Augen, aus dem Sinn.
Diese frühkindlichen Vorstellungsbilder weisen folgende Merkmale auf:
Sie stehen immer noch in enger Beziehung zur Handlung; sie sind von
Gefühlen begleitet; sie sind egozentrisch, d. h. auf die Person des Kindes
bezogen; sie sind relativ flüchtig; sie sind durch eine kleine Zahl
auffälliger Oberflächenmerkmale gekennzeichnet; sie sind relativ starr,
d. h. Gestalten können nur schwer aus ihrem Umfeld gelöst werden; sie
sind konkret und nicht schematisch (nach *Gibson/Olum* 1960).
Beispiel:

Erzählt man kleinen Kindern Geschichten, so wird man eine Fülle spontaner
Aktivitäten beobachten. Lebhafte Gefühlsäußerungen verweisen auf den Bezug
zur eigenen Person (der Löwe will mich beißen). Gegenstände sind häufig
bestimmt durch Details, die nicht wesentlich, aber auffällig, sozusagen an der
Oberfläche der Sache leicht zu identifizieren sind (ein Specht wird mit überdi-
mensionalem Schnabel aus Knetmasse geformt oder ein Auto mit leuchtend roter
Farbe gemalt). Hierbei sind die Gestalten, wenn man von den hervorstechenden
Merkmalen absieht, wenig gegliedert (Körper des Spechtes wird als unförmiger
Klumpen ausgebildet, Auto hat keine Räder). Die einzelnen Figuren sind in
größere Zusammenhänge eingebettet und die Bilder können in Gedanken nicht
beliebig verändert werden (Ein Kind hat in einem Bilderbuch ein Bild gesehen,
auf dem ein Greifvogel einen Hasen verfolgt. Immer wenn vom Hasen erzählt
wird, fragt das Kind, ob der Vogel den Hasen erwischt hat).

Diese Art der bildhaften Darstellung, die *konkreten Vorstellungsbilder,*
ist für eine Klassifizierung nach wesentlichen Merkmalen eher hinderlich
als förderlich. Wenn ein Specht durch auffällige Oberflächenmerkmale
gekennzeichnet und zudem vielleicht noch in einem bestimmten Kontext
präsent ist, dann ist es schwierig, Spechte, Sperlinge, Adler usw.

aufgrund gemeinsamer Merkmale in die Klasse der Vögel einzuordnen.

Neben diesen *konkreten Vorstellungsbildern* (z. B. Abbildung eines bestimmten Tieres in einem Bilderbuch) treten allmählich jedoch auch *schematisierte Vorstellungen* auf. Die konkreten einzelnen Vorstellungen eines roten, eines blauen, eines großen, eines kleinen Autos werden abstrahiert zu der allgemeinen Vorstellung eines Autos.

Solche Formen *innerer* bildhafter Darstellung in schematisierter Form sind auch im Leben der Erwachsenen sehr zahlreich. Bei anschaulich vorgestellten Konstitutionstypen, bei der Wahrnehmung von Piktogrammen und bei Schemazeichnungen auf einer Gebrauchsanweisung ist es nicht nötig, die gemeinten Objekte sprachlich zu beschreiben (Abb. 53).

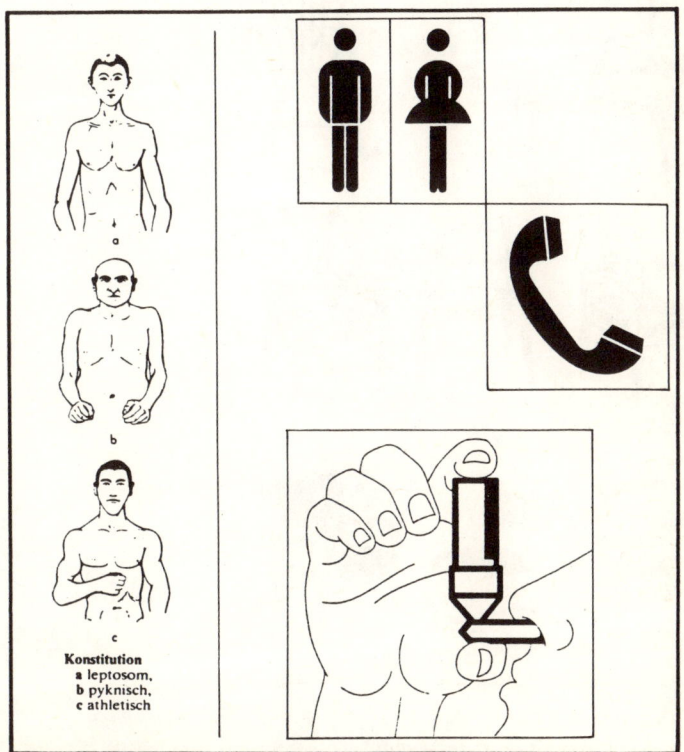

Konstitution
a leptosom,
b pyknisch,
c athletisch

Abb. 53: Schematische bildhafte Darstellung

4.2.4 Die symbolische Darstellung

Sie ist, vereinfacht gesagt, dadurch gekennzeichnet, daß die Dinge
Namen haben und daß diese Bezeichnungen willkürlich sind. Allgemeiner ausgedrückt: Zeichen und Symbole sind Informationsträger, die
durch ihre Bedeutung für das stehen, was sie bezeichnen oder symbolisie-
ren. Sprache ist zwar die wichtigste Form symbolischer Darstellung, aber
nicht die einzige (z. B. Zeichen für Rechenoperationen + − · : oder
religiöse Symbole, wie etwa das Kreuz).
Ein Gebilde, das aus einer waagerechten Sitzfläche, vier Beinen und
einer Rückenlehne besteht, wird je nach Wohnort des Betrachters Stuhl,
chair oder chaise genannt. Die Trauerfarbe ist in westlichen Ländern

Abb. 54: Stuhl
einzelne Stühle – Begriff Stuhl
(aus: *Kaesz* 1974, S. 247)

schwarz, in manchen Regionen Ostasiens weiß. Man kann einem Symbol nicht ansehen, was es bedeutet. Da die Verbindung zwischen Zeichen und Bezeichnetem willkürlich ist, müssen die Bedeutungen erst erlernt werden.

Im Gegensatz zu den Piktogrammen (Bildsymbole) haben die eigentlichen Symbole keinen anschaulichen Bezug mehr zu dem gemeinten Objekt (z. B. sprachliches Symbol »Hund« – vierbeiniges Lebewesen).

Das Symbol kann entweder ein *einzelnes Objekt* bezeichnen oder eine ganze *Klasse von Objekten*. So kann das sprachliche Symbol »Stuhl« auf einen ganz bestimmten Stuhl (z. B. Küchenstuhl mit Metallrahmen und roter Kunstlederpolsterung) verweisen oder aber für sehr unterschiedliche Stühle stehen. Dann haben wir es mit dem Begriff »Stuhl« zu tun (Abb. 54).

4.2.5 Einzelfall und Begriff

Bei allen drei Formen der Repräsentation ist uns das gleiche Phänomen begegnet: Die Objekte unserer Umwelt stellen sich im Bewußtsein als *konkrete Einzelfälle* oder als *Klasse* ähnlicher Erscheinungen dar. Im zweiten Fall können wir von Begriffsbildung sprechen. Auch ein Handlungsschema und ein schematisiertes Vorstellungsbild sind in diesem Sinne Begriffe.

Im folgenden soll nun die Bildung von Begriffen auf dem symbolischen Niveau ausführlicher behandelt werden.

4.2.6 Zusammenfassung

In diesem Abschnitt wurden folgende Begriffe eingeführt:

Drei Formen der inneren kognitiven Repräsentation der Umwelt handlungsmäßige, bildhafte, symbolische Darstellung

konkrete Einzelfälle und Klasse ähnlicher Erscheinungen

4.3 Eigenschafts- und Erklärungsbegriffe

4.3.1 Vorbemerkung

Man unterscheidet zwei Hauptklassen von Begriffen: die Eigenschafts-
und die Erklärungsbegriffe.

Zunächst werden die Eigenschaftsbegriffe, die auch als Kategorien
bezeichnet werden, vorgestellt. Der zentrale Punkt bei der Betrachtung
der Eigenschaftsbegriffe ist die logische Struktur des Begriffs. Anschließend werden die Erklärungsbegriffe behandelt. Ihr wesentlichster Inhalt
ist eine Erklärung, d. h. der Bezug zu einer Theorie.

Begriffe werden nicht isoliert erworben, sondern in Begriffshierarchien
geordnet.

4.3.2 Kategorien

Wir haben gesehen, daß bei der kognitiven Repräsentation unserer
Umwelt nicht nur einzelne, ganz bestimmte Objekte vorgestellt und
bezeichnet werden können, wir neigen vielmehr dazu, die Dinge, die uns
umgeben, zu ordnen, zu klassifizieren oder, wie man auch sagen kann,
Kategorien zu bilden (Abb. 55).

Ach, was muß man oft von bösen
Kindern hören oder lesen!
Wie zum Beispiel hier von diesen,
Welche Max und Moritz hießen

Abb. 55: Kategorie »böse Kinder«

»Kategorisierung bedeutet, unterscheidbar verschiedenen Dingen Äquivalenz zu verleihen, die Objekte, Ereignisse und Leute um uns herum in Klassen zu gruppieren und auf sie eher bezüglich ihrer Klassenzugehörigkeit als bezüglich ihrer Einzigartigkeit zu reagieren« (*Bruner* 1966, zit. nach *Lefrancois* 1976, S. 128).

Die genannte Gleichwertigkeit (Äquivalenz), die die Voraussetzung für die Kategorisierung darstellt, wird dadurch hergestellt, daß von bestimmten Besonderheiten des Einzelfalls abgesehen oder, wie man auch sagt, abstrahiert wird *und* daß gemeinsame Eigenschaften hervorgehoben werden.

Beispiele:

– Aus der Fülle von Möbeln lassen sich solche zu einer Klasse zusammenfassen, die wir zum Sitzen benutzen. Dies sind etwa: Stuhl, Hocker, Sessel, Sofa, Couch usw. Obwohl diese Gegenstände ein unterschiedliches Aussehen aufweisen, bilden sie aufgrund des gemeinsamen Merkmals, daß man eben auf ihnen sitzen kann, die Kategorie »Sitzmöbel«.

– Die Teilnehmer an einer Tanzveranstaltung lassen sich als Damen oder Herren klassifizieren. Trotz beträchtlicher Unterschiede im einzelnen (Alter, Kleidung, Gesichtszüge, Umgangsformen) sind die Mitglieder jeder der beiden Kategorien einander in einer Hinsicht äquivalent, nämlich dem Geschlecht.

Die Merkmale oder Eigenschaften, die die Klassenzugehörigkeit ausmachen, nennt man *kritische Attribute*. Die Bezeichnung »kritisch« meint, daß nur diese Merkmale bedeutsam sind. So ist bei der Kategorie »Sitzmöbel« das kritische Attribut die einigermaßen waagerechte Sitzfläche, nicht aber die Merkmale Rückenlehne, Polsterung, vier Beine usw.

Die Gesamtheit der kritischen Attribute machen den *Inhalt* des Eigenschaftsbegriffs aus und die Gesamtheit der Gegenstände, die er bezeichnet, nennt man seinen *Umfang*. Hierbei gilt die Regel: Je größer der Umfang, desto geringer der Inhalt und je vielfältiger der Inhalt, desto geringer der Umfang.

Beispiel:

(1) Nahrungsmittel   (2) Wurst
Begriffsinhalt: (1) Produkte, die der Ernährung dienen;
                     (2) zerkleinertes und gewürztes Fleisch.
Begriffsumfang: (1) Kartoffeln, Mehl, Fisch, Fleisch, Wurst usw.;
                     (2) Leberwurst, Blutwurst, Mettwurst, Mortadella usw.
Der Inhalt des Begriffs Wurst ist vielfältiger als der des Begriffs Nahrungsmittel,

weil eine größere Anzahl kritischer Attribute genannt werden. Aus diesem
Grunde ist der Umfang des Begriffs Wurst kleiner als der des Begriffs Nahrungsmittel.

Diese Tatsache wird im Zusammenhang mit den Begriffshierarchien
noch genauer erklärt.

Für jede Kategorie sind für die kritischen Attribute *Akzeptierungsgrenzen*
festgelegt.
Beispiel:

Das »Gesetz zur Wiederherstellung des Berufsbeamtentums« aus dem Jahre 1933
sollte u. a. die Gelegenheit bieten, Beamte nichtarischer Abstammung zwangs-
weise in den Ruhestand zu versetzen. »Als nichtarisch gilt, wer von nichtari-
schen, insbesondere jüdischen Eltern und Großeltern, abstammt. Es genügt,
wenn ein Eltern- oder Großelternteil nichtarisch ist . . . Dies ist insbesondere dann
anzunehmen, wenn ein Eltern- oder Großelternteil der jüdischen Religion ange-
hört hat . . .«
Diese makabre Präzisierung des kritischen Attributs hat *Himmler* später aufgegeben. In einer »Geheimen Reichssache« erklärte er: ». . . Ich lasse dringend bitten,
daß keine Verordnung über den Begriff ›Jude‹ herauskommt. Mit all den
törichten Festlegungen binden wir uns ja selber nur die Hände . . .« (aus:
Domarus 1965, S. 1844).

Solche Akzeptierungsgrenzen können durch Konventionen (Rechtsver-
ordnungen, allgemein anerkannte Regeln) oder aufgrund subjektiver
Kriterien festgelegt werden.
Beispiele:

– Das kritische Attribut »waagerechte Sitzfläche« der Kategorie Sitzmöbel kann
für Erwachsene eingeschränkt sein auf Gegenstände von einer bestimmten Höhe,
während es für Kinder auch Tischflächen u. ä. einschließen kann.
– Die kritischen Attribute einer schönen Wohnung (Größe, Ausstattung, Lage)
können für verschiedene Personen sehr unterschiedlich definiert sein.

4.3.3 Die Struktur der Eigenschaftsbegriffe

Die bisher aufgeführten Beispiel waren meist so ausgewählt, daß jeweils
nur *ein* Merkmal Grundlage der Kategorisierung war. Zahlreiche Kategorien zeichnen sich aber dadurch aus, daß mehrere Eigenschaften eine
Rolle spielen. Die Kenntnis dieser kritischen (relevanten) Attribute reicht
aber noch nicht aus, einen Begriff zu bilden. Es gilt zu erkennen, wie

diese Attribute kombiniert sind, z. B. ob zwei Merkmale zusammen vorkommen oder ob sie sich gegenseitig ausschließen.
Beispiel:

Ein Student hat einen bestimmten Begriff von »Aggression« erworben, wenn er eine größere Anzahl aggressiver Akte nennen kann (die Kategorie gebildet hat). Dies kann er dann tun, wenn er die beiden kritischen Attribute »jemandem Schaden zufügen« *und* »dies mit Absicht tun« erfaßt hat. Auf diese Weise hat er »Aggression« als Begriff mit zwei kritischen Attributen gelernt.

Haygood/Bourne (1965) haben fünf solcher *Kombinationsregeln* aufgestellt:
(1) Affirmation
    Nur ein kritisches Attribut ist vorhanden.
    Beispiel: Sitzmöbel (Sitzfläche);
(2) Konjunktion
    Zwei oder mehr Attribute sind vorhanden
    Beispiel: Negerin (Rasse und Geschlecht);
(3) Inklusive Disjunktion
    Entweder das eine oder das andere Attribut oder beide
    Beispiel: Niederschlag (Regen oder Schnee oder beides);
(4) Kondition
    Das eine Attribut schließt ein anderes mit ein
    Beispiel: Wahlberechtigung bedeutet auch, daß eine Person älter als 18 Jahre ist;
(5) Exklusive Disjunktion
    Entweder das eine oder das andere Attribut, aber nicht beide
    Beispiel: Geschlecht (männlich oder weiblich).
Eine ähnliche Einteilung haben *Bruner/Goodnow/Austin* (1956) entwickelt. Sie führen neben konjunktiven und den beiden Formen von disjunktiven noch relationale Begriffe (z. B. groß – klein; Extraversion – Introversion) auf.
Wenn wir die Kondition als Sonderfall einer Konjunktion auffassen, können wir demnach vier grundlegende Klassifikations- oder Kombinationsregeln unterscheiden:
– affirmative Begriffe
– konjunktive Begriffe
– disjunktive Begriffe
– relationale Begriffe.

Solche Begriffe werden wegen der ausgesagten formalen Beziehungen auch *logische Begriffe* genannt.

Die Erfassung dieser logischen *Struktur des Begriffs* (die Kombination der kritischen Attribute) ist bei den Eigenschaftsbegriffen der wesentliche Punkt der Begriffsbildung. Eine Sache hat man dann begriffen, wenn man die Struktur der gemeinsamen Merkmale der Kategorie erkannt hat (Beispiel: Abb. 56).

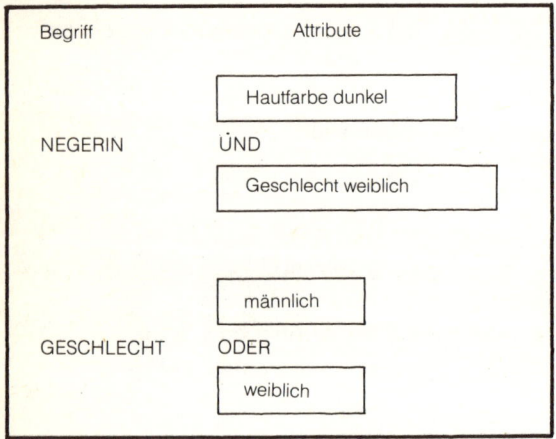

Abb. 56: Konjunktiver und disjunktiver Begriff

Ob jemand über einen Begriff verfügt, kann man demnach auf zweierlei Art prüfen. Man läßt ihn eine Reihe von Objekten aufzählen, die zur Kategorie gehören, oder man läßt ihn die kritischen Attribute und ihre gegenseitige Beziehung nennen.
Beispiel:

Der Lehrer will überprüfen, ob ein Schüler den Begriff »Quadrat« erworben hat.
Der Schüler kann entweder im Klassenzimmer eine Reihe von Quadraten zeigen (ohne daß er dabei versehentlich ein Rechteck oder Parallelogramm einschließt) oder er kann das Quadrat als Viereck mit den Merkmalen »vier gleiche Seiten« *und* »vier gleiche Winkel« kennzeichnen.

Welchen Nutzen ziehen nun Lehrer aus solchen Grundkenntnissen über Begriffsbildung? Die Antwort ist eigentlich sehr einfach. Nur wer selbst über klare Begriffe verfügt, ist in der Lage, diese den Schülern zu vermitteln.

Ziel dieses Kapitels ist es nicht, eine psychologische Fachsprache zu vermitteln, sondern einen Personenkreis, der von Berufs wegen alltäglich mit Begriffsbildung befaßt ist, für einige zentrale Probleme zu sensibilisieren.

Beispiel:

Entgegen der verbreiteten Annahme, daß Vögel in erster Linie durch Flugfähigkeit ausgezeichnet seien, sind aus zoologischer Sicht folgende kritische Attribute zu nennen:

»– eierlegend
– Warmblüter (durchschnittlich 42 Grad)
– Vorderglieder zu Flügeln umgebildet (die teils wieder zurückgebildet sind)
– Haut von Federn bedeckt, die auch den größten Teil der Flügel bilden
– Knochen hart und leicht, ohne Mark, dafür ›Luftsäcke‹ (Ausnahme Kolibris)
– Augen und Ohren hochentwickelt
– Verdauungssystem häufig mit Kropf (in dem Drüsensäfte für Erweichung der Nahrung sorgen) und Vormagen ausgestattet
– erst im Muskelmagen wird die Nahrung zerkleinert – häufig mit Hilfe mitgefressener Steine
– größere Speisereste (Knochen, Haare) werden oft als ›Gewölle‹ durch den Schnabel ausgestoßen« (aus *Höhne* 1977, S. 36).

»Vögel« ist also in der Schule nicht als affirmativer, sondern als konjunktiver Begriff zu lernen, bei dem notwendige von wahrscheinlichen Merkmalen zu unterscheiden sind.

Bei dem Versuch, Eigenschaftsbegriffe einer der vier Hauptkategorien (affirmative, konjunktive, disjunktive, relationale Begriffe) zuzuordnen, wird der Leser häufig auf Schwierigkeiten stoßen. Dies hängt nicht nur damit zusammen, daß einzelne Begriffe *notwendige* und *wahrscheinliche* Merkmale aufweisen, sondern kann auch in der Komplexität der logischen Struktur begründet sein.

Beispiel:

Im Rahmen einer Prüfung wird neben einer mündlichen auch eine schriftliche Leistung gefordert. Diese kann entweder in Form einer Klausur oder als Ausarbeitung eines bestimmten Themas erbracht werden.

Der Begriff »Prüfung« weist in diesem Fall eine konjunktiv-disjunktive Struktur auf.

```
┌─────────────────────────────────────────────────────────────┐
│                                                               │
│             ┌─────────────────────────────┐                   │
│             │     mündliche Prüfung        │                   │
│             └─────────────────────────────┘    ┌────────────┐ │
│  Prüfung        UND                            │  Klausur    │ │
│             ┌─────────────────────────────┐    └────────────┘ │
│             │    schriftliche Prüfung      │     ODER          │
│             └─────────────────────────────┘    ┌────────────┐ │
│                                                │ Ausarbeitung│ │
│                                                └────────────┘ │
└─────────────────────────────────────────────────────────────┘
```

Abb. 57: Komplexität der logischen Struktur

4.3.4 Was ist ein Konstrukt?

In der psychologischen Theoriebildung und Methodenlehre gibt es die
Begriffe deskriptives und explikatives Konstrukt.

Deskriptive Konstrukte dienen der *Beschreibung* empirischer Sachverhalte. Es handelt sich um Kategorien, in die konkretes Verhalten eingeordnet werden kann. Beispielsweise können einzelne Erziehungsmaßnahmen als Lohn oder Strafe kategorisiert werden.

Explikative Konstrukte dienen der *Erklärung* der beobachteten Sachverhalte. Sie unterstellen eine Abhängigkeit zwischen zwei oder mehreren
Ereignissen. Beispielsweise können Leistungsunterschiede zwischen
Schülern durch unterschiedliche Intelligenz oder unterschiedlichen Fleiß
erklärt werden.

Konstrukt ist eine Bezeichnung, die darauf hinweist, daß der Forscher
solche Begriffe sozusagen erfindet, konstruiert, um einerseits empirische
Sachverhalte angemessen zu beschreiben, und um andererseits theoretische Interpretationen anbieten zu können. Die explikativen Konstrukte
werden auch hypothetische Konstrukte genannt, da sie Hypothesen oder
Vermutungen darstellen, die im Laufe weiterer empirischer Untersuchungen überprüft werden können.

Die deskriptiven Konstrukte haben wir bereits unter der Bezeichnung
Eigenschaftsbegriffe oder Äquivalenzkategorien kennengelernt. Die
explikativen Konstrukte werden jetzt unter der Bezeichnung *Erklärungsbegriffe* noch etwas genauer behandelt.

4.3.5 Die Erklärungsbegriffe

Als kritisches Attribut der Eigenschaftsbegriffe haben wir die Kategorisierung (oder Klassifikation) von Gegenständen und Vorgängen kennengelernt.

Erklärungsbegriffe beinhalten, wie der Name sagt, eine Erklärung. Erklärungen sind Annahmen, die sich auf eine *Theorie* im weitesten Sinne des Wortes beziehen.

Beispiel:

Wir unterscheiden eine partielle und eine totale Mondfinsternis. Betrachtet man nur das kritische Attribut, daß der Mond teilweise oder vollständig im Schatten liegt, dann haben wir es mit einem Eigenschaftsbegriff zu tun.

Ziehen wir jedoch die naturwissenschaftliche Erklärung heran, daß diese Erscheinung dadurch hervorgerufen wird, daß der Erdschatten auf den Himmelskörper fällt, dann haben wir es mit einem Erklärungsbegriff zu tun (Abb. 58).

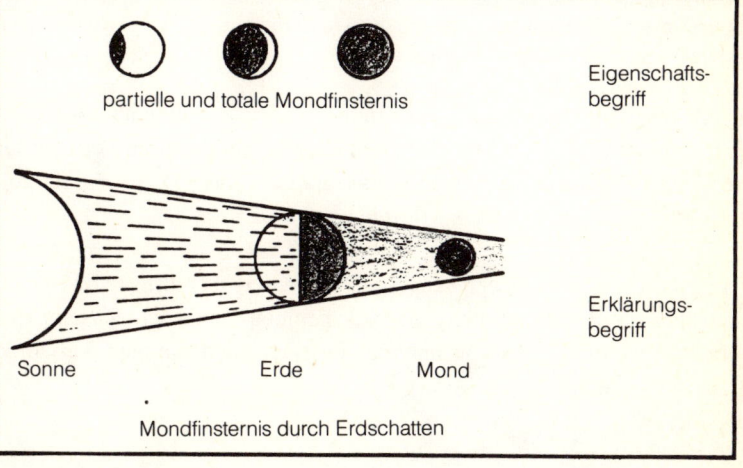

Abb. 58: Mondfinsternis als Eigenschafts- und Erklärungsbegriff

Das Beispiel zeigt, daß Erklärungsbegriffe aus einer Kategorie und zusätzlich einer Erklärung (Theorie) bestehen. Wie bereits gesagt, handelt es sich hierbei um eine Theorie im weitesten Sinne und nicht nur um eine wissenschaftliche Theorie. So könnte etwa ein Naturvolk die Theorie entwickeln, daß eine Mondfinsternis durch böse Dämonen entsteht, die es zu besänftigen gilt.

Weitere Beispiele für Erklärungsbegriffe:

- Schwerkraft wird seit Galilei und Newton als Anziehungskraft von Körpern erklärt (Gravitationsgesetz)
- Tag und Nacht entstehen durch die Drehung der Erde
- Die Gezeiten gehen auf die Anziehungskraft des Mondes zurück
- Ableger ermöglichen die Vermehrung von Pflanzen durch vegetative Fortpflanzung (und nicht durch Samen)
- Beim Verbrennungsmotor wird die Antriebskraft durch Verbrennen eines Gemischs aus einem Brennstoff und Luft in einer Verbrennungskraftmaschine erzeugt.

Bei dem genannten Theoriebezug handelt es sich nicht selten um eine ganz *bestimmte Theorie*.

Beispiel:

Beim Begriff der Aggression konkurrieren zwei grundlegend verschiedene Auffassungen miteinander: Erklärungen von Aggression als angeborener Trieb oder als erlernte Verhaltensweise. Innerhalb der Lerntheorie gibt es noch einmal voneinander abweichende Konzepte.

In solchen Fällen ist es zum Verständnis des Begriffsinhalts nötig, den Begriff möglichst genau zu definieren. Dies geschieht durch Verweis auf die spezielle Theorie bzw. einen repräsentativen Autor (z. B. Aggression im Sinne von *Freud, Lorenz, Bandura, Fürntratt* o. a.).

Erklärungsbegriffe machen Aussagen entweder über die Bedingungen oder über die Auswirkungen einer Erscheinung. In diesem Zusammenhang spricht man auch von abhängigen oder unabhängigen Variablen bzw. Merkmalen.

Beispiel:

- Der Begriff der Intelligenz hat unterschiedliche Bedeutungen, je nachdem, ob angenommen wird, daß diese Leistungsfähigkeit in hohem Maße angeboren ist bzw., daß sie auch durch Lernvorgänge beeinflußt werden kann (Intelligenz als abhängige Variable).
- Bezüglich der Intelligenz gibt es einmal die Auffassung, daß sie wesentlich die Schulleistung bestimmt und zum anderen die Annahme, daß neben der intellektuellen Leistungsfähigkeit Motivation, Vorkenntnisse usw. entscheidende Faktoren darstellen (Intelligenz als unabhängige Variable).

Ganz analog kann der Begriff der Motivation eine Erklärung über die Entstehung dieses Phänomens oder über seine Wirkung beeinhalten (z. B. der positive Aufforderungscharakter regt ein Motiv an und so kommt es zur aktuellen Motivation; als Folge dieser Aktivierung löst eine Person ein bestimmtes Problem).

Beim Beispiel der Mondfinsternis wird diese Erscheinung als abhängig von einer bestimmten Konstellation von Sonne und Erde erklärt.

Zusammenfassend läßt sich sagen: Erklärungsbegriffe erlauben zwar auch die Kategorisierung einer Anzahl von Einzelfällen (z. B. Verbrennungsmotoren, Kausalbeziehungen, Intelligenzleistungen, Fälle von aggressivem Verhalten), das entscheidende Attribut ist aber nicht diese Ordnungsleistung, sondern die Erklärung durch bestimmte theoretische Annahmen.

Einem Begriffsnamen sieht man allerdings nicht unbedingt an, ob es sich um einen Eigenschaftsbegriff oder um einen Erklärungsbegriff handelt. »Erziehungsstil« kann ein Eigenschaftsbegriff sein, der eine bestimmte Art des Umgangs mit Kindern *beschreibt,* oder es kann ein Erklärungsbegriff sein, der elterliche Erziehungsmaßnahmen als Bedingung für spezifische kindliche Verhaltensweisen *erklärt.*

In der wissenschaftlichen Terminologie sind als Folge der Theoriebildung Erklärungsbegriffe sehr häufig. In der Psychologie handelt es sich dabei weniger um gesetzmäßige Ursache-Wirkungszusammenhänge, sondern meist um statistische (regelmäßige) Beziehungen.

Piaget kommt das Verdienst zu, die Entwicklung der Begriffe von Kausalität, Raum, Zeit und Zahl im Laufe der Kindheit und Jugend sehr sorgfältig untersucht zu haben.

4.3.6 Begriffshierarchien

Begriffe stehen nicht isoliert. Wenn wir ein Objekt unserer Umwelt in eine bestimme Kategorie einordnen, werden meist auch Schlußfolgerungen bezüglich benachbarter Kategorien gezogen.

Ein Nahrungsmittel in die Kategorie »eiweißhaltige Nahrungsmittel« einzuordnen, bedeutet gleichzeitig, es abzuheben von anderen Nahrungsmitteln, die mehr Kohlenhydrate oder Fett enthalten. Wird ein Ball als »Sportgerät« kategorisiert, so rückt ihn das in die Nähe anderer Sportge-

räte, wie Kugel, Sprungseil usw. Diese miteinander in Beziehung stehenden Kategorien werden auch als Begriffshierarchie bezeichnet (Abb.
59).

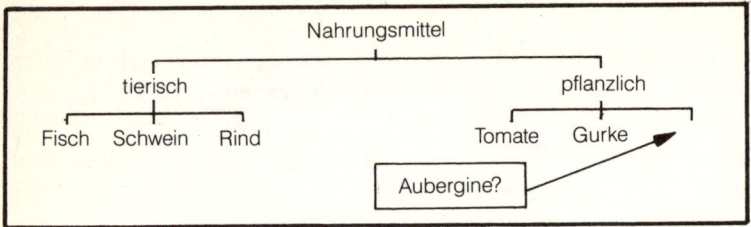

Abb. 59: Vereinfachte Darstellung einer Begriffshierarchie

Daß ein für eine Person bisher unbekanntes Objekt, z. B. die Aubergine,
eßbar ist, wird dadurch verstanden, daß sie wie Tomate, Gurke usw. als
pflanzliches Nahrungsmittel kategorisiert werden kann. Es findet sozusagen im System der Nahrungsmittel eine Platzanweisung statt.

Bei diesem Vorgang werden sowohl die Ähnlichkeit wie auch die
Unterschiede von Objekten und Vorgängen festgehalten. Einen Begriff
bilden, heißt eigentlich immer, ihn gleichzeitig von benachbarten Begriffen zu unterscheiden (multiple Diskrimination), wie auch ihn zu ähnlichen Begriffen in Beziehung zu setzen (Bildung von Oberbegriffen).

Das Charakteristische eines solchen Ordnungssystem ist seine hierarchische Anordnung. Von unten nach oben wird jede neue Kategorie weniger
spezifisch oder mit anderen Worten umfassender. Je geringer der Inhalt
des Begriffs, desto größer sein Umfang, d. h. je weniger kritische
Attribute, desto größer die Anzahl der erfaßten Elemente (Abb. 60).

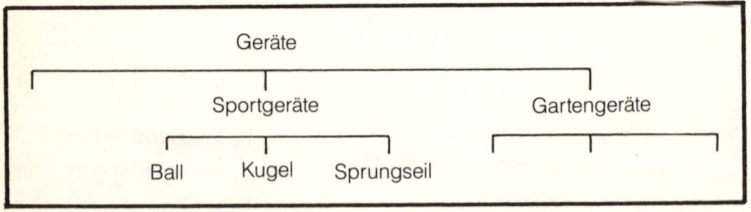

Abb. 60: Ober- und Unterbegriffe

Diese Begriffshierarchien spielen eine wichtige Rolle bei Gedächtnislei-
stungen. Will man etwas Spezifisches erinnern, reicht es meist aus, das

dazugehörige Teilsystem abzurufen, um die Besonderheit des Einzelfalls zu rekonstruieren.

4.3.7 Zusammenfassung

In diesem Abschnitt wurden folgende Begriffe eingeführt:

Eigenschaftsbegriffe = Kategorien = deskriptive Konstrukte
Kategorisierung durch Abstraktion von unwesentlicher Besonderheit und Hervorhebung der kritischen Attribute
4 Grundformen logischer Strukturen von Eigenschaftsbegriffen
  affirmative, konjunktive, disjunktive und relationale Begriffe

Erklärungsbegriffe = explikative Konstrukte
Kategorisierung und Erklärung
Erklärung = Theorie im weitesten Sinne

Begriffshierarchien

4.4 Die Subjektivität der Begriffsbildung

4.4.1 Vorbemerkung

Begriffsbildung ist eine aktive Form der kognitiven Organisation, bei der individuelle Entscheidungen getroffen werden müssen.
Begriffsbildung ist nur scheinbar ein höchst rationaler Vorgang. Bei näherer Betrachtung erkennt man auch subjektive Aspekte. Subjektivität bei der Bildung und beim Gebrauch von Begriffen begegnet uns in Form der relativen Willkürlichkeit und als Ich-Beteiligung bei den sog. Wertbegriffen.
Aus diesem Grund weisen Begriffe in der Regel zwei Komponenten auf: Sie haben eine sachliche (denotative) und eine emotionale (konnotative) Bedeutung.

4.4.2 Begriffsbildung als Entscheidung

Den Prozeß der Begriffsbildung können wir uns als Dreierschritt vorstellen:

- Informationsaufnahme
- Informationsverarbeitung und -speicherung
- Bewertung und ggf. Handeln.

Bei der Wahrnehmung von Reizen (Objekte, Vorgänge) muß eine erste
Entscheidung getroffen werden, nämlich in welche Kategorie diese
Information eingeordnet werden soll bzw. in welcher Weise sie neu
kategorisiert werden kann. Ein Spaziergänger, der zwischen Moos und
Laub einen hellen Fleck entdeckt, kann diesen als Stein oder Pilz
klassifizieren. Durch den Vorgang der Kategorisierung wird der Reizin-
put informationsträchtiger. Die Kategorisierung schafft erst das Verständnis des Signals. Informationsverarbeitung heißt also *aktive Organisation* der Information zu einer *subjektiven kognitiven Struktur.*

Es findet aber noch eine zweite Entscheidung statt. Es muß nämlich
entschieden werden, wie auf diese jetzt kategorisierte Information reagiert werden soll. Wenn ein Pilz als Fliegenpilz identifiziert und somit in
die Kategorie »giftige Pilze« eingeordnet ist, folgt daraus wahrscheinlich
die Entscheidung, diesen Pilz nicht zu sammeln.

Diese beiden Entscheidungen sind auch bei den Erklärungsbegriffen
nachzuweisen. Wenn Schüler im Unterricht nur geringe Aktivitäten
entwickeln, dann könnte der Lehrer folgende »Theorien« entwickeln:
mangelnde Intelligenz; geringe Motivation; Müdigkeit, weil die Schüler
zu lange vor dem Fernsehgerät saßen. Nach der Festlegung auf eine
dieser Erklärungen folgt dann die zweite Entscheidung, nämlich wie
diesem Phänomen eventuell beizukommen sei.

Dieser letzte Punkt, der Zusammenhang zwischen Begriff und Handeln,
wird im 5. Kapitel unter den Stichworten »handlungsleitende Kognitionen« und »subjektive Theorien« noch ausführlicher behandelt.

4.4.3 Die relative Willkürlichkeit der Begriffsbildung

Mit welcher Art von Kategorie wir Objekte und Vorgänge unserer
Umwelt erfassen, hängt davon ab, welche kritischen Attribute wir
festlegen. Dabei kann es vorkommen, daß wir das gleiche Objekt durch
Verwendung verschiedener Klassifikationsregeln unterschiedlichen
Kategorien zuordnen.

Bruner (1966) beschreibt je nach Qualität der kritischen Attribute drei
Formen von Kategorien:

– affektive Kategorien;
– funktionale Kategorien;
– formale Kategorien.

Affektive Kategorien sind dadurch definiert, daß unterschiedliche Objekte oder Vorgänge bei einem Individuum die gleiche emotionale Reaktion auslösen.
Beispiele:

– Ein Blumenstrauß, ein Buch, eine Flasche Whisky können als Geschenke Freude bereiten;
– Sogenannte Rocker und alkoholisierte Fußballfans lösen Angst und Ablehnung aus.

Funktionale Kategorien sind durch die gemeinsame Funktion (Verwendungszweck) definiert.
Beispiele:

– Messer, Gabel, Löffel = Eßbesteck;
– Ball, Kugel, Speer usw. = Sportgeräte.

Formale Kategorien werden durch Konvention (Übereinkunft), nicht selten durch wissenschaftliche Kriterien definiert.
Beispiele:

– Der Wal gehört zur Klasse der Säugetiere;
– Tötung eines Menschen in Friedenszeiten gilt als Verbrechen.

Das gleiche Objekt kann unterschiedlich kategorisiert werden. Ein Apfel kann hübsch aussehen (affektive Kategorie), er ist ein Nahrungsmittel (funktionale Kategorie) und er ist eine Frucht (formale Kategorie).
Die Tatsache, daß ein so neutraler Gegenstand wie ein Apfel nicht nur von verschiedenen Menschen, sondern auch von ein und derselben Person unterschiedlichen Kategorien zugeordnet werden kann, verweist auf die *relative Willkürlichkeit* unserer kognitiven Organisation.
Weitere Beispiele:

– Klatschmohn und Kornrade können entweder als Unkraut oder als hübsche Feldblumen klassifiziert werden.
– Ein Gymnastikball kann mit anderen Bällen als Sportgerät kategorisiert werden oder gehört mit Gummistiefeln und Förderbändern zur Produktionspalette einer Fabrik für Gummiwaren.

– Ein acht Jahre altes Mädchen hat folgende originelle Kategorisierung geliefert: »Im Prinzip sind der Blinddarm und die Mäuse gleich. Der Blinddarm hilft dem Menschen nicht und auch die Mäuse sind nicht nützlich.« Analog zum Begriff »Schädling« ist hier der Begriff »Unnützling« gebildet worden.

4.4.4 Ich-Beteiligung und Wertbegriffe

Die emotionale Beziehung zwischen Person und Sache wird in der Psychologie in einem anderen Zusammenhang auch als Ich-Beteiligung (Ego-Involvement) beschrieben (*Sherif/Hovland* 1961).

Ich-Beteiligung wird meist als ein Phänomen gesehen, das logisches Denken behindert. »Je stärker die Ich-Beteiligung, desto schwerer fällt es dem Denkenden, ein rein sachliches Urteil abzugeben, desto mehr werden eigene Bedürfnisse und Belange im Vordergrund stehen.« »Je ausgeprägter das Ego-Involvement ist, desto weniger realitätsorientiert ist das Denken« (*Oerter* 1971, S. 402/406).

Einen solchermaßen stark emotional gefärbten Bedeutungsgehalt von Begriffen findet man häufig bei dichotomischen Kategorisierungen, d. h. bei Einteilungen in zwei Klassen.

Beispiele:

Sympathische Menschen	– unsympathische Menschen
Farbige	– Weiße
Juden	– Nichtjuden
dumme Schüler	– intelligente Schüler
eigene Gruppe	– fremde Gruppe

Die Ich-Beteiligung kann jedoch nicht nur negativ gesehen werden.

Um Eigenschaftsbegriffe bilden zu können, muß man entweder eine Klassifikationsregel lernen oder selbst bilden.

Dies kann eine weitgehend *sachliche Ordnungsleistung* sein. Ein Musterbeispiel hierfür ist die systematische Ordnung und Benennung der Pflanzen und Tiere durch den schwedischen Naturforscher *Linné* (1707–1778) – Abb. 61.

Menschen klassifizieren ihre Umwelt aber nicht nur mit Hilfe solcher formalen Kategorien, sondern auch durch stärker gefühlsmäßige Bewertungen. »Genau wie bei der neutralen Einordnung von Erscheinungen der Welt handelt es sich hier um ein Ordnen mit dem Ziel der besseren Orientierung. Anders aber als bei neutralen Begriffen erfolgt die Klassifi-

Reich (Regnum): *Tiere* (Regnum animale)
  Stamm (Phylum): *Weichtiere* (Mollusca)
    Klasse (Classis): *Schnecken* (Gastropoda)
      Unterklasse (Subclassis): *Lungenschnecken* (Pulmonata)
        Ordnung (Ordo): *Landlungenschnecken* (Stymommatophora)
          Familie (Familia): *Schnirkelschnecken* (Helicidae)
            Gattung (Genus): } *Weinbergschnecke* { (Helix
              Art (Specis): }   { pomatia)

Abb. 61: Die Weinbergschnecke
(aus: *Heiligmann/Janus/Länge* 1979, S. 164).

zierung der Objekte nach der Bedeutung, die sie für das Individuum besitzen« (*Oerter* 1971, S. 417).

Solche Begriffe mit starker Ich-Beteiligung werden als *Wertbegriffe* bezeichnet. Bei den Wertbegriffen steht nicht deren logische Struktur oder eine Theorie im Vordergrund, sie sind vielmehr gekennzeichnet durch Aspekte, die aus der jeweils persönlichen Erfahrung stammen. Der sachliche Bedeutungsinhalt tritt zugunsten der gefühlsmäßigen Komponente in den Hintergrund.

Beispiele:

– Der Begriff »gesunde Lebensweise« kann als konjunktiver logischer Begriff durch die Attribute ausgewogene Ernährung, körperliche Bewegung, Vermeidung von Rauchen, mäßiger Alkoholgenuß usw. gekennzeichnet werden. Zu einem Wertbegriff wird Gesundheit aber erst, wenn diese Kategorie für eine Person eine besondere Bedeutsamkeit erlangt hat.
– Freiheit kann als Abwesenheit von Zwang definiert werden (logischer Begriff vom Typus relationaler Begriff).
Zu einem Wertbegriff wird Freiheit erst, wenn eine solche Form sozialer Organisation durch ein gefühlsmäßiges Engagement für eine Person besonders relevant wird.

»Wertbegriffe sind im Gegensatz zu sachlich-logischen Begriffen durch persönliches Engagement und affektive Besetzung fixiert. Sie können nicht wie Sachbegriffe beliebig durch Wechseln der Klassifikationsregel geändert werden« (*Oerter* 1971, S. 448).

Während in der Wertphilosophie von der individuellen Erfahrung unabhängige Ideen angenommen werden, sind in diesem Abschnitt Werte unter dem psychologischen Gesichtspunkt der *Werterlebnisse* zu behandeln.

Werte sind die einer Person oder Gruppe eigenen Auffassungen über erstrebens-
werte Einstellungen oder Handlungen. Beispiele für solche Kategorien sind:
Gesundheit, Besitz, Prestige, Hilfsbereitschaft, Weltgewandtheit, Kreativität,
Selbstverwirklichung, Ehre, Freiheit, Friede, Erhaltung unserer Umwelt.
Werte sind jene Erscheinungen, die dem Leben einen *Sinn* verleihen. Im
allgemeinen kann man sagen: Je mehr die individuellen Wertkonzepte mit den
Gruppennormen übereinstimmen, desto stabiler sind sie.
Die individuellen bzw. in einer Gesellschaft oder Gruppe tradierten Werte sind
jedoch nur von relativer Beständigkeit. In persönlichen oder gesellschaftlichen
Krisenzeiten wird die Sinnfrage neu gestellt. Bisher zentrale Werte können zu
relativ unbedeutenden Zielen herabsinken.

Die verschiedenen Wertbegriffe, über die eine Person verfügt, stehen in
einem Zusammenhang. Sie bilden ähnlich den sachlichen Begriffshierarchien eine *Wertestruktur*. Bestimmte Werte besitzen für die individuelle
Lebensplanung und -gestaltung eine besondere Bedeutung. Für den einen
können dies beispielsweise berufliches Fortkommen und Aufstiegsorien-
tierung sein und für den anderen die Erhaltung einer demokratischen
Grundordnung oder soziales Engagement.
Die sachliche Begriffshierarchie und die Werthierarchie stellen keine
völlig getrennten Strukturen dar. Wir können statt dessen von einer
kognitiv-emotionalen Struktur reden, die in diesem Buch Wissens- und
Wertestruktur genannt wird.

4.4.5 Die zwei Komponenten eines Begriffs

Begriffe können demnach unter zwei Aspekten betrachtet werden. Sie
haben eine
– sachliche (denotative) Bedeutung
  logische Struktur der kritischen Attribute bzw. Theorie
– emotionale (konnotative) Bedeutung
  gefühlsmäßige Beziehung einer Person zu dieser Sache.
Beispiel:

Mutter
denotative Bedeutung   – Frau, die mindestens ein Kind
                              geboren hat.
konnotative Bedeutung   – gefühlsmäßige Beziehung zu dieser
                              Frau, bzw. zu Müttern überhaupt.

Dieser konnotative Begriffsinhalt läßt sich nicht nur bei Begriffen wie »Atomenergie« oder »Homosexualität« nachweisen, sondern ist auch bei so scheinbar neutralen Begriffen wie »Limonade« gegeben. So kann etwa für einen männlichen Jugendlichen dieses Erfrischungsgetränk eine ausgesprochen negativ getönte Bedeutung haben, weil es vermeintlich nur für Kinder geeignet ist, während richtige Männer Bier trinken.

Die konnotative Bedeutungskomponente eines Begriffs ist identisch mit dem Aufforderungscharakter einer Sache. Im Kapitel über das assoziative Lernen wurde erklärt, daß diese *emotionale Valenz* häufig erlernt ist. Aus diesem Grunde ist die konnotative Bedeutungskomponente für ein Individuum oder eine Gruppe von Menschen je nach der persönlichen Lebensgeschichte spezifisch ausgeprägt.

Auch wenn sich zwei Personen über die denotative Bedeutung eines Begriffs einig sind, können sie wegen der unterschiedlichen konnotativen Komponenten über deutlich von einander abweichende Begriffe verfügen (z. B. unterschiedlicher Bedeutungsgehalt der Begriffe Kommunist, türkischer Gastarbeiter, Asylant).

4.4.6 Unterschiedliche Begriffsinhalte

Die beschriebene relative Willkürlichkeit und der bei den Wertbegriffen sichtbar gewordene Ich-Bezug sind Belege für die *Subjektivität der Begriffsbildung*.

Dies ist auch der Grund dafür, daß der gleiche Begriffsname nicht nur unterschiedliche konnotative, sondern auch verschiedene denotative Inhalte bezeichnen kann.

Beispiel:

Strafe/Bestrafung
sachlicher Begriffsinhalt:

	Eigenschaftsbegriff	Erklärungsbegriff
Lernpsychologie	Darbietung einer aversiven Konsequenz = affirmat. Begriff	nur Abbau von Verhalten
Pädagogik	Darbietung einer aversiven Konsequenz und pädag. Intention = konjunktiver Begriff	Auf- und Abbau von Verhalten

Emotionaler Begriffsinhalt:
positive bzw. negative Beziehung zu Strafe/Bestrafung

Der Strafbegriff ist in der Lernpsychologie ein affirmativer Begriff mit dem einzigen kritischen Attribut, daß dem Verhalten eine aversive Konsequenz folgt (Eigenschaftsbegriff). Der Vorgang der Bestrafung führt zu einer Verringerung der Auftretenswahrscheinlichkeit des Verhaltens (Erklärungsbegriff).

Der Strafbegriff in der Pädagogik und im Alltag ist ein konjunktiver Begriff mit zwei kritischen Attributen, daß nämlich dem Verhalten eine aversive Konsequenz folgt *und* daß dies mit einer pädagogischen Absicht geschieht (Eigenschaftsbegriff). Der Vorgang der Bestrafung führt entweder zum Aufbau eines erwünschten oder zum Abbau eines unerwünschten Verhaltens (Erklärungsbegriff).

In beiden Fällen kann die Strafe bzw. der Vorgang der Bestrafung positiv oder negativ bewertet werden.

4.4.7 Zusammenfassung

In diesem Abschnitt wurden folgende Begriffe eingeführt:

Begriffsbildung als Entscheidung
zwei Arten von Entscheidungen

Relative Willkürlichkeit der Begriffsbildung
z. B. Drei Formen von Kategorien nach *Bruner*
    affektive Kategorien
    funktionale Kategorien
    formale Kategorien

Ich-Beteiligung und Wertbegriffe
Kategorisierung nach der Bedeutung für ein Individuum
Wertestruktur
Wissens- und Wertestruktur

Zwei Komponenten von Begriffen
    sachliche (denotative) Bedeutung
    emotionale (konnotative) Bedeutung

gleicher Begriffsname – unterschiedliche denotative und konnotative Inhalte

4.5 Begriffe und ihre Entstehung

4.5.1 Vorbemerkung

Zunächst wird analysiert, was denn nun eigentlich ein Begriff ist. Dabei wird noch einmal herausgestellt, daß es auch vorsprachliche Begriffe gibt. Anschließend werden die verschiedenen Definitionsarten vorgestellt.

Bei der Entstehung von Begriffen lassen sich eine induktive und eine deduktive Vorgehensweise unterscheiden. Der Differenzierungsgrad der Begriffsbildung ist auch abhängig von den Angeboten und Anforderungen des kulturellen Milieus, in dem eine Person lebt.

4.5.2 Was ist ein Begriff?

Wir haben zwei Hauptkategorien von Begriffen unterschieden: die Eigenschaftsbegriffe und die Erklärungsbegriffe. Die beiden Formen sollen zunächst noch einmal getrennt voneinander angesprochen werden.

(1) Eigenschaftsbegriffe

Der Begriff »Begriff« wird mit unterschiedlichem Inhalt gebraucht.

In der engeren Bedeutung meint Begriff (im Sinne von Eigenschaftsbegriff) die sprachliche Bezeichnung für das Ergebnis eines Kategorisierungsvorgangs. Begriff bedeutet hier soviel wie Kategorisierung plus Begriffsname. In diesem Verständnis sind Begriffe logische Klassen, die durch Wörter benannt sind.

Im Gegensatz zu dieser umgangssprachlichen Auffassung herrscht im wissenschaftlichen Sprachgebrauch eine erweiterte Bedeutung vor. In der Psychologie sind Kategorie und Begriff praktisch identisch. Das Wort ist nicht der Begriff selbst, sondern das sprachliche Symbol dafür. Das Gemeinsame mehrerer Objekte oder Vorgänge kann mit einem Begriffsnamen benannt werden, muß aber nicht.

Bruner betont, daß es auch Begriffe gibt, die grundsätzlich kein sprachlich-symbolisches Niveau erreichen (Handlungsschemata und schematisierte bildhafte Vorstellungen). In diesem Zusammenhang spricht man von *vorsprachlichen Begriffen.*

Beispiel:

Ein kleines Kind spielt mit Bauklötzen. Es verwendet beim Bauen nur Klötze mit
farbiger Oberfläche, nicht aber solche, die aus naturbelassenem Holz gefertigt
sind. Auch wenn das Kind kein Wort spricht und vielleicht auch die Begriffsbe-
zeichnungen »bunt« oder »farbig« gar nicht kennt, handelt es sich bei diesem
Spiel um die Verwendung eines Begriffs.

Dieser Bildung vorsprachlicher Begriffe kommt im frühen Kindesalter
größte Bedeutung zu. Zur Förderung der kognitiven Entwicklung tragen
neben der Pflege der Phantasie besonders solche logischen Übungen bei.
Das Sammeln und Ordnen verschiedenfarbiger Steine, unterschiedlich
geformter Blätter, glatter und rauher Pelzreste usw. ist als Kategorisierung eine bedeutende intellektuelle Leistung auf dieser Altersstufe.

Wir haben erfahren, daß die ausschlaggebende intellektuelle Leistung bei
der Bildung von Eigenschaftsbegriffen die Kategorisierung ist und nicht
der Erwerb des Begriffsnamens. Nicht selten werden Begriffswörter
erlernt, ohne daß der Begriff wirklich erworben wurde (»inhaltsleere
Begriffe«).
Im Leben des etwas älteren Kindes und des Erwachsenen kommt jedoch
der symbolischen Begriffsbildung sicherlich die größte Bedeutung zu.
Dabei ist das sprachliche Symbol aus mehreren Gründen nicht belanglos,
z. B.:
– Es erleichtert die Kommunikation zwischen verschiedenen Personen
  beträchtlich, beziehungsweise ermöglicht sie erst;
– Komplexeres Wissen, d. h. die Verbindung mehrerer Kategorien,
  wird wesentlich ökonomischer in Form von sprachlicher Kodierung
  erworben.

(2) Erklärungsbegriffe
Erklärungsbegriffe sind solche Begriffe, die zu der Kategorisierung auch
noch eine Erklärung des beschriebenen Sachverhalts anbieten. Erklärungsbegriffe beziehen sich stets auf ein theoretisches Modell.
Auch hier ist der Fall denkbar, daß die Einsicht in einen Bedingungs-
Wirkungszusammenhang eher intuitiv erfaßt wird und nicht unbedingt
sprachlich etikettiert sein muß. Man kann eine Sache begriffen haben,
ohne zu wissen, daß sie »Osmose« oder »Oxydation« genannt wird.
Allerdings dürfte bei den Erklärungsbegriffen das Lernen des Begriffsin-

halts ohne den gleichzeitigen Erwerb des Begriffsnamens eher die Ausnahme sein.

(3) Begriff und Begriffsname
Begriffe sind also entweder *Eigenschaftsbegriffe* (Kategorien) oder *Erklärungsbegriffe* (theoretische Erklärungsmodelle), die in beiden Fällen auch mit einem Begriffsnamen bezeichnet werden können (Abb. 62). Genaugenommen ist diese Definition nicht ganz richtig. Wenn wir von der handlungsmäßigen und bildhaften Repräsentation einmal absehen, können Begriffe nicht nur in sprachlich-symbolischer Form, sondern auch als mathematische Formeln oder physikalisch-chemische Symbole dargestellt werden (z. B. $\sqrt{}$; H_2O).

BEGRIFF

a) Eigenschaftsbegriffe
   1. Auffassung: Kategorie + Begriffsname
   2. Auffassung: logische Struktur der Kategorie
                     (auch vorsprachliche Begriffe)

b) Erklärungsbegriffe
   Kategorisierung + Erklärung durch theoretisches Modell + (meist) Begriffsname

---

Abb. 62: Begriffe

In manchen Lehrbüchern findet man auch die Bezeichnung *Konzept* (engl. concept, concept learning = Begriffsbildung). In dem hier besprochenen Zusammenhang haben Konzept und Begriff die gleiche Bedeutung.

4.5.3 Begriff und Definition

Um in der sprachlichen Kommunikation das Gemeinte klarzustellen, ist es häufig nötig, Begriffe zu definieren. Dies gilt ebenso für die Alltagssprache wie für wissenschaftliche Texte.»Was versteht man unter demokratischen Grundrechten?« und »Was bedeutet Motivation?« sind zwei Beispiele hierfür. Eine Definition ist eine sprachliche Beschreibung der

Kategorie oder des theoretischen Erklärungsmodells. Sie soll sicherstellen, daß zwei Personen, die den gleichen Begriffsnamen verwenden, auch das Gleiche meinen. Letztlich geht es um die *Eindeutigkeit einer Aussage*.

Beispiel:

So ist auch die manchmal von Studenten geäußerte Frage »Müssen wir für die Prüfung Definitionen lernen?« unsinnig. Selbstverständlich ist zu fordern, daß die verwendeten Begriffe entweder mit eigenen Worten oder in Anlehnung an anerkannte Autoritäten definiert, d. h. möglichst genau erläutert werden können.

Man unterscheidet folgende Definitionsformen:

– Realdefinition
– Nominaldefinition
– Operationale Definition.

Eine Beschreibung dieser drei Arten der Definition entnehmen wir aus *Heller/Nickel* (1976, S. 38):

(1) *Realdefinition* (Sacherklärung)
Bestandteile dieser klassischen Form der Begriffsbestimmung sind genus proximum (Angabe der nächsthöheren Gattung = Gattungs- oder Oberbegriff) und differentia specifica (Angabe des artspezifischen Unterschieds). Das klassische Beispiel hierfür lautet:»Homo est animal rationale« (Der Mensch ist ein vernünftiges Lebewesen). Da der Mensch zur Gattung der Lebewesen gehört, ist animal (Lebewesen) das genus proximum; von anderen Lebewesen unterscheidet sich der Mensch durch seine Vernunftsausstattung, weshalb rationale als differentia specifica benannt wird. Ein Beispiel aus der Psychologie wäre etwa: »Leistungsmotivation ist das Bedürfnis nach Leistung, die einem Gütemaßstab entspricht«, dabei ist Bedürfnis der übergeordnete Begriff für verschiedene Formen der Motivation, der durch den Zusatz spezifiziert wird.
Die Realdefinition versucht also eine sog. Wesensbestimmung, wobei alle notwendigen (wesentlichen) Merkmale aufgeführt und überflüssige (unwesentliche) vermieden werden sollen. In den Verhaltenswissenschaften häufiger sind jedoch funktionale Definitionen, bei denen die Funktion das Definitionskriterium darstellt: z. B. »Leistungsmotivation ist die Bereitschaft zur Bewältigung gestellter Aufgaben« oder »Intelligenz ist die Fähigkeit zum Denken«.
(2) *Nominaldefinition* (Worterklärung)
Ihre Aufgabe liegt in der Umschreibung des betreffenden Sachverhalts bzw. zu definierenden Begriffs. Beispiele: »Intelligenz ist Begabung« oder »Zum Bewußtsein gehören Wahrnehmen, Gedächtnis usw.« – Bei der Nominaldefinition werden also unbekannte Begriffe durch andere, als bekannt vorausgesetzte Begriffe ersetzt. Sofern eine Realdefinition unmöglich ist und operationale

Definitionen (siehe unten) nicht erwünscht sind, ist man auf die Nominaldefinition angewiesen . . .

(3) *Operationale Definition* (Erklärung durch Angabe der Operation, d. h. des methodischen Zugangs zum Definitionsgegenstand)

Hierbei wird der Versuch gemacht, Begriffe durch Operationen zu bestimmen. Solche operationalen Definitionen werden in einfacher vorwissenschaftlicher Form häufig von Kindern gebraucht, z. B. »›Gut‹ ist, wenn man mit dem Schwesterchen spielt; ›böse‹ ist, wenn man ihm das Spielzeug fortnimmt« oder »Fleiß ist, wenn man seine Hausaufgaben regelmäßig macht«. Ihr Vorteil liegt vor allem darin, daß so definierte Sachverhalte nicht nur sehr anschaulich beschrieben, sondern auch in der empirischen Untersuchung eindeutig zu identifizieren und somit zuverlässig und gültig zu kontrollieren sind. Beispiele: »Hunger ist der Zustand nach achtstündigem Nahrungsentzug« oder »Intelligenz ist das, was der Intelligenztest mißt« . . .

Die Realdefinition ist uns bereits im Zusammenhang mit den Begriffshierarchien (Ober- und Unterbegriffe) begegnet.

Die Nominaldefinition ist den beiden anderen Formen deutlich unterlegen, wird jedoch in der Alltagssprache häufig angewandt.

Die operationale Definition genießt völlig zu Unrecht wenig Ansehen. In den empirischen Wissenschaften ist sie die vorherrschende Definitionsform. Optimal wird ein Begriff hierbei durch die experimentelle Anordnung definiert, die das Phänomen hervorruft.

Abb. 63: Experimentierbox nach Skinner
(a) elektr. Rost, (b) Lautsprecher, (c) Plattform
(verändert aus: Lefrancois 1976, S. 63)

Beispiel:

Flucht- und Vermeidungslernen (siehe das Kapitel über Instrumentelles Lernen).
Eine Experimentierbox ist mit einer elektrifizierten Bodenplatte und einer 20 cm darüber angeordneten Plattform ausgestattet. Das Versuchstier, eine Ratte, wird Elektroschocks ausgesetzt. Eine sehr kurze Zeitspanne nach Einschalten des Stroms springt das Tier auf die Plattform. Gibt man kurz vor dem Elektroschock einen Signalton, dann wird das Tier bald bereits bei Darbietung des Warnsignals auf die Plattform springen (Abb. 63).

Die Begriffe »Fluchtlernen« und »Vermeidungslernen« können nun definiert werden durch die Operationen dieser experimentellen Prozedur.

4.5.4 Wie entstehen Begriffe?

Bei der Analyse der Bildung von Eigenschaftsbegriffen sind zwei verschiedene Auffassungen möglich:
– das Überlagerungsmodell
– das Modell der Hypothesenprüfung.
Bereits am Ende des 19. Jahrhunderts experimentierte der Engländer *Galton* mit der Mehrfachphotographie. Er projizierte mehrere Portraitphotos übereinander (Überlagerung) und gewann so synthetische Portraits, etwa einer Familie. Man kann sich vorstellen, daß auch bei der Begriffsbildung die kritischen Attribute einer Klasse von Objekten in ähnlicher Weise hervortreten, während die irrelevanten Merkmale unbeachtet bleiben.
Im Gegensatz hierzu hat der schon mehrfach genannte *Bruner* mit seinen Mitarbeitern Strategien der Begriffsbildung unter dem zweiten Aspekt untersucht. Strategien können hier aufgefaßt werden als eine Kette von Hypothesen, die man aufstellt und hinterher testet. Das Individuum bildet selbst den Begriff und überprüft eine Reihe von Objekten, ob sie zum Begriff gehören.
Beispiel:

Überlagerungsmodell: Der Lehrer bringt verschiedene blühende Pflanzen mit in den Unterricht, um den Aufbau der Blüte zu erläutern.
Hypothesenprüfung: Das Lösungswort bei einem Ratespiel (z. B. Beruferaten) wird gefunden, indem immer speziellere Vermutungen (Hypothesen) auf ihre Richtigkeit überprüft werden.

Diese beiden Erklärungen der Begriffsbildung entsprechen zwei Schluß-formen der Logik. Unter *Induktion* versteht man die Hinführung vom Einzelnen zum Allgemeinen und unter *Deduktion* die Ableitung des Besonderen aus dem Allgemeinen. »Sowohl induktive, aus Einzelfällen die allgemeine Struktur entwickelnde, als auch deduktive, die allgemeine Struktur in Einzelfällen aufsuchende Denkbewegungen sind in die Begriffsbildung verwickelt« (Huber 1970, S. 18).

Beispiel:

induktives Vorgehen: Gewinn von Begriffen wie Lohn und Strafe durch Analyse einzelner Unterrichts- und Erziehungssituationen;
deduktives Vorgehen: Durch Anwendung der Begriffe Lohn und Strafe werden Verhaltensweisen in Unterricht und Erziehung aufgefunden, die zu diesen Kategorien zu zählen sind.

Induktion und Deduktion lassen sich auch bei der Bildung von Erklä-rungsbegriffen nachweisen. Der induktive Schluß leitet aus der Beobach-tung von Einzelfällen ein allgemeines Gesetz ab und beim deduktiven Verfahren werden umgekehrt aus einem allgemeinen Gesetz spezielle Aussagen gewonnen.

Beispiel:

Kontingenz von instrumentellem Verhalten und nachfolgende Konsequenz.
Induktion: Beobachtung, daß die Konsequenzen über die Auftretenswahrschein-lichkeit eines Verhaltens entscheiden.
Deduktion: Untersuchung des Sonderfalles der negativen Verstärkung (Ver-schwinden einer aversiven Konsequenz).

Begriffsbildung ist häufig kein völliges *Neulernen,* sondern *Umlernen* bereits vorhandener Begriffe. Auch beim induktiven Verlauf ist der Vorgang der Begriffsbildung selten als *passiver* Prozeß der Entstehung einer neuen kognitiven Struktur aufzufassen. Individuen verfügen in aller Regel bereits über ein einschlägiges Begriffsinventar. Ankommende Informationen werden in schon bestehende Kategorien eingeordnet und verändern auf diese Weise die alten Strukturen. Begriffsbildung ist ein *aktiver* Vorgang. Begriffe sind nicht nur eine abstrahierte Abbildung der Realität, Begriffe sind Strukturen *unseres* Denkens. Dies ist auch der Grund für die oft beobachtete Willkürlichkeit und Subjektivität der Begriffsbildung.

4.5.5 Kulturelle Faktoren der Begriffsbildung

Wir haben erfahren, daß das begriffliche Denken in die Persönlichkeit eingebettet und nicht von emotionalen und motivationalen Prozessen losgelöst ist. Jetzt sollen noch der Einfluß der Kultur und des sozialen Milieus auf die Begriffsentwicklung betrachtet werden.

Die Theorie der kognitiven Entwicklung von *Bruner* (1971) enthält zwei prinzipielle Annahmen über das Wesen des Wissens: Einerseits verfügen Menschen über *universelle,* angeborene kognitive Verarbeitungsmuster (z. B. die drei Stufen der Repräsentation), andererseits wird die Form der Informationsverarbeitung wesentlich durch Lernprozesse in einem *kulturellen Milieu* beeinflußt. Die Menschen eines bestimmten Kulturkreises haben während eines längeren Zeitraums Denkformen, Sprache, Wertsysteme als Ergebnis einer bestimmten Art der Weltbewältigung entwickelt. Individuen übernehmen diese kognitiven Modelle und passen sie den jeweiligen Gegebenheiten an. Das Angebot verschiedener Kulturen an kognitiven Modellen variiert beträchtlich. Es ist ein außerordentlicher Unterschied, ob ein Kind in eine steinzeitliche Primitivkultur in Australien geboren wird oder in eine hochtechnisierte westliche Zivilisation. Dabei sind die Anforderungen in einer Kultur an ihre einzelnen Angehörigen nicht gleich. Es gibt, was die kognitiven Lernmöglichkeiten angeht, sozusagen Privilegierte und Menschen, die kaum Chancen haben, die kulturellen Möglichkeiten zu nutzen. Besonders im Kindes- und Jugendalter spielen der zunehmende Ausbau der symbolischen Repräsentation und die Differenzierung der Sprache eine große Rolle. Schulbesuch darf als der mächtigste Faktor bei der Förderung der Begriffsbildung angesehen werden.

Bruner nennt diese Auffassung *instrumentellen Konzeptualismus.* Die Bezeichnung »instrumentell« hebt den Verwendungszweck von Konzepten (Begriffen) hervor. Bei Menschen, die in ihrem Privat- und Berufsleben nur in geringem Maße solchen intellektuellen Anforderungen und Angeboten ausgesetzt sind, kann es deshalb relativ früh zu einem Stillstand der kognitiven Entwicklung kommen.

4.5.6 Zusammenfassung

In diesem Abschnitt wurden folgende Begriffe eingeführt:

2 Auffassungen von Eigenschaftsbegriff
Kategorie und Begriffsname
logische Struktur der Kategorie
auch vorsprachliche Begriffe

Erklärungsbegriff
Kategorisierung und Erklärung durch theoretisches Modell und
(meist) Begriffsname

Bedeutung der Förderung vorsprachlicher Begriffsbildung

3 Formen von Definitionen
Realdefinition
Nominaldefinition
Operationale Definition

Induktion
Deduktion

Umlernen bereits vorhandener Begriffe

instrumenteller Konzeptualismus *(Bruner)*

4.6 Wissenserwerb als Regellernen

4.6.1 Vorbemerkung

Zunächst werden Regeln als Ketten von Begriffen beschrieben. Regellernen ist streng vom Lernen sprachlicher Ketten, dem Auswendiglernen, zu unterscheiden. Das Wissen ist in Regelhierarchien organisiert. Abschließend wird der Begriff der Lernstruktur vorgestellt.

4.6.2 Regeln als Begriffsketten

Statt von Wissenserwerb spricht man auch von Erwerb von *Regeln*. Darunter versteht man nicht nur Merksätze (Durch einen Bruch wird dividiert, indem man . . .), sondern Aussagen in jeder Form (Der Bleistift ist gelb).
Regeln sind *Begriffsketten*. Oder mit anderen Worten: Wissen besteht aus der *Kombination von Begriffen*.
Gagné (1969, S. 117) schreibt:

»*Regeln* sind Ketten von Begriffen und machen das aus, was im allgemeinen *Wissen* genannt wird. Sie stellen die Beziehungen zwischen Begriffen in all der Vielfalt dar, die diese Beziehungen annehmen können. Sie reichen von der einfachsten Art ›empirischer‹ Regeln, wie ›die Sonne geht im Westen unter‹, bis zur Festlegung theoretischer Beziehungen von der Form ›$K = mb$ oder $E = mc^2$‹«.

Hierbei lassen sich unterschiedliche Grade von Komplexität unterscheiden.

»Da Regeln Begriffsketten sind, variieren sie natürlich in ihrer Länge. Eine einfache Regel wie *Vögel fliegen* kann erweitert werden zu *Vögel fliegen im Winter nach Süden*, was vier Begriffe statt zweier enthält. Definitionen, die eine bestimmte Art von Regeln darstellen, können manchmal ziemlich lang sein, wie die folgenden Beispiele zeigen: (1) Vergessen ist ein Leistungsabfall von dem Niveau, das unmittelbar nach dem entsprechenden Lernvorgang erreicht war und das nach einer Zeitspanne, während der keine Übung stattgefunden hat, auftritt; (2) Masse ist jenes Merkmal eines Objektes, das die Beschleunigung bestimmt, die diesem Objekt durch die Wirkung einer gegebenen Kraft mitgeteilt wird« (*Gagné* 1969, S. 120).

Jüngere Kinder sind nur in der Lage relativ einfache Regeln zu lernen, weil sie lediglich über eine geringe Anzahl von Begriffen verfügen und außerdem auch die Struktur umfangreicher Regeln noch nicht erfassen können.
In der Schule werden komplexe Regeln meist am Ende einer Unterrichtssequenz gelernt. Damit die Schüler sie verstehen, ist es normalerweise erforderlich, den Wissensstoff zunächst in kleinere Einheiten zu zerlegen. Ganz ähnlich ergeht es dem Leser eines wissenschaftlichen Buches.

4.6.3 Wie werden Regeln gelernt?

Wählen wir ein anschauliches Beispiel aus *Gagné* (1969, S. 118): Es geht um die Regel: »Runde Dinge rollen«. Wann darf man annehmen, daß ein Kind die Regel »Runde Dinge rollen« gelernt hat?

»Es scheint auf der Hand zu liegen, daß das Kind bereits die Begriffe *runde Dinge* und *rollen* verstehen muß, wenn die Regel gelernt werden soll. Wenn es sich den Begriff *rund* noch nicht angeeignet hat, dann kann es beim Lernen einer engeren Regel landen, wie ›Bälle rollen‹, und daher nicht in der Lage sein zu zeigen, daß ein Markstück oder eine Untertasse rollen kann. Entsprechend muß es also, wenn es diese Regel in ihrem vollen Sinne lernen soll, den Begriff *rund* in seinem vollen Sinne kennen, wie er auf eine Vielfalt von Objekten einschließlich runder Scheiben, Zylinder und sphärischer Objekte, zum Beispiel Bälle, zutrifft. Ähnlich sollte das Kind im voraus den Begriff des Ereignisses *Rollen* erworben haben. Dieser muß natürlich (durch multiples Diskriminationslernen) von solchen Vorgängen wie *Gleiten* oder *Taumeln* unterschieden werden. Ein Begriff wie dieser kann beträchtlich schwerer zu erlernen sein als *rund*, da die Reizvorgänge des Rotierens um eine Achse vielleicht nicht so leicht von anderen Vorgängen, die Bewegung von Körpern implizieren, zu diskriminieren sind. Es gilt aber wiederum, daß das Kind, wenn ihm die Aufgabe gestellt ist, die Regel – und nicht nur eine Teilregel – zu lernen, den Begriff *Rollen* sich angeeignet haben muß.«

Wenn diese Voraussetzungen erfüllt sind, dann braucht man eine Reihe von Objekten, mit denen aufgrund verbaler Anweisungen agiert werden kann. Die Lernsituation wäre vielleicht folgendermaßen zu organisieren:

»Die Reizobjekte können etwa aus einer Reihe unbekannter Bausteine – einige davon rund, andere nicht – und einer schiefen Ebene bestehen. Die Anweisungen könnten etwa lauten: ›Ich möchte, daß du mir sagst, welche Arten von Dingen rollen? . . . Du weißt doch, was *rollen* bedeutet. (Versuchsleiter demonstriert mit einem runden Objekt) . . . Ein Paar von diesen Dingen sind *rund*. Kannst du sie mir zeigen? . . . (Kind agiert) Rollen alle *runden* Dinge? (Kind bejaht) . . . Zeig es mir! . . . (Kind reagiert, indem es zwei oder drei runde Dinge rollt) . . . Gut! . . . Welche Art von Dingen rollen? (Kind antwortet: ›runde Dinge rollen‹) . . . Richtig!‹ Wenn diese Übung beendet ist, darf man vernünftigerweise schließen, daß die Regel erlernt ist. Um diese Annahme jedoch nachzuprüfen, kann man einen unterschiedlichen, neuartigen Satz von Bausteinen darbieten und das Kind auffordern, die Frage: Welche von diesen rollen? zu beantworten« (*Gagné* 1969, S. 118).

Diese Art der Gestaltung der Lernsituation erscheint auf den ersten Blick außerordentlich aufwendig. Warum kann die Instruktion nicht einfach lauten: »Wir wollen uns merken, daß runde Dinge rollen«? Der Hauptgrund ist der, daß das Kind nicht eine *verbale Kette* lernen soll. Es ist relativ einfach, diese kurze Wortreihe auswendig zu lernen. Es geht aber hier um das Lernen einer *Regel,* d. h. um das Erkennen der Beziehung zwischen den Begriffen. »Folgerichtig muß das Kind aufgefordert werden, abschließende Reaktionen auszubilden, die nur möglich sind, wenn es tatsächlich die beiden Begriffe *rund* und *rollen* zusammenbringen kann. Die Regel kennen heißt, fähig sein zu demonstrieren, daß runde Dinge rollen, und nicht nur fähig sein, diese Worte auszusprechen« (*Gagné* 1969, S. 119).

Dies ist eine sehr verhaltenstheoretische Auffassung von Regellernen. Ein Lerner kann selbstverständlich auch mit Worten den Inhalt der verwendeten Begriffe und ihren Zusammenhang erklären.

Den gleichen Sachverhalt haben wir beim Begriffslernen hervorgehoben. Auch dort ist es einfach, den Begriffsnamen zu erlernen. Begriffe kennen heißt aber, ihren Inhalt (logische Struktur oder theoretisches Modell) darlegen können oder sie adäquat verwenden. Die Voraussetzung des Regellernens besteht darin, daß der Inhalt aller verwendeten Begriffe bekannt ist. Zusätzlich muß dann noch die Beziehung der Begriffe untereinander erfaßt werden.

In diesem Sinne ist das Lernen einer sprachlichen Kette, das Auswendiglernen einer Reihe von Begriffsnamen, noch kein Wissenserwerb. Beispiel:

Ein Student nennt in einer Prüfung eine Regel und ist nicht in der Lage, ein konkretes Beispiel zu geben. Auf Nachfrage wird man meist feststellen, daß nicht alle Begriffe, die diese Regel enthält, klar erfaßt sind und somit mehr oder minder auf assoziativem Wege und ohne Einsicht in die ausgesagten Beziehungen gelernt wurde.

Regellernen bei älteren Kindern und Erwachsenen findet normalerweise nicht auf die umständliche Weise wie in dem Beispiel »Runde Dinge rollen« statt. Regellernen erfolgt meist durch *verbale Unterweisung.*

»Beispielsweise stößt ein Student der Biologie auf die Regel *Insekten machen eine Metamorphose* durch. Es liegt auch in diesem Falle auf der Hand, daß der Erwachsene, wenn er diese Regel lernen soll, über den Begriff *Insekt,* wohl unterschieden von anderen Klassen von Tieren, verfügen und den Ereignisbegriff

Metamorphose durchlaufen gelernt haben muß, der von anderen Arten von Entwicklungsveränderungen zu unterscheiden ist« (*Gagné* 1969, S. 119).

Diese Regel kann, wie gesagt, erlernt werden, wenn während der Präsentation dieses Satzes die darin enthaltenen Begriffe erinnert werden können. Allerdings ist auch bei Erwachsenen nicht selten die Gefahr gegeben, daß nicht die Regel, sondern eine sprachliche Kette gelernt wird. Im vorliegenden Fall wäre es wahrscheinlich vorteilhafter, den Eigenschaftsbegriff »Insekt« durch die Abbildung eines oder mehrerer Fälle (Maikäfer, Kohlweißling) zu veranschaulichen und den Erklärungsbegriff »Metamorphose« durch eine Schemazeichnung der verschiedenen Stadien zu erklären.

Erwachsene, so auch der Leser dieses Buches, lernen Regeln häufig durch sprachliche Formulierungen in Texten oder Vorträgen. Um wirklich den Erwerb von Wissen zu ermöglichen, ergreifen Autoren eine Reihe von Maßnahmen:
– Da Begriffsnamen nicht immer einheitlich gebraucht werden, ist es häufig notwendig, die Begriffe zu definieren.
– Durch Beispiele versucht man, einzelne Objekte oder Ereignisse vorzustellen, um auf diese Weise den ganzen Begriff (Kategorie bzw. das theoretische Modell) in Erinnerung zu rufen.
– Durch einen redundanten Sprachgebrauch (durch Wiederholungen mit anderen Worten) versucht man, die Gefahr des Lernens sprachlicher Ketten zu vermindern.
– Ob eine Regel wirklich gelernt ist, kann man dadurch prüfen, ob sie sinngemäß angewandt werden kann. Dazu kann man Tests oder weniger stark strukturierte Aufgaben konstruieren, wie dies etwa im Arbeitsteil zu jedem Kapitel geschieht.

4.6.4 Regelhierarchien

So wie Begriffe in einer Begriffshierarchie miteinander in Verbindung stehen, können auch einzelne Regeln in eine *Regelhierarchie* eingeordnet werden.

»Obwohl es nicht sinnlos ist, das Erlernen einer einzelnen Regel zu erörtern, werden doch die meisten Regeln, ausgenommen vielleicht beim Kleinkind – nicht isoliert erworben. Vielmehr lernt der Schüler oder Erwachsene typischerweise aufeinander bezogene Serien von Regeln, die zu einem größeren Sachbereich gehören. Man lernt *organisiertes Wissen*. Die einzelnen Regeln solchen Wissens können aufweisbare Beziehungen *logischer* Art untereinander haben. In *psychologischem* Sinne sind sie ebenfalls aufeinander bezogen, soweit das Erlernen einiger Regeln Voraussetzung für das Erlernen anderer ist, so wie Begriffe Voraussetzungen für das Lernen von Regeln sind« (*Gagné* 1969, S. 123).

»Die psychologische Organisation des Wissens kann als eine *Hierarchie von Regeln* dargestellt werden. Wie oben schon ausgeführt, können zwei oder mehrere Begriffe die Voraussetzungen für das Erlernen einer einzelnen Regel (und in diesem Sinne dieser Regel untergeordnet) sein. Ähnlich können zwei oder mehr Regeln als Voraussetzungen einer übergeordneten Regel auftreten. Ist diese gelernt, kann sie sich mit einer weiteren Regel verbinden, um den Erwerb einer Regel auf noch höherer Ebene zu unterstützen usw. Der gesamte in dieser Weise organisierte Satz von Regeln läßt sich als *Struktur des organisierten Wissens* in einem Sachbereich bezeichnen« (*Gagné* 1969, S. 125).

Beispiel:

Die genannten *logischen Beziehungen* der Regeln in diesem Beispiel sind darin zu sehen, daß einerseits die Begriffe des assoziativen und des instrumentellen Lernens unterschiedliche Erklärungsmodelle beinhalten und andererseits das gemeinsame Merkmal der Außensteuerung aufweisen.

Die *psychologische Beziehung* besteht darin, daß die allgemeinere Regel über die Außensteuerung des Verhaltens erst gelernt werden kann, wenn vorher die spezielleren Regeln über die Besonderheiten der beiden Lernformen erworben sind.

Zusammenfassend läßt sich sagen: Die verschiedenen *Begriffs-* und *Regelhierarchien* über die eine Person verfügt, bilden den Inhalt der *Wissens- und Wertestruktur*.

Ein komplexeres Beispiel für eine Regelhierarchie zeigt Abb. 64.

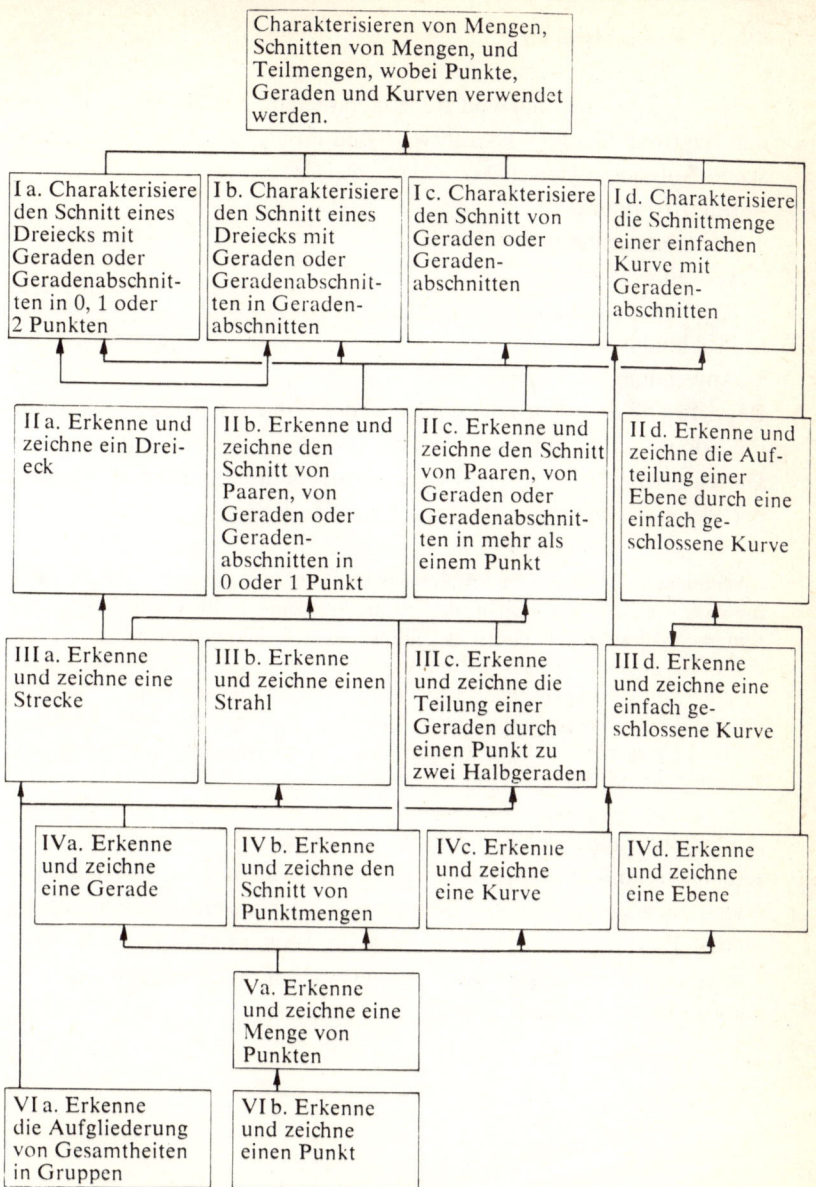

Abb. 64: Eine Hierarchie von Regeln (Definitionen), die innerhalb eines Themas aus der nichtmetrischen Elementargeometrie zu lernen sind. Der zu lernende Gegenstand ist im obersten Kasten angezeigt (R. M. *Gagné* und O. C. *Bassler,* 1963). Aus *Gagné* 1969, S. 124).

4.6.5 Die Lernstruktur

Gagné spricht nicht nur von Regelhierarchien, sondern stellt sich vor,
daß Begriffsbildung, Wissenserwerb und Problemlösen einen hierarchi-
schen Aufbau aufweisen:
– Begriffsbildung
  Kategorisierung bzw. Theorie
– Wissenserwerb
  Regeln sind Ketten von Begriffen
– Problemlösen
  Anwendung von Regeln.
Begriffe sind so gesehen die Bausteine des Wissens und dieses wiederum
die Voraussetzung für Problemlösen und planvolles Handeln.
Dieser beschriebene hierarchische Aufbau der drei Lernformen spielt bei
der Planung von Unterrichtssequenzen eine Rolle.

»Wenn innerhalb der Physik Probleme gelöst werden sollen, dann müssen zuvor
die wissenschaftlichen Regeln, die auf die Probleme anzuwenden sind, gelernt
sein; wenn diese Regeln ihrerseits gelernt werden sollen, muß man sicherstellen,
daß zuvor die relevanten Begriffe erworben wurden usw. In dieser Weise ist es
möglich von jedem gegebenen Lernziel aus ›von hinten nach vorn‹ zu arbeiten,
um die Lernvoraussetzungen zu bestimmen; wenn es notwendig erscheinen
sollte, die ganze Strecke zurück bis zu einfachen sprachlichen Assoziationen und
Ketten« (*Gagné* 1969, S. 141).

Als Ergebnis einer solchen Analyse sieht *Gagné* »eine Art Karte des zu
lernenden Stoffes«. Den Weg, den der Lehrer auf dieser Landkarte plant
oder – mit anderen Worten – die Anordnung der einzelnen Lerninhalte bis
zu dem Ziel, das der Schüler am Ende der Sequenz erreichen soll, nennt
Gagné eine *Lernstruktur*. Abb. 65 zeigt eine solche Lernstruktur aus dem
naturwissenschaftlichen Bereich.

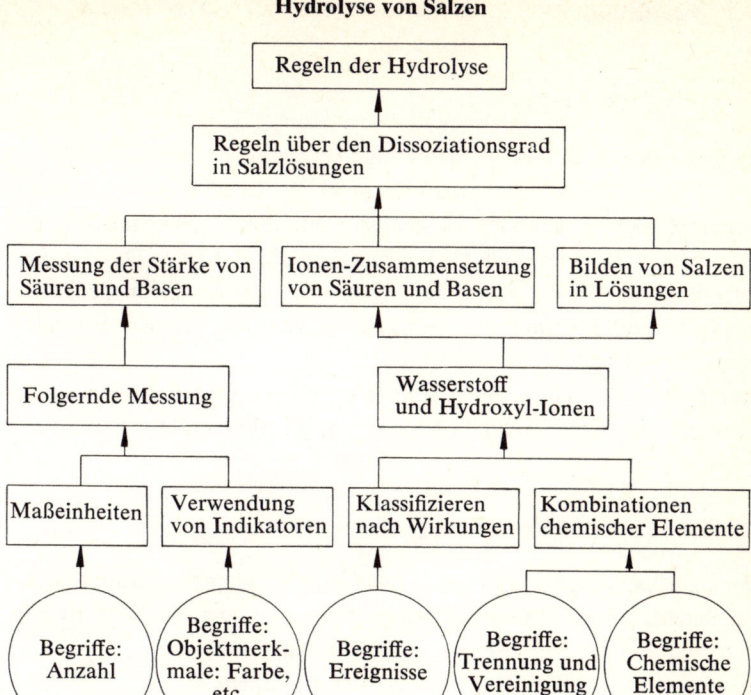

Hydrolyse von Salzen

Abb. 65: Lernstruktur für das Thema »Hydrolyse von Salzen«
(aus *Gagné* 1969, S. 155).

4.6.6 Zusammenfassung

In diesem Abschnitt wurden folgende Begriffe eingeführt:

Regeln als Begriffsketten

Verbale Kette

Regellernen durch verbale Unterweisung

Regelhierarchien

Lernstruktur

4.7 Verschiedene Formen des Wissenserwerbs

4.7.1 Vorbemerkung

Im folgenden Abschnitt werden einige wesentliche Gesichtspunkte des sprachlichen (verbalen) Lernens besprochen. *Ausubel* unterscheidet in diesem Zusammenhang zwei Dimensionen: »mechanisch/sinnvoll« und »rezeptiv/entdeckend«. Durch Kombination dieser beiden Dimensionen entstehen vier Grundformen des schulischen Lernens, von denen das sinnvoll rezeptive und das sinnvoll entdeckende Lernen besonders bedeutsam sind.

Ziel des Lernens ist der Aufbau einer kognitiven Struktur, die aus einer Wissens- und Wertestruktur und einer Problemlösestruktur besteht.

4.7.2 Zwei Dimensionen des verbalen Lernens

Der amerikanische Psychologe *Ausubel* hat besonders das *verbale Lernen* untersucht. Unter verbalem Lernen verstehen wir den Erwerb, das Behalten und das Vergessen sprachlichen Materials.

Er unterscheidet zwei Dimensionen dieses Lernens:
– die Dimension »mechanisch/sinnvoll« und
– die Dimension »rezeptiv/entdeckend«.

Zunächst sollen diese vier Begriffe näher erläutert werden.

(1) *Das mechanische Lernen*

Während des 19. und des frühen 20. Jahrhunderts mußten Schüler riesige Mengen von Texten *auswendig* lernen. Nicht wenige ältere Leser werden sich noch erinnern, während ihrer Schulzeit umfangreiche Gedichte von *Goethe, Schiller* usw. gelernt zu haben. Manche pädagogische Theoretiker glaubten, durch den Aufbau »guter« Vorstellungen im Menschen eine positive Entwicklung sichern zu können.

Am Beginn der experimentellen Gedächtnisforschung steht der Name *Ebbinghaus*. Seine Schrift »Das Gedächtnis« erschien 1885. Sein sprachliches Lernmaterial bestand aus sinnlosen Silben, wie etwa Tak, Pir, Gan, *Ebbinghaus* war der Meinung, mit diesem Material das Gedächtnis mit naturwissenschaftlichen Methoden untersuchen zu können. Die Silben sollten für den Lerner (das war in der Hauptsache er selbst) völlig

neuartig sein, um den Vorgang des Vergessens frei von anderen Einflüssen untersuchen zu können.
Berühmt geworden ist seine *Vergessenskurve* (Abb. 66).

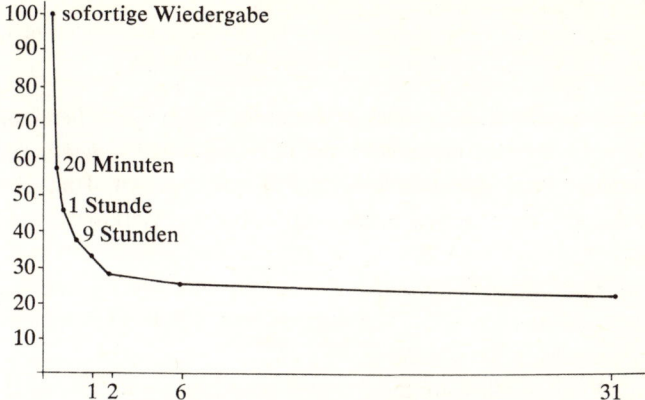

Abb. 66: Vergessenskurve nach *Ebbinghaus* (1885): In der Waagerechten Zahl der Tage, in der Senkrechten Zahl der behaltenen Silben in Prozenten

Bereits nach 1 Stunde beträgt der Lernaufwand (bis zum fehlerfreien Aufsagen der Silbenreihen) wieder etwa 55% des ursprünglichen Aufwandes (beim ersten Lernen). Nach etwa 1 Monat beträgt dann der Lernaufwand beim nochmaligen Lernen etwa 80% des ursprünglichen Aufwandes und pendelt sich auch bei größeren Zeiträumen auf diesem Niveau ein. Das Vergessen vollzieht sich zunächst sehr rasch und geht dann viel langsamer vonstatten.
Welche Bedeutung haben solche Experimente mit sinnlosen Silben?
Obwohl spätere Untersuchungen mit sinnvollem Material die Ergebnisse von *Ebbinghaus* in gewissem Maße bestätigt haben, handelt es sich hierbei nicht um *die* Kurve des Vergessens. Verbales Material wird nur dann so vergessen, wenn es unter ähnlichen Bedingungen wie in diesen Versuchen gelernt wurde.
Solche ähnlichen Bedingungen dürften in folgenden Fällen vorliegen:

– Lernen von Paar-Assoziationen im Fremdsprachenunterricht (Hund – dog, Hand – main).

– Kleine Kinder sagen zum Nikolaustag ein Gedicht auf, dessen Inhalt sie nicht verstanden haben.
– Lernen von Jahreszahlen aus der Geschichte, ohne daß man eine Vorstellung von jener Epoche hat.
– Rechte und linke Nebenflüsse der Donau aufsagen, ohne daß man über geographische Kenntnisse über diese Region verfügt.
– Die vier Grundformen logischer Strukturen von Eigenschaftsbegriffen nennen, ohne das Prinzip dieser Kombinationsregeln verstanden zu haben.

Bei diesen Beispielen handelt es sich im Gegensatz zu den Versuchen von *Ebbinghaus* mit *sinnlosem* Material um zumindest potentiell *bedeutungshaltiges* Material. Von *mechanischem Lernen* sprechen wir dennoch, weil sich diese Art von Lernen durch folgende zwei Merkmale auszeichnet:
– Es wird wortwörtlich gelernt und
– der Lerner kann den Lernstoff kaum auf bereits vorhandene Inhalte seiner Wissens- und Wertestruktur beziehen.
Auch potentiell sinnvolles Material kann also mechanisch gelernt werden.
Gagné spricht in diesem Zusammenhang vom *Lernen sprachlicher Ketten*. Es ist die gleiche Lernform, die als *assoziatives Lernen vom Typ 1* bezeichnet wurde.
Ein solches Lernen spielte früher in Schulen eine große Rolle. Kleines und großes Einmaleins, Merksätze (»Viele Veilchen in Vaters Vase«) und Gedächtnishilfen (»Eselsbrücken«) waren Lerngegenstände für Generationen von Schülern.
Die wichtigste didaktische Konsequenz aus den Untersuchungen aus der Zeit der Assoziationspsychologie ist die, dem Vergessen durch häufige Wiederholungen entgegenzuwirken. Und zwar sind die wichtigsten Wiederholungen jene, die bald nach dem ersten Lernen erfolgen. Dabei wird potentiell sinnvolles Material besser behalten als sinnloses.

(2) Das sinnvolle Lernen

Ausubel (1974, S. 39) schreibt: Es »... ist das Wesentliche eines sinnvollen Lernprozesses, daß symbolisch ausgedrückte Vorstellungen zufallsfrei und inhaltlich (nicht wortwörtlich) bezogen werden auf das, was der Lernende bereits weiß, nämlich auf einige bestehende relevante Aspekte seiner Wissensstruktur«.
»Sinnvoll« ist demnach ein konjunktiver Begriff mit den folgenden beiden kritischen Attributen:

Abb. 67: Modell des Nürnberger Trichters
Mechanisches Lernen in der Lehrerausbildung?
(Zeichnung von Clodwig Poth, aus betrifft: erziehung Nov. 1973)

– es muß *inhaltlich,* d. h. nicht wortwörtlich gelernt werden und
– der neue Lernstoff muß *zufallsfrei* auf bisheriges Wissen bezogen
  werden.

»Eine auffällig wichtige Variable, die Lernen und Behalten von neuem
logisch sinnvollem Material beeinflußt, ist die *Verfügbarkeit von spezifi-*
schen relevanten Ideen in der kognitiven Struktur . . .« (*Ausubel* 1974, S.
140). Erst ein solcher Ankergrund schafft die Voraussetzung für die
Verankerung des neuen Lernstoffes in der Wissens- und Wertestruktur.
Fehlen solche Ideen, dann ist die Herstellung zufallsfreier Beziehungen
nicht möglich.
Ausubel unterscheidet drei Grundformen zufallsfreier Beziehungen:
– die untergeordnete Beziehung (Subsumtion)

– die übergeordnete Beziehung
– die kombinatorische Beziehung.

Beim subsumtiven (unterordnenden) Lernen gibt es zwei Unterformen, die derivative und die korrelative Subsumtion. »*Derivative Subsumtion* findet statt, wenn Lernmaterial als spezifisches Beispiel eines etablierten Konzepts in der kognitiven Struktur verstanden wird . . .« (*Ausubel* 1974, S. 109/110). Bei der *korrelativen Subsumtion* »ist das neue Lernmaterial eine Ausweitung, Ausarbeitung, Modifikation oder Spezifikation vorherig gelernter Propositionen« (= Regeln).

Neues Lernmaterial tritt in *übergeordnete Beziehung* zu bereits bekannten Ideen, wenn es umfassender und allgemeiner ist als die passenden vorhandenen Bedeutungen. Da in diesem Fall das neue Material einen höheren Allgemeinheitsgrad hat als die früher gelernten Ideen, werden diese in der neuen Bedeutung zusammengefaßt. Die im vorigen Kapitel beschriebene Begriffsbildung liefert zahlreiche Beispiele für diese Art der Stiftung von Beziehungen.

Als dritte zufallsfreie Beziehung ist noch die *kombinatorische Beziehung* zu nennen. Neues Material wird gelernt, indem es auf mehrere früher gelernte Ideen bezogen wird, ohne daß eine Unter- oder Überordnung hergestellt wird.

Beispiele:

Derivative Subsumtion
Jemand kennt bereits den Artikel 3 (1) des Grundgesetzes »Alle Menschen sind vor dem Gesetz gleich«. Anschließend lernt er die Sätze: »Männer und Frauen sind gleichberechtigt« und »Niemand darf wegen seines Geschlechtes, seiner Abstammung . . . seiner religiösen oder politischen Anschauungen benachteiligt oder bevorzugt werden«.
Diese Sätze veranschaulichen lediglich die früher gelernte Idee. Der Lernende kann die neuen Informationen als Beispiele der allgemeineren Idee unterordnen.

Korrelative Subsumtion
Jemand kennt bereits die allgemeinen Merkmale einer demokratischen Verfassung (freie Wahlen, Gewaltenteilung). Jetzt lernt er einen Text über die Verfassung der Vereinigten Staaten.
Anders als bei der derivativen Subsumtion ist hier das neue Material nicht einfach eine Veranschaulichung der allgemeinen Idee, vielmehr bringt es neue wichtige Einzelheiten, die in der allgemeinen Idee nicht enthalten waren (z. B. »Vormachtstellung des Präsidenten«, »Bundesstaatlichkeit« usw.). Bei der korrelativen Subsumtion kann die neue Information als »genauere Ausarbeitung« der allgemeinen Idee untergeordnet werden.

Überordnung
Jemand kennt bereits die Regeln über das assoziative, instrumentelle und kognitive Lernen. Jetzt lernt er den allgemeinen Begriff des Lernens.
Die alten Informationen über die verschiedenen Lernformen werden als Sonderfälle aufgefaßt, deren gemeinsame kritische Attribute die Bildung des neuen Oberbegriffs (oder Regel höherer Ordnung) ermöglichen.

Kombinatorische Beziehung
Mohrrüben, Steckrüben und Yamwurzeln können als Gemüsearten und als Pflanzenwurzeln und Erbsen, Gurken und Tomaten als Gemüsearten und Pflanzenfrüchte kategorisiert werden.
Der neue Lernstoff (z. B. die Mohrrübe) kann auf die bereits vorhandenen Klassifikationssysteme des Alltags oder der Botanik bezogen werden (Gemüse, Wurzeln). Bei dieser »integrativen Vereinigung« *(Ausubel)* ist anders als beim unterordnenden und beim überordnenden Lernen das neue Material weder spezifischer noch umfassender als die alten Ideen. Die neue Idee tritt einfach mit *mehreren* alten in Verbindung.

(3) *Das rezeptive Lernen*
Ausubel/Novak/Hanesian (1980, S. 47) schreiben: »Bei rezeptivem Lernen ... wird dem Schüler der vollständige Inhalt von dem, was gelernt werden soll, in seiner fertigen Form übermittelt. Die Lernaufgabe verlangt von ihm keinerlei selbständige Entdeckung. Von ihm wird nur gefordert, daß er sich den Stoff, der ihm gegeben wird ... so einprägt

Abb. 68: Rezeptives Lernen, das vermutlich zusätzlich auch noch mechanisch ist (Zeichnung von Marie Marcks, aus betrifft: erziehung Okt. 1976)

oder einverleibt, daß er zu einem späteren Zeitpunkt zur Verfügung steht
oder reproduziert werden kann.«

Der Begriff »rezeptiv« beinhaltet nur, daß das Lernmaterial dem Lerner
in relativ fertiger Form dargeboten wird, beispielsweise als Lehrervortrag
oder als schriftlicher Text. Der Begriff »rezeptiv« ist zunächst völlig
unabhängig von der Dimension »mechanisch/sinnvoll«. Rezeptives Lernen kann sowohl mechanisch als auch sinnvoll erfolgen. So kann man
eine Definition auswendig lernen oder sie so begreifen, so daß man auch
in der Lage ist, den Inhalt mit anderen Worten auszudrücken.

(4) *Das entdeckende Lernen*

»Das wesentlichste Merkmal des entdeckenden Lernens ist . . . die
Tatsache, daß der Hauptinhalt dessen, was gelernt werden soll, nicht
gegeben ist, sondern vom Schüler entdeckt werden muß . . .« (*Ausubel/
Novak/Hanesian* 1980, S. 47). In der ersten Phase des Entdeckungsler-
nens muß der Schüler selbst die Informationen neu ordnen, Regeln
ableiten, Probleme lösen. Erst wenn dieser Vorgang des Entdeckens
abgeschlossen ist, kann er das gewonnene Produkt in seine Wissensstruktur eingliedern.

Der Begriff »entdeckend« beinhaltet nur, daß das Lernmaterial nicht in
fertiger Form dargeboten wird. Daraus folgt, daß entdeckendes Lernen
mehr oder minder sinnvoll (oder mechanisch) sein kann. Es ist auch
möglich, eine Entdeckung ohne die Herstellung zufallsfreier Beziehungen im Gedächtnis zu speichern.

4.7.3 Die vier Arten des verbalen Lernens

Durch Kombination der beiden Dimensionen entstehen vier Grundarten
des verbalen Lernens, die in Abb. 69 dargestellt sind.

Wählen wir einige Beispiele zur Veranschaulichung!

Mechanisch rezeptives Lernen:
– Wir versuchen, uns die neue Telefonnummer eines Bekannten einzuprägen.
– Ein Student, der für eine Prüfung nicht gut vorbereitet ist, lernt die Definition
der wichtigsten Begriffe auswendig.
Sinnvoll rezeptives Lernen:
– Nach einem Überblick über den Zusammenhang von Begriffslernen, Regeller-
nen und Problemlösen lernt der Leser Einzelheiten zu diesen Bereichen
kennen.

– Ein Lehrer behandelt den Kompaß. Die Schüler ordnen die neuen Erfahrungen in die zuvor gelernten Regeln über Magnetismus ein.

Mechanisch entdeckendes Lernen:

– Ein Kind entdeckt zufällig, daß eine Kerzenflamme erlischt, wenn man ein Glas darüber stülpt. Es kann diesen Vorgang nicht begreifen und freut sich an dem erzielten Effekt.

– Ein defektes Küchengerät wird durch einen Schlag auf das Gehäuse wieder in Gang gesetzt. Über die Art der Störung werden aber keine Vermutungen angestellt.

Sinnvoll entdeckendes Lernen:

– Schüler erhalten Landkarten, statistische Daten und andere Informationen und entdecken die Regel »Jede größere Stadt bildet den kulturellen, verwaltungsmäßigen und wirtschaftlichen Mittelpunkt einer Region.«

– Ein Kleingärtner »experimentiert« mit der Anpflanzung von Tomaten. Schließlich erzielt er reiche Ernten, nachdem er die optimale Bodenart, Sonneneinfall usw. ausfindig gemacht hat.

Zwischen diesen vier Grundformen des verbalen Lernens bestehen fließende Übergänge. Es gibt ein Kontinuum vom mechanischen bis zum sinnvollen Lernen und vom rezeptiven Lernen über das gelenkte entdeckende Lernen bis zum autonomen entdeckenden Lernen.

In der Schule stehen heute das sinnvoll rezeptive und das sinnvoll entdeckende Lernen ganz im Vordergrund.

Dimension		mechanisch	sinnvoll
Dimension	rezeptiv	I. Dargebotene Informationen werden mechanisch gelernt	II. Dargebotene Informationen werden in das bestehende Wissensgefüge an passender Stelle eingegliedert.
	entdeckend	III. Ein vom Lernenden entdeckter Sachverhalt wird mechanisch gelernt.	IV. Ein vom Lernenden entdeckter Sachverhalt wird in das bestehende Wissensgefüge an passender Stelle eingegliedert.

Abb. 69: Die vier Grundarten des Lernens nach *Ausubel*

4.7.4 Sinnvoll rezeptives und sinnvoll entdeckendes Lernen

Zunächst soll das sinnvoll rezeptive Lernen, wie es von *Ausubel* vertreten wird, vorgestellt werden. Anschließend wird das sinnvoll entdeckende Lernen, dessen wichtigster Repräsentant *Bruner* ist, behandelt.

Das sinnvoll rezeptive Lernen
Die Auffassung von *Ausubel* läßt sich in folgenden Punkten zusammenfassen:

(1) Der größte Teil des Schulunterrichts ist als rezeptives Lernen organisiert.
Entdeckendes Lernen ist kein geeignetes Mittel, den *Inhalt* eines Schulfaches zu vermitteln. Es ist genau zu unterscheiden, ob der Unterricht als wesentliches Ziel die *Wissensvermittlung* hat oder ob er versucht, den Schüler zu befähigen, *Probleme zu lösen*. Nach Meinung von *Ausubel* steht der Erwerb von Sachwissen beim Schulunterricht ganz im Vordergrund. In diesem Sinn ist Wissenserwerb durch entdeckendes Lernen eine außerordentlich unökonomische Angelegenheit.
(2) Sinnvoll rezeptives und entdeckendes Lernen haben verschiedene Funktionen.
Große Stoffgebiete werden vorwiegend durch rezeptives Lernen erworben und die alltäglichen Probleme des Lebens werden eher durch entdeckendes Lernen gelöst.
(3) Rezeptives Lernen tritt in der kognitiven Entwicklung später auf.
Besonders in der frühen Kindheit, aber auch in der Grundschulzeit erwirbt das Kind vielfältige Erfahrungen durch entdeckendes Lernen. Beispielsweise bei der Begriffsbildung auf induktivem Wege gewinnt das Kind einen Begriff durch Abstraktion einer Reihe von konkreten Anschauungen. Begriffs- und Regelhierarchien müssen erst als elementare Strukturen aufgebaut werden, ehe das Kind in seiner kognitiven Entwicklung so weit fortgeschritten ist, daß es *verbal* übermittelte Begriffe und Regeln ohne *konkrete* Erfahrung verstehen kann.
(4) Das wichtigste Merkmal des sinnvoll rezeptiven Lernens ist die Interaktion von bereits vorhandenen kognitiven Strukturen mit dem neuen Lernstoff.
Ausubel bezeichnet seine Theorie über Erwerben, Behalten und Organisieren von Wissen als *Assimilation*. »Wenn eine neue Idee a sinnvoll gelernt und mit der relevanten etablierten Idee A verbunden wird, werden

beide Ideen modifiziert und a wird in die etablierte Idee A *assimiliert*«
(*Ausubel* u. a. 1980, S. 159). Bei dieser Interaktion verändert sich sowohl
der neue Lernstoff, wie auch die bereits vorhandene Wissensstruktur und
es entsteht das Interaktionsprodukt A'a'.
Beispiel:

Jeder Student der Pädagogischen Psychologie hat bestimmte Vorstellungen über
Wissenserwerb (A).
Er hört nun eine Vorlesung über das sinnvoll rezeptive Lernen nach *Ausubel* (a).
Einerseits erfaßt er die neuen Regeln mit Hilfe seiner Vorkenntnisse in spezifi-
scher Weise (a') und andererseits verändert sich seine alte Wissensstruktur durch
die neuen Informationen (A').
Auf diese Weise entsteht eine neue kognitive Struktur (A'a').

Der zweiten Auflage des Buches von *Ausubel/Novak/Hanesian* ist fol-
gender Leitgedanke vorangestellt: »Wenn wir die ganze Psychologie des
Unterrichts auf ein einziges Prinzip reduzieren müßten, würden wir dies
sagen: »Der wichtigste Faktor, der das Lernen beeinflußt, ist das, was der
Lernende bereits weiß. Dies ermitteln Sie und danach unterrichten Sie
Ihren Schüler.«

(5) Sinnvoll rezeptives Lernen ist ein aktiver Vorgang.
Die Herstellung zufallsfreier Beziehungen ist ein ausgesprochen aktiver
Vorgang. Sinnvolles Lernen ist nicht dasselbe wie das Lernen sinnvollen
Materials. Ein Lernmaterial ist nur potentiell sinnvoll. Es besitzt, sofern
es sich nicht um sinnlose Silben handelt, *logische Bedeutung*. Erst die
Interaktion zwischen dem neuen Stoff und den relevanten Ideen in der
kognitiven Struktur läßt *psychologische Sinnbedeutung* entstehen, die
individuelle Unterschiede aufweist. Sinnvolles Lernen hat demnach zwei
Voraussetzungen:

– einen potentiell sinnvollen Lernstoff und
– eine sinnvolle Lerneinstellung.

(6) Organisationshilfen sind ein wesentliches Mittel zur Förderung des
sinnvoll rezeptiven Lernens.
Eine solche Organisationshilfe (advance organizer = Vororganisator)
wird ». . . meistens vor dem Lernstoff selbst eingesetzt und dazu benutzt,
die Etablierung einer sinnvollen Lerneinstellung zu fördern. Vorbereitende Organisationshilfen helfen dem Lernenden zu erkennen, daß Elemente neuer Lernstoffe sinnvoll gelernt werden können, wenn man sie
auf spezifisch relevante Aspekte der bestehenden kognitiven Struktur
bezieht« (*Ausubel* u. a. 1980, S. 209).

Je nachdem, ob unterordnendes, überordnendes oder kombinatorisches
Lernen angestrebt wird, sind jeweils spezifische »verankernde Ideen« zu
reaktivieren. Beim unterordnenden Lernen ist die allgemeine Regel zu
erinnern, beim überordnenden Lernen die einzelnen Sonderfälle und
beim kombinatorischen Lernen die verschiedenen relevanten Regeln, auf
die der neue Lehrstoff bezogen werden soll.

Beispiel:

Eine Vorlesung über die negative Verstärkung beginnt mit der Wiederholung des
Prinzips des instrumentellen Lernens, daß nämlich die Auftretenswahrscheinlichkeit des Verhaltens von seinen Konsequenzen abhängt. Nach einer Zusammenfassung der letzten Stunde über die positive Verstärkung wird das wesentliche
Merkmal der negativen Verstärkung genannt und eine ausführliche Behandlung
dieses Themas in der heutigen Veranstaltung angekündigt.

Augenscheinlich beabsichtigt diese Vorlesung, den Lerner zu häufiger korrelati-
ver Subsumtion zu veranlassen und verfolgt das Ziel einer *progressiven Differenzierung* der Grundregel über das instrumentelle Lernen.

Das sinnvoll entdeckende Lernen

Die wichtigsten Merkmale des entdeckenden Lernens sind nach *Bruner*
die folgenden:

(1) Das vorrangige Ziel des Unterrichts ist es, Transfer zu ermöglichen.

»Das Ziel, das wir uns als Lehrer stellen, ist, dem Schüler nach besten
Kräften ein fundiertes Verständnis des Gegenstands zu vermitteln und ihn
so gut wir können zu einem selbständigen und spontanen Denker zu
machen, daß er am Ende der Schulzeit allein weiterkommen wird«
(*Bruner* in *Neber* 1973, S. 16). Es wird hier die Frage gestellt, wie
früheres Lernen beschaffen sein muß, damit es späteres Lernen erleichtert (Transfer = Lernübertragung).

Das, was einem Schüler bei einem Lernakt für die Zukunft von Nutzen
ist, besteht zunächst aus einem *spezifischen Übungstransfer*. Wer beispielsweise gelernt hat, Texte übersichtlich zu gliedern und Abbildungen
sauber zu zeichnen, wird später in der Lage sein, einwandfreie Arbeits-
mappen zu führen.

Nach Meinung von *Bruner* gibt es noch einen *allgemeinen Transfer*. Das
Ziel besteht jetzt darin, zunehmend mehr allgemeine Begriffe (general
ideas) zu lernen. Diese bieten dann die Möglichkeit, später auftauchende
Lerngegenstände als Sonderfälle des ursprünglich erlernten Begriffs zu

erkennen. »Dieser Typ des Transfers steht im Zentrum der ganzen Erziehungsprozesse: das fortwährende Erweitern und Vertiefen des Wissens in Form von grundlegenden Begriffen« (*Bruner* 1973, S. 36). Eine solche Art des Lernens führt dazu, die *Struktur eines Sachbereichs* zu erkennen. *Fundamentale* Begriffe und Regeln sind »ein Modell für das Verstehen anderer, ähnlicher Sachverhalte, denen man begegnen kann«.

Beispiel:

Hat der Schüler begriffen, daß die Bewegungen niederer Tiere abhängig sind von äußeren Reizen, so wird es ihm möglich sein, eine Reihe von Erscheinungen dieser Regel unterzuordnen: Schnecken reagieren auf Licht und Schatten. Die Schwärmdichte von Heuschrecken ist abhängig von der Temperatur. Der Weg der aufwärtskriechenden Raupe ist abhängig vom Grad der Steigung.

Die Frage des allgemeinen Transfers wurde in Deutschland etwas später unter dem Begriff des *exemplarischen Lernens* diskutiert.

(2) Durch entdeckendes Lernen werden Techniken des Problemlösens entwickelt.

Da man den Schüler nicht auf alle Situationen vorbereiten kann, in die er irgendwann geraten wird, ist es eine vordringliche Aufgabe, den heranwachsenden Menschen anzuregen, Probleme zu lösen, damit er eine *allgemeine Problemlösefähigkeit* erwirbt. Unter optimalen Bedingungen führt ein Unterricht, der den allgemeinen Transfer fördert, den Schüler dazu, »zu lernen, wie man lernt«.

Um später zur Anwendung von bereits Gelerntem und zu neuem Lernen fähig zu sein, ist es nach Meinung von *Bruner* besonders vorteilhaft, wenn sich der Lernende die grundlegenden Zusammenhänge und Gesetzmäßigkeiten in einem Prozeß des entdeckenden Lernens aneignet. Hierbei werden *Techniken des Problemlösens* entwickelt und gleichzeitig eine positive Einstellung gegenüber dem entdeckenden Lernen aufgebaut. So wird der Lernende angeregt und befähigt, sich ihm stellende Probleme relativ selbständig anzugehen und effektiv zu lösen. Die kognitive Struktur im Sinne *Bruners* umfaßt also nicht nur Wissen, Kenntnisse und Einsichten in Form von fundamentalen Regeln, sondern auch Techniken des Problemlösens, d. h. die Fähigkeiten, die Problemstellung zu analysieren, Hypothesen zu formulieren und zu prüfen.

Nach diesen Überlegungen hat der Unterricht dem »Erlernen der heuristischen Methoden des Entdeckens« besondere Beachtung zu schenken.

Dies bedeutet, daß sich der Schüler in den Methoden der Entdeckung üben muß. »Meiner Meinung nach kann man nur durch Üben des Problemlösens ... die heuristische Methode der Entdeckung lernen; je mehr man geübt ist, um so eher wird man das Gelernte zu einem Problemlösungs- oder Fragestil verallgemeinern können, der sich auf jede oder fast jede angetroffene Aufgabenart anwenden läßt« (*Bruner* in *Neber* 1973, S. 26).

(3) Im Zusammenhang mit dem entdeckenden Lernen tritt häufig intuitives Denken auf, dessen Bedeutung für die kognitive Entwicklung meist unterschätzt wird.

Das *analytische Denken* ist gekennzeichnet durch formale und voll bewußte Denkoperationen. Es schreitet sozusagen Schritt für Schritt voran. Die einzelnen Schritte sind wohl unterscheidbar und können in expliziten sprachlichen Formulierungen anderen Personen mitgeteilt werden.

Im Gegensatz hierzu zeichnet sich das *intuitive Denken* dadurch aus, daß Einsichten unmittelbar und plötzlich gefunden werden. Die Wege, auf denen sie gewonnen werden, sind nur teilweise bewußt. »Intuitives Denken beruht gewöhnlich auf einer Vertrautheit mit dem fraglichen Wissensbereich und mit seiner Struktur, und dies ermöglicht es dem Denkenden, herumzuspringen, Stufen auszulassen und Abkürzungen zu gehen. Er tut dies auf eine Art, die eine spätere mehr analytische ... Überprüfung seiner Schlußfolgerungen erforderlich macht« (*Bruner* 1973, S. 66).

Kinder und Erwachsene können über etwas Bescheid wissen, ohne daß sie in der Lage sind, dieses Wissen zunächst in Worte zu fassen. *Bruner* vermutet, daß Intuition ein wesentliches Merkmal des produktiven Denkens und Problemlösens sei. In einer zweiten Phase ist dann die Verbalisierung Voraussetzung für Analyse und Korrektur.

(4) Entdeckendes Lernen fördert die intrinsische Motivation.

»Das Problem, wie man ein Kind zu einer effektiven kognitiven Aktivität führt, liegt zum großen Teil darin, daß es von der unmittelbaren Kontrolle durch Belohnungen und Bestrafungen der Umwelt befreit wird« (*Bruner* in *Neber* 1973, S. 21). Dieser Punkt wurde bereits im 3. Kapitel behandelt. Unter verhaltenstheoretischen Gesichtspunkten kann ein Verhalten durch *informative Verstärker,* die in unmittelbarem Zusammenhang mit dem Verhalten stehen, verstärkt werden. Beispielsweise ist die Feststellung, daß eine Aufgabe richtig gelöst ist, ein solcher informativer

Verstärker. Das zugrundeliegende Motiv wird in diesem Fall als intrinsisch bezeichnet.

Es können aber auch Verstärker angeboten werden, die mit dem Verhalten eigentlich nichts zu tun haben. Damit handelt es sich um Formen von Belohnung und Zwang (nicht Bestrafung!). In diesem Fall wird das zugrundeliegende Motiv als extrinsisch bezeichnet.

Nach Meinung *Bruners* bildet sich im Zusammenhang mit dem Entdekkenden Lernen »ein intrinsisches Bedürfnis, mit der Umgebung fertig zu werden«, was er als Kompetenzmotivation bezeichnet. Nach seiner Meinung führt das sinnvoll entdeckende Lernen auf diese Weise zum Aufbau einer intrinsischen Motivation im Zusammenhang mit dem Lernen sprachlichen Materials, was sich als »Bereitschaft zum Lernen« oder »Wille zum Lernen« äußert.

4.7.5 Die kognitive Struktur

Dem sinnvoll rezeptiven Lernen bzw. dem sinnvoll entdeckenden Lernen auf der Seite des Schülers entspricht das *expositorische oder darstellende Lehren* bzw. das *entdecken-lassende Lehren* auf der Seite des Lehrers.

Zwischen *Ausubel* und *Bruner* hat es eine jahrelange heftige Kontroverse über diese unterschiedlichen Auffassungen gegeben. Dabei herrscht eigentlich relative Einigkeit über das Ziel des Lehrens. Bei beiden Autoren geht es darum, daß beim Schüler eine klar gegliederte kognitive Struktur aufgebaut wird. Dies soll durch *aktive kognitive Strukturierungsprozesse* geschehen. Bei *Ausubel* handelt es sich um das Bemühen, zufallsfreie Beziehungen herzustellen und bei *Bruner* um den Versuch, Probleme relativ selbständig lösen zu lassen.

Im Anschluß an *Kluwe* (1979) und *Dörner* (1979) soll im folgenden ein Modell der kognitiven Struktur dargestellt werden (Abb. 70).

Ausubel mißt der epistemischen Struktur (griech. episteme = Wissen) die größere Bedeutung zu. Die Wissens- und Wertestruktur spiegelt das Resultat aller Lern-, Behaltens- und Vergessensprozesse wider. Sie wird als Speicher aller bisher erworbenen Bedeutungen (Begriffe, Regeln) gedacht. Hauptziel aller unterrichtlichen Lernaktivität ist der »Erwerb einer klaren, stabilen und organisierten Wissensmenge« (*Ausubel* 1974, S. 139). Die Wissens- und Wertestruktur gleicht einer Wissenspyramide (Abb. 71). An der Spitze der Pyramide steht eine kleine Anzahl hochab-

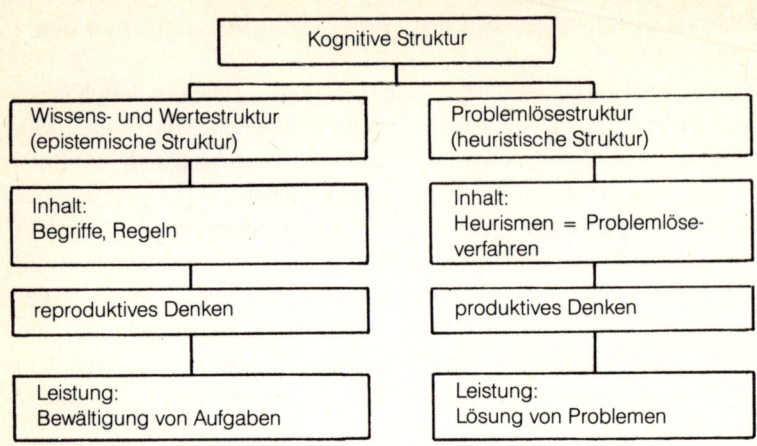

Abb. 70: Modell der kognitiven Struktur

strakter Ideen, deren jeweils speziellere Wissensbestände untergeordnet sind. Da viele neuzulernende Ideen mit mehr als nur einer vorhandenen Bedeutung in Zusammenhang gebracht werden, entsteht ein dichtes Netz von Verbindungen.

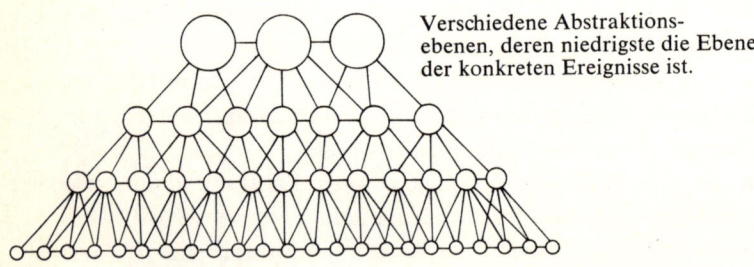

Verschiedene Abstraktions-
ebenen, deren niedrigste die Ebene
der konkreten Ereignisse ist.

Abb. 71: Hierarchische Ordnung der Wissens- und Wertestruktur

Bruner betont besonders die heuristische Struktur. Wissen ist nach seiner Auffassung auch nötig, besonders in Form von fundamentalen Begriffen und Regeln. Da man aber nicht für alle Eventualitäten des Lebens das benötigte Wissen erwerben kann, ist es nach seiner Meinung sinnvoller, geeignete Heurismen (= Findeverfahren, Problemlösetechniken) zu erlernen, mit deren Hilfe man dann die jeweils anfallenden Probleme lösen kann.

Der Differenzierungsgrad der kognitiven Struktur variiert zwischen verschiedenen Individuen beträchtlich. Dies ist verständlich, wenn man bedenkt, daß eine ganze Reihe von Variablen beim Aufbau der kognitiven Struktur eine Rolle spielen (z. B. intellektuelle Fähigkeiten, Motivation, bisherige Lerngeschichte).

4.7.6 Zusammenfassung

In diesem Abschnitt wurden folgende Begriffe eingeführt:

Zwei Dimensionen des verbalen Lernens
– mechanisch/sinnvoll
– rezeptiv/entdeckend

Drei Grundformen zufallsfreier Beziehungen
– die untergeordnete Beziehung
– die übergeordnete Beziehung
– die kombinatorische Beziehung

Die vier Arten des verbalen Lernens

Sinnvoll rezeptives Lernen *(Ausubel)*
Sinnvoll entdeckendes Lernen *(Bruner)*

Die kognitive Struktur
– Wissens- und Wertestruktur
  (epistemische Struktur)
– Problemlösestruktur
  (heuristische Struktur)

4.8 Begriffsbildung und Wissenserwerb in verschiedenen Bereichen

4.8.1 Vorbemerkung

Die kaum zu überschätzende Bedeutung von Begriffsbildung und Wissenserwerb soll hier nur an einigen Beispielen aus den Bereichen Alltag sowie Unterricht und Erziehung demonstriert werden.

4.8.2 Alltag

(1) Kategorisierung
Begriffsbildung in Form der Eigenschaftsbegriffe ist im Alltag außerordentlich häufig. Man könnte sagen, daß Menschen, solange sie wach und aktiv sind, fast pausenlos kategorisieren.
Beispiele:

– Die Wäsche muß vor dem Einlegen in die Waschmaschine sortiert werden. Hierbei könnten etwa folgende Kategorien unterschieden werden: Wollwäsche 30°, Hemden und Blusen 40°, Hemden und Blusen 60°, Kochwäsche 95°.
– Wer Freude an Gläsern hat, besitzt vielleicht Weingläser, Whiskygläser, Cognacschwenker, Biergläser. Bei letzteren ließen sich noch Pils-, Altbier- und Weizenbiergläser unterscheiden.

Solche kognitiven Ordnungsleistungen im Alltag erfolgen meist routinemäßig und dürften nicht selten auf dem Niveau der bildhaften Repräsentation stattfinden. Objekte (z. B. Wäschestücke, Gläser) werden aufgrund des ähnlichen bildhaften Eindrucks (z. B. Farbe, Form) klassifiziert. Nach Meinung von *Bruner* wäre aber die Übersetzung in ein sprachlich-symbolisches Repräsentationssystem eine wichtige Triebkraft für die geistige Entwicklung.
Eine wesentliche intellektuelle Leistung besteht im Auffinden von Unterkategorien. Beispielsweise werden Motivationsvorgänge oder aggressive Verhaltensweisen besser verstanden, wenn mehrere Formen dieser Phänomene unterschieden werden. Hierbei tritt nicht selten das Problem der Akzeptierungsgrenzen auf: Welche Erscheinungen gehören zu dem einen Begriff, welche zu dem anderen.

(2) Klassifikationsregeln

Um kategorisieren zu können, ist es nötig eine *Regel* aufzustellen, die die Kategorie beschreibt.

Beispiel: Abseitsregel beim Fußball

»Ein Spieler befindet sich in Abseitsposition, wenn er im Augenblick, in dem der Ball gespielt wird, näher der gegnerischen Torlinie ist als der Ball; ausgenommen

a) er befindet sich in seiner eigenen Spielhälfte

b) zwei Spieler der gegnerischen Mannschaft sind ihrer Torlinie näher als er

c) der Ball wurde zuletzt von einem Gegner berührt oder gespielt

d) er bekommt den Ball direkt von einem Abstoß, Eckstoß, Einwurf oder von einem Schiedsrichterball.

Wichtig: Entscheidend ist der Augenblick des Abspiels!«

(3) Die drei Formen der Kategorisierung

Affektive Kategorien lassen sich sowohl im kulturellen, wie auch im individuellen Bereich demonstrieren. Für orthodoxe Juden, Mohammedaner, Westeuropäer, Inder usw. gelten unterschiedliche kukturabhängige Äquivalenzen. Dementsprechend werden Schweine- Rind- oder Hundefleisch, Alkohol usw. verschiedenen Kategorien zugeordnet. Gegrillte Leguane und Gürteltiere, geröstete Ameisen und Bienen und ein alkoholhaltiges Gärungsprodukt wie Bier rufen individuell unterschiedlich emotionale Reaktionen hervor.

Funktionale Kategorien spielen im Alltag eine besondere Rolle. Trinkgefäße, Eßbestecke, Geschirr, Kleidung, Möbel usw. sind Kategorien, die aufgrund ihrer Verwendung (Funktion) gebildet werden.

Formale Kategorien finden sich zwar auch im Alltag und im Berufsleben, treten aber deutlich gegenüber emotionalen und funktionalen Kategorien zurück. Interessanterweise finden wir solche Klassifikationsformen bei der Pflege von Hobbys. Dort ist nicht selten ein wissenschaftliches Interesse festzustellen, das formale Kategorisierungen begünstigt. So wird etwa ein Sammler von Käfern und Schmetterlingen, der seine Sammlung im Sinne einer wissenschaftlichen Systematik zu ordnen trachtet, formale Klassifikationsregeln verwenden.

(4) Die Struktur des Begriffs

Ein Eigenschaftsbegriff ist dann erworben, wenn man seine Struktur erfaßt hat. Unter Umständen kann ein und derselbe Begriffsname sehr Unterschiedliches bedeuten.

Beispiel:

– In Sportberichten werden Fußballmannschaften oder einzelne Spieler, die viel
Einsatz- und Angriffswillen zeigen, im positiven Sinn als »aggressiv« bezeichnet
(affirmativer Begriff).
– In der Psychologie nennt man ein Verhalten dann »aggressiv«, wenn jemand
einer anderen Person (oder Sache) absichtlich oder zielgerichtet Schaden zufügt
(konjunktiver Begriff).

Die Struktur des Begriffes ist identisch mit dem, was man auch den Inhalt
des Begriffs nennt. In unserem Beispiel haben die beiden Aggressionsbe-
griffe sehr unterschiedliche Inhalte.

(5) Sprache und Differenzierungsgrad der Begriffsbildung
Die Funktion der Sprache bei der Bildung und Verwendung von Begriffen sei an einem Beispiel demonstriert.

Jemand möchte berichten, daß er in einem Hafen ein Segelboot bestimmter
Bauart gesehen habe. Es soll sich in unserem Beispiel um einen Katamaran (Boot
mit zwei Rümpfen) handeln.

Es bedarf eines ziemlichen sprachlichen Aufwandes, um jemandem, der
über diesen Begriff nicht verfügt, das Aussehen des Bootes zu beschreiben, während jeder, der über diesen Begriffsnamen und eine einigermaßen differenzierte Begriffshierarchie »Segelboote« verfügt, diesen
Bootstyp sofort sinnvoll einordnen kann.

Die meisten Menschen scheinen in ziemlich gleichförmiger Weise solche
intellektuellen Leistungen zu vollziehen, also z. B. emotionale, funktionale oder formale Kategorien zu bevorzugen und eine mehr oder minder
differenzierte Sprache zu gebrauchen. Man könnte in diesem Zusammenhang von *kognitiven Stilen* sprechen. Diese kognitiven Stile spiegeln die
individuellen intellektuellen Fähigkeiten und die kulturellen Erfordernisse wider.
Das Ergebnis solcher unterschiedlichen kognitiven Stile ist eine große
Spannweite im *Differenzierungsgrad der Begriffsbildung*. Ästhetische
Urteile über Kunstwerke setzen solche differenzierten Kategorien ebenso
voraus, wie persönlicher Stil in der Kleidung oder die Fähigkeit, kulti-
viert zu speisen.

(6) Begriffe mit starker Ich-Beteiligung

Unter der *denotativen Bedeutung* eines Begriffs versteht man den durch Übereinkunft festgelegten sachlichen Inhalt, während die *konnotative Bedeutung* die emotionalen Komponenten des Begriffs bezeichnet. Bei nicht wenigen Begriffen überwiegt der emotionale Aspekt bei weitem.

Beispiele:

– Von Jungfräulichkeit spricht man, wenn eine geschlechtsreife Frau noch keinen Geschlechtsverkehr gehabt hat.
In südeuropäischen oder arabischen Ländern kann dieser Begriff eine geradezu dramatische Bedeutung erlangen.
– Mutter ist eine Frau, die wenigstens ein Kind geboren hat.
Für Kinder kann dieser Begriff im wesentlichen eine besondere gefühlsmäßige Beziehung ausdrücken.

Solche Begriffe mit starker emotionaler Bedeutungskomponente sind auch: Bulle für Polizist, Rocker, Penner u. ä.

(7) Zufallsfreie Beziehungen

Durch die Massenmedien werden Informationen verbreitet, die von zahlreichen Empfängern nicht »begriffen« werden, d. h. nicht zufallsfrei auf verankernde Ideen in einer klar gegliederten kognitiven Struktur bezogen werden können.

Beispiele:

– Bei Nachrichtensendungen im Fernsehen werden u. U. nur isolierte Informationen aufgenommen, ohne daß das nötige Hintergrundwissen vorhanden ist. Beim Zuschauen könnte das Ergebnis ein mechanisches Lernen sein.
– Im Rahmen der Sportberichterstattung erfährt jemand, daß der lokale Fußballverein am letzten Samstag 3:0 gewonnen hat. Ohne Kenntnis des Tabellenstandes, der Dauer der Meisterschaftsrunde usw. ist dies eine zufällige Information, deren Bedeutung der Leser nicht ermessen kann.

Dieser Tatbestand erscheint besonders schwerwiegend, wenn es sich um politische Meldungen handelt. Den Medien käme hier die bedeutsame Aufgabe zu, durch Organisationshilfen (Überblick über das besprochene Gebiet; Übersetzung von Fremdwörtern usw.) eine einsichtige Informationsaufnahme (sinnvoll rezeptives Lernen) zu ermöglichen.

4.8.3 Unterricht und Erziehung

(1) Aufgabe der schulischen Begriffsbildung

Es erscheint sinnvoll, von verschiedenen Sprachniveaus auszugehen. In der *Fachsprache* sollten Begriffe durch Kriterien der jeweiligen Wissenschaft definitiv festgelegt sein. In der *Umgangssprache* ist die Mehrzahl der Begriffe in einer Gruppe oder Kultur durch Konvention relativ festgelegt. Daneben gibt es noch einen *individuellen Sprachgebrauch*. Einzelne Begriffe werden wegen der Subjektivität der kognitiven Organisation mit unterschiedlicher denotativer und konnotativer Bedeutung gebraucht.

Die Hauptaufgabe der Schule auf dem Gebiet der Begriffsbildung besteht nun darin, subjektive und häufig unklare in intersubjektive, die logische Struktur bzw. den Theoriebezug klar erfassende Begriffe zu verändern. Hierbei ist von altersspezifischen und gruppen- bzw. schichtspezifischen Voraussetzungen auszugehen und sehr darauf zu achten, daß durch solche »Sprachregelungen« nicht selbständige und kreative Leistungen in Form von divergentem Denken und Problemlösen unterdrückt werden. Förderung der Begriffsbildung in Schulen ist sprachliche Sozialisation, die die Originalität der individuellen kognitiven Organisation im gewissen Rahmen tolerieren sollte.

(2) Begriff und Sprache

Eine Sache ist für uns unbegreiflich, wenn wir nicht über die nötigen Begriffe verfügen. Eine fremde Landschaft, ein uns unbekanntes Kunstwerk, ein neuartiges technisches Gerät oder eine bestimmte Verhaltensweise können wir nur dann verstehen, wenn unsere Wahrnehmung von geeigneten Konzepten geleitet wird. In solchen Situationen sind wir leicht »begriffsstutzig«.

In diesem Zusammenhang kommt der Sprache eine wichtige Funktion zu. Man kann zwar auch über einen Begriff verfügen, ohne in der Lage zu sein, ihn genau sprachlich formulieren zu können. Wenn der Schüler aber Begriffe anwenden soll, dann ist es erforderlich, den Begriffsinhalt deutlich zu erfassen, den Begriffsumfang zu erkennen, die Einbettung in eine Begriffshierarchie zu analysieren, emotionale Komponenten zu sehen und ggf. die zugrunde liegende Theorie möglichst genau zu verstehen. Dies wird durch die Verwendung *konventioneller Begriffsnamen* wesentlich erleichtert. Begriffe sind wegen ihrer Abstraktion unanschauliche Strukturen. Durch die sprachliche Etikettierung werden diese

Denkvorgänge kodiert. *Kodierung* ist ein Begriff aus der Informations-
theorie und bedeutet hier die *eindeutige* Zuordnung eines Zeichens zu
einem gemeinten Begriff.

Sprache ist so gesehen zwar keine Voraussetzung für das Denken, fördert
dieses aber entscheidend. Spracherziehung hat in der Schule zweifellos
noch andere Aufgaben. In der hier angesprochenen Funktion ist sie eine
außerordentlich wichtige Bedingung der kognitiven Entwicklung.

(3) Die drei Formen der Repräsentation
Der Aufeinanderfolge der drei Repräsentationsmodi im frühen Kindesal-
ter tragen zahlreiche Spielmaterialien Rechnung. *Montessori*-Material
und Logische Blöcke (nach *Dienes*) regen zum handlungsmäßigen
Umgang an. Die Form bildhafter Repräsentation wird in zahlreichen
Bilderbüchern und Vorschul-Trainingsprogrammen betont.

»Ordnen, Gruppieren, Klassifizieren, und zwar durch manuelle Tätigkeit ist . . .
nicht eine Beschäftigung, die auf vorschulische Institutionen beschränkt bleiben
sollte . . . Kinder, die selbständig auf verschiedene – und auch unübliche – Weise
klassifizieren dürfen, müssen beweglich im Denken sein. Jede neue Klassifikationsregel, die sie aufstellen, ist eine Findeleistung, ist produktives Denken«
(*Oerter* 1971, S. 29).

Wegen der im Grundschulalter zum Teil noch vorhandenen handlungsmäßigen und bildhaften Repräsentation erscheint ein solches Ausgehen
vom Tun angemessen. Als kritische Attribute werden hierbei zunächst
auffällige Oberflächenmerkmale, später dann zentralere Gemeinsamkeiten verwendet. Diese induktive Vorgehensweise (Hinführung vom Einzelnen zum Allgemeinen) ermöglicht es auch, den Begriffsnamen erst am
Ende des Kategorisierungsprozesses einzuführen, was eher sicherstellt,
daß der Begriff wirklich erworben wurde und nicht nur ein neues Wort
assoziativ erlernt wird.

Solche Begriffsbildungen, bei denen deutlich handlungsmäßige und
bildhafte Züge zu erkennen sind, beschränken sich nicht auf das frühe
Kindesalter. Auch ältere Schüler und Wissenschaftler verwenden diese
Repräsentationsmodi. Den Begriff »Ähre« erwirbt man, wenn man
Ähren von Weizen, Roggen, Gerste, Hafer usw. nebeneinanderlegt oder
zeichnet, und den Begriff »Variationsbreite einer Art« (z. B. Schmetter-
linge) erwirbt man zuverlässiger, wenn man in einem Schaukasten eine
repräsentative Sammlung solcher Objekte mit ihrer unterschiedlichen
Merkmalsausprägung anschaut.

(4) Die Struktur der Eigenschaftsbegriffe

Als ein Hauptziel der Begriffsbildung im Unterricht wurde die Schaffung klarer kognitiver Strukturen herausgestellt.

Dies meint zunächst die *Struktur des einzelnen Begriffs*. Es gilt, das kritische Attribut oder die Kombination der kritischen Attribute zu erkennen. Beispielsweise werden Präpositionen (Verhältniswörter) wie »vor« oder »hinter« in der Grundschule zunächst auf handlungsmäßiger Basis demonstriert, indem man etwa ein Stück Kreide, einen Bleistift oder ein Kind abwechselnd vor bzw. hinter dem Pult plaziert. Auf diese Weise werden die genannten Verhältniswörter als relationale Begriffe erlernt (»Vor« ist das Gegenteil von »hinter«). Durch die Verwendung verschiedenartiger Demonstrationsobjekte wird gleichzeitig der Umfang des Begriffs erweitert. Diese Vorgehensweise ermöglicht dem Schüler sowohl die Vorstellung einer Reihe von anschaulichen Einzelobjekten bzw. Vorgängen (Umfang des Begriffs), wie auch die Erfassung der eigentlichen begrifflichen Abstraktion (Inhalt des Begriffs). Die Bedeutung der Anschauung hat *Kant* überzeugend beschrieben: »Begriffe ohne Anschauungen sind leer, Anschauungen ohne Begriffe sind blind.«

Klare kognitive Strukturen meint aber auch den *Differenzierungsgrad der Begriffshierarchie*. So ist es beispielsweise sinnvoll, nicht nur den Begriff »Wasser« zu kennen, sondern auch etwas zu wissen von Trinkwasser, Industriewasser, Abwasser, Oberflächenwasser, Grundwasser usw.

Diese Art der Förderung der Begriffsbildung wird in Schulen durch Behandlung sog. Wortfamilien und Wortfelder angestrebt.

(5) Erklärungsbegriffe

In Schulen spielen Erklärungsbegriffe eine große Rolle. Diese ist durch die wissenschaftliche Grundstruktur der Unterrichtsfächer begründet. Begriffe wie Magnetismus und Osmose hat man dann gelernt, wenn man die zugehörige Theorie kennt. Um ein Lernen auf assoziativer Basis (Auswendiglernen) zu vermeiden, empfiehlt es sich, ggf. unterstützt durch Experimente oder Demonstrationen, immer wieder die Darstellung des wissenschaftlichen Modells mit eigenen Worten zu verlangen. Auch hier finden wir häufig eine sukzessive Ausweitung des Begriffsumfangs. »Metamorphose« wird möglicherweise zunächst nur beim Maikäfer erklärt, dann beim Kohlweißling und erst allmählich auf eine bestimmte Kategorie von Lebewesen erweitert.

(6) Sinnvoll rezeptives und sinnvoll entdeckendes Lernen
Ausubel spricht auch vom sinnvollen *verbalen* Lernen. Damit ist gemeint, daß neues Wissen ohne ständigen Rückgriff auf konkrete Gegebenheiten durch sprachliche Kommunikation auf einer begrifflichen Ebene gelernt werden kann. Nach den Untersuchungen von *Piaget* ist jedoch anzunehmen, daß diese Fähigkeit erst etwa ab dem zwölften Lebensjahr richtig ausgeprägt ist (Stufe der formalen logischen Operationen). Dies würde bedeuten, daß das sinnvoll rezeptive Lernen besonders bei Jugendlichen und Erwachsenen vorzufinden ist.

Jüngeren Kindern kann Wissen zwar auch sprachlich vermittelt werden, allerdings ist dabei konkrete Anschauung und möglichst auch handelnder Umgang mit den Dingen selbst unverzichtbar. Hieraus ergibt sich besonders für die Grundschule die Bedeutung des sinnvoll entdeckenden Lernens. Generell gilt die Regel, daß, je jünger die Kinder sind, desto eher ein induktives Vorgehen bei Begriffsbildung und Wissenserwerb angezeigt ist. Hierbei spielen die entwicklungsgeschichtlich frühen Formen der kognitiven Repräsentation, die handlungsmäßige und bildhafte Darstellung noch eine große Rolle.

4.8.4 Zusammenfassung

In diesem Abschnitt wurden folgende Themen angeschnitten:

Häufigkeit von Kategorisierungen im Alltag

gleicher Begriffsname – unterschiedlicher Begriffsinhalt

Sprache und Differenzierungsgrad der Begriffsbildung

Förderung zufallsfreier Beziehungen durch Massenmedien

Aufgabe der schulischen Begriffsbildung

Bedeutung der handlungsmäßigen und bildhaften Repräsentation im Grundschulalter für Begriffsbildung und Wissenserwerb

4.9 Arbeitsteil

Dieser Arbeitsteil bietet Ihnen die Möglichkeit, das erworbene Wissen über Begriffsbildung und Wissenserwerb anzuwenden. Sie sollen angeregt werden, selbständig komplexere Probleme aus dem Alltag und dem Bereich der Schule zu *analysieren* und zu *beurteilen*.

Der Arbeitsteil besteht aus folgenden Abschnitten:

(1) Als erstes wird Ihnen noch einmal eine *Zusammenfassung des Informationsteils* gegeben. Sie soll Ihnen die wesentlichen Gesichtspunkte in Erinnerung rufen.

(2) Ein *Test mit Lösungsschlüssel* soll Ihnen zeigen, wo Sie eventuell noch Lücken haben, die aufgearbeitet werden müssen.

(3) Es werden Ihnen zwei *Forschungsberichte* vorgestellt, an denen Sie exemplarisch erkennen können, wie Begriffsbildung in der Psychologie erforscht wird.

(4) Im Abschnitt *Übungen* werden Ihnen Arbeitsaufgaben angeboten, die Sie mit Hilfe des erworbenen Wissens lösen sollen.

(5) Unter der Bezeichnung *Diskussion* werden Sie mit Situationsschilderungen konfrontiert, die unter Verwendung der einschlägigen Konzepte analysiert und beurteilt werden können.

(6) Am Ende des Arbeitsteils finden Sie kommentierte Hinweise auf *weiterführende Literatur*.

4.9.1 Zusammenfassung des Informationsteils

(1) Im Verlauf der Kindheit treten nacheinander drei Formen der inneren kognitiven Repräsentation der Umwelt auf: die handlungsmäßige, bildhafte und symbolische Darstellung. Obwohl im Erwachsenenalter besonders die sprachlich-symbolische Darstellung überwiegt, verschwinden die beiden anderen Formen nicht vollständig. Bei allen drei Formen der Repräsentation können wir konkrete Einzelfälle und Klassen ähnlicher Erscheinungen unterscheiden.

(2) Symbolische Begriffe kann man in zwei große Klassen einteilen: Eigenschaftsbegriffe (Kategorien) und Erklärungsbegriffe.

(3) Bei den Eigenschaftsbegriffen werden konkrete Einzelfälle aufgrund gemeinsamer Merkmale (kritischer Attribute) zu Klassen (Kategorien) zusammengefaßt. Die Gesamtheit der kritischen Attri-

bute bildet den Inhalt des Begriffs und die Gesamtheit der erfaßten Gegenstände wird als Umfang bezeichnet. Bei den Eigenschaftsbegriffen ist die logische Struktur (= Kombination der kritischen Attribute) der wesentliche Punkt der Begriffsbildung. Man unterscheidet affirmative, konjunktive, disjunktive und relationale Begriffe.

(4) Erklärungsbegriffe erlauben ebenfalls die Kategorisierung einer Anzahl von Einzelfällen, beinhalten aber zusätzlich eine Erklärung der erfaßten Erscheinungen. Erklären heißt, eine Abhängigkeit zwischen zwei oder mehreren Ereignissen unterstellen. Solche Annahmen nennt man eine Theorie im weitesten Sinn.

(5) Begriffe werden nicht isoliert erworben. Einen Begriff bilden heißt fast immer, ihn gleichzeitig von benachbarten zu unterscheiden (multiple Diskrimination), wie auch, ihn zu ähnlichen in Beziehung zu setzen (Bildung von Oberbegriffen). Begriffe werden in Form von Begriffshierarchien abgespeichert.

(6) Objekte und Vorgänge unserer Umwelt werden nicht nur nach sachlichen, sondern auch nach subjektiven Gesichtspunkten klassifiziert. Bei der erstgenannten Ordnungsleistung wird vorrangig die logische Struktur des Begriffs erfaßt, und bei der zweiten Art steht die persönliche Bedeutsamkeit im Vordergrund. Im letzteren Fall spricht man von Wertbegriffen.
Begriffe verfügen über eine sachliche (denotative) und über eine emotionale (konnotative) Komponente. Der sachliche Bedeutungsinhalt eines Begriffs besteht bei den Eigenschaftsbegriffen aus der logischen Struktur der Kategorie und bei den Erklärungsbegriffen aus dem theoretischen Erklärungsmodell.

(7) Begriffe sind entweder Eigenschaftsbegriffe (Kategorien) oder Erklärungsbegriffe (theoretische Erklärungsmodelle), die in beiden Fällen mit einem Begriffsnamen bezeichnet werden können, aber nicht müssen. Die ausschlaggebende intellektuelle Leistung ist die Erfassung der logischen Struktur der Kategorie bzw. des Bedingungs-Wirkungszusammenhangs. In dieser Auffassung gibt es auch vorsprachliche Begriffe.

(8) Begriffsbildung im psychologischen Sinn ist nicht unbedingt an Sprache gebunden. Der Verwendung konventioneller Begriffsnamen kommt trotzdem große Bedeutung zu. Durch die sprachliche Etikettierung werden Denkvorgänge kodiert. Kodierung bedeutet in

diesem Zusammenhang die eindeutige Zuordnung eines Zeichens (des sprachlichen Symbols) zu dem gemeinten Begriff.

(9) Da Begriffsnamen nicht immer eindeutig einer Kategorie oder Theorie zugeordnet sind, müssen Begriffe in den wissenschaftlichen und alltäglichen Kommunikationen klar definiert werden können. Man unterscheidet drei Definitionsformen: die Realdefinition, die Nominaldefinition und operationale Definition.

(10) Begriffsbildung ist ein aktiver Vorgang der Informationsaufnahme und -verarbeitung. Sowohl beim induktiven (vom Einzelnen zum Allgemeinen führenden), wie auch beim deduktiven (vom Allgemeinen zum Einzelnen führenden) Verlauf findet selten ein völliges Neulernen statt. Bereits vorhandene Begriffe werden neu organisiert und bilden so eine mehr oder minder subjektive kognitive Struktur.

(11) Regeln sind Begriffsketten, d. h. Wissen besteht aus der Kombination von Begriffen. Regellernen ist streng von dem Lernen einer verbalen Kette, dem Auswendiglernen einer Reihe von Wörtern zu unterscheiden. Regeln sind ähnlich wie Begriffe in Regelhierarchien angeordnet. Die Begriffs- und Regelhierarchien, über die eine Person verfügt, bilden die Wissens- und Wertestruktur.

(12) *Ausubel* unterscheidet zwei Dimensionen des verbalen Lernens: mechanisch/sinnvoll und rezeptiv/entdeckend.

Ein Lernen ist sinnvoll, wenn inhaltlich, d. h. nicht wortwörtlich gelernt wird und wenn der neue Lernstoff zufallsfrei auf bisheriges Wissen bezogen werden kann. Man unterscheidet drei Formen zufallsfreier Beziehungen: die untergeordnete, die übergeordnete und die kombinatorische Beziehung.

Ein Lernen ist mechanisch, wenn wortwörtlich gelernt wird und die Herstellung zufallsfreier Beziehungen nicht möglich ist.

Das einzige Merkmal des rezeptiven Lernens besteht darin, daß der Lernstoff in fertiger Form übermittelt wird.

Beim entdeckenden Lernen muß der Schüler die Informationen neu organisieren und so die Regeln relativ selbständig gewinnen.

(13) Durch Kombination der beiden Dimensionen entstehen vier Grundformen des verbalen Lernens, von denen in der Schule das sinnvoll rezeptive und das sinnvoll entdeckende Lernen von besonderer Bedeutung sind.

(14) Die kognitive Struktur besteht aus der Wissens- und Wertestruktur

(epistemische Struktur) und der Problemlösestruktur (heuristische Struktur). Erstere beinhaltet Begriffe und Regeln und ermöglicht reproduktives Denken und die Bewältigung von Aufgaben, letztere enthält Problemlöseverfahren (Heurismen) und befähigt zu produktivem Denken und Lösen von Problemen.

(15) Sowohl beim sinnvoll rezeptiven, wie auch beim sinnvoll entdeckenden Lernen erfolgt der Aufbau der kognitiven Struktur durch aktive kognitive Strukturierungsprozesse.

4.9.2 Test mit Lösungsschlüssel

Mit diesem Test können Sie überprüfen, ob Sie das Lernziel

»Die Grundbegriffe der Begriffsbildung und des Wissenserwerbs
kennen«

erreicht haben.

Die Zeit zur Bearbeitung des Tests ist nicht begrenzt. Im Informationsteil oder anderen Lehrbüchern dürfen Sie jetzt nicht mehr nachschlagen.

Zu jeder Aufgabe sind 4 Antworten (Lösungen) vorgegeben. Nur eine dieser vorgeschlagenen Antworten ist richtig bzw. die beste Lösung und ist deshalb anzukreuzen.

Am Ende des Arbeitsteils finden sie einen Lösungsschlüssel, mit dessen Hilfe Sie Ihr Ergebnis selbst kontrollieren können.

Wenn Sie 9 oder mehr Aufgaben richtig lösen, haben Sie das Ziel erreicht. Wenn Sie im Zweifelsfall raten, müssen Sie mindestens 10 richtige Lösungen vorweisen.

Und nun: *Viel Erfolg!*

1. Man unterscheidet drei Formen der kognitiven Repräsentation der Dinge unserer Umwelt.
   Unter *symbolischer Repräsentation* versteht man die Darstellung in Form von
   a) Handlungsschemata.
   b) Zeichen.
   c) Vorstellungsbildern.
   d) konkreten Einzelfällen.

2. Kategorien sind Klassen ähnlicher Erscheinungen.
   Bei der *Kategorisierung* wird

a) die sprachlich-symbolische Darstellung hervorgehoben.

b) von wesentlichen Merkmalen abstrahiert.

c) unterschiedlichen Dingen Äquivalenz verliehen.

d) die Besonderheit des Einzelfalls betont.

3. Attribute sind Merkmale oder Eigenschaften von Objekten und Vorgängen.
   Kritische Attribute sind solche Merkmale, die

   a) die Zugehörigkeit zu einer Kategorie ausmachen.

   b) die Kategorisierung erschweren.

   c) bei der Kategorisierung nicht berücksichtigt werden.

   d) eine Kategorisierung mehrdeutig machen.

4. Der *Inhalt* eines Begriffs und sein *Umfang* stehen in einer bestimmten
   Beziehung zueinander.
   Je größer die Anzahl der kritischen Attribute, desto

   a) größer ist die Anzahl der Einzelfälle.

   b) kleiner ist der Inhalt des Begriffs.

   c) kleiner ist der Umfang.

   d) größer ist der Umfang.

5. Bei den Eigenschaftsbegriffen ist die logische Struktur der Kern der
   Begriffsbildung.
   Diese *Struktur* hat man erfaßt, wenn man

   a) die Grundregeln der Logik kennt und anwenden kann.

   b) kritische von irrelevanten Attributen unterscheiden kann.

   c) die Akzeptierungsgrenzen der Attribute eindeutig definiert.

   d) die Art der Kombination der kritischen Attribute erkannt hat.

6. Eigenschaftsbegriffe werden nicht nur nach sachlich-neutralen Klassifikationsregeln gebildet, sondern auch nach subjektiven Kriterien.
   Wertbegriffe im psychologischen Sinn sind vorrangig gekennzeichnet
   durch

   a) die Bedeutung, die sie für ein Individuum besitzen.

   b) die Erfassung der logischen Struktur.

   c) den großen Umfang, den solche Begriffe besitzen.

   d) die Stellung der Wertideen in einer allgemeinen Werthierarchie.

7. Man unterscheidet zwei Hauptkategorien von Begriffen: die Eigen-
   schafts- und die Erklärungsbegriffe.

Das wesentliche Merkmal der *Erklärungsbegriffe* ist
a) der Vorgang der Kategorisierung.
b) der Bezug zu einer Theorie.
c) das Fehlen subjektiver Gesichtspunkte.
d) ihre Begründung durch empirische Forschung.

8. Die meisten Begriffe verfügen über eine denotative und eine konnotative Bedeutungskomponente.

    Die *konnotative Bedeutung* eines Begriffs meint die
    a) logische Struktur bzw. den Bezug zu einem theoretischen Modell.
    b) Stellung innerhalb der kognitiv-emotionalen Struktur.
    c) Klassifikation nach sachlichen Gesichtspunkten.
    d) gefühlsmäßige Beziehung einer Person zu dieser Sache.

9. Es gibt unterschiedliche Auffassungen über die Bedeutung der Sprache im Zusammenhang mit dem Erwerb von Begriffen.

    Aus psychologischer Sicht ist das kritische Attribut der *Begriffsbildung*
    a) das Erlernen des Begriffsnamens.
    b) die Bildung von Kategorien aufgrund von kritischen Attributen.
    c) die Erfassung der logischen Struktur bzw. des theoretischen Erklärungsmodells.
    d) das sprachlich-symbolische Niveau der Repräsentation.

10. Um in der sprachlichen Kommunikation das Gemeinte zu verdeutlichen, sind häufig Definitionen nötig.

    Eine *Definition* besteht im wesentlichen aus
    a) einer wissenschaftlich begründeten Aussage.
    b) einer festgelegten Regel zur Beschreibung eines Begriffs.
    c) der Angabe des Oberbegriffs und des artspezifischen Unterschieds.
    d) einer eindeutigen Bestimmung des Begriffsinhalts.

11. Regeln sind Begriffsketten, d. h. Wissen besteht aus der Kombination von Begriffen. Um wirklich *Wissen zu erwerben,* ist es nötig
    a) die Begriffe zu kennen und ihre gegenseitigen Beziehungen zu erfassen.
    b) die Regel in ihrem genauen Wortlaut zu kennen.
    c) die Regel handlungsmäßig demonstrieren zu können.
    d) die Regel in eine Regelhierarchie einzuordnen.

12. Von sinnvollem Lernen spricht man, wenn inhaltlich und zufallsfrei gelernt wird. Das *Herstellen zufallsfreier Beziehungen* bedeutet, daß der neue Lernstoff

    a) logische Bedeutung besitzt.

    b) auf bisheriges Wissen bezogen werden kann.

    c) in fertiger Form präsentiert wird.

    d) wortwörtlich in die Wissens- und Wertestruktur eingegliedert werden kann.

13. Die kognitive Struktur besteht aus der Wissens- und Wertestruktur und der Problemlösestruktur. Die *Wissens- und Wertestruktur* beinhaltet

    a) das durch sinnvoll rezeptives Lernen erworbene Sachwissen.

    b) die durch sinnvoll entdeckendes Lernen erworbenen fundamentalen Begriffe und Regeln.

    c) Begriffe und Regeln und befähigt zur Bewältigung von Aufgaben.

    d) Heurismen und befähigt zum Lösen von Problemen.

Lösungsschlüssel auf S. 240

4.9.3 Forschungsberichte

In der Studie von *Bruner/Goodnow/Austin* wird das Erlernen konjunktiver Begriffe untersucht. Die Arbeit zeigt anschaulich, wie im psychologischen Labor Begriffsbildung studiert wird. Sie zeigt aber auch die Problematik dieser Art von Grundlagenforschung. Ob beispielsweise in Schulen häufig so gelernt wird, erscheint zweifelhaft.

In der Untersuchung von *Hofstätter* geht es um die konnotative Bedeutungskomponente von Begriffen. Am Beispiel des amerikanischen Begriffs »lonesomeness« und des deutschen Begriffs »Einsamkeit« wird das emotionale Umfeld der beiden Kategorien analysiert.

(1)

Bruner, J. S./Goodnow, I. J./Austin, G. A.: A study of thinking. Wiley, New York 1956.

Problem: Strategien der Begriffsbildung
Der Erwerb konjunktiver Begriffe.

Versuchsanordnung:
»Bruner und Mitarbeiter legten den Versuchspersonen (Studenten) 81
Karten mit Figuren vor, wie sie in Abb. 72 zu sehen sind. Jede Karte
variiert in der Gestalt der Figur, nach der Zahl der Figuren, nach der
Farbe der Figuren und nach der Zahl der Rahmen. Den Versuchspersonen
(Vpn) wurde erklärt, was ein konjunktiver Begriff ist, z. B. ›alle Karten
mit roten Kreuzen und zwei Rahmen‹. Danach erklärte der Versuchsleiter
(Vl), die Vp müsse einen bestimmten Begriff (eine bestimmte Merkmals-
kombination), die der Vl sich ausgewählt habe, herausfinden. Begonnen
wurde mit einer Karte, die ein positives Beispiel für das gedachte
Konzept war. Die Aufgabe des Probanden bestand darin, Karten auszu-
wählen, die den betreffenden Begriff repräsentierten. Er konnte eine
Karte wählen und erhielt darauf die Information, ob die Karte ein
positives Beispiel (zu dem Begriff gehörig) oder ein negatives Beispiel
(nicht zu dem Begriff passend) darstellte« (*Oerter* 1971, S. 36).

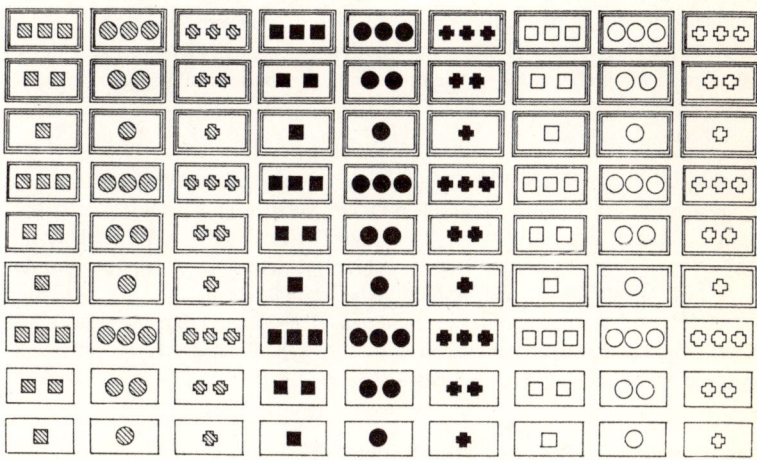

Abb. 72: Geordnetes Material für Begriffsbildungsaufgaben (aus *Bruner/Good-
now/Austin* 1956, S. 42)

Wir erkennen, daß »Begriff« hier im Sinne der logischen Struktur und
nicht mit der Bedeutung des Begriffsnamens gebraucht wird (Abb.
73).

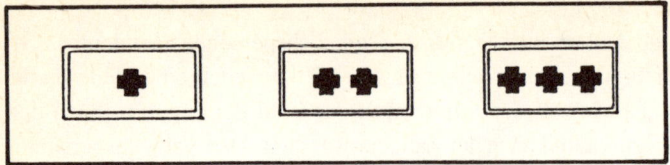

Abb. 73: Begriff »Karten mit einem oder mehreren roten Kreuzen *und* zwei Rahmen«

Ergebnis:

Es konnten vier Strategien zum Erwerb solcher konjunktiver Begriffe identifiziert werden.

»Simultane Prüfung
Wenn z. B. der Vl eine Karte mit zwei Grenzlinien und drei Kreisen zeigt, könnte man 15 haltbare Hypothesen aufstellen (das sind sämtliche zweiwertigen konjunktiven Konzepte) wie z. B. 2 Linien und 3 rote Figuren, 3 Kreise, 3 rote Figuren, 2 Linien und rote Figuren, rote Kreise, 2 Linien und Kreise etc. Unglücklicherweise ist das menschliche Gehirn meistens nicht reich genug ausgestattet, um so viele Hypothesen simultan in Betracht ziehen zu können, so daß diese Strategie zwar theoretisch möglich, aber in der Praxis eigentlich nicht existent ist.

Sukzessive Prüfung
Diese zweite Strategie erlegt den menschlichen Subjekten weit weniger kognitive Belastung auf, da sie im wesentlichen einen ›Versuch-und-Irrtum‹ Ansatz darstellt. Es besteht in der Aufstellung einer Hypothese (›Ah, äh . . . vielleicht ist das Konzept rote Kreise‹?) und der Auswahl einer Karte zur direkten Überprüfung der Hypothese. Bestätigt sich die ursprüngliche Vermutung nicht . . ., so wird eine zweite Hypothese aufgestellt (›Vielleicht handelt es sich um rote Quadrate‹). Mit dieser Vorgehensweise gelangt man u. U. sehr schnell an das Konzept, möglicherweise wird es aber auch niemals erworben.

Vorsichtiges Einkreisen
Aus mehreren Gründen ist diese Strategie die logischste, die von Menschen angewandt werden kann. Sie erlegt dem Gedächtnis oder der schlußfolgernden Kapazität relativ wenig Belastung auf und macht auch sicher, daß das Konzept erworben wird. Wer diese Strategie anwendet, beginnt damit, das erste positive Beispiel als vollständige Hypothese zu akzeptieren. Zum Beispiel sei das Konzept rote Kreise und die erste Karte zeigt zwei Linien und drei rote Kreise. Die Vp nimmt als Hypothese zwei Linien und drei rote Kreise an. Nun wählt sie eine zweite Karte, die vom Original in nur einem Wert abweicht - z. B. zwei Linien und 2 rote Kreise. Der Vl versichert, daß diese Karte noch ein Beispiel für das Konzept ist, woraus folgt, daß die Anzahl der Figuren irrelevant ist. Die

bleibende Hypothese lautet: 2 Linien und rote Kreise. Die nächste Wahl ändert einen weiteren Wert – die Farbe. Die gewählte Karte zeigt zwei Linien und drei grüne Kreise. Da das Beispiel nun negativ ist, war die Farbe relevant. Die Vp weiß jetzt, daß rot ein Teil des Konzepts ist. Wenn ihre nächste Wahl die Anzahl der Linien ausschließt oder die Form bestätigt (was sie tut, wenn nur ein Wert verändert wird), hat die Vp das Konzept erworben.

Glücksspiel
Eine leichte Variation des vorsichtigen Einkreisens besteht im Variieren von mehr als einem Wert zur gleichen Zeit – mit anderen Worten das Glücksspiel. Werden zwei Werte verändert und die Karte bleibt positiv, ist der Fortschritt angestiegen. Wird das Beispiel jedoch negativ, lernt die Vp wenig, da entweder einer oder aber beide veränderten Werte kritisch sein können« (*Lefrancois* 1976, S. 135).

Die beiden am häufigsten angewandten und auch erfolgversprechendsten Strategien waren die Focus-Strategie (Focus = Brennpunkt, Anhaltspunkt), bei *Lefrancois* »vorsichtiges Einkreisen« genannt, und die sukzessive Hypothesenprüfung.
Die Bedeutung solcher Studien über Strategien beim Begriffserwerb ist umstritten. Bruner und Mitarbeiter hatten als Versuchspersonen hauptsächlich Studenten, d. h. Erwachsene mit besonderer logischer Schulung. Zudem war die Versuchsanordnung so gestaltet, daß die Versuchspersonen mit einem Blick alle vorkommenden Objekte überschauen und vergleichen konnten (systematische Ordnung der Beispiele). Es ist zweifelhaft, ob z. B. Kinder in ähnlicher Weise Begriffe bilden. Möglicherweise sind die aufgefundenen Strategien eher allgemeine Problemlösestrategien als spezifische Begriffsbildungsstrategien.

(2)
Hofstätter, P. R.: Exkurs über die Einsamkeit (aus: Gruppendynamik. 1973, S. 73f.).

Problem: Die konnotative Bedeutungskomponente von Begriffen

Wie die Angehörigen einer Gruppe sich verständigen, ihre Befindlichkeiten ausdrücken können, ist abhängig von Bestimmungsleistungen, an denen sie u. U. selbst nicht teilgenommen haben. Wörter und ihre Bedeutungen sind überliefert, gelernt und in der Regel relativ starr festgelegt, so daß Verständigung erst möglich wird.
An einem Beispiel soll gezeigt werden, daß ein in einer bestimmten Bedeutung gebrauchtes Wort vom Zuhörer aber nicht unbedingt auch in der gleichen Bedeutung verstanden wird: Ein Amerikaner, der sich als

»lonesome« bezeichnet, befindet sich durchaus nicht in einem vergleichbaren Erlebniszustand wie ein Deutscher, der sich »einsam« nennt.

Versuchsdurchführung:
Es wurde die Methode des Polaritätenprofils (semantisches Differential)
nach *Osgood* (1957) angewandt. Dabei wurden die deutschen und
amerikanischen Versuchspersonen gebeten, den Begriff (»Einsamkeit«
bzw. »lonesomeness«) nach 24 Adjektivpaaren einzustufen. Die Gegen-
überstellung der beiden Profile zeigt, daß die durchschnittliche Einstu-
fung des Begriffs »lonesomeness« im Gegensatz zur deutschen »Einsamkeit« bei »klein«, »schwach«, »krank«, »verschwommen«, »leer«,
»traurig«, »schlecht« usw. liegt (Abb. 74).

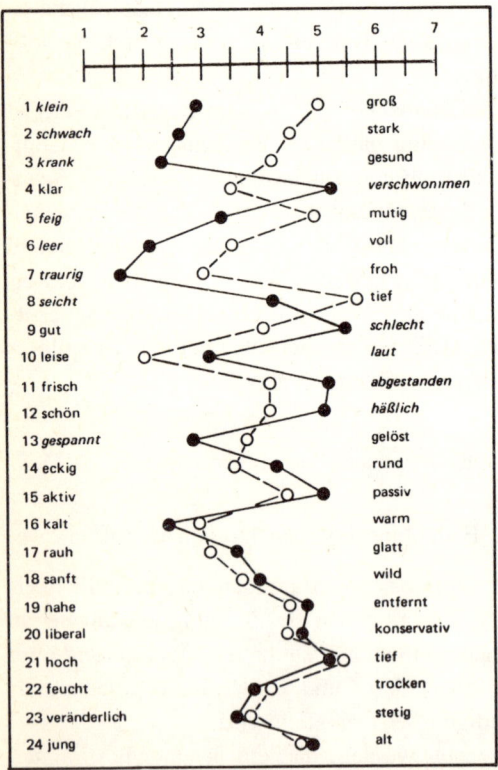

Abb. 74: Die Polaritätsprofile von »Einsamkeit« (offene Kreise) und »lonesomeness« (ausgefüllte Kreise) aus: *Hofstätter* 1973, S. 74

Ergebnis:
Dieser Begriff bezeichnet einen Zustand, der für den Amerikaner weitaus negativer ist als für den Deutschen, bei dem jede Möglichkeit des produktiven, aus einem Gefühl der Stärke heraus und zur inneren Sammlung gesuchten Einsamseins fehlt; einen Zustand also, den er wohl nicht aus freien Stücken wählen würde.

Mit Hilfe der statistischen Methode der Korrelationsberechnung fand *Hofstätter* heraus, daß die beiden Begriffe »lonesomeness« und »Einsamkeit« nur sehr wenig ähnlich sind (Q = 0,40), obwohl in anderen Fällen (wie z. B. Erfolg = success, Liebe = love, männlich = masculine) nahezu Gleichheit festgestellt werden konnte. Stärkere Übereinstimmung besteht aber zwischen »lonesomeness« und anderen deutschen Begriffen: »Angst« (Q = 0,86), »Langeweile« (Q = 0,79), »Ekel« (Q = 0,60); d. h. um den amerikanischen Begriff verstehen zu können, müssen wir wohl eher an den uns bekannten Zustand der Angst oder den der Langeweile denken als an das uns vertraute Einsamkeitserlebnis.

An sich ist »lonesomeness« nicht »klein«, »schwach« und »leer« und »Einsamkeit« nicht »groß«, »stark« und »voll«. Im Zuge der Kommunikation kommen Menschen aber zu einem Konsens und normieren einen subjektiven Sachverhalt, so daß man sich über ihn und über das eigene Zumutesein verständigen kann. Durch weiteren Gebrauch in dem einmal festgelegten Sinn stabilisiert sich der konnotative Bedeutungsgehalt des Begriffs.

4.9.4 Übungen

(1) In Abb. 75 sind die drei Formen innerer kognitiver Repräsentation dargestellt. Suchen Sie weitere Beispiele aus dem Alltag oder dem Bereich der bildenden Kunst!

(2) Sie betreten ein Kaufhaus und wollen eine elektrische Bohrmaschine kaufen. Sie sind unschlüssig, ob Sie zu der Abteilung »Heimwerker« oder »Elektroartikel« gehen sollen. Untersuchen Sie weitere Kategorisierungen im Alltag! Welches sind die kritischen Attribute? Sind einzelne Kategorisierungen durch Willkürlichkeit bzw. Subjektivität ausgezeichnet?

(3) Bedenken Sie die Regel: Je größer der Umfang eines Begriffs, desto

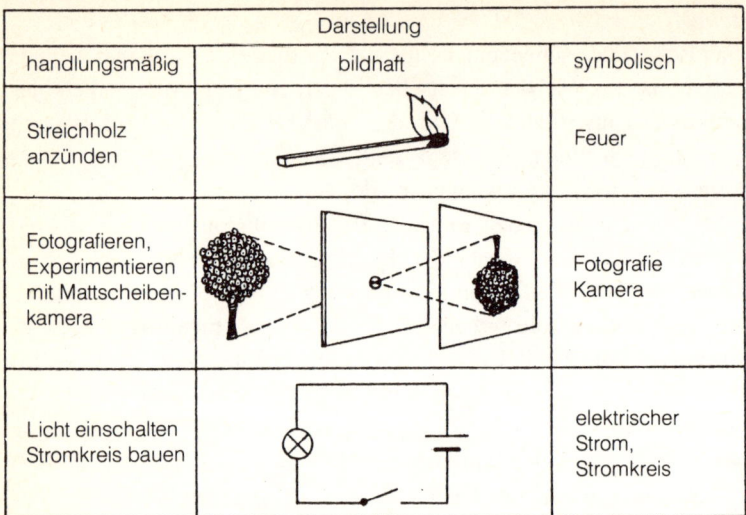

Darstellung		
handlungsmäßig	bildhaft	symbolisch
Streichholz anzünden		Feuer
Fotografieren, Experimentieren mit Mattscheiben- kamera		Fotografie Kamera
Licht einschalten Stromkreis bauen		elektrischer Strom, Stromkreis

Abb. 75: Die drei Formen der inneren kognitiven Repräsentation

geringer der Inhalt und je vielfältiger der Inhalt, desto geringer der Umfang.

Überprüfen Sie dies an folgenden Begriffen: Wein – Weißwein, Gebäude – Einfamilienhäuser, Motivation – Leistungsmotivation.

(4) Bei der sog. Rasterfahndung nach DDR-Agenten werden u. a. folgende »Agentenmerkmale« beachtet: stammt aus der DDR, hat dort Verwandte, war dort in U-Haft, macht Besuche in Ost-Berlin. In diesem Fall haben wir es mit einem konjunktiven Begriff mit vier kritischen Attributen zu tun. Analysieren Sie die folgenden Begriffe und stellen Sie fest, ob es sich um affirmative, konjunktive, disjunktive oder relationale Begriffe handelt: demokratischer Sozialismus, fett, Konfession.

(5) Überlegen Sie bei Wertbegriffen bzw. Begriffen mit starker Ich-Beteiligung (z. B. Eigentum, Ehre, Asoziale), welche Bedeutung sie für ein Individuum oder eine Gruppe besitzen können!
Bedenken Sie auch, wie sich die kognitiv-emotionale Struktur verändern kann (z. B Bedeutung von Brot für den Hungernden)!

(6) Betrachten Sie Erklärungsbegriffe, wie Otto-Motor, Atomenergie, grippaler Infekt!

Auf welches theoretische Modell bezieht sich der Begriff? Gibt es konkurrierende Theorien?

(7) Die Begriffe »Kommunist« und »Sozialist« haben in der Bundesrepublik einen im Vergleich zu Frankreich deutlich anderen Begriffsinhalt. Versuchen Sie, für die beiden deutschen Begriffe die sachliche (denotative) und die mögliche emotionale (konnotative) Bedeutung zu unterscheiden!

(8) Versuchen Sie, drei der in diesem Kapitel vorgestellten Grundbegriffe unter Verwendung verschiedener Definitionsformen klar zu bestimmen!
Wie werden in Kreuzworträtseln Begriffe definiert?

(9) Was verstehen Sie unter »Mittelalter«? Schlagen Sie einmal in einem Lexikon oder Geschichtsbuch nach!
In welcher Form findet ggf. durch aktive Informationsaufnahme und -verarbeitung das Umlernen des Begriffs statt?
Hat die alte Form der kognitiven Organisation einen fördernden oder störenden Einfluß?

(10) Und hier noch eine Reihe ähnlicher Begriffe:
Aktendeckel, Schnellhefter, Ordner;
Metermaß, Zollstock;
Revolver, Pistole.
Überlegen Sie sich die Vorteile einer eindeutigen sprachlichen Kodierung von Begriffen!

(11) Regeln sind Begriffsketten. Suchen Sie Beispiele dafür, daß an Stelle von Regeln nur sprachliche Ketten gelernt wurden!

(12) Versuchen Sie für ein relativ einfaches Lernziel (z. B. Dreisatzrechnung) eine Lernstruktur i. S. *Gagnés* aufzustellen!

(13) Stellen Sie Vermutungen an über die sog. *Vergessenskurve* nach *Ebbinghaus,* indem Sie folgende Lernprozesse miteinander vergleichen: mechanisches Lernen sinnlosen Materials; mechanisches Lernen sinnvollen Materials; sinnvolles, verbales Lernen (rezeptiv oder entdeckend)!

(14) Suchen Sie Beispiele für die drei Grundformen zufallsfreier Beziehungen!

4.9.5 Diskussion

(1) Überprüfen Sie Richtlinien, Lehrpläne, Handreichungen für den Unterricht u. ä. auf ihre Aussagen über Begriffsbildung und Wissenserwerb!

(2) Beschreiben Sie an einem Beispiel ausführlich, wie in einer Unterrichtsstunde ein Begriff eingeführt wurde!
Welche der in diesem Kapitel eingeführten Fachbegriffe können zum besseren Verständnis herangezogen werden?

(3) Analysieren Sie einmal einen aktuellen Begriff aus der Tagespresse oder dem Rundfunk nach möglichst vielen der bisher behandelten Gesichtspunkte!

(4) Was halten Sie von der begründeten Vermutung, daß jüngere Kinder im Vergleich zu älteren Begriffe eher induktiv erwerben? Wie könnte man zu Hause oder in der Schule dem Rechnung tragen?

(5) Wie könnte man vorgehen, wenn Kinder in einem bestimmten Sachgebiet (z. B. Mengenlehre, deutsche Grammatik) nur Begriffsnamen, nicht aber die Begriffsinhalte erlernt haben?
Entwerfen Sie ein Arbeitsblatt für die schulische oder häusliche Nachhilfe!

(6) Diskutieren Sie *Bruners* Theorie des »instrumentellen Konzeptualismus«!

(7) Als nächstes werden Ihnen Aufgaben aus einem Intelligenztest für das 1. und 2. Schuljahr vorgestellt (Abb. 76).
Bei diesem Teiltest »Nichtpassendes« sollen die Kinder etwas Gemeinsames (den Oberbegriff, der allerdings nicht sprachlich formuliert werden muß) an fünf Bildern erkennen und das sechste, das nicht zu den übrigen paßt, durchkreuzen (BT 1–2, 1967, Beiheft S. 3).

Welche Anforderungen stellen solche Aufgaben im einzelnen? Wie kann diese Art von Begriffsbildung gefördert werden?

(8) Diskutieren Sie die Auffasssungen von *Ausubel* und *Bruner* über Wissenserwerb!

(9) Erscheint es Ihnen bedeutsam, daß bei jüngeren Kindern im Zusammenhang mit Wissenserwerb konkrete Anschauung und möglichst han-

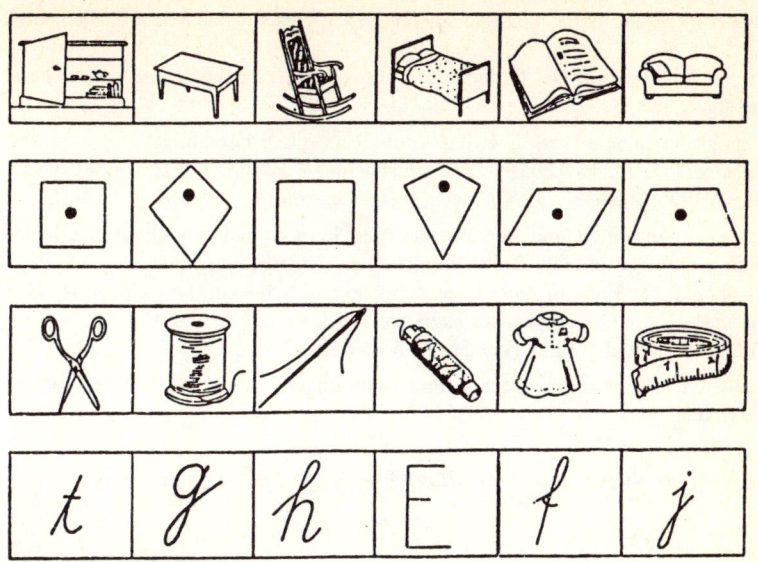

Abb. 76: Testaufgaben zur Begriffsbildung
(aus dem Intelligenztest BT 1–2).

delnder Umgang mit den Dingen eine unabdingbare Voraussetzung ist?
Welche didaktischen Konsequenzen ergeben sich hieraus?

(10) Was halten Sie von der These, daß zahlreiche Eltern und Lehrer
wenig sensibel sind für die intellektuellen Leistungen von Kindern?

4.9.6 Weiterführende Literatur

Einen Teil der von Jerome *Bruner* und seinen Mitarbeitern durchgeführten
Untersuchungen zur Begriffsbildung finden Sie in
Bruner, J. S./*Olver,* R. R./*Greenfield,* P. M.: Studien zur kognitiven Entwicklung. Klett, Stuttgart 1971.

Einen Überblick über eine Vielzahl von empirischen Studien zur Begriffsbildung
bietet
Oerter, R.: Psychologie des Denkens. Auer, Donauwörth 1971.

Als Einführung in die Grundfragen der Kognitiven Psychologie ist geeignet
Posner, M. I.: Kognitive Psychologie. Juventa, München 1976.

Begriffsbildung unter handlungstheoretischen Gesichtspunkten wird behandelt in
Aebli, H.: Denken: Das Ordnen des Tuns. Band II: Denkprozesse. Klett-Cotta, Stuttgart 1981.

Das grundlegende Werk über das sinnvoll rezeptive Lernen ist
Ausubel, D. P.: Psychologie des Unterrichts. 2 Bände. Beltz, Weinheim und Basel 1974 (*Ausubel, D. P./Novak, J. D./Hanesian, H.* 1980/81 = 2. Aufl.).

Bruners Ansichten über das entdeckende Lernen sind mit unterschiedlichen Schwerpunkten in einer Reihe von Büchern niedergelegt, z. B.
Bruner, J. S.: Entwurf einer Unterrichtstheorie. Schwann, Düsseldorf 1974.
Bruner, J. S.: Der Prozeß der Erziehung. Schwann, Düsseldorf 1970.
Neber, H. (Hrsg.): Entdeckendes Lernen, Beltz, Weinheim und Basel 1973.

Neuere Literatur zum entdeckenden Lernen findet sich in verschiedenen Fachdidaktiken.

Lösungsschlüssel zum Test »Begriffsbildung und Wissenserwerb«

Folgende Lösungen waren richtig:

Aufgabe	1	2	3	4	5	6	7	8	9	10	11	12	13
A	b	c	a	c	d	a	b	d	c	d	a	b	c
B													

Tragen Sie Ihre Lösungen in die Zeile B ein und zählen sie die Übereinstimmungen aus. Sie können jetzt beurteilen, ob Sie das Lernziel erreicht haben.

Haben Sie das Lernziel nicht erreicht, sollten Sie den Informationsteil oder einzelne Abschnitte noch einmal durcharbeiten. Das ist auch dann zu empfehlen, wenn Sie den Test zwar insgesamt bestanden haben, aber dennoch einige Aufgaben nicht richtig lösen konnten. Sie sollten auch die Items beachten und in Ihre Nacharbeit mit einbeziehen, die Sie richtig gelöst haben, bei denen Sie sich Ihrer Sache aber nicht so sicher waren.

Wenn Sie an dieser Stelle konsequent sind, erleichtert Ihnen das die weitere Beschäftigung mit dem Arbeitsteil.

5. Kapitel: Planvolles Handeln und Problemlösen

5.1 Der Inhalt dieses Kapitels

5.1.1 Lernziele

Der Leser soll
- die wesentlichen Merkmale von Handlungen kennen;
- die handlungsleitende Funktion von subjektiven Theorien und Handlungsschemata begreifen;
- über ein differenziertes Modell des Lehr-Lern-Prozesses verfügen;
- wissen, was ein Problem ist und fünf Problemlösetheorien beschreiben können.

Durch diese gründliche Kenntnis der Gesetzmäßigkeiten des planvollen Handelns und Problemlösens soll der Leser darüber hinaus
- angeregt werden, effizientes Handeln zu trainieren;
- eigenständige und selbstverantwortliche Handlungsregulation bei Kindern und Jugendlichen fördern;
- kreative Problemlösungen und divergentes Denken selbst häufiger realisieren und bei anderen tolerieren und unterstützen.

Zudem soll der Leser wieder ermuntert werden, die hier angesprochenen Themen mit Bekannten zu diskutieren und an einzelnen Punkten durch die Arbeitsanregungen und empfohlene weiterführende Literatur zu vertiefen.

5.1.2 Zur Einführung in das Themengebiet

Betrachten wir zunächst drei Situationen!

(1) Jemand beabsichtigt, einen arbeitsfreien Sonntag der Erholung zu widmen. Er wägt zwischen folgenden Handlungsmöglichkeiten ab: lange schlafen und den Rest des Tages lesen und Musik hören, eine Sauna besuchen und dann spazieren gehen, zum Ski-Langlauf in das nahegelegene Mittelgebirge fahren. Er entscheidet sich schließlich für den Ski-Ausflug und plant genau den Zeitpunkt der Abfahrt, den Anfahrtweg, die Route usw.

Eine solche Art des *Handelns* wird, nicht wie beim instrumentellen *Verhalten* durch die nachfolgenden Konsequenzen, sondern durch einen vorausgehenden Plan gesteuert.

(2) »*Bandura/Ross/Ross* (1963) teilten 96 Kindergartenkinder im Alter von 3–5 Jahren in 4 Gruppen ein, die 10 Minuten lang folgende unterschiedliche Erfahrungen machten: Gruppe A = Beobachtung eines aktiv-aggressiven Erwachsenen. Gruppe B = Beobachtung des gleichen aktiv-aggressiven Erwachsenen in einem Film. Gruppe C = Beobachtung einer als Katze kostümierten Figur aus einem Zeichentrickfilm mit katzenartigen Bewegungen und gleichen aggressiven Akten. Gruppe D = Kontrollgruppe ohne Wahrnehmung eines aggressiven Modells. – Das aggressive Verhalten des Modells in Gruppe A bis C bestand aus für Kinder neuartigen Formen von Feindseligkeit gegenüber einer großen Spielpuppe, z. B. sich auf die Puppe setzen und sie mit einem Stock verprügeln, sie in die Luft werfen und mit dem Fuß durchs Zimmer stoßen, begleitet von entsprechend aggressiven Ausdrücken wie »Hau' sie nieder!«. Anschließend an die nur 10minütige Darbietung wurden die Kinder aller Gruppen in einen Raum gebracht und zur evtl. Erleichterung des Ausbruchs von Aggressionen einer leichten Frustration dadurch ausgesetzt, daß ihnen attraktive Spielzeuge weggenommen wurden. Unter dem verbleibenden Spielzeug befand sich die große Spielpuppe, gegen die sich die Aggressionen der Modelle gerichtet hatten. Die Kinder wurden in ihrem Verhalten 20 Minuten lang beobachtet.
Ergebnisse: Die Kinder der experimentellen Gruppen A bis C zeigten fast doppelt so viel aggressive Akte wie die Kinder der Kontrollgruppe, und zwar häufig genau die gleichen wie die des Modells. Zwischen den 3 experimentellen Bedingungen A bis C bestanden keine größeren Unterschiede; es zeigte sich jedoch die Tendenz zur höchsten Effektivität des menschlichen Filmmodelles hinsichtlich aggressiven Verhaltens. Danach scheint entgegen üblicher Erwartung die Beobachtung von Life-Modellen nicht die effektivste Lernbedingung zu sein« (aus: *Tausch, R./Tausch, A.* 1973, S. 52).

Dies ist ein Beispiel für *Modell-Lernen*. Ein Beobachter nimmt das Verhalten eines Modells wahr und imitiert unter bestimmten Bedingungen diese Verhaltensweisen. Beim Modell-Lernen fehlt – im Vergleich zum planvollen Handeln – ein Handlungsspielraum, d. h. die Möglichkeit zwischen Alternativen zu wählen.

(3) Aus *Posner* (1976, S. 238) entnehmen wir folgendes *Problem:*

»Zwei Bahnhöfe sind 80 Kilometer voneinander entfernt. An einem Sonnabend um 14 Uhr fährt in entgegengesetzter Richtung von jedem Bahnhof ein Zug ab. Gerade als der Zug den Bahnhof verläßt, flattert ein Vogel von dem ersten Zug auf und fliegt in der Zugrichtung, allerdings schneller, dem Zug voraus, bis er den zweiten Zug erreicht. Sofort kehrt der Vogel um und fliegt in entgegengesetzter Richtung zurück, bis er wieder dem ersten Zug begegnet. Daraufhin kehrt er noch einmal um und fliegt auf den zweiten Zug zu. Er tut das solange, bis sich beide Züge treffen. Die Züge fahren beide mit einer Geschwindigkeit von 40 Kilometern pro Stunde, und der Vogel fliegt mit einer Geschwindigkeit von 160 Kilometern pro Stunde. Wie viel Kilometer hat der Vogel am Treffpunkt der beiden Züge zurückgelegt?«

Die Lösung, die Ihnen vermutlich zunächst Schwierigkeiten bereitet, wird sehr einfach, wenn man das Problem umstrukturiert, d. h. wenn man es unter einem neuen Blickwinkel sieht:

Posner schreibt hierzu: »Wenn dieses Problem als Vogelflugproblem aufgefaßt wird, muß man jeden Flug des Vogels zwischen den Zügen berechnen, was die Lösung sehr schwierig macht. Ändert man aber den Schwerpunkt des Problems und verschiebt ihn auf die Zeit, die der Vogel fliegen muß, so erweist sich das Problem als trivial. Ehe sich die Züge treffen, müssen sie eine Stunde gefahren sein (jeder Zug hat gerade 40 Kilometer zurückgelegt, die Hälfte der 80 Kilometer langen Strecke), und der Vogel, der eine Stunde lang hin und her geflogen ist, hat mit seiner schnellen Flugzeit gerade 160 Kilometer zurückgelegt.«

5.1.3 Verschiedene Aspekte des planvollen Handelns und des Problemlösens

Nachdem wir drei Beispiele für diese Lernformen kennengelernt haben, soll das Thema in diesem Kapitel in folgender Weise systematisch behandelt werden:
– Das Modell-Lernen
Es gibt verschiedene Theorien des Modell-Lernens. Die sozial-kognitive

Theorie von *Bandura* kann als Vorläufer der Handlungstheorien aufgefaßt werden.

– Merkmale von planvollem Handeln
Handlungstheorien gehen von einem neuen Menschenbild, dem »Modell des reflexiven Subjekts« aus. Als wichtigste Merkmale werden besprochen: Handeln als zielgerichtete und bewußte Tätigkeit; die Handlungsfolgen werden rückgemeldet; Handeln ist hierarchisch-sequentiell organisiert. Es wird angenommen, daß es verschiedene Kategorien von Handlungen gibt.

– Handlungsleitende Kognitionen
Menschen verfügen zur Bewältigung alltäglicher und beruflicher Anforderungen über subjektive Theorien, die sich in einem Handlungskonzept aktualisieren können. Dieses enthält das Handlungsschema, d. h. die Grundstruktur der späteren Handlung. Die Ausführung der Handlung wird von solchen handlungsleitenden Kognitionen gesteuert.

– Ein Allgemeines Lehr-Lern-Modell
Das auf kybernetischer Grundlage aufgebaute Modell versucht, der Komplexität des Lehr-Lern-Prozesses durch Abbildung möglichst zahlreicher Komponenten gerecht zu werden. Es wird unterstellt, daß Lehrer häufig über subjektive Modellvorstellungen verfügen, die durch ein solches wissenschaftliches Modell ergänzungsbedürftig sind.

– Problemlösen
Problemlösen ist ein Sonderfall des planvollen Handelns. Ein Problem liegt vor, wenn das Ziel wegen einer Barriere auf direktem Wege nicht erreichbar ist. Vom Problem ist die Aufgabe abzuheben. Es werden fünf Problemlösetheorien vorgestellt.

–Planvolles Handeln und Problemlösen in verschiedenen Bereichen.
Angesprochen werden einige Gesichtspunkte aus dem Alltag und dem Bereich von Unterricht und Erziehung.

–Arbeitsteil
Nach diesem *Informationsteil* bildet ein *Arbeitsteil* den Abschluß des Kapitels. Er bringt nach einer Zusammenfassung und einem Test verschiedene Arten von Übungsaufgaben, Anregungen zur Diskussion sowie Literaturhinweise.

5.2 Das Modell-Lernen

5.2.1 Vorbemerkung

Es gibt verschiedene Theorien des Modell-Lernens, deren wichtigste heute die sozial-kognitive Theorie von *Bandura* ist. In ihrem Mittelpunkt stehen kognitive Prozesse der Informationsverarbeitung und -speicherung. Diese Theorie des Modell-Lernens kann als Vorläufer der eigentlichen Handlungstheorien angesehen werden.

5.2.2 Der Begriff des Modell-Lernens

Andere Bezeichnungen für diese Lernart sind: Lernen am Modell, Beobachtungslernen, Imitationslernen, stellvertretendes Lernen. Zu allem Überfluß werden diese Begriffe von einem Teil der Autoren synonym verwendet, von anderen wieder gegeneinander abgegrenzt. Einig ist man sich eigentlich nur in der Feststellung, daß die Wahrnehmung eines *Modells* einen *Beobachter* »beeinflussen« kann. Hierbei scheint es von untergeordneter Bedeutung zu sein, ob das Modell als Person anwesend ist (Life-Modell) oder ob es über ein Medium vermittelt wird (z. B. Darstellung in einem Film oder sprachliche Beschreibung in einem Buchtext).

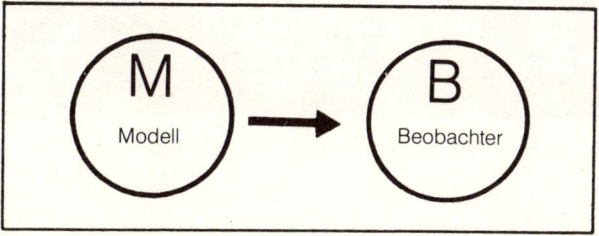

Abb. 77: Schema des Modell-Lernens

Modell-Lernen »stellt eine besonders schnelle und effiziente Art der Übernahme von Verhaltensweisen dar, besonders bei der Übernahme komplexer Verhaltensformen im Bereich des sozialen und sprachlichen Verhaltens« (*Tausch/Tausch* 1973, S. 49).

Nach *Bandura/Walters* (1963) können folgende Lerneffekte unterschieden werden:

– Der modellierende Effekt, d. h. der Beobachter erlernt Verhaltensweisen, die in seinem bisherigen Verhaltensrepertoire noch nicht vorhanden waren.

– Der enthemmende oder hemmende Effekt, d. h. beim Beobachter bereits vorhandene Verhaltensweisen treten leichter auf (z. B. wenn das Modell belohnt wird) bzw. werden unterdrückt (z. B. wenn das Modell bestraft wird).

– Der auslösende Effekt, d. h. nach dem Auftreten eines Modells wird ein Verhalten, das der Beobachter bereits vorher gelernt hat, gezeigt.

Abb. 78: Der modellierende Effekt (Zeichnung von Fritz Wolf, aus: Stern)

Die Lernvorgänge, die unter der Bezeichnung »Modell-Lernen« zusammengefaßt werden, sind sehr unterschiedlicher Natur. Es gibt verschiedene theoretische Ansätze, mit deren Hilfe Modell-Lernen erklärt wird. Anschließend sollen zwei gegensätzliche Standpunkte behandelt werden: Verhaltenstheoretische Aufassungen und die sozial-kognitive Theorie von *Bandura*.

5.2.3 Verhaltenstheoretische Auffassungen

(1) Modell-Lernen als instrumentelles Lernen
Menschen bringen im Laufe ihres Lebens eine Fülle von Nachahmungs-
reaktionen hervor. Manche dieser Reaktionen werden verstärkt und
treten darum häufiger auf. Wir haben es bei dieser Auffassung von
Modell-Lernen genau mit jenen Erscheinungen zu tun, die wir als
»instrumentelles Lernen« beschrieben haben. Das Modell bewirkt nur die
Anregung des Verhaltens. Ob eine solche Verhaltensweise gelernt wird,
darüber entscheiden die Konsequenzen, die der Beobachter erfährt.
Bei solchen Lernprozessen gelten alle Gesetzmäßigkeiten des instrumentellen Lernens. So führt zum Beispiel die differentielle Verstärkung
bestimmter Verhaltensweisen zu selektiver Imitation (z. B. Verhaltensweisen der Hausfrau, der Mutter, des Kindes). Modelle, deren Imitation
durch den Beobachter positive Konsequenzen zur Folge hatten, werden
so zu Hinweisreizen, in deren Gegenwart die Imitationshäufigkeit steigt.

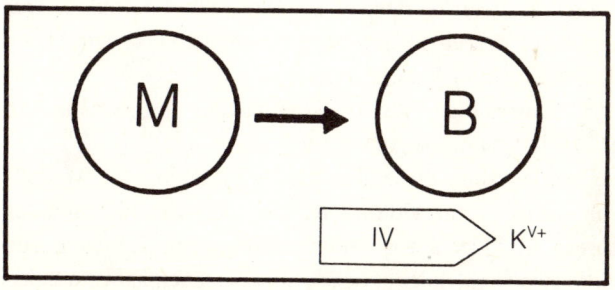

Abb. 79: Modell-Lernen als instrumentelles Lernen

Eigentlich erscheint es wenig sinnvoll, bei einer solchen Erklärung
überhaupt von Modell-Lernen zu sprechen.

(2) Modell-Lernen als stellvertretende Verstärkung
Eine andere Erklärung für Modell-Lernen liegt vor, wenn nicht der
Beobachter, sondern nur das Modell verstärkt wird. Im Gegensatz zur
direkten Verstärkung können wir hier von *stellvertretender Verstärkung*
sprechen.

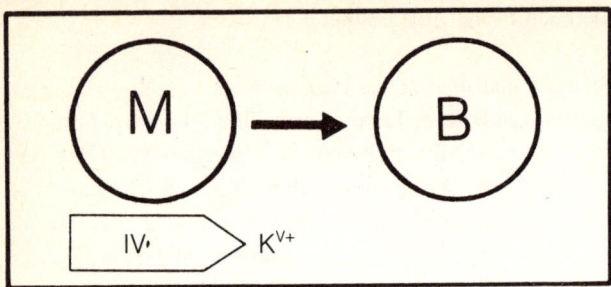

Abb. 80: Modell-Lernen als stellvertretende Verstärkung

Zahlreiche Lernphänomene können auf Grund stellvertretender Verstärkung zustande kommen, wie das die frühen Arbeiten *Banduras* und
seiner Mitarbeiter belegen.

Hierbei ist es prinzipiell möglich, daß auf der Seite des Modells außer der
positiven Verstärkung auch andere Formen des instrumentellen Lernens
auftreten (negative Verstärkung, Bestrafung, Löschung). Bei der stellvertretenden Bestrafung liegen die Verhältnisse allerdings wesentlich
komplizierter, da sich zwei Tendenzen im Widerstreit befinden. Der
Beobachter nimmt auf der einen Seite ein möglicherweise attraktives
Modell-Verhalten wahr, dem jedoch andererseits negative Konsequenzen folgen. Die Auswirkungen auf den Beobachter sind aus diesem
Grund weniger deutlich voraussagbar.

Allgemein kann man im Sinne dieser Theorie formulieren: ». . . Modell-
Lernen liegt vor, wenn ein Individuum als Folge der Beobachtung des
Verhaltens anderer Individuen sowie der darauffolgenden Konsequenzen
sich neue Verhaltensweisen aneignet oder schon bestehende Verhaltensmuster weitgehend verändert« (*Vogl* 1974, S. 85).

5.2.4 Die sozial-kognitive Theorie von *Bandura*

Die Bezeichnung »sozial-kognitive Theorie« enthält zwei Aspekte: Eine
solche Theorie versucht, *soziales* Lernen zu beschreiben und zu erklären
und sie betont *kognitive* Komponenten. Der zweite Gesichtspunkt soll
nun etwas näher betrachtet werden.

Nachdem *Bandura* sich in seinen frühen Arbeiten als Behaviorist ausge-
wiesen hat, tritt ab 1969 ein Wandel in seiner Auffassung ein. Er gilt
heute als wichtigster Vertreter einer kognitiv orientierenden Theorie des
Modell-Lernens.

Betrachten wir zunächst drei Zitate!

»Die meisten zeitgenössischen Lernauffassungen weisen den kognitiven Funktionen für den Erwerb und die Regulierung des menschlichen Verhaltens eine wichtigere Rolle zu, als es frühere Erklärungssysteme taten. Die Theorie des sozialen Lernens . . . geht davon aus, daß Modellierungseinflüssen hauptsächlich informative Funktion zukommt . . .«
»In der Theorie des sozialen Lernens . . . nimmt man an, daß Verhalten vor allem durch zentrale Integrationsmechanismen, die der motorischen Ausführung vorgeschaltet sind, gelernt und organisiert wird.«
»In der Theorie des sozialen Lernens wird die Verstärkung eher als förderliche und nicht so sehr als notwendige Bedingung angesehen« (*Bandura* 1976, S. 23, 45, 51).

In diesen Zitaten wird *Banduras* Ansatz sichtbar: Menschen lernen aufgrund von *Informationen* und das eigentliche Lernen besteht aus *zentralen Integrationsprozessen*. Diese heutige Auffassung von Modell-Lernen ist wesentlich dadurch gekennzeichnet, daß zwischen der *Anregung* des Verhaltens durch ein Modell und der *Ausführung* des Verhaltens durch den Beobachter *kognitive Prozesse* angenommen werden.
Bandura (1976) gliedert den Vorgang des Modell-Lernens in zwei Abschnitte, die jeweils noch einmal untergliedert sind:

– Die *Aneignungsphase* (Akquisition)
  (1) Aufmerksamkeitsprozesse und
  (2) Gedächtnisprozesse
– Die *Ausführungsphase* (Performanz)
  (3) motorische Reproduktionsprozesse und
  (4) Verstärkungs- und Motivationsprozesse.

(1) Aufmerksamkeitsprozesse

»Eine der wichtigsten Funktionen des Beobachtungslernens übernehmen die Aufmerksamkeitsprozesse. Wenn man Menschen die modellierten Reaktionen lediglich vorführt, garantiert dies allein noch nicht, daß sie ihnen ihre ungeteilte Aufmerksamkeit zuwenden . . . und die Hinweisreize genau wahrnehmen, denen sie sich zuwenden sollen.« . . . »Differenzierende Beobachtung ist deshalb eine der notwendigen Bedingungen des Beobachtungslernens« (*Bandura* 1976, S. 24).

Diese Aufmerksamkeitszuwendung wird gefördert durch bestimmte Charakteristika der Modellperson (erfolgreiche Modelle, positives

Beziehungsverhältnis der Modellperson zum Beobachter, Prestige und Kompetenz des Modells) sowie durch Charakteristika des Beobachters (emotionale Erregung und Engagement, Gefühl der Abhängigkeit, Unklarheit und Zweifel über angemessene Verhaltensformen).

(2) Gedächtnisprozesse

Einmal beobachtetes Modellverhalten kann u. U. erst nach längerer Zeit vom Beobachter offen gezeigt werden. In der Zwischenzeit muß es gespeichert werden.

Noch vor der Speicherung werden die aufgenommenen Modellreize kognitiv verarbeitet. »Nach der Theorie des sozialen Lernens üben die Beobachter eine höchst aktive Funktion aus, indem sie die Modellierungsreize in leicht erinnerliche Schemata umformen, klassifizieren und organisieren« (*Bandura* 1976, S. 28). *Bandura* unterscheidet zwei Repräsentationssysteme, ein bildhaftes und ein sprachliches. Man könnte auch sagen: Beobachtete Ereignisse werden bildlich oder verbal kodiert. Beide Formen der inneren Repräsentation oder Darstellung wurden im Zusammenhang mit der Begriffsbildung bereits besprochen (vgl. *Bruner/ Olver/Greenfield* 1971).

Beispiel:

Kleine Kinder beobachten aggressive Verhaltensweisen bei einem anderen Kind.

Dieses Ereignis könnte folgendermaßen kodiert und anschließend gespeichert werden: Detaillierte bildhafte Vorstellung des Schlagens, An-den-Haaren-Ziehens usw.; sprachliche Beschreibung der einzelnen Verhaltensweisen; begriffliche Kennzeichnung (»Der ist böse«).

Die Bedeutung der *symbolischen Repräsentation* (deren wichtigste Form die sprachliche Kodierung ist) für das Modell-Lernen konnte in zahlreichen Untersuchungen nachgewiesen werden. So ahmten z. B. Kinder das Verhalten eines Modells in stärkerem Maße nach, wenn sie aufgefordert wurden, das beobachtete Verhalten zu verbalisieren.

(3) Motorische Reproduktionsprozesse

Die offene Ausführung des Verhaltens wird gesteuert von der beschriebenen Repräsentation des Modellverhaltens. Das Modell beeinflußt demnach das Verhalten nicht unmittelbar, sondern auf dem Umweg über die spezifische kognitive Organisation des Beobachters.

(4) Verstärkungs- und Motivationsprozesse

»Ein Individuum mag zwar die Fähigkeit erwerben und behalten, ein modelliertes Verhalten auszuführen, wird das Erlernte aber nur schwerlich offen ausführen, wenn Sanktionen drohen oder die Umstände keinen Ansporn bieten« (*Bandura* 1976, S. 29).

Dies umschreibt exakt das, was wir Konsequenzen des instrumentellen Verhaltens genannt und als Verstärkung, Bestrafung und Löschung beschrieben haben.

Die möglichen Konsequenzen des offen ausgeführten Verhaltens auf der Seite des Beobachters beeinflussen bereits die Beobachtung, da die Aufmerksamkeit sich selektiv nur auf bestimmtes Modellverhalten richtet. Die Antizipation von Verstärkung (oder Bestrafung bzw. Löschung) hat motivierende (bzw. demotivierende) Funktion, sowohl für den Erwerb wie für die Ausführung des modellierten Verhaltens. Für *Bandura* ist die Verstärkung hauptsächlich aus dem Grund bedeutsam, weil sie die Aufmerksamkeitsprozesse und die zentralen Integrationsvorgänge fördert. So wird die Verstärkung eher als eine *förderliche* und nicht so sehr als eine *notwendige* Bedingung des Modell-Lernens angesehen.

»Sowohl bei der Theorie der operanten Konditionierung wie bei der Theorie des sozialen Lernens nimmt man an, daß die Ausführung eines erworbenen Nachbildungsverhaltens einer strengen Kontrolle durch seine Folgen unterliege. Nach der Theorie des sozialen Lernens wird das Verhalten jedoch nicht nur durch unmittelbar erfahrene Folgen reguliert, die externen Ursprungs sind, sondern auch durch stellvertretende Verstärkung und Selbstverstärkung.«
»Nach Aufbau eines sich selbst steuernden Verstärkungssystems führt jedes Verhalten zu einer doppelten Konsequenz – zu einer Selbstbewertungs-Reaktion und zu einigen externen Ergebnissen« (*Bandura* 1976, S. 52, 53).

Hierbei kann es zu Konflikten zwischen der Selbstbewertung und der Fremdbewertung kommen. Nachahmungsverhalten kann auch ohne externe Verstärkung, lediglich durch Selbstverstärkung über längere Zeit aufrechterhalten werden.

Zusammenfassend läßt sich festhalten: Nach *Bandura* findet das eigentliche Lernen in der Aneignungsphase statt. Das in der Ausführungsphase später – möglicherweise – offen gezeigte Verhalten wird gesteuert durch die kognitive Repräsentation des Modellverhaltens in bildhafter oder sprachlicher Form. Ob das Verhalten gezeigt wird, hängt ab von der antizipierten äußeren Verstärkung des Beobachters, von seiner Selbstverstärkung und von der stellvertretenden Verstärkung des Modells.

5.2.5 Die Theorie des Modell-Lernens als Vorläufer von Handlungstheorien

In der sozial-kognitiven Theorie von *Bandura* lassen sich drei Schwerpunkte unterscheiden:
– Informationsaufnahme
  Sie wird gelenkt durch Aufmerksamkeitsprozesse.
– Informationsverarbeitung und -speicherung
  Organisation der Modellreize in bildhafter oder sprachlicher Form, d. h. Interaktion der Wahrnehmung des Modells mit Inhalten der kognitiven Struktur des Beobachters.
– Bewertungs- und Beurteilungsprozesse
  Im Zusammenhang mit den Zielvorstellungen, dem Verhalten und seinen Folgen, treten ggf. Wertnormen auf. Es kann so u. U. zu einem Konflikt zwischen Selbstverstärkung und Fremdbestrafung (oder Selbstbestrafung und äußerem Zwang) kommen.
Bei diesen drei sich gegenseitig beeinflussenden Prozessen wird ein wesentlicher Gesichtspunkt deutlich: In der Aneignungsphase erfolgt durch die Kodierung und Speicherung des Modellverhaltens eine mehr oder minder ausgeprägte *Antizipation* (gedankliche Vorwegnahme) des späteren Verhaltens.

Dies ist nun auch das herausragende Merkmal des planvollen Handelns, daß nämlich ein Vorentwurf (Plan, Handlungskonzept) die spätere Tätigkeit steuert. Was dem Modell-Lernen im Vergleich zum planvollen Handeln fehlt, ist die Flexibilität des Handlungskonzepts, ein gewisser Handlungsspielraum. Durch Lernen am Modell erworbene Verhaltensweisen können sozusagen gezeigt werden oder auch nicht gezeigt werden. Dies ist der Grund, warum wir im Zusammenhang mit Modell-Lernen von *Verhalten* sprechen und nicht von *Handlung*.

5.2.6 Zusammenfassung

In diesem Abschnitt wurden folgende Begriffe eingeführt:
Drei Lerneffekte beim Modell-Lernen
   der modellierende Effekt
   der enthemmende bzw. hemmende Effekt
   der auslösende Effekt

Verhaltenstheoretische Auffassungen
   Modell-Lernen als instrumentelles Lernen
   Modell-Lernen als stellvertretende Verstärkung

Die sozial-kognitive Theorie von *Bandura*
Aneignungsphase
   Aufmerksamkeitsprozesse
   Gedächtnisprozesse
Ausführungsphase
   motorische Reproduktionsprozesse
   Verstärkungs- und Motivationsprozesse

Banduras Theorie des Modell-Lernens als Vorläufer von Handlungstheorien

5.3 Merkmale von planvollem Handeln

5.3.1 Vorbemerkung

Psychologische Theorien gehen von unterschiedlichen Menschenbildern aus. Verhaltenstheoretische Auffassungen unterstellen eine weitgehende Außensteuerung durch Reize und handlungstheoretische Ansätze sehen schwerpunktmäßig eine Innensteuerung durch die Person selbst. Handlungstheorien schreiben dem Menschen grundsätzlich Rationalität zu und sehen ihn als verantwortlich für sein Tun. Es gibt keinen einheitlichen Theorieentwurf mit allgemein anerkannten Kernannahmen.

5.3.2 Das neue Menschenbild

Große Beachtung fand das im Jahre 1977 erschienene Buch von *Groeben/
Scheele:* »Argumente für eine Psychologie des reflexiven Subjekts«. Die
Autoren plädieren für die Ablösung des behavioralen Paradigmas zugunsten eines neuen Subjektmodells. Paradigma meint hier die gleichblei-
benden Kernannahmen einer Theorie bei ihrer Verwendung zur Erklärung sehr unterschiedlicher Erscheinungen (z. B. Anwendung der Prinzipien des instrumentellen Lernens auf Erziehung, Verhaltenstherapie und
Werbung).

Das behaviorale Modell sieht den Menschen unter der Kontrolle der
Umwelt. »Wer die Umgebung ändert, ändert das Verhalten, wer das
Verhalten ändern will, muß die Umwelt ändern« (*Westmeyer* 1973, S.
139).

Das Modell des reflexiven Subjekts sieht dagegen den Menschen als
Gegenstand der Psychologie analog dem Bild, das der Wissenschaftler
von sich selbst hat, »als Hypothesen generierendes und prüfendes Subjekt« (*Groeben/Scheele* 1977, S. 22). Der Mensch »mit seinen die
Umwelt erklärenden (subjektiven) Theorien bzw. durch Erklärungstheo-
rien geleiteten Handeln« wird unter einer kognitiven Frageperspektive
betrachtet. Dabei ist *Reflexion,* d. h. die »Selbstbeobachtung des Handelnden auf dem Wege zum Ziel« (*Aebli* 1980, S. 27) ein wesentliches
Merkmal dieser Auffassung.

Schwerpunkte der Forschungsprogramme, die von einem Modell des
reflexiven Subjekts ausgehen, sind auf der einen Seite die *kognitive
Repräsentation* (Einsicht in Welt und Selbst) und auf der anderen Seite
die *Aktivität* des menschlichen Subjekts gegenüber der Umwelt.

Miller/Gallanter/Pribram beklagen noch 1960 ein »theoretisches
Vakuum zwischen Kognition und Aktion«. Handlungstheorien befassen
sich zentral mit diesem Zusammenhang zwischen kognitiver Struktur und
Handlung. Die *interne Handlungssteuerung,* im Gegensatz zur Außensteuerung beim Verhalten, wird zum Kernpunkt der Theoriebildung.

Ein solches – damals – neues Paradigma führt auch zu neuen methodolo-
gischen Konzepten. Die Beobachtungen und Interpretationen des Wissenschaftlers sind mit denen des Handelnden in einem Dialog auf
Konsens zu überprüfen (sog. dialog-konsenstheoretisches Wahrheitskri-
terium).

5.3.3 Einige Definitionen von Handlung

»Handlungstheorien gehen davon aus, daß der Mensch als ein aktiv auf seine Umwelt einwirkendes *zukunftsbezogenes* Wesen, das sich selbst Ziele setzt und Hypothesen (Erwartungen) über seine Umwelt aufstellt, begriffen werden kann« (*Werbik* 1978, S. 11).
Der Mensch als autonomes Subjekt ist »fähig zur Regulierung der eigenen Beziehungen zur Umwelt und zur Selbstregulation« (Tomaszewski 1978, S. 20).
»Handlungstheorien betrachten Verhaltensweisen nur insofern, als sie als ›Handlungen‹, d. h. als von der Person *wählbare, willkürliche* und als Mittel für ein Ziel interpretierbare Verhaltensweisen angesehen werden können« (*Werbik* 1978, S. 8).
»Von ›Handlungen‹ wird dann gesprochen, wenn die Person ›mit vollem Bewußtsein‹ und ›absichtlich‹ etwas tut« (*Werbik* 1978, S. 18).
»Handeln heißt, einen Plan aufstellen und ihn verfolgen« (sinngemäß nach *Miller/Galanter/Pribram* (1973).
»Handeln soll . . . ein menschliches Verhalten (einerlei ob äußeres oder innerliches Tun, Unterlassen oder Dulden) heißen, wenn und insofern der oder die Handelnden mit ihm einen subjektiven Sinn verbinden« (Weber 1976, S. 8).

Handlungen sind nach diesen Aussagen folgendermaßen zu beschreiben: Der Mensch wird als Subjekt gesehen, das sich selbst Ziele setzt oder vorgegebene Ziele verfolgt. Handlungen sind die Mittel zur Erreichung dieser Ziele. Die Handlungen sind »wählbar«, d. h. es bestehen Handlungsalternativen und sie sind »willkürlich«, d. h. sie werden willentlich oder absichtlich eingesetzt. Dies macht den »subjektiven Sinn« der Handlung für den Handelnden aus. Ein Handelnder ist verantwortlich für das, was er tut. Die Handlung wird gesteuert durch einen »Plan«, der eine Antizipation der späteren Tätigkeit darstellt.
Diese Merkmale von Handlungen werden im folgenden etwas genauer besprochen.

5.3.4 Handeln als gegenständliche Aktivität

Der Mensch greift mit seinen Handlungen verändernd in seine Umwelt ein. Die *Ausführung der Handlung* führt zu gewissen *Handlungsfolgen*, d. h. das Ergebnis der Handlung besteht in einer Situationsänderung. Handlungen sind häufig *Mittel*, die einem bestimmten *Zweck* dienen, der außerhalb der Handlung liegt (Zweckrationalität). Handlungen können aber auch wegen ihres Eigenwertes ausgeführt werden (Wertrationalität).

Beispiel:

– Die Anwendung moderner Agrarmethoden dient dem Zweck, höhere Ernteerträge zu erzielen.
– Ein Mensch spielt Klavier aus Freude an der Musik. Das Musizieren ist in diesem Fall Selbstzweck und dient nicht weiteren Zwecken (z. B. Vorbereitung für eine Aufnahmeprüfung an einem Konservatorium).

Handlungstheorien beschreiben menschliche Aktivität meist als auf Gegenstände oder Menschen bezogen (z. B. Herstellung eines Werkstückes oder Beeinflussung eines Gesprächspartners), d. h. die Mittel-Zweck-Relation im Sinne der Zweckrationalität steht im Vordergrund des Interesses.

5.3.5 Handeln als zielgerichtete und bewußte Tätigkeit

Beim Handeln wird vor Beginn der eigentlichen Tätigkeit in Form eines Planes oder Handlungskonzeptes eine Antizipation der späteren Handlung und ihrer Folgen vorgenommen. Hierbei werden sowohl das angestrebte Ziel wie auch die möglichen Mittel zur Zielerreichung reflektiert.

Die Kennzeichnung des Handelns als »zielgerichtet und bewußt« meint aber nicht nur diese kognitive Repräsentation, sondern auch das Sehen und Abwägen *alternativer Handlungsmöglichkeiten*.

Nach *Rohracher* (1971, S. 502) liegt eine Willenshandlung dann vor, wenn sich die Person in einer *Wahlsituation* befindet. Die Person sieht sich in diesem Fall in der Lage, mindestens zwischen zwei Handlungsmöglichkeiten zu wählen. Im psychologischen Sinn ist der Akteur als Entscheidungsträger für die ausgeführte Handlung »verantwortlich«. Auch strafrechtlich kann ein »Täter« für eine Tat zur Verantwortung gezogen werden, sofern ihm nicht »Schuldunfähigkeit« oder »verminderte Schuldfähigkeit« zugeschrieben wird.

5.3.6 Die Handlungsfolgen werden rückgemeldet

Kaum ein anderes Buch hat die Entwicklung von Handlungstheorien so beeinflußt wie das von *Miller/Gallanter/Pribram:* »Strategien des Handelns« (1960, deutsch 1973).
Die Handlungssteuerung wird unter Verwendung eines kybernetischen Modells als *»Rückkopplungskreis«* erklärt.
Beispiel:

In einem Kühlschrank kann die Temperatur auf einen bestimmten Soll-Wert eingestellt werden. Ein Sensor schaltet bei einer Diskrepanz zwischen Ist-Wert und Soll-Wert das Kühlaggregat ein. Nach Erreichen des Soll-Wertes wird der Kühlvorgang beendet.

Obwohl dies ein mechanistisches Modell ist, hat es sich auch zur Beschreibung lebender Systeme als sehr fruchtbar erwiesen. In der Psychologie hat sich für den Rückkopplungskreis die Bezeichnung TOTE-Einheit (*T*est-*O*perate-*T*est-*E*xit-Einheit) eingebürgert. Die TOTE-Einheit ist das Grundmuster, nach dem die Pläne entworfen und später dann die Handlung gesteuert wird.
Beispiel:

Handlungssteuerung nach dem Modell der TOTE-Einheit

Test	Autotür ist nicht richtig geschlossen
Operate	Tür zuschlagen
Test	Tür ist jetzt richtig geschlossen
Exit	Handlung abgeschlossen.

Wenn bei der 2. Prüfung die Tür immer noch nicht geschlossen ist, muß eine neue Handlung (Operate) erfolgen und dies setzt sich so lange fort, bis eine Prüfung das Erreichen des Soll-Zustandes ergibt. Erst dann wird die Tätigkeit beendet.

Im Sinne des Rückkopplungskreises kann die TOTE-Einheit also auch in folgender Form schematisch dargestellt werden: TOTOTOTE.
Das Erreichen von Zielen ist nur möglich, wenn eine Entscheidungsinstanz T dem Handelnden die Übereinstimmung der Handlung und ihrer Folgen mit dem ursprünglichen Plan rückmeldet.
Bedeutsame Weiterentwicklungen dieses Ansatzes sind z. B. das »Handlungsgrundmodell« von *Kaminski* (1981) und die »VVR-Einheit« (= Vergleichs-Veränderungs-Rückkopplungs-Einheit) von *Hacker* (1978).

5.3.7 Handeln ist hierarchisch-sequentiell organisiert

Bei komplexen Handlungen lassen sich Teilpläne, Teilhandlungen und
Teilziele unterscheiden.
Beispiel:

Bei einem Skiausflug können aus dem »Verhaltensstrom« u. a. folgende Seg-
mente angegliedert werden

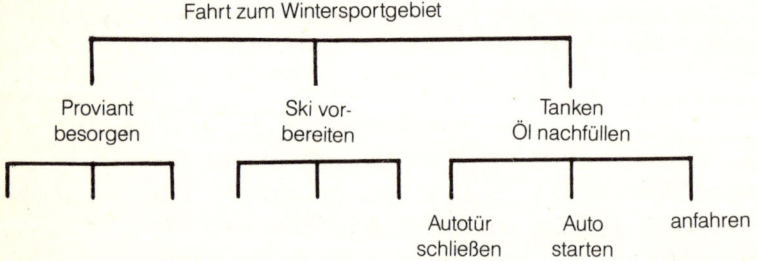

Die Planung und der Vollzug jeder Teilhandlung können mit Hilfe der
TOTE-Einheit erklärt werden, wie das am Beispiel des Zuschlagens der
Autotür gezeigt wurde. Ein solcher komplizierter Regulationsvorgang
bis zum Erreichen des Endziels ist durch Regulationsvorgänge auf
verschiedenen Ebenen gekennzeichnet. Die höheren Funktionsebenen
wirken dabei als Überwachungs- und Steuerinstanzen für die niederen. In
dieser hierarchischen Organisation determiniert das Endziel letztlich alle
Teilpläne und -handlungen. Auf diese Weise kommt es zu einer wesentlichen bewußtseinsmäßigen Entlastung bei der Bewältigung der untergeordneten Einheiten.
Da die einzelnen Teilhandlungen im Regelfall nur nacheinander ausgeführt werden können, ergibt sich zusätzlich zu der hierarchischen Ordnung noch eine zeitliche Sequenz, in der die einzelnen Komponenten
linear miteinander verbunden sind.

5.3.8 Kernannahmen von Handlungstheorien

In der Psychologie gibt es im Zusammenhang mit der Handlungsperspek-
tive keinen einheitlichen Theorieentwurf.

Nach *Lenk* (1978) ist das wesentlichste Attribut von Handlungen die Zuschreibung zu einem Akteur (Verantwortlichkeit). Diese zeigt sich in einer prinzipiellen Wahlmöglichkeit zwischen Handlungsalternativen und in einer (wenigstens ansatzweisen) Kontrolle des Vollzugs der Handlung. Es handelt sich hierbei um eine Bewußtheit in Richtung Subjekt und Ablauf. Intentionalität (Absicht) ist nicht unbedingt ein notwendiges Attribut, da man Verantwortlichkeit auch ohne Absichtlichkeit annimmt (z. B. fahrlässige Tötung).

Aebli (1980, S. 87) dagegen nennt als erstes Merkmal einer Handlung ihre Intentionalität: »Handlung intendiert ein Ziel«. Er spricht davon, daß dies der »Kern« der Handlung sei.

Werbik (1978, S. 8) sieht Handlungen »als von der Person wählbare, willkürliche und als Mittel für ein Ziel interpretierbare Verhaltensweisen«. Hier werden Verantwortlichkeit, Wahl zwischen Handlungsalternativen, Absicht und Zweckrationalität angesprochen.

Diese unterschiedliche Akzentuierung der zentralen Merkmale einer Handlung führt zu der Annahme *verschiedener Kategorien von Handlungen*. Es gibt Handlungen, bei deren Interpretation entweder mehr die Autonomie, die Bewußtheit und kognitive Konstruktivität (flexibles Handlungskonzept), die Steuerung des Handlungsablaufs, die Mittel-Zweck-Relation oder Situationskomponenten im Vordergrund stehen. Allerdings fehlt bis heute eine solche Klassifikation verschiedenartiger Handlungsformen. Im nächsten Abschnitt sollen als Beispiele für relativ umrissene Klassen von Handlungen »Das effiziente Handeln« und »Partialisierte Handlungen« besprochen werden.

5.3.9 Zusammenfassung

In diesem Abschnitt wurden folgende Begriffe eingeführt:

Behaviorales Modell   Außensteuerung
Modell des reflexiven Subjekts   Innensteuerung

Reflexion = Selbstbeobachtung des Handelnden auf dem Weg zum Ziel

Merkmale
   Handeln als gegenständliche Aktivität (Zweckrationalität)
   Handeln als zielgerichtete und bewußte Aktivität
   Die Handlungsfolgen werden rückgemeldet
   Handeln ist hierarchisch-sequentiell organisiert

Unterschiedliche Kernannahmen von Handlung
Verschiedene Klassen von Handlungen

5.4 Handlungsleitende Kognitionen

5.4.1 Vorbemerkung

Handeln wird meist als individuelle Handlungsregulation beschrieben.
Wenn Menschen Ziele anstreben, gehen sie dabei mehr oder minder
effizient vor. Handeln wird aber auch bestimmt von der Aufgabenstruktur und situativen Bedingungen.
Wir verfügen zur Bewältigung alltäglicher oder beruflicher Anforderungen über subjektive Theorien. Diese können sich in einem Handlungskonzept aktualisieren. Das Handlungskonzept enthält u. a. das Handlungsschema, d. h. die Grundstruktur der späteren Handlung. Die Handlungsschemata, über die eine Person verfügt, machen das aus, was man
Handlungskompetenz nennt. Die Ausführung einer Handlung wird von
solchen handlungsleitenden Kognitionen gesteuert.

5.4.2 Das effiziente Handeln

»Allgemein wollen wir ein Handeln dann als effizient bezeichnen, wenn
es sein Ziel erreicht; dabei implizieren wir, daß das Ziel auch Kriterien
seiner zeitlichen und ökonomischen Erreichung beinhaltet« (*Volpert*
1974, S. 41). Bei ineffizientem Handeln liegt eine »Störung« vor, die
ihren Grund in den Leistungsvoraussetzungen des Handelnden, den
Situationsbedingungen oder der (selbst- oder fremdgesetzten) Aufgabe
haben kann.

Volpert nennt drei Merkmale des effizienten Handelns: Es ist 1. realistisch, 2. stabil-flexibel, 3. organisiert.

Effizientes Handeln ist realistisch.

Dies bedeutet vor allem, daß das sachliche Ziel in allen Aspekten erfaßt und voraussichtlich erreichbar ist, daß der Plan komplett ist und der Handlungsablauf allenfalls bei ungünstigen Umweltbedingungen geringfügig geändert werden muß und daß die zeitliche Perspektive alle relevanten Bedingungen berücksichtigt.

Beim unrealistischen Handeln lassen sich verschiedene Unterformen unterscheiden. Bei »illusionären Plänen« liegt eine mangelnde Realitätsbindung vor: Das Ziel ist unter den gegebenen Bedingungen und in der vorgesehenen Zeit nicht zu erreichen. Bei »mangelhafter Entwicklung der Planungsvorgänge« kommt es zu einem wirren Agieren, weil Ziel und Aktionsprogramm nicht klar genug antizipiert werden.

Effizientes Handeln ist stabil-flexibel.

»Verarbeitete Rückmeldung ermöglicht es, an Plänen festzuhalten und sich dennoch an veränderte Situationen anzupassen. Ein solches Verhalten wollen wir als ›stabil-flexibel‹ bezeichnen« (*Volpert* 1974, S. 46). Eine solche aufgabenadäquate Nutzung eines Spielraums für Planen und Handeln bedeutet: Grundsätzliches Festhalten am sachlichen Ziel mit gewissen Korrekturmöglichkeiten (»Ziel-Spielraum«); Wahrung der ursprünglichen zeitlichen Perspektive im großen und ganzen (»Zeit-Spielraum«); der Plan ist als »Handlungsgrundstruktur« ausgebildet und ermöglicht, auf situative Veränderungen einzugehen.

Im Gegensatz hierzu ist ein »unflexibles« Verhalten dadurch gekennzeichnet, daß die Rückmeldung nicht adäquat verarbeitet wird und es so nicht zu den nötigen Modifikationen kommen kann, während beim »instabilen« Handeln die Rückmeldung zu einer zu weit gehenden Veränderung des ursprünglichen Handlungskonzepts führt.

Effizientes Handeln ist organisiert.

Organisation bedeutet, daß die hierarchisch-sequentielle Ordnung voll ausgebildet ist. Wenn die Teilhandlungen auf niederer Ebene im Repertoire des Handelnden vorhanden sind, werden die höheren Ebenen entlastet und der Handelnde kann sich antizipatorisch-planerischen Aufgaben in Richtung Endziel zuwenden. *Hacker* (1978) spricht in diesem Zusammenhang von »planender Strategie«, die er von einer »momentanen Strategie« abhebt.

Bei einem nicht optimal organisierten Handeln sind die höheren Regula-

tionsebenen mit Detailaufgabe befaßt und »Vorgänge des Konstruktiv-
Kreativen, des Leitlinien-Setzens, der Erstellung längerer Zeitperspekti-
ven sind blockiert . . . Der unorganisiert Handelnde drängt daher zum
Tun, ohne Überblick über dieses Tun zu haben; er betreibt weder
Vorbereitung, noch Vorbeugung, verrennt sich in Sackgassen . . .« (*Volpert* 1974, S. 53). Eine solche Art des Handelns wird auch als »vor-
schnell« bezeichnet.

Diese Beschreibung des effizienten und des ineffizienten Handelns
basiert auf arbeitspsychologischen Untersuchungen aus dem Bereich der
industriellen Produktion. Die genannten Merkmale lassen sich aber ohne
weiteres auch auf Alltags-Handeln übertragen. Menschen sind in sehr
unterschiedlichem Ausmaß befähigt, einen Haushalt zu führen, pünktlich
und ohne Streß zum Arbeitsplatz zu gelangen oder eine Urlaubsreise zu
planen und erfolgreich durchzuführen.

5.4.3 Partialisierte Handlungen

Handlungen wurden bisher vorwiegend unter dem Aspekt der *individuellen Handlungsregulation* betrachtet. Überindividuelle Organisationsfor-
men, z. B. die industrielle Produktionsweise, determinieren jedoch individuelles Handeln in vielfältiger Weise. Gerade im Bereich der Arbeitstä-
tigkeit werden dem Menschen häufig nur Teilaufgaben zugewiesen.
Durch solche »zerstückelten Arbeitshandlungen« wurden die individuellen Handlungsmöglichkeiten, insbesondere die Handlungsplanung und
-kontrolle, stark verringert.
Volpert (1974, S. 59) nennt zwei Merkmale dieser *partialisierten Handlungen:*

»– Partialisierte Handlungen sind *isoliert,* d. h. der Gesamtzusammenhang der
Arbeit bzw. seine das Individuum übergreifenden Bestandteile werden nicht
miterfaßt und mit bestimmt;
– partialisierte Handlungen sind *restringiert,* d. h. der individuelle Handlungs-
zusammenhang ist im Sinne einer Unterentwicklung umfassender und komplexer
Planungsvorgänge gestört, an die Stelle der Beherrschung der Gegebenheiten und
des Überblicks tritt die Perspektivlosigkeit und das Beherrschtwerden . . .«

Arbeitssituationen mit einer starken Aufgliederung in Teilprozesse (z. B.
Bandarbeit) können so zu einer »qualitativen Unterforderung« des Arbei-
ters führen, die sich in dem Erlebnis von Monotonie ausdrückt.

Die Ergebnisse der Untersuchungen der »restriktiven Arbeitssituation« in Industriebetrieben lassen sich in einigen Punkten auch auf andere Bereiche übertragen. Menschen handeln oft wenig effizient, rational und verantwortlich, nicht weil sie dazu nicht befähigt wären, sondern weil die

Abb. 81: Einschränkung von Handlungsmöglichkeiten
       (aus betrifft: erziehung Juni 1979)

Situation oder die Aufgabenstruktur nur partialisierte Handlungen zulassen. Die zuweilen geringe Motivation von Schülern läßt sich u. a. auch damit erklären, daß sie sich nicht selten in einer dem Industriearbeiter vergleichbaren Lage befinden (Lernaufgabe wird nicht in einem größeren Zusammenhang gesehen, kaum Möglichkeit, eigenes Handlungskonzept zu entwickeln). Im Gegensatz hierzu versuchen Projektmethoden die Schüler bei der Planung des Lernens und bei der Bewertung der Lernergebnisse zu beteiligen.

5.4.4 Das Lernen von Handeln

Aebli sieht menschliches Handeln als »Abfolge von Episoden«. Dabei läßt sich feststellen, daß im Strom der Handlungen Wiederholungen vorkommen. Einzelne Episoden, wie Mahlzeiten bereiten, zur Arbeit gehen, Benzin tanken, Gäste empfangen treten öfter auf. »Die Wiederholung einer Handlung liegt dann vor, wenn zwei Episoden die *gleiche Struktur* haben« (Aebli 1980, S. 83).
Beispiel:

Das Bereiten einer Mahlzeit läuft ungefähr nach folgendem Schema ab: Speiseplan aufstellen, einkaufen, die Speisen zubereiten, Tisch decken, servieren.

Obwohl die einzelnen Episoden gewisse Unterschiede aufweisen (z. B. Mahlzeiten im Familienkreis, Bewirtung von Gästen) bleibt die Struktur der Handlung gleich. Dies nennt man ein *Handlungsschema*. Ein solches »Schema« stellt die kognitive Repräsentation einer Klasse von Vorgängen in handlungsmäßiger, bildhafter und symbolischer Form dar und ist als Kategorisierung (Begriffsbildung) zu verstehen.
Von einer Person, die fähig ist, zu Hause in der Küche Mahlzeiten zuzubereiten, wird man erwarten, daß sie auch in der Lage ist, auf einem Holzkohlengrill Gerichte herzustellen oder daß sie dies zumindest sehr schnell lernen kann. Das Können, über das eine Person verfügt, ist übertragbar auf neue Aufgaben (Transfer).
Handlungsschemata sind demnach durch folgende Merkmale gekennzeichnet:
– Sie weisen eine gleichbleibende Struktur auf,
– sie sind wiederholbar,
– sie sind innerhalb gewisser Grenzen auf neue Situationen übertragbar.

Aebli spricht auch davon, daß im Zuge mehrfacher Wiederholungen einer Handlung die Handlungsabläufe sicherer, flüssiger und fehlerloser werden. Durch Erfahrung werden so die Handlungsschemata erst allmählich in ihrer endgültigen Struktur aufgebaut. Dies bedeutet: Handlungsschemata werden gelernt.

»Die Gesamtheit der einer Person zur Verfügung stehenden Pläne bzw. Aktionsprogramme (welcher Abstraktionsebene auch immer) bezeichnen wir als *Handlungskompetenz*« (*Ulich/Frei* 1980). Die Verfügung über Handlungsschemata (= Pläne, Aktionsprogramme, Handlungsgrundmuster) befähigen den Menschen, gegenständliche Ziele auf effiziente Weise zu erreichen. Wenn es sich um eine bestimmte Kategorie von Handlungsschemata handelt, sprechen wir von *spezifischen Handlungskompetenzen* (z. B. zu unterrichten, einen Haushalt zu führen). »Ein Können zu lernen heißt, ein Handlungsgrundmuster aufzubauen, welches verschiedenen Situationen angepaßt werden kann« (*Volpert* 1974, S. 109).

Im Verlauf der Entwicklung des Kindes und Jugendlichen lassen sich beim Erwerb solcher Kompetenzen drei Abschnitte unterscheiden:
– Aneignung der durch Modelle vorgegebenen Verhaltensmuster,
– Ausbildung von Handlungsschemata,
– eigenständige Handlungsregulation in vergleichbaren Situationen.

Die allmähliche Ablösung von den Abhängigkeiten von anderen Menschen und deren pädagogischer Beeinflussung ist nur möglich, wenn dem Heranwachsenden Freiräume für selbständiges Handeln eingeräumt werden.
Beispiel:

Ein Kind soll lernen, mit dem Zug allein zu verreisen.
Zunächst wird man mit dem Kind Reisen unternehmen. Alle Komponenten der Strukur dieser Handlung wird man mit dem Kind besprechen (Fahrkarte kaufen, Fahrplan lesen, Gefahrenquellen im Zug, Umsteigen usw.). Nach mehreren Reisen lernt das Kind auf diese Weise das Handlungsschema. Irgendwann muß man dann dem Kind die Gelegenheit geben, ein solches Vorhaben auch alleine durchzuführen.

Da schulischer Unterricht häufig nicht auf umfassende Tätigkeitszusammenhänge ausgerichtet ist (Probleme der Partialisierung) und Eltern aus

Ängstlichkeit die möglichen Freiräume ihrer Kinder einengen, haben
zahlreiche junge Menschen keine optimalen Bedingungen zur Entwicklung einer eigenständigen und selbstverantwortlichen Handlungsregulation.

5.4.5 Die Verbesserung der Lehrerhandlung

Handlungsorientierte Forschungsprogramme konzentrieren sich besonders auf zwei Bereiche: Die Verbesserung des Arbeitshandelns (Qualifikation) von Industriearbeitern (*Volpert* 1974, *Hacker* 1978, *Volpert*
1980) und die Optimierung des Lehrerhandelns (*Hofer* 1981, *Wahl/
Schlee/Krauth/Mureck* 1983, *Huber/Krapp/Mandl* 1984).
Bei der Untersuchung der Unterrichtstätigkeit von Lehrern hat sich das
Interesse von der Beobachtung des äußeren Verhaltens auf die Analyse
kognitiver, nicht direkt erfaßbarer Prozesse verlagert. Es wird angenommen, daß *subjektive Theorien* einen bedeutsamen Einfluß auf pädagogisches Handeln haben. Solche Theorien werden auch als naive Verhaltenstheorien (*Laucken* 1974), Alltagstheorien, common-sense-Psycholo-
gie oder Berufstheorien bezeichnet. Den subjektiven Theorien stehen die
objektiven (= wissenschaftlichen) Theorien gegenüber. Letztere sind
durch systematisches und methodenkontrolliertes Vorgehen zur Gewin-
nung empirischer Daten und durch explizite Aussagen gekennzeichnet.
Subjektive Theorien stellen eine Ansammlung von Kognitionen (besonders von Erklärungsbegriffen) dar. Sie sind in ihrer Struktur einer
wissenschaftlichen Theorie vergleichbar und haben auch die gleichen
Funktionen, nämlich die Beschreibung, Erklärung und Prognose eines
Sachverhalts. Subjektive Theorien können sich in einem Handlungskonzept aktualisieren und somit entscheidend die Steuerung der eigentlichen
Handlung beeinflussen.
Beispiele:

Eltern haben bestimmte Vorstellungen über Faktoren, die die kindliche Entwicklung beeinflussen. Aus solchen Entwicklungsmodellen werden konkrete Erziehungsmaßnahmen abgeleitet.
Bei Kleingärtnern findet man häufig miteinander konkurrierende Theorien über
optimale Bewirtschaftung der Gärten. Dies führt dann zu unterschiedlichen
Formen der Bodenbearbeitung, der Wahl der Pflanzen usw.

Im Rahmen der Berufstheorien von Lehrern wurden bisher besonders folgende Bereiche erforscht: Subjektive Theorien zur Beurteilung von Schülern, zur Unterrichtsplanung und -gestaltung, zur Förderung von schwachen Schülern, zum Umgang mit Schulschwierigkeiten und zur Bewältigung persönlicher Krisensituationen von Lehrern (*Mandl/Huber* 1983, S. 98 f.).

Subjektive Theorien der Lehrer sind das Produkt der Auseinandersetzungen mit den Berufsanforderungen. Sie ermöglichen es, die alltäglichen Aufgaben und Probleme im Klassenzimmer mehr oder minder erfolgreich anzugehen. Subjektive Theorien haben zunächst eine *handlungsleitende Funktion*.

Sie vermitteln dem Benutzer ein Gefühl der Gewißheit und sind durch widersprüchliche Informationen nur schwer zu ändern. Diese Stabilisierungstendenz ist begründet in dem teilweise implizierten Charakter der Theorien, der eine Reflexion und Korrektur kaum zuläßt. Subjektive Theorien haben so gesehen auch eine *handlungsrechtfertigende Funktion*.

Versucht man Lehrerhandeln zu verändern, dann ist nach dem Bild des (zumindest potentiell) rationalen Menschen an der Veränderung der *handlungsleitenden Kognitionen* anzusetzen. Hierbei kommt es zu einem *Austausch* zwischen subjektiven und objektiven Theorien.

Nach *Hofer* (1980, S. 14) ist Lehrertraining ein Prozeß der »Transformation subjektiver in (möglichst) objektive Kognitionen«, der auf der Basis einer weitgehend gleichberechtigten Beratung durchzuführen ist. Diese Sichtweise ist nicht unproblematisch. Sie setzt nämlich voraus, daß in jedem Fall wissenschaftliche Theorien zur Verfügung stehen, die der Komplexität der pädagogischen Situation besser gerecht werden als die subjektive Berufstheorie des Lehrers.

Handlungstheoretisch orientierte Lehrertrainingsprogramme weisen zwei Schwerpunkte auf:

– Veränderung der (defizitären) subjektiven Theorie durch *Austausch* mit expliziten (wissenschaftlichen) Unterrichts- oder Erziehungstheorien und

– Training spezifischer Kompetenzen (häufig durch Microteaching).

Richtungsweisend für diese Art von Programmen wurde ein Modell von *Thiele* (1981).

5.4.6 Handlungsleitende Kognitionen und handlungsleitende Emotionen

Auffällig ist, daß Handlungstheorien den Menschen als ein im höchsten Maße rationales Wesen ansehen. Die Mehrzahl der handlungstheoretisch orientierten Bücher enthält einen Exkurs über Entscheidungstheorie, aber sehr selten findet man Mitteilungen über Emotionalität und Motivation. Gefühle und Bedürfnisse steuern aber in erheblichem Maße menschliche Tätigkeit. Der Aufforderungscharakter (emotionale Valenz, Anreiz, Attraktivität) einer Sache kann u. a. eine Aktivität mehr beeinflussen als das rationale Kalkül einer Planung. Die einseitige Betonung der Zweckrationalität verkennt auch die Bedeutung der Gefühle bei der Ausführung der Handlung. Eine Tätigkeit kann ausgesprochen Freude bereiten oder eine unangenehme Last sein. Es gibt eindeutig nicht nur »handlungsleitende Kognitionen«, sondern auch »handlungsleitende Emotionen«. *Ulrich* (in *Huber/Krapp/Mandl* 1984, S. 379) schreibt: »Während Kognitivisten die Person als eine sehen, die unentwegt irgendwelche Informationen aufnimmt, verarbeitet und bewertet, erscheint der Mensch in Handlungstheorien wie ein emsiges Eichhörnchen, das unablässig irgendetwas (natürlich Sinnvolles) *tut*. Wenn die Person nicht handelt, dann *plant* sie Handlungen oder sie *bewertet* Handlungsergebnisse.« Bei der Weiterentwicklung des handlungstheoretischen Ansatzes wird man neben den Kognitionen auch die Emotionen und Motive der Person in stärkerem Maße berücksichtigen müssen.

5.4.7 Zusammenfassung

In diesem Abschnitt wurden folgende Begriffe eingeführt:
Das effiziente Handeln
  realistisch
  stabil-flexibel
  organisiert

Partialisierte Handlungen
  individuelle Handlungsregulation
  Situationsbedingungen
  Aufgabestruktur

Das Lernen von Handeln
  Handlungsschemata
  Handlungskompetenz

Subjektive Theorien
  Vergleich mit objektiven (wissenschaftlichen) Theorien
  potentiell aktualisierbar in einem Handlungskonzept
  handlungsleitende Funktion
  handlungsrechtfertigende Funktion

Lehrertraining
  Austausch zwischen subjektiven und objektiven Theorien

Steuerung der Ausführung einer Handlung durch die handlungsleitenden Kognitionen
  Überbetonung »handlungsleitender Kognitionen«
  Vernachlässigung »handlungsleitender Emotionen«

5.5 Ein allgemeines Lehr-Lern-Modell

5.5.1 Vorbemerkung

Ein Modell ist eine vereinfachte veranschaulichende Abbildung eines Objekts oder Sachverhalts (»Denkmodell«). Lehr-Lern-Modelle versuchen die außerordentliche Komplexität von Lehr-Lern-Prozessen durch Aufzeigen einer möglichst klaren Struktur begreifbar zu machen. Modelle haben einerseits eine heuristische Funktion, indem sie weitere Forschung anregen, und sie haben andererseits eine didaktische Funktion, indem sie die Vermittlung von Wissen erleichtern.
Es wird unterstellt, daß Personen, die mit der Organisation von Lernprozessen befaßt sind, häufig über subjektive Modellvorstellungen verfügen, die ergänzungsbedürftig sind. Die Vorstellung des »Allgemeinen Lehr-Lern-Modells ALL« könnte so zu einem »Austausch zwischen subjektiver und objektiver Theorie« führen.

5.5.2 Die Struktur des Modells

Angeregt durch das »Handlungsgrundmodell« von *Kaminski* (1981) stellten *Edelmann/Hage/Sieland/Warns* (1982) das *Allgemeine* Lehr-Lern-Modell ALL vor.
Es weist folgende Merkmale auf:
– Im Rahmen der kybernetischen Grundstruktur werden die Regulationsvorgänge unter Verwendung der TOTE-Einheit erklärt.
– Es berücksichtigt die Informations- und Erlebnisverarbeitung bei Schüler und Lehrer.
– Die Wechselseitigkeit der Lehr-Lern-Prozesse (Interaktion) wird als symmetrische Darstellung der Lehrer- und Schülerseite abgebildet.
– Entsprechend der hierarchisch-sequentiellen Organisation werden drei Phasen unterschieden: Die Orientierungsphase (O), die Realisierungsphase (R) und die Evaluationsphase (E).
– Das Modell erfaßt große Einheiten, die sich über Tage und Wochen erstrecken und sehr kleine Einheiten, die u. U. nur Minuten dauern.
– Das ALL bildet den Idealfall von Lehr-Lern-Prozessen ab. Bei Nicht-Realisierung einzelner Modellkomponenten entstehen Modellvarianten.

5.5.3 Die Modellkomponenten

Die Modellkomponenten sind durch Kästen dargestellt und die Regulation des Ablaufs des Lehr-Lern-Prozesses wird durch Pfeile angedeutet.
Die nun folgende Beschreibung ist nur leicht verändert aus dem genannten Aufsatz von *Edelmann/Hage/Sieland/Warns* entnommen. Um die Verständlichkeit des Textes zu erhöhen, stehen die Vorgänge auf der Lehrerseite im Vordergrund. Grundsätzlich können aber immer auch analoge Prozesse beim Schüler angenommen werden.

Orientierungsphase (O)

(1) Eingangsdaten (O)
Am Anfang des Lehr-Lern-Prozesses steht die Aufnahme neuer *Informationen*. Auf der Lehrerseite können dies beispielsweise sein: Schülerdaten (Ergebnis der letzten Unterrichtsstunde, Disziplinprobleme), Diskussion beim Elternabend, neues Fachwissen aus einer Fortbildungstagung, interne Daten (Arbeitsmotivation, Stimmungslage) usw.

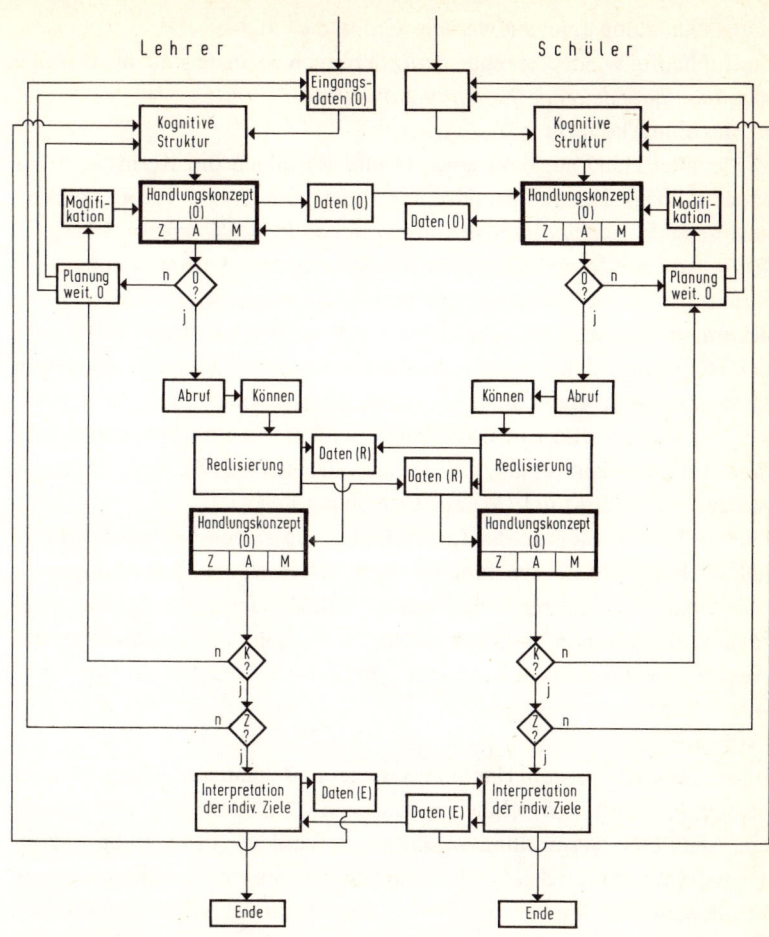

Abb. 82: Das Allgemeine Lehr-Lern-Modell ALL

(2) Kognitive Struktur

Informationsaufnahme bedeutet immer auch Informationsverarbeitung. Neue Daten werden mit Hilfe von relevantem Wissen (Begriffe und Regeln) kodiert und anschließend gespeichert (epistemische und heuristische Teilstruktur).

Wissen und auch Problemlösetechniken können eine unterschiedliche Nähe zu möglichen Handlungen aufweisen. Es gibt Wissen, das kaum jemals handlungsrelevant werden wird und es gibt subjektive Theorien, die auf häufig wiederkehrende Anforderungen bezogen sind und deutlich eine *handlungsleitende Funktion* aufweisen.

3) Handlungskonzept (O)

Die beiden Handlungskonzepte (O und R) bilden die Kernstücke des Modells. Das Handlungskonzept (O) ist »ein durch Vororientierung gewonnenes *antizipatorisches ›Situationsbild‹*« (*Kaminski* 1981, S. 109). Aus der Verarbeitung der Eingangsdaten (O) in der kognitiven Struktur wird ein System von Hypothesen gewonnen, das sich auf eine bestimmte Situation bezieht. Dieser Hypothesensatz kann durch sehr unterschiedliche Inhalte und Schwerpunktsetzungen gekennzeichnet sein (z. B. expliziter Handlungsplan, Handlungsschema, vage Zielvorstellung). Für den Fall der Instruktion erscheint es zweckmäßig, mindestens drei Merkmale hervorzuheben: das angestrebte Ziel (Z), den Ausgangszustand (A), die Mittel (M) zur Erreichung des Ziels.

Hierbei kann die Frage der Legitimation von Zielen (Zielproblematik) und die Frage der Überprüfung von Nebeneffekten der Mittel (Mittelproblematisierung) auftreten. In beiden Fällen haben wir es mit einer *Entscheidungssituation* zu tun. Wenn die Planung der Überführung des Ausgangszustandes A in den Zielzustand Z zunächst auf Widerrede stößt, sprechen wir von *Problemlösen.*

(4) Daten (O)

Informationen über sein Handlungskonzept (O) kann der Lehrer nun über »Daten (O)« mit dem Schüler austauschen. Diese *Interaktion* beinhaltet einerseits eine Vermittlung wesentlicher Elemente des Handlungskonzepts des Lehrers an den Schüler und andererseits eine Rückmeldung von Schülerdaten an den Lehrer mit der Möglichkeit der Veränderung seines Konzepts. So ergibt sich ggf. die Entwicklung abgestimmter Handlungskonzepte (O). Die wechselseitige Beeinflussung kann auf diese Weise zu ähnlichen Motivationen bei Lehrer und Schüler führen. Als Beispiel für eine solche Kommunikation wäre die gemeinsame Planung eines Projektes durch Lehrer und Schüler zu nennen.

(5) Orientierung ausreichend?

Diese *Entscheidungsinstanz* überprüft, ob die Orientierung ausreichend ist und gegebenenfalls mit der Realisierung begonnen werden kann.

Ist die Orientierung nicht ausreichend, wird die »Planung weiterer Orientierung« erforderlich. Dies kann auf dreierlei Art geschehen: Modifikation, d. h. relativ geringfügige Veränderung des Handlungskonzepts

(O); Rückmeldung an die Wissens- und Wertestruktur und Aktivierung neuen Wissens; Beschaffung neuer Eingangsdaten (O).

Realisierungsphase (R)

(6) Können

Wird die Orientierung als ausreichend angesehen, sind über die Instanz »Abruf« der Planung entsprechende individuell bewährte und verfügbare Könnensmuster (spezifische *Handlungskompetenzen*) abzurufen. Auf der Lehrerseite kann es sich hierbei um durch Alltagserfahrung gewonnenes Können oder um didaktisch-methodische Kompetenz handeln.

(7) Realisierung

Hier findet die eigentliche *Tätigkeit* (Unterricht, Erziehung, Beratung) statt. Mittels der abgerufenen Könnensmuster wird jetzt das Handlungskonzept (O) realisiert.

(8) Daten (R)

Hierbei fallen bei Lehrer und Schüler Daten an, die teilweise ausgetauscht werden.

(9) Handlungskonzept (R)

Diese Daten gehen ein in das Handlungskonzept (R), das als *kognitive Repräsentation der Realisierung* aufgefaßt werden kann. Bei den Daten handelt es sich um interne und um externe Daten (Wahrnehmung der eigenen Tätigkeit und Informationen von Interaktionspartner). Im Handlungskonzept (R) des Lehrers und des Schülers werden so neben den situativen Daten i. e. S. (z. B. äußere Bedingungen der Unterrichtsstunde) personale Daten jeweils vom Lehrer und Schüler abgebildet. Während das Handlungskonzept (O) ein antizipatorisches Situationsbild darstellt, ist das Handlungskonzept (R) ein auf die reale Tätigkeit bezogenes Situationsbild.

Evaluationsphase (E)

(10) Konkordanz ausreichend?

Zu Beginn der Evaluationsphase (Evaluation = Bewertung) steht eine *Entscheidungsinstanz,* die überprüft, ob sich das Handlungskonzept (R) noch in ausreichender Konkordanz (Übereinstimmung) mit dem ursprünglichen Handlungskonzept (O) befindet. Wird die Konkordanz als nicht ausreichend erachtet, erfolgt eine Rückschleife zur »Planung weiterer Orientierung« und die bisherigen Schritte müssen erneut durchlaufen werden.

(11) Ziel erreicht?

Sofern die Konkordanz als ausreichend angesehen werden kann, überprüft eine zweite *Entscheidungsinstanz* noch speziell, ob das im Handlungskonzept (O) definierte Ziel erreicht wurde. Für beide genannten Entscheidungsinstanzen (K ausreichend? Ziel erreicht?) können die Prüfstandards (Beurteilungsmaßstäbe) in sehr unterschiedlicher Form vorliegen (z. B. operational definiertes Kriterium oder subjektives Gefühl der Stimmigkeit bzw. des Erfolgs).

Lautet das Ergebnis »Ziel nicht erreicht«, erfolgt eine Rückschleife in »Eingangsdaten (O)« bei Lehrer und Schüler, d. h. *alle* Stationen des Lehr-Lern-Prozesses müssen von Anfang an noch einmal durchlaufen werden. Hierbei dürfte in diesem nachfolgenden Durchgang die Analyse des Mißerfolgs im Handlungskonzept (O) und deren Kommunikation von besonderer Bedeutung sein.

Im Idealfall der Instruktion sind die Handlungskonzepte (O) von Lehrer und Schüler aufeinander bezogen, so daß man davon ausgehen kann, daß die Ziele von Lehrer und Schüler weitgehend identisch sind. Hat der Lehrer sein Lehrziel nicht erreicht, dann kann auch der Schüler sein korrespondierendes Lernziel nicht erreicht haben.

(12) Daten (E)

Ist das Lernziel erreicht, findet noch einmal ein Datenaustausch statt. Diese »Daten (E)« dienen der *Interpretation der erreichten individuellen Ziele.* Sofern der Schüler seinen Lernerfolg nicht selbst kontrollieren kann, erfährt er hier vom Lehrer die Bewertung seiner Leistung ggf. unter Angabe von besonderen Stärken und Schwächen. Der Schüler kann dem Lehrer seinerseits Kommentare und Schlußfolgerungen mitteilen.

Abschließend erfolgt eine *Speicherung* der Lernergebnisse in der kognitiven Struktur bei Lehrer und Schüler.

Das Modell bildet pädagogisches Handeln als hierarchisch-sequentiell ab. Die Handlungsregulation wird auf verschiedenen Ebenen unter Verwendung der TOTE-Einheit erklärt. Der Prüfung, ob die Orientierung ausreichend ist (Test), folgt die Realisierung (Operate) und im günstigsten Fall wird durch die Evaluation (Test) das Erreichen des Soll-Zustandes festgestellt und die Handlung abgeschlossen (Exit). Analog werden auf einer niedrigeren Ebene Teilpläne und -handlungen gesteuert. Beispiel: Orientierung ausreichend? (Test), ggf. Planung weiterer Orientierung (Operate), Orientierung ausreichend? (Test), ggf. Exit und Beginn der Realisierung.

5.5.4 Modellvarianten

Das dargestellte Allgemeine Lehr-Lern-Modell (ALL) versucht, den *Idealfall* des Lehrens und Lernens mit möglichst vielen denkbaren Komponenten zu erfassen.

Sowohl in der wissenschaftlichen Literatur wie auch im pädagogischen Alltag werden häufig einzelne Komponenten besonders betont bzw. andere vernachlässigt (z. B. Lernzieldefinition; lernzielorientierte Tests; Bestreben, einen adressatenbezogenen, partnerschaftlichen Unterricht zu realisieren).

Bei der Akzentuierung bestimmter Komponenten entstehen so *Modellvarianten*. Von den sehr zahlreichen Sonderfällen sollen hier nur folgende genannt werden:

– Der Lehrer vernachlässigt die Orientierungsphase, d. h. der Unterricht ist schlecht geplant;
– Der Lehrer mißt der Evaluationsphase nur untergeordnete Bedeutung zu, d. h. der Lehrer lernt selbst wenig und erstarrt ggf. in nicht reflektierter Routine;
– Lehrer können sich in sehr unterschiedlicher Weise um die Angleichung der beiden Handlungskonzepte (O) bemühen, d. h. die Eigenaktivität des Schülers kann gefördert oder unterdrückt werden;
– Unterrichtsstörungen lassen sich als Konflikt zwischen den Zielen des Lehrers und den Zielen des Schülers begreifen. Der Schüler hat in diesem Fall ein alternatives Handlungskonzept realisiert.

5.5.5 Zusammenfassung

In diesem Abschnitt wurden folgende Begriffe eingeführt:

Subjektive und wissenschaftliche Modellvorstellungen

Orientierungs-, Realisierungs-, Evaluationsphase

Handlungskonzept der Orientierungsphase
Handlungskonzept der Realisierungsphase

Modellvarianten

5.6 Problemlösen

5.6.1 Vorbemerkung

Problemlösen ist ein Sonderfall des planvollen Handelns, der dadurch gekennzeichnet ist, daß wegen eines Hindernisses (Barriere) das Ziel nicht auf direktem Wege erreichbar ist. Bei dem Versuch, Probleme zu klassifizieren, spielen Problemmerkmale (z. B. Art des Hindernisses) und Personenmerkmale (z. B. Wissen in dem Realitätsbereich) eine Rolle. Es werden fünf Formen des problemlösenden Denkens (Problemlösetheorien) besprochen.

5.6.2 Problem und Aufgabe

Problemlösen ist ein Sonderfall des planvollen Handelns. *Duncker* (1935, S. 1) definiert: »Ein ›Problem‹ entsteht z. B. dann, wenn ein Lebewesen ein Ziel hat und nicht ›weiß‹, wie es dieses Ziel erreichen soll«. Das gleiche Merkmal spricht *Dörner* (1979, S. 10) an: »Ein Individuum steht einem Problem gegenüber, wenn es sich in einem inneren oder äußeren Zustand befindet, den es aus irgendwelchen Gründen nicht für wünschenswert hält, aber im Moment nicht über die Mittel verfügt, um den unerwünschten Zustand in den wünschenswerten Zustand zu überführen.«

Ein Problem ist also durch drei Komponenten gekennzeichnet (Abb. 83):
– Unerwünschter Anfangszustand,
– erwünschter Zielzustand
– Barriere, die die Überführung des Anfangszustandes in den Zielzustand im Augenblick verhindert.

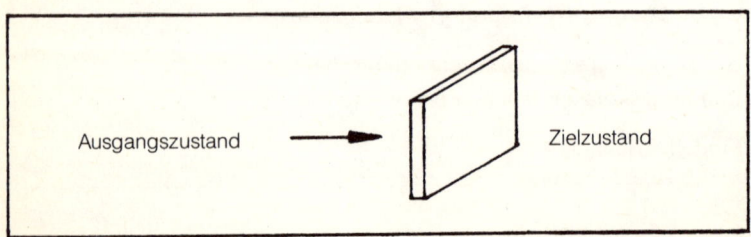

Ausgangszustand ⟶ Zielzustand

Abb. 83: Die drei Komponenten eines Problems

Vom *Problem* ist die *Aufgabe* zu unterscheiden. Bei einer Aufgabe
verfügen wir über Regeln (Wissen, Know how), wie die Lösung zu
erreichen ist. Die Division 232:4 ist für ältere Kinder und Erwachsene
eine Aufgabe, weil wir Regeln für solche Rechenoperationen gelernt
haben. Was für ein Individuum eine Aufgabe oder ein Problem ist, hängt
demnach von den Vorerfahrungen ab. Die genannte Rechenoperation
kann für ein siebenjähriges Kind durchaus ein Problem darstellen.

Eine besondere Art von Aufgabenlösung stellt die Anwendung eines
Algorithmus (= genaue Verfahrensvorschrift) dar. Ein Beispiel hierfür
ist das Telefonieren aus einer Telefonzelle mit einer Sequenz von
Teilhandlungen, die in einer festgelegten Reihenfolge ausgeführt werden
müssen.

Der weitaus größte Teil unseres Handeln wird über die Wissens- und
Wertestruktur (epistemische Struktur) gesteuert. Erst wenn unser Wissen
nicht ausreicht, einen Zielzustand auf direktem Wege anzustreben,
gelangen Problemlöseverfahren zur Anwendung. Solche Heurismen
garantieren zwar nicht die Lösung, engen aber das Feld möglicher
Verhaltensweisen sehr ein. Die Gesamtheit der Problemlöseverfahren,
über die ein Mensch verfügt, machen die Problemlösestruktur (heuristische Struktur) aus.

5.6.3 Klassifikation von Problemen

Je nach Art der Barriere, die die Transformation des Ausgangszustands in
den Zielzustand verhindert, lassen sich verschiedene Typen von Problemen unterscheiden.

Dörner nennt drei Arten von Barrieren, die in Abb. 84 wiedergegeben
sind.

		Klarheit der Zielkriterien	
		hoch	gering
Bekanntheitsgrad der Mittel	hoch	Interpolations-barriere	dialektische Barriere
	gering	Synthese-Barriere	dialektische Barriere und Synthesenbarriere

Abb. 84: Klassifikation von Barrieretypen in Problemen nach den Dimensionen
»Bekanntheitsgrad der Mittel« und »Klarheit der Zielsituation« (aus:
Dörner 1979, S. 14)

Bei der »Interpolationsbarriere« ist das Ziel klar erfaßt und die Mittel sind gegeben. Was noch fehlt, ist ihre richtige Kombination oder die Festlegung einer zeitlichen Abfolge.
Beispiel:

Kursbuch-Problem
Standpunkt und Reiseziel sind bekannt, das Kursbuch enthält die notwendigen Transformationen vom Ausgangs- zum Zielzustand, die Interpolation zwischen A und Z ist aber behindert.

Bei der »Synthesebarriere« ist das Ziel wieder bekannt aber einzelne wichtige Operationen zur Transformation sind unbekannt oder werden nicht in Betracht gezogen.
Beispiel:

Streichholz-Problem
Bei den im Arbeitsteil besprochenen Untersuchungen von *Katona* gilt es, durch Lageveränderungen einzelner Hölzer neue Figuren herzustellen. Viele Versuchspersonen haben große Schwierigkeiten, weil sie gewisse Möglichkeiten von vornherein ausklammern.

Bei der »dialektischen Barriere« ist das Ziel nur vage bekannt. ›Dialektisch‹ wird das Hindernis genannt, weil ein Lösungsentwurf auf Widersprüche zu prüfen, zu ändern, erneut zu prüfen ist usw. Ein solchermaßen »schlecht definiertes« Problem ist in ein »gut definiertes« überzuführen.
Beispiel:

Wohnungs-Problem
Nach einem Umzug soll die neue Wohnung »schöner« eingerichtet werden als die alte. Eigentlich sind genügend Mittel zur Lösung des Problems vorhanden, nur was bedeutet »schöner«?

Probleme treten in verschiedenen Realitätsbereichen auf (Lehrer behandelt erziehungsschwierigen Schüler, Mediziner sieht ein unklares Symptombild, Schachspieler denkt über nächsten Zug nach). Der Problemlöser benötigt Wissen über den Realitätsbereich, in dem das Problem zu lösen ist. Steht man als »Laie« vor einem Problem, das man nicht lösen kann, dann zieht man einen »Fachmann« zu Rate. In diesem Fall erwartet man, daß der Experte (z. B. Automechaniker) die Situation entweder als Aufgabe sieht oder wenigstens in der Lage ist, effiziente und sachangemessene Problemlösetechniken anzuwenden.

Bei der Klassifikation von Problemen sind demnach zu beachten:
- Problemmerkmale (Art der Barriere, Komplexität),
- Personmerkmale (Wissensumfang und -organisation).

Im folgenden wird dieser systematische Ansatz verlassen und es sollen
fünf Formen des problemlösenden Denkens (Problemlösetheorien) vorgestellt werden.

5.6.4 Problemlösen durch Versuch und Irrtum

Beispiel:

Menschenfresser-Problem
Am Ufer eines Flusses befinden sich 3 Missionare und 3 Kannibalen. Bringen Sie
alle Personen mit Hilfe eines Bootes, das 2 Personen faßt, an das andere Ufer.
Alle drei Missionare und 1 Kannibale können rudern. Zu keiner Zeit, auch beim
Anlegen am Ufer nicht, dürfen die Missionare an Zahl von den Kannibalen
übertroffen werden.

Die Lösung dieses Problems bereitet Erwachsenen häufig beträchtliche
Schwierigkeiten. Die meisten erfolgreichen Problemlöser nehmen Münzen oder Streichhölzer (ungebraucht, abgebrannt, geknickt) zu Hilfe. Die
Lösung wird weder durch reines Nachdenken, noch durch Aufzeichnen
eines Graphen erreicht. Es wird vielmehr solange herumprobiert, bis die
Bedingung erfüllt ist. Das Problem wird also vorwiegend durch Versuch
und Irrtum gelöst, ähnlich wie *Thorndikes* Katzen das Problem lösten,
aus einem Käfig zu entkommen.
Eine solche Art, Probleme zu lösen, finden wir besonders bei *unüber-
sichtlichen* Problemsituationen. Die Informationsfülle verhindert eine
kognitiv anspruchsvollere Lösung. Allerdings liegt bei Menschen selten
ein blindes Ausprobieren vor. Vielmehr zeigen sich wenigstens ansatz-
weise die Anwendung von Strategien, besonders als Prüfung von Hypothesen.
Es ist durchaus sinnvoll, Schüler dazu anzuleiten, Probleme zunächst auf
diese Art anzugehen. Am Beginn einer Unterrichtsstunde sind eine Reihe
von Hypothesen (Vermutungen) über ein vorgestelltes Problem ein erster
Schritt auf dem Wege zu einem effizienten Lösungsverfahren.

5.6.5 Problemlösen durch Umstrukturieren

Beispiel:

Das Helgoland-Problem
Jeder kennt die deutsche Nordseeinsel Helgoland. Diese dem Festland vorgela-
gerte Insel liegt 70 km nordwestlich von Cuxhaven. Als während eines schönen
Sommertages plötzlich ein Sturm ausbricht, gerät eine Segelyacht, die von
Cuxhaven aus auf dem Weg zu dieser romantischen Felseninsel ist, in Seenot.
Aufgrund eines empfangenen Funkspruchs startet sofort von Helgoland aus ein
Küstenrettungsboot, um die Segelyacht auf dem Seeweg zwischen der Insel und
Cuxhaven zu suchen. Der Kapitän des Bootes fährt mit voller Kraft voraus.
Wegen des starken Seegangs entwickelt sein Boot dabei jedoch nicht die volle
Höchstgeschwindigkeit.
Zur gleichen Zeit startet von Cuxhaven aus ein moderner Rettungshubschrauber
und fliegt dem Küstenrettungsboot entgegen. Sobald er das Boot erreicht hat,
kehrt er um und fliegt wieder zurück nach Cuxhaven, von dort aus wieder zurück
zum Rettungsboot usw... Der Hubschrauber pendelt also ständig zwischen
Cuxhaven und dem Rettungsboot hin und her. Der Pilot vollführt diese Suchaktion solange, bis das Küstenrettungsboot Cuxhaven erreicht hat. Er bleibt dabei
ständig in der Luft.
Diese erste Suchaktion blieb erfolglos.
Am Abend macht sich der Pilot darüber Gedanken, wieviele Kilometer er wohl
insgesamt bei seinen Hin- und Herflügen zurückgelegt haben mag. Er kommt
jedoch zu keinem Ergebnis. Wer kann ihm helfen und es für ihn ausrechnen?

	Durchschnittsgeschwindigkeit
Rettungsboot	28 km/h
Hubschrauber	140 km/h.

Zunächst werden die zahlreichen irrelevanten Informationen den Problemlöser verwirren. Es gilt festzustellen, worin das Problem eigentlich
besteht. Man könnte anfangs geneigt sein, es als Wegeproblem aufzufassen. Versucht man allerdings die von der Segelyacht, dem Rettungsboot
und dem Hubschrauber bewältigten Entfernungen zu berechnen, so wird
man scheitern. Erst wenn die Problemsituation sozusagen »umkippt«,
wenn das Problem unter einer neuen Perspektive als Zeitproblem gesehen
wird, ist es leicht zu lösen. Das Rettungsboot mit der Geschwindigkeit
von 28 km/h braucht für die 70 km 2,5 Stunden. In dieser Zeit legt der
Hubschrauber mit seiner Geschwindigkeit von 140 km/h genau 350 km
zurück.

Diese Auffassung von Problemlösen geht auf die *Gestaltpsychologie*

(Wertheimer, Duncker, Köhler) zurück. Bei der Untersuchung der Wahrnehmung entdeckten sie eine Reihe von Ordnungsprinzipien, deren wichtigstes das *Prägnanzgesetz* oder *Gesetz der guten Gestalt* ist. Unser Wahrnehmungsfeld organisiert sich in Richtung Regelmäßigkeit, Einfachheit, Geschlossenheit usw. Dies bedeutet, daß wir die Tendenz haben, »gute Gestalten« oder »klare Strukturen« wahrzunehmen (Abb. 85).

Geschlossenheit
Wir neigen dazu, unvollständige Figuren als vollständig wahrzunehmen.

Kipp-Figur
Wir sehen entweder einen weißen
Becher vor einem schwarzen Grund
oder zwei schwarze Gesichter vor
einem weißen Grund (Umkehrung
von Figur und Grund).

Abb. 85: Organisationsprozesse in der Wahrnehmung
(aus *Ruch/Zimbardo* 1974, S. 238)

Diese Gestaltgesetze der Wahrnehmung wurden auf das Problemlösen übertragen. Ein Problem weist eine schlechte Gestalt auf, die im Individuum eine Spannung erzeugt, welche aufgelöst werden kann, wenn die schlechte Gestalt in eine gute Gestalt umgewandelt wird. Die Lösung eines Problems besteht in der *Umstrukturierung* (Umwandlung) der defekten Struktur in eine gute Struktur. In diesem Zusammenhang spricht man auch von *Problemlösen als Klärungsprozeß*. Das Problem ist unklar, verwirrend, unüberschaubar und die Lösung klar, einfach, überschaubar. Eine andere Bezeichnung hierfür ist *Problemlösen durch Einsicht*. Einsicht bedeutet das plötzliche Erfassen der Beziehungen zwischen den Elementen der Problemsituation (»Aha-Erlebnis«).

Problemlösen durch Umstrukturieren kann einmal durch plötzliches »Umkippen« der Sichtweise der Problemsituation (vergleichbar einer Kipp-Figur) erfolgen oder es kann in unterscheidbaren Phasen ablaufen.

Duncker (1935) beschreibt den Prozeß der Umstrukturierung in vier Abschnitten:

(1) *Situationsanalyse*
(1.1) Zielanalyse (Was ist gesucht und was nicht?)
Hier geht es zunächst um die Eliminierung störender Einflüsse. Häufig steht die sprachliche Formulierung des Problems einer Lösung im Wege. Das Ziel muß klar erfaßt werden (Überwindung der »dialektischen Barriere«).
(1.2) Konfliktanalyse (Warum geht es nicht?)
Hier sind die eingesetzten Mittel zu untersuchen. Liegt eine »Interpolations-« oder eine »Synthesebarriere« vor?
Die Konfliktanalyse kann der Zielanalyse auch zeitlich vorangehen.
(2) *Das allgemeine Lösungsprinzip* (Funktionalwert)
Es wird nicht gleich die endgültige Lösung gefunden, sondern ein Lösungsprinzip.
(3) *Entwicklung eines Suchmodells*
(3.1) Wissensaktualisierung (Was ist gegeben?)
Merkmale der Problemsituation werden mit relevanten Erfahrungen in Verbindung gebracht. Es kommt zu einer *Resonanz* zwischen dem Ziel und den Eigenschaften der zur Lösung heranzuziehenden Mittel.
(3.2) Materialanalyse (Was ist brauchbar?)
Die in Erwägung gezogenen Mittel werden auf ihre Brauchbarkeit überprüft.
(4) *Mittelaktualisierung*
Die Anwendung der brauchbaren Mittel führt zur *spezifischen* Lösung.

Der Entwicklung der Lösung geht die Entwicklung des Problems voraus. »Das Fortschreiten der Lösung kann als sukzessive Umformung des Problems aufgefaßt werden. Die präziseste Fassung des Problems ist zugleich seine Lösung« (*Oerter* 1971, S. 151). Eine besondere Stellung innerhalb dieses Prozesses nimmt der Funktionalwert ein. *Allgemeine* Lösungsprinzipien können auf eine ganze Klasse von Problemen angewandt werden (Transfer). Wer zunächst das Vogelflug-Problem von *Posner* (vgl. Einleitung zu diesem Kapitel) löst, sollte anschließend mit dem Helgoland-Problem kaum Schwierigkeiten haben.

5.6.6 Problemlösen durch Anwenden von Strategien

Beispiel:

Turm von Hanoi
Das Material zum »Turm von Hanoi«, auch »Indische Pyramide« genannt, ist in zahlreichen Ausstattungen im Spielzeughandel erhältlich. Meist besteht es aus 6 übereinander geschichteten Scheiben, deren Durchmesser von unten nach oben abnimmt. Von einer Platte A sollen die Scheiben unter Zuhilfenahme einer Platte B auf die Platte C übertragen werden, wobei eine möglichst geringe Anzahl von Zügen angestrebt wird (Abb. 86).

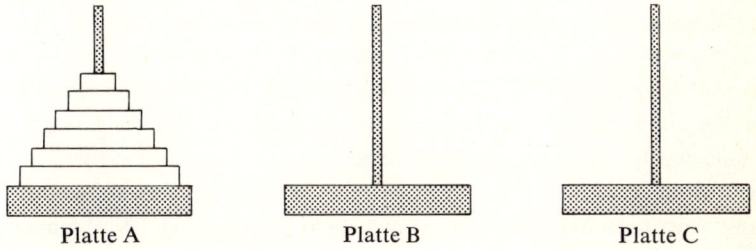

Platte A   Platte B   Platte C

Abb. 86: Turm von Hanoi

Dabei gelten folgende Spielregeln:
– Es darf jeweils nur eine Scheibe gespielt werden.
– Eine Scheibe darf nicht zweimal nacheinander gespielt werden.
– Eine größere Scheibe darf niemals auf eine kleinere gelegt werden.

Die optimale Lösung erfolgt mit 32 Zugpaaren. *Klix/Rautenstrauch-Goede* (1967) stellten fest, daß Gymnasiasten 8–9 und mathematisch hochbegabte Schüler 5 Durchgänge benötigten bis sie das Lösungsprinzip erfaßt hatten. Die Autoren fanden bei der Lösung drei Phasen: Unspezifische Anfangsorientierung (Stapel auf A muß in Richtung C gespielt werden), lokale Strategie (Auf- und Abbau von kleinen Tür-

men), globale Strategie (vom Ziel ausgehend nach rückwärts gerichtet –
Freispielen der untersten Scheibe auf A und Freimachen von C usw.).

Der Strategiebegriff läßt sich besonders dann auf Denkvorgänge anwenden, wenn das Denken in einer Abfolge von äußerlich sichtbaren Tätigkeiten und Entscheidungen beobachtet werden kann. In der Spieltheorie
versteht man unter Strategie einen Handlungsplan, »der für jede mögliche Situation, in die der Spieler im Verlauf einer Partie gelangen kann,
das Verhalten des Spielers, d. h. die in dieser Situation zu treffenden
Entscheidungen festlegt« (*Burger* 1959, zit. nach *Oerter* 1971, S. 220).
Eine Strategie ist eine *heuristische* Regel, eine Suchanweisung, die das
Vorgehen des Problemlösens bei der Lösungsfindung bestimmt. »Unter
einer Suchstrategie zum Lösen von Problemen wollen wir einen Plan
verstehen, den der Proband vom ersten Erfassen des Problems bis zum
endgültigen Ziel, der Lösung des Problems, verfolgt« (*Posner* 1976, S.
256).
Bruner/Goodnow/Austin (1956) haben im Zusammenhang mit ihren
Studien zur Begriffsbildung besonders auf zwei Strategien hingewiesen:
die sukzessive Hypothesenprüfung und die Focus-Strategie (vgl. Forschungsbericht im Arbeitsteil des 4. Kapitels). Besonders die sukzessive
Hypothesenprüfung ist im Alltag und in der Schule ein häufig angewand-
tes Verfahren. Ein Problem wird ggf. dadurch gelöst, daß nacheinander
immer wieder neue Vermutungen angestellt und überprüft werden, bis
die Lösung gefunden ist. Das Verfahren der sukzessiven Hypothesenprüfung weist noch Merkmale von Versuch und Irrtum auf und wird immer
dann angewandt, wenn keine differenziertere Strategie zur Verfügung
steht.

5.6.7 Problemlösen durch Systemdenken

Beispiel:

Das Lohhausen-Problem
»Stellen Sie sich vor, Sie werden plötzlich Bürgermeister von Lohhausen (an der
Lohe). Lohhausen ist ein Kleinstädtchen mit 3 372 Einwohnern und liegt in einer
hübschen, waldreichen Gegend etwa 60 km von einer größeren Stadt entfernt.
Auf dem Stadtplan sehen Sie, daß es einen Bahnhof gibt; außer durch die
Eisenbahn ist Lohhausen noch durch Buslinien mit der Außenwelt und der
näheren Umgebung verbunden . . .

Die ökonomische Basis der Stadt, wenn auch nicht die einzige Einnahmequelle, ist eine Uhrenfabrik, die Sie leicht im Stadtplan finden werden. Außerdem gibt es eine Bank, Gaststätten, Lebensmittelhändler, Textilwaren- und andere Geschäfte. Natürlich gibt es auch eine Schule, Kindergärten, ein Bad, einen Sportverein samt zugehörigem Fußballplatz und eine Stadtverwaltung. Alle Betriebe in der Stadt, mit Ausnahme der Geschäfte, der Post und der Bahn sind städtisch. Außerdem gehören alle Gebäude und Wohnungen der Stadt und auch der gesamte Grundbesitz. Dafür hat sie aber auch Verpflichtungen: die Stadt zahlt die medizinische Versorgung, direkt oder indirekt die Pensionen und die Arbeitslosengelder.

Lohhausen existiert natürlich nicht tatsächlich. Aber alle Verhältnisse in Lohhausen sind so, daß sie tatsächlich existieren könnten. Allerdings sind die Verhältnisse in Lohhausen einfacher als in der Realität, wiewohl immer noch kompliziert genug, um Ihnen Schwierigkeiten zu bereiten.

Sie betreten also nun am 2. Januar 1976 das Rathaus, um Ihr neues Amt anzutreten. Wiederum im Gegensatz zur Realität haben Sie fast diktatorische Vollmachten. Alles, was Sie beschließen, wird tatsächlich durchgeführt. Ihre Aufgabe ist es, für das Wohlergehen der Stadt in der näheren und ferneren Zukunft zu sorgen. Was Sie dafür unternehmen, ist Ihre Sache . . .«
(*Dörner/Kreuzig/Reither/Ständel* 1983, S. 105 f.).

Mit den zum Bürgermeister ernannten Versuchspersonen werden 8 Sitzungen von je 2 Stunden Dauer durchgeführt. Alle Entscheidungen, die sie treffen, werden einem Computer zugeführt, der Lohhausen simuliert. Die Versuchspersonen haben die Aufgabe, mit ihren Planungen und Maßnahmen einen Zeitraum von 10 Jahren zu erfassen. Sie können bei dem Versuchsleiter jederzeit Informationen einholen.

Beim Lohhausen-Problem handelt es sich um ein äußerst komplexes Problem. Komplexe Probleme sind gekennzeichnet durch eine große Anzahl von Einflußfaktoren, durch ihre Vernetztheit und durch eine insgesamt geringe Transparenz der Problemsituation. Zur Lösung solcher Probleme ist nach *Dörner* ein »komplexes Denken in Netzen« (Systemdenken) nötig, das er von einem »linearen Denken in Ursache-Wirkungsketten« abhebt. Werden bei Problemen wie beispielsweise Umweltbelastung, Arbeitslosigkeit, Rentenfinanzierung isolierte Maßnahmen ergriffen, ohne das komplexe Bedingungsgefüge zu beachten und ohne unerwünschte Neben- und Fernwirkungen zu bedenken, dann liegt ein lineares Denken vor. Besonders im Zusammenhang mit Ökosystemen und sozialen Systemen, die durch vielfältige Wechselbeziehungen ausgezeichnet und zudem noch dynamisch (= sich verändernd) sind, ist Systemdenken erforderlich.

5.6.8 Problemlösen durch Kreativität

Beispiel:

Benzol-Problem
Auf geniale Weise löste 1865 *Kekulé* die Frage nach der Struktur des Benzols. Die chemische Zusammensetzung des Moleküls war bekannt (C_6H_6), nicht aber die Strukturformel. Angeblich plagte sich der Forscher längere Zeit mit dem Problem. In einem Traum sah er das Bild eines Fingerrings in Form einer Schlange, die sich selbst in den Schwanz beißt. Nach dem Aufwachen zeichnete er dann die Strukturformel als Ring mit doppelten und einfachen Bindungen.

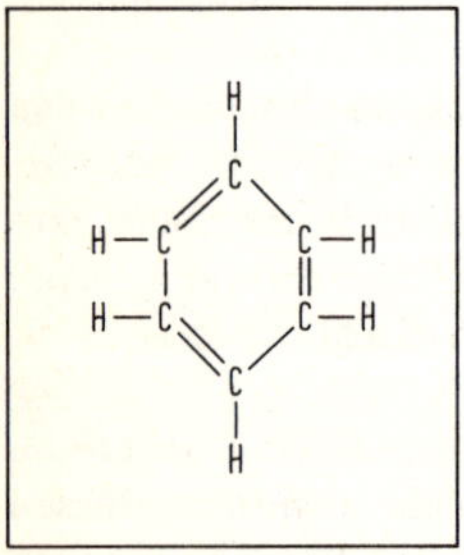

Abb. 87: Strukturformel des Benzols

Bei diesem Beispiel fällt auf, daß die Lösung weniger durch eine rationale Strategie, sondern vielmehr durch einen scheinbar spontanen Einfall gefunden wird, der einen traumhaft-spielerischen Charakter aufweist.
Kreative Problemlösungen sind häufig durch zwei Merkmale ausgezeichnet:
– Ideenfülle
– seltene (originelle, ungewöhnliche) Einfälle.
Im Gegensatz zum *konvergenten Denken* spricht man bei kreativen Produktionen auch von *divergentem Denken*. Während beim konvergenten Denken ein vorgegebenes Ziel nur mit einer ganz bestimmten Lösung erreicht werden kann (Beispiel: Test im Arbeitsteil), gibt es beim divergenten (abweichenden) Denken mehrere richtige Lösungswege und zusätzlich kann ggf. das Ziel noch in Frage gestellt und verändert werden.
Kreative Lösungen zeichnen sich dadurch aus, daß gedanklich weit voneinander liegende Elemente so verknüpft werden, daß das Ergebnis als subjektiv neu empfunden wird. Kreativität ist aber keine einheitliche

Leistungsfähigkeit. Es gibt verschiedene Niveaus von Kreativität (z. B. situationsspezifische Produktion von witzigen Einfällen – *Einsteins* Relativitätstheorie).

Bei der Beschreibung des Prozesses kreativer Problemlösung lassen sich *verschiedene Phasen* unterscheiden (andere Einteilungen: vgl. *Ullmann* 1968):

(1) »*Problematisierung*. In dieser einleitenden Phase werden die Probleme erkannt, die Widersprüche aufgespürt, Selbstverständlichkeiten in Frage gestellt, Lücken im Wissen und in der Erfahrung identifiziert und bisher als unbezweifelbar hingenommene Gewißheiten zurückgewiesen...
(2) *Exploration*. Hierbei wird das Problemfeld von verschiedenen Punkten aus erforscht. ... So können Erfahrungen, Informationen und Wissensbestände umstrukturiert und organisiert werden. Diese explorative Phase endet nicht mit Entscheidungen. Vielmehr bleiben alternative und sogar widersprüchliche Betrachtungsweisen und Erklärungsversuche gleichberechtigt nebeneinander bestehen. ...
(3) *Inkubation*. Dies ist der bisher noch am wenigsten erforschte Abschnitt eines kreativen Prozeßablaufes. In dieser Phase kommt es scheinbar zu einem von emotionaler Entspannung begleiteten Vergessen des Problems. ... Dabei vollzieht sich eine nicht in Sprache übersetzte, sondern anschauliche oder symbolhafte Neuorganisation von Erfahrungen und Versuchen. Diese dem äußeren Anschein nach ruhige Inkubationsphase stellt die unmittelbare Vorbereitung der
(4) *heuristischen Regression* dar. Sie ist subjektiv durch das Erlebnis spontan auftauchender Lösungsmöglichkeiten gekennzeichnet, mit denen spielerisch ungebunden umgegangen wird, die verändert und ergänzt, die probeweise akzeptiert und wieder verworfen werden. ... Das Zurückgleiten auf eine gewissermaßen kindliche und dramatisierte, zugleich vieldeutige Realitätsbegegnung schafft das anspruchsentlastete, norm- und konventionsbefreite Operationsniveau; auf dem sich die kreative Idee ausbilden kann. Durch die abschließende Auswahl der aussichtsreichsten Lösungsidee wird die heuristische Regression beendet. Damit beginnt die neue Phase der
(5) *Elaboration*. In der Phase der Elaboration wird der in der heuristischen Regression gefundene, unfertige Lösungsansatz systematisch ausgearbeitet und in eine Sprache übersetzt, die für diejenigen verständlich ist, die gleichfalls vor das Problem gestellt sind und die zugleich Nachfrager und Nutznießer der Lösung sind. Die kreative Idee wird kommunizierbar.
(6) *Diffusion*. Diese letzte Phase scheint mit dem kreativen Prozeß nur noch oberflächlich zusammenzuhängen. Sie ist dennoch von großer Bedeutung. Diffusion bezeichnet den Prozeß, der eine kreative Leistung ausbreitet und durchsetzt. Damit geht eine gewisse Popularisierung und Einbeziehung in das Alltagsgeschehen einher...« (Gekürzt aus *Haseloff* 1971, S. 89/90).

Als Zentrum des kreativen Prozesses gilt die Phase der heuristischen

Regression (Regression = Rückfall auf eine frühere Entwicklungsstufe ermöglicht das Finden einer überraschenden Lösungsidee).
Bei zahlreichen kreativen Problemlösungen im Alltag lassen sich nicht alle der aufgeführten Phasen beobachten.

Die Beschäftigung mit kreativem Problemlösen hat zur Ausbildung spezieller Methoden geführt, von denen die drei bekanntesten vorgestellt werden (aus: *Manager-Magazin* Nr. 8, 1972, S. 69):

	Morphologie	Brainstorming	Methode 635
Methode:	Das zu lösende Problem wird in seine Problem-Bestandteile zerlegt, die in einem »morphologischen Kasten« untereinander angeordnet werden. Neben jedes Problem-Element werden dann möglichst viele Lösungsmöglichkeiten geschrieben. Lösungen des Gesamtproblems ergeben sich durch Kombination der einzelnen Lösungsideen. Unter der Vielzahl der Kombinationsmöglichkeiten befinden sich zumeist einige praktikable Lösungen	Zum Brainstorming treffen sich Gruppen von etwa sieben Problemlösern, um 15 bis 30 Minuten lang alles zu äußern, was ihnen zu einem Problem einfällt. Quantität geht dabei vor Qualität, Vernunft und Logik sind nicht gefragt, Kritik jeder Art ist verboten. Ein Protokollführer notiert die produzierten Lösungssätze für alle sichtbar an einer Tafel. Über die Bewertung der Lösungen wird erst nach Abschluß des Brainstorming entschieden.	Sechs Problemlöser schreiben je drei Lösungsansätze zu einem Problem auf ein Blatt Papier und tauschen nach fünf Minuten die Blätter untereinander aus. Ausgehend von den Lösungsvorschlägen des Vorgängers, bringt jeder wieder innerhalb von fünf Minuten drei Lösungen zu Papier. Das wiederholt sich so lange, bis alle sechs Blätter von jedem der sechs Teilnehmer mit drei Lösungsideen beschrieben sind.
Bewertung:	Die Methode garantiert im allgemeinen, daß nichts übersehen wird, was für die Lösung des gestellten Problems wichtig ist. Sie ermöglicht eine präzise Problemanalyse und erhöht das Problembewußtsein. Wirklich originelle Lösungen lassen sich jedoch mit ihr nur selten finden. Wegen ihrer Systematik ist sie vor allem als Vorstufe zu den intuitiven Problemlösungsverfahren nützlich.	Entscheidend für den Erfolg eines Brainstorming ist, daß sich die Teilnehmer an die Spielregeln halten und nicht mit sogenannten »Killerphrasen« (»Das haben wir schon mal gehabt, das geht nicht«) jede ungehemmte Ideenproduktion unterbinden. Hierarchische Unterschiede zwischen den Gruppenmitgliedern lähmen ebenfalls häufig den freien Gedankenfluß. In der Regel erweisen sich drei bis sechs Prozent der produzierten Idee als brauchbar.	Diese Variante des Brainstorming hat den Vorteil, daß sich Gruppen-Spannungen nicht auf die kreative Produktion auswirken. Außerdem hat sich gezeigt, daß um so bessere Ideen entwickelt werden, je mehr bereits produzierte Lösungsansätze aufgegriffen werden. Die Erfolgsrate der Methode 635 liegt deshalb bei über 15 Prozent. Ein weiterer Vorteil: Die Produzenten patentreifer Lösungen lassen sich eindeutig indentifizieren.

Kreativität kann unter zwei Gesichtspunkten betrachtet werden: 1. Der erzeugte Nutzeffekt (kreatives Produkt); 2. Bedeutung für die Persönlichkeit (kreativer Prozeß).
Der erste Aspekt steht bei der Anwendung der Ergebnisse der Kreativi-

tätsforschung auf Entscheidungs- und Innovationsprozesse des industriellen Managements ganz im Vordergrund, während im Bereich der Pädagogik der zweite Gesichtspunkt vorrangig ist.

5.6.9 Zusammenfassung

In diesem Abschnitt wurden folgende Begriffe eingeführt:

Problem und Aufgabe

Klassifikation von Problemen

3 Typen von Barrieren
   Interpolationsbarriere
   Synthesebarriere
   dialektische Barriere

verschiedene Realitätsbereiche

Problemmerkmale, Personenmerkmale

Problemlösen durch Versuch und Irrtum
Problemlösen durch Umstrukturieren
Problemlösen durch Anwendung von Strategien
Problemlösen durch Systemdenken
Problemlösen durch Kreativität

5.7 Planvolles Handeln und Problemlösen in verschiedenen Bereichen

5.7.1 Vorbemerkung

Planvolles Handeln und Problemlösen sind im Alltag und im Bereich von Unterricht und Erziehung so häufige Erscheinungen, daß im folgenden nur einige wenige Aspekte angesprochen werden können.

5.7.2 Alltag

(1) Handlungen werden in Handlungstheorien meist so beschrieben, daß sie Zwecken dienen, die außerhalb der Handlung liegen (Zweckrationali-

tät). Lehrer unterrichten, um ihren Dienstpflichten nachzukommen und die Schüler zu fördern, und ein Krankenhaus wird gebaut, um die medizinische Versorgung der Bevölkerung sicherzustellen. Im Zuge der zunehmenden Freizeit vieler Menschen werden aber Aktivitäten immer bedeutsamer, die zum *Selbstzweck* ausgeführt werden (Wertrationalität). Dies sind vor allem künstlerische Betätigungen (Töpfern, Malen, Musizieren), Spiele der verschiedensten Art und Sport (Vereinssport, Wandern, Skilauf). Ein Problem besteht nun darin, daß viele Individuen im Verlauf ihrer Sozialisation nur eine geringe Anzahl derartiger Handlungsschemata erlernt haben.

(2) Wenn Handeln als gegenständliche Aktivität charakterisiert wird, dann wird dies im allgemeinen so verstanden, daß eine Person auf ihre *Umwelt* einwirkt: Der Landwirt bearbeitet seine Felder, ein Arzt behandelt einen Patienten, Eltern erziehen ihre Kinder. Eine bedeutsame Erweiterung dieses Ansatzes besteht darin, auch das Handeln gegenüber der eigenen Person zu betrachten. Die Zufriedenheit über die alltägliche Lebensbewältigung ist nicht nur abhängig von materiellen und sozialen Rahmenbedingungen, sondern auch vom *Umgang mit sich selbst.* Es gilt, durch »Selbsterziehung« ein ausreichendes Maß von Psychohygiene zu gewährleisten. Eine solche Verbesserung der individuellen Lebensbewältigung setzt im Regelfall eine entsprechende Beratung und die Einübung der neuen Handlungskompetenzen voraus (*Sieland* 1984, 1985).

(3) Effizientes Handeln ist nach *Volpert* realistisch, stabil-flexibel und organisiert.
Dies bedeutet:
– Das Ziel muß klar erfaßt sein, d. h. die Aufgabenschwierigkeit bzw. die Problemstruktur sowie die situativen Bedingungen müssen realistisch eingeschätzt werden.
– Im Handlungskonzept ist ein Handlungsschema repräsentiert, das einerseits äußeren Schwierigkeiten flexibel angepaßt werden kann, andererseits bei unerwarteten Änderungen der Situation aber nicht aufgegeben wird.
– Bei der Ausführung der Teilhandlungen wird das Endziel nie aus dem Auge verloren.
Effizientes Handeln ist eine wichtige Voraussetzung für die angesprochene Zufriedenheit mit der alltäglichen Lebensbewältigung. Nicht

wenige Kinder und Jugendliche haben schlechte Bedingungen, eine solche Art des Handelns zu erlernen.

(4) Problemlösungen im Alltag können aus verschiedenen Gründen scheitern: Die Art der Barriere wird nicht erfaßt; in dem Realitätsbereich steht kein ausreichendes Wissen zur Verfügung; es wird eine Lösung nach dem Prinzip von Versuch und Irrtum angestrebt, ohne Einsicht in die Problemsituation; die Person verfügt nicht über ein Repertoire von allgemeinen Lösungsprinzipien oder Strategien; Menschen neigen dazu linear zu denken und sind wenig befähigt zum Systemdenken; aus Konformität werden kaum originelle Einfälle produziert.

(5) Bewährte Lösungswege werden beibehalten und in der epistemischen Struktur als Handlungsschemata gespeichert. Zukünftig werden dann die spezifischen Anforderungen als Aufgabe bewältigt und müssen nicht mehr als Problem gelöst werden.
Solche Lernerfahrungen können aber auch späteres Problemlösen beeinträchtigen. *Luchins* (siehe Forschungsbericht im Arbeitsteil) hat beobachtet, daß Gewöhnung an eine bestimmte Art der Lösung zu einer »Automatisierung der Denkvorgänge« und zur Anwendung (ineffizienter) starrer Lösungsmuster führen kann.
Die Kenntnis von »Normalverfahren« bedeutet aber nicht nur Verwendung eines starren Algorithmus, solche Regeln lassen sich vielmehr häufig auf eine ganze Klasse von Problemen durchaus sinnvoll übertragen.

(6) Voraussetzungen des Problemlösens sind nicht nur Wissen (epistemistische Regeln) und Problemlöseverfahren (heuristische Regeln). *Guilford* (1950) beschreibt acht Faktoren, die die *kreative Persönlichkeit* besonders kennzeichnen:

»– Die Fähigkeit zur Entdeckung und Identifizierung von Problemen: Erkennen von Widersprüchen, Unverträglichkeiten und Lücken im Wissen und Infragestellen von Gewohnheiten und herkömmlichen Denk- und Verfahrensweisen.
– Eine überdurchschnittliche Frustrationstoleranz: Die Fähigkeit, innere Spannungen zu ertragen. Kreative erleben Mißerfolge, ohne entmutigt zu werden.
– Die Fähigkeit, spielerisch eine Vielzahl von Einfällen (Assoziationen, Vorstellungen, Symbole, Ideen) zum angepeilten Problem zu produzieren. Guilford bezeichnet diese Fähigkeit als ›fluency‹ (= Flüssigkeit).
– Flexibilität: die Fähigkeit zur Neuorganisation von Wissen und Erfahrung, zur Änderung von Meinungen, Erwartungen und Einstellungen.

– Überdurchschnittliche Energie: Der Kreative setzt sich immer erneut mit dem Problem auseinander und ist deshalb in der Lage, zwischenzeitlich auftretende Schwierigkeiten, Hindernisse oder Fehlschläge durch mehrere konstruktive Teil- oder Zwischenlösungen oder durch eine Neuformulierung des Problems zu überwinden.

– Überdurchschnittlich sichere Urteilskraft und Bewertungsfähigkeit beim Erkennen von Problemen und bei der Identifizierung der aussichtsreichen Lösungsansätze.

– Ein breit gefächertes und in bestimmten Bereichen gründliches Wissen. Dies ist eine Folge starker Motivation: Motiviertes und damit zielbezogenes Verhalten führt stets zur Aufnahme derjenigen Information, die Mittel und Voraussetzungen sind, um Ziele zu erreichen. So induziert Motivation auch den Aufbau von Wissenschaftssystemen.

– Die Fähigkeit, die gefundene kreative Lösung kommunizierbar zu machen, sie also in eine Sprache (Worte, Farben, Töne, Bilder, Symbole oder Formeln) zu übersetzen. Dies macht eine Lösung zumindest für diejenige Gruppe von Menschen verständlich und möglicherweise auch akzeptabel, für die die Problemlösung relevant ist und einen Fortschritt darstellt. Nur unter dieser Bedingung wird die Innovation zu einer sozialen Funktion« (*Haseloff* 1971, S. 87).

5.7.3 Unterricht und Erziehung

(1) Eltern und Lehrer können Modelle sein für
– angemessenes Sozialverhalten (z. B. Kooperation, helfendes Verhalten),
– angemessenes emotionales Verhalten (z. B. Äußerung und Kontrolle von Gefühlen),
– kognitive Leistungen (z. B. Art der Informationsverarbeitung),
– planvolles Handeln und Problemlösen (z. B. effizientes Handeln, Kreativität).

Da Eltern und Lehrer über viele Jahre hinweg täglich mehrere Stunden lang wahrgenommen werden und über Charakteristika verfügen, die das Modell-Lernen fördern (Prestige, Beziehungsverhältnis zum Beobachter), sind sie bedeutsame Modelle für Kinder und Jugendliche. Leider ist festzustellen, daß Erwachsene nicht selten ein unangemessenes Modellverhalten zeigen.

(2) Mit Hilfe des Allgemeinen Lehr-Lern-Modells ALL können defizitäre subjektive Modelle von Unterricht verbessert werden.
Zwei Modellvarianten erscheinen besonders bedeutsam:
– Rückmeldung ist eine wichtige Bedingung des effizienten Handelns.

Lehrer in allgemeinbildenden Schulen und auch Professoren pflegen sich häufig mit einem wenig kontrollierten Gefühl der Zielerreichung zu begnügen. Um einer routinemäßigen Wiederholung ineffizienter Lehre vorzubeugen, erscheint eine systematische Evaluation in Form von Tests oder anderen Aufgaben dringend geboten.

– Bei einem Unterricht, der schwerpunktmäßig als sinnvoll-rezeptives Lernen organisiert ist, besteht die Gefahr, daß der Schüler (Student) kaum in der Lage ist, ein eigenes Handlungskonzept zu entwickeln. Das Ergebnis ist dann ein partialisiertes Handeln. Bei projektartigen Lehr- und Lernformen hat der Schüler nach der gemeinsamen Planung die Möglichkeit einer relativ eigenständigen Handlungssteuerung und ggf. auch der Selbstevaluation.

Es ist anzustreben, daß die didaktische Sequenz »Lernplanung – Lernorganisation – Lernkontrolle« nicht nur auf der Seite des Lehrers realisiert wird.

(3) Subjektive Theorien von Lehrern haben eine handlungsleitende und eine handlungsrechtfertigende Funktion. Da sie eher impliziert sind, d. h. die einzelnen Aussagen werden nur teilweise explizit formuliert, können sie nur schwer korrigiert werden. Solche Theorien können Defizite aufweisen, weil sie die Komplexität der Lehr-Lernsituation nicht ausreichend erfassen bzw. sie unter einem bestimmten Blickwinkel sehen. Dies verhindert nicht nur eine optimale Förderung der Schüler, sondern kann u. U. zu ausgesprochenen Schädigungen führen.

Auf Fortbildungstagungen könnte es zu einem *Austausch* zwischen subjektiven und objektiven Theorien kommen, wobei allerdings sehr darauf zu achten wäre, daß zunächst die subjektiven Theorien der Lehrer möglichst explizit erfaßt werden, ehe man sie mit objektiven Theorien konfrontiert.

(4) Nur durch das Üben von Problemlösen in Schulen werden die Denkfähigkeiten erlernt, die zum Lösen von Problemen nötig sind. Problemlösen muß ein eigener Unterrichtsgegenstand sein. Problemlösendes Denken entwickelt sich nicht als Zusatzeffekt beim Wissenserwerb. Der Übungseffekt zeigt sich äußerlich in einer Verkürzung der Lösungszeiten und Verringerung der Lösungswege. Allerdings darf man keine *allgemeine* Entwicklung solcher Denkfähigkeiten erwarten. Es findet im Regelfall nur ein Transfer auf eine bestimmte Klasse von Problemen statt.

Die Denkvorgänge beim Lösen von Problemen müssen dem Schüler
bewußt gemacht werden. Beispielsweise spielt bei Textaufgaben die
Zielanalyse eine große Rolle. Die zuweilen verwirrende Informations-
fülle machen solche Aufgaben für den Schüler zum Problem. Als ersten
Schritt zur Problemlösung kann er folgende heuristische Regel lernen:
»Stelle die Rechenfrage!« Mit der präzisen Erfassung des Ziels (»Was
kosten fünf Zentner Kartoffeln?«) ist die dialektische Barriere überwun-
den. Allgemein kann man sagen, daß die Regel »Stelle Fragen!« (=
Formuliere Hypothesen und prüfe sie!) eine sinnvolle Strategie darstellt,
Probleme anzugehen. Handelt es sich um bestimmte Kategorien von
Problemen, dann ist darauf zu achten, daß die Schüler das allgemeine
Lösungsprinzip (Funktionalwert) erfassen.

Soll in Schulen das Problemlösen gelernt werden, dann muß neben dem
sinnvoll-rezeptiven Lernen im Sinne von *Ausubel,* das vorwiegend zum
Wissenserwerb führt, das sinnvoll-entdeckende Lernen im Sinne von
Bruner einen größeren Platz einnehmen, als dies allgemein der Fall ist.

5.7.4 Zusammenfassung

In diesem Abschnitt wurden folgende Themen angeschnitten:

Handlungen, deren Ziel in den Ausführungen selbst liegt, werden in
Handlungstheorien zu wenig beachtet.

Handeln bedeutet nicht nur Einwirkung auf die Umwelt, sondern
auch Umgang mit sich selbst.

Effizientes Handeln muß gelernt werden.

Eltern und Lehrer sind in vielen Bereichen Modell für die Heranwachsenden.

Beim Austausch zwischen subjektiven Theorien von Lehrern und
objektiven Theorien sind zunächst die subjektiven Theorien explizit
zu machen.

Bewährte Problemlösungen werden in Wissen übergeführt.

Problemlösendes Denken muß in Schulen geübt werden.

5.8 Arbeitsteil

Dieser Arbeitsteil bietet Ihnen die Möglichkeit, das erworbene Wissen über planvolles Handeln und Problemlösen anzuwenden. Sie sollen angeregt werden, selbständig komplexere Probleme aus dem Alltag und dem Bereich der Schule zu *analysieren* und zu *beurteilen*.

Der Arbeitsteil besteht aus folgenden Abschnitten:

(1) Als erstes wird Ihnen noch einmal eine *Zusammenfassung des Informationsteils* gegeben. Sie soll Ihnen die wesentlichen Gesichtspunkte in Erinnerung rufen.

(2) Ein *Test mit Lösungsschlüssel* soll Ihnen zeigen, wo Sie eventuell noch Lücken haben, die aufgearbeitet werden müssen.

(3) Es werden Ihnen zwei *Forschungsberichte* vorgestellt, an denen Sie exemplarisch erkennen können, wie Problemlösen in der Psychologie meist erforscht wird.

(4) Im Abschnitt *Übungen* werden Ihnen Arbeitsaufgaben angeboten, die Sie mit Hilfe des erworbenen Wissens lösen sollen.

(5) Unter der Bezeichnung *Diskussion* werden Sie mit Sachverhalten konfrontiert, die unter Verwendung der einschlägigen Begriffe analysiert und beurteilt werden können.

(6) Am Ende des Arbeitsteils finden Sie kommentierte Hinweise auf *weiterführende Literatur*.

5.8.1 Zusammenfassung des Informationsteils

(1) Die sozial-kognitive Theorie des Modell-Lernens kann als Vorläufer der Handlungstheorien aufgefaßt werden. Das in bildhafter oder sprachlicher Form gespeicherte Modellverhalten ist wesentlich an der Steuerung des später vom Beobachter gezeigten Verhaltens beteiligt.

(2) Während verhaltenstheoretische Auffassungen des Lernens von einer Außensteuerung durch Reize ausgehen, betonen Handlungstheorien die Innensteuerung durch eine Person selbst. Das Modell des reflexiven Subjekts beschreibt Handeln mit den beiden Schwerpunkten der kognitiven Repräsentation und der Aktivität des Subjekts gegenüber der Umwelt.

(3) Handlungstheorien fassen Handlungen vorwiegend als Mittel auf,

die einem Zweck dienen, der außerhalb der Handlung selbst liegt (Zweckrationalität).

(4) Handlungen können aber auch wegen ihres Eigenwertes ausgeführt werden, ohne daß weitere Zwecke damit verfolgt würden (Wertrationalität).

(5) Handeln ist zielgerichtete und bewußte Aktivität. Beim Handeln wird vor Beginn der eigentlichen Tätigkeit in Form eines Planes oder Handlungskonzeptes eine Antizipation der späteren Handlung und ihrer Folgen vorgenommen. Dabei kann die Person zwischen alternativen Handlungsmöglichkeiten wählen. Der Akteur ist als Entscheidungsträger für die Handlung verantwortlich.

(6) Die Handlungsfolgen werden rückgemeldet. Die Entwicklung von Plänen und die Steuerung der Handlung werden häufig unter Verwendung der TOTE-Einheit erklärt. Das Erreichen von Zielen ist nur möglich, wenn eine Entscheidungsinstanz dem Handelnden die Übereinstimmung der Handlung und ihrer Folgen mit dem ursprünglichen Plan rückmeldet.

(7) Handeln ist hierarchisch-sequentiell organisiert. Das Endziel determiniert alle untergeordneten Teilpläne und -ziele (Hierarchie). Dabei können im Regelfall die Teilhandlungen nur nacheinander ausgeführt werden (Sequenz).

(8) Es gibt keine Einigkeit über die Kernannahmen von Handlungstheorien. Es erscheint sinnvoll, verschiedene Kategorien von Handlungen zu unterscheiden.

(9) Das effiziente Handeln ist durch drei Merkmale ausgezeichnet: Es ist realistisch, stabil-flexibel, organisiert.

(10) Die individuelle Handlungsregulation kann durch Situationsbedingungen oder die Aufgabenstruktur eingeschränkt sein. In diesem Fall spricht man von partialisierten Handlungen.

(11) Ein Handlungsschema ist ein Abbild der Grundstruktur einer Handlung. Die Gesamtheit der Handlungsschemata, über die eine Person verfügt, machen die Handlungskompetenz aus.

(12) Menschen verfügen zur Bewältigung alltäglicher und beruflicher Anforderungen über subjektive Theorien. Diese haben eine handlungsleitende und eine handlungsrechtfertigende Funktion. Die Änderung defizitärer subjektiver Theorien kann über einen Austausch mit wissenschaftlichen Theorien erfolgen.

(13) Während das Allgemeine Lehr-Lern-Modell ALL versucht, die

Komplexität des Lehr-Lern-Prozesses abzubilden, werden sowohl in der wissenschaftlichen Literatur wie auch im pädagogischen Alltag häufig einzelne Komponenten besonders betont bzw. andere vernachlässigt.

(14) Problemlösen ist ein Sonderfall des planvollen Handelns. Problemlösen liegt vor, wenn ein Ziel wegen einer Barriere nicht auf direktem Wege zu erreichen ist. Es lassen sich drei Arten solcher Barrieren unterscheiden: die Interpolationsbarriere, die Synthesebarriere und die dialektische Barriere.

(15) Es wurden fünf Problemlösetheorien besprochen: Problemlösen durch Versuch und Irrtum, Umstrukturierung, Anwendung von Strategien, Systemdenken und Kreativität.

5.8.2 Test mit Lösungsschlüssel

Mit diesem Test können Sie überprüfen, ob Sie das Lernziel

»Die Grundbegriffe des planvollen Handelns und Problemlösens kennen«
erreicht haben.

Die Zeit zur Bearbeitung des Tests ist nicht begrenzt. Im Informationsteil oder anderen Lehrbüchern dürfen Sie jetzt nicht mehr nachschlagen.

Zu jeder Aufgabe sind 4 Antworten (Lösungen) vorgegeben.

Nur eine dieser vorgeschlagenen Antworten ist richtig bzw. die beste Lösung und ist deshalb anzukreuzen.

Am Ende des Arbeitsteils finden Sie einen Lösungsschlüssel, mit dessen Hilfe Sie Ihr Ergebnis selbst kontrollieren können.

Wenn Sie 7 oder mehr Aufgaben richtig lösen, haben Sie das Ziel erreicht.

Wenn Sie im Zweifelsfall raten, müssen Sie mindestens 8 richtige Lösungen vorweisen.

Und nun: *Viel Erfolg!*

1. Nach *Bandura* wird das offene Verhalten des Beobachters wesentlich gesteuert durch die *kognitive Repräsentation des Modellverhaltens*.
   Das eigentliche Lernen findet statt im Bereich der
   a) Aufmerksamkeitsprozesse.
   b) Gedächtnisprozesse
   c) Motorischen Reproduktionsprozesse.
   d) Verstärkungs- und Motivationsprozesse.

2. Vor Beginn der eigentlichen Tätigkeit wird im Handlungskonzept eine
   Antizipation der späteren Handlung und ihrer Folgen vorgenommen.
   Das *Handlungskonzept* enthält u. a.
   a) das Handlungschema.
   b) eine subjektive Theorie.
   c) Wissen und Problemlösetechniken.
   d) verschiedene Teilpläne

3. Ein Merkmal des Handelns besteht in seiner *hierarchisch-sequentiellen Organisation.*
   Dies hat zur Folge
   a) eine bewußtseinsmäßige Entlastung auf der Ebene der Teilpläne
      und -handlungen.
   b) eine Berücksichtigung alternativer Handlungsmöglichkeiten.
   c) daß die Person für die Handlung verantwortlich ist.
   d) daß verschiedene Kategorien von Handlungen ausgeführt werden.

4. Ein Handeln ist dann effizient, wenn es sein Ziel erreicht.
   Die drei Merkmale des *effizienten Handelns* sind
   a) autonom, reflexiv, absichtlich.
   b) willentlich, verantwortlich, flexibel.
   c) partialisiert, restringiert, strategisch.
   d) realistisch, stabil-flexibel, organisiert.

5. Ein Handlungsschema enthält die Struktur einer Handlung.
   Die *Gesamtheit der Handlungsschemata,* über die eine Person verfügt,
   nennt man
   a) Handlungsstruktur.
   b) Handlungsalternative.
   c) Handlungskompetenz.
   d) Handlungskonzept.

6. Zur Bewältigung alltäglicher und beruflicher Anforderungen verwenden Menschen subjektive Theorien.
   Subjektive Theorien sind besonders dadurch gekennzeichnet, daß sie
   a) wiederholbar und auf neue Situationen übertragbar sind.
   b) eine handlungsleitende und handlungsrechtfertigende Funktion
      haben.
   c) auch handlungsleitende Emotionen berücksichtigen.
   d) explizit und leicht zu verändern sind.

7. Beim Problemlösen durch Umstrukturieren spielt der *Funktionalwert* eine bedeutende Rolle.
   Dieser Begriff bedeutet
   a) die Ziel- und Konfliktanalyse.
   b) das allgemeine Lösungsprinzip.
   c) die Entwicklung eines Suchmodells.
   d) das Finden einer spezifischen Lösung.

8. *Dörner* unterscheidet beim Problemlösen drei Arten von Barrieren, die die Zielerreichung behindern.
   Bei der *dialektischen Barriere*.
   a) ist die Kombination der Mittel unbekannt.
   b) stehen nicht alle notwendigen Mittel zur Verfügung.
   c) ist das Ziel nur vage bekannt.
   d) fehlt Wissen in einem Realitätsbereich.

9. Komplexe Probleme sind gekennzeichnet durch zahlreiche Einflußfaktoren, Vernetztheit und geringe Transparenz.
   Zur *Lösung komplexer Probleme* benötigt man
   a) strategisches Denken.
   b) divergentes Denken.
   c) lineares Denken.
   d) Systemdenken.

10. Beim kreativen Prozeß lassen sich verschiedene Phasen unterscheiden.
    Im Zentrum steht die Phase der *heuristischen Regression*. Sie ist gekennzeichnet durch
    a) Umstrukturierung und Neuorganisation von Erfahrungen, Informationen und Wissensbeständen.
    b) ein von emotionaler Entspannung begleitetes scheinbares Vergessen des Problems.
    c) das Zurückgleiten auf eine kindliche, dramatisierte und vieldeutige Realitätsbegegnung.
    d) die systematische Ausarbeitung des noch unfertigen Lösungsansatzes.

Lösungsschlüssel auf S. 308

5.8.3 Forschungsberichte

In der Untersuchung von *Katona* wird der Einfluß verschiedener Formen von Instruktionen beim Problemlösen untersucht. Eine bestimmte Art von Hilfen führt dazu, daß die Versuchspersonen das allgemeine Lösungsprinzip erfassen.
Die Studie von *Luchins* weist nach, daß beim Problemlösen die Gewöhnung an eine bestimmte Strategie späteres Problemlösen behindern kann.

(1)

Katona, G.: Organizing and memorizing. New York 1940.

Problem: Der Einfluß unterschiedlicher Instruktionen (Lehrmethoden) auf Behalten und Transfer bei Problemlöseaufgaben.

Versuchsdurchführung: Bei den berühmt gewordenen »Streichholzaufgaben« (genauer: Streichholz-Problemen) handelt es sich darum, durch das Umlegen einer Anzahl von Streichhölzern andere Figuren herzustellen. In dem hier berichteten Experiment (*Katona*, S. 91–101) besteht das Problem darin, durch das Verlegen von 3 Streichhölzern die 5 Quadrate auf 4 zu reduzieren (Abb. 88).

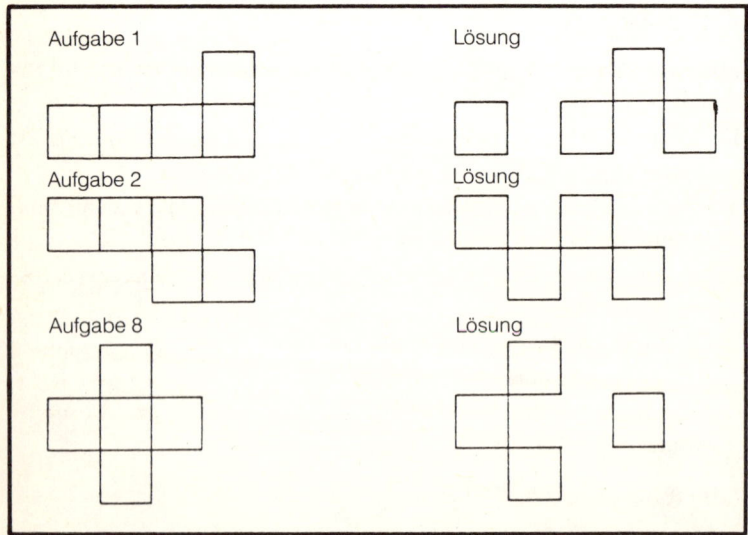

Abb. 88: Streichholz-Probleme nach *Katona*

Das Experiment verlief in folgender Weise:

(1) Übungsphase von 10 Minuten Dauer unter Verwendung von 2 Aufgaben (Nr. 1 und 8).

(2) Test, sofort im Anschluß an die Übungsphase mit 4 neuen Aufgaben.

(3) Nachtest, 4 Wochen später, mit den 2 Aufgaben aus der Übungsphase, 2 Aufgaben aus dem ersten Test und 2 neuen Aufgaben.

In der Übungsphase verwandten 4 Gruppen von Vpn (amerikanische College-Studenten) folgende unterschiedlichen Lernmethoden:

Versuchsgruppe A: Einprägenlassen der Lösung
Bei einer Aufgabe erklärt der Versuchsleiter an der Tafel die einzelnen Lösungsschritte. Den Vpn wird gesagt, daß jetzt die Lösung der Aufgabe wiederholt werde, damit sie gut bekannt sei. Hierauf wird diese Aufgabe sechsmal in gleicher Weise erklärt. Das gleiche geschieht mit einer zweiten Aufgabe.

Versuchsgruppe B: Lernen mit Hilfen
Die Vpn wird gebeten die Lösung zu finden. 30 Sekunden später fordert der Versuchsleiter die Vpn auf, sich um Verständnis für die jetzt von ihm vorgeführte Aufgabenlösung zu bemühen. Die Lösung wird in einer zweiten Zeichnung neben der Aufgabe entwickelt. Hierbei gibt der Versuchsleiter eine einzige Erklärung ab: »Nun haben wir die Aufgabe gelöst, indem wir die Lage von 3 Linien verändert haben.« Das gleiche geschieht mit einer zweiten Aufgabe.

Versuchsgruppe C: Darbietung einer Regel
Folgende Regel wird von den Teilnehmern langsam vorgelesen: »Wir haben 5 Quadrate, die aus 16 gleichen Linien bestehen. Wir wollen nun die 5 Quadrate in 4 ebensolche Quadrate umwandeln. Da wir 16 Linien haben und 4 Quadrate bekommen wollen, muß also jedes Quadrat seine eigenen 4 Seiten haben, die nicht gleichzeitig Seiten irgendeines anderen Quadrates sein dürfen. Daher müssen alle Linien mit einer doppelten Funktion, also Linien, die gleichzeitig 2 Quadrate begrenzen, zu Linien verändert werden, die nur eine einzige Funktion haben, also nur ein Quadrat begrenzen.«
Dann wurde eine Aufgabe mit Hilfe der Regel gelöst. Anschließend wurde die Regel noch einmal vorgelesen und eine zweite Aufgabe in gleicher Weise gelöst.

Kontrollgruppe K: Diese Gruppe nahm nicht an der Übungsphase teil.

Ergebnis: Die folgende Tabelle zeigt die durchschnittlichen Punktzahlen der einzelnen Versuchsgruppe bei Test und Nachtest, wobei die höchstmögliche Punktzahl beim Test 13, beim Nachtest 15 Punkte betrug.

	K	A	B	C
Gruppe	29 Vpn	27 Vpn	25 Vpn	24 Vpn
Test	2,92	3,82	6,00	5,00
Nachtest	2,38	4,41	8,08	5,67

Beim 1. Test unterscheidet sich Gruppe B (Lernen mit Hilfen, einsichtiges Lernen) signifikant von der Gruppe A (Einprägenlassen der Lösung, mechanisches Lernen), während zwischen den Gruppen B und C (Lernen einer Regel) kein statistisch bedeutsamer Unterschied nachgewiesen werden konnte.

Im 2. Test (Nachtest) hat sich die Differenz zwischen den Gruppen B und C beträchtlich vergrößert und ist jetzt signifikant, während der Unterschied zwischen den Gruppen C und A jetzt nicht mehr bedeutsam ist.

Eine Aufschlüsselung der Punktwerte nach den einzelnen Aufgaben ergab, daß die Gruppe A relativ hohe Punktwerte bei den bereits geübten Aufgaben erzielte, die bei unbekannten Aufgaben erreichten Leistungen sich dagegen kaum von denen der Kontrollgruppe unterschieden.

Die Gruppe B, bei der eine einsichtige Lösung der Aufgaben initiiert worden war, erreichte dagegen etwa gleich gute Ergebnisse bei den bekannten wie den unbekannten Aufgaben, d. h. sie hatten das Prinzip der Problemlösung erfaßt und reproduzierten nicht nur bereits geübte Lösungen.

Die Gruppe C zeigte ebenfalls gleiche Leistungen bei neuen wie bei geübten Aufgaben, wies aber insgesamt merklich geringere Punktwerte auf als Gruppe B.

Zusammenfassend läßt sich sagen, daß eine sinnvolle Instruktion an Hand von Beispielen den Transfer erlernter Lösungsprinzipien auf neue Aufgaben begünstigt und besonders auf längere Sicht zu besseren Leistungen führt als mechanisch eingeprägte Lösungswege oder die Vermittlung einer abstrakten Regel.

(2)

Luchins, A. S.: Mechanization in problem solving – The effect of Einstellung. Psychological Monographs 54 (1942), Nr. 248.
(gekürzt in: *Graumann, C. F.* (Hrsg.): Denken. Köln 1965, S. 171–188).

Problem: Der Einfluß von Übungseffekten (wiederholte Benutzung der gleichen Methode) auf das Problemlösen.

Versuchsdurchführung: Luchins untersuchte über 2600 Vpn folgender Alters- und Bildungsgruppen: College-Studenten, Erwachsene, die an Fortbildungskursen teilnahmen, Volksschüler und Studenten der Universität. Die Aufgabe der Versuchspersonen bestand darin, mit Hilfe von drei Krügen unterschiedlicher Größe eine bestimmte Wassermenge zu schöpfen.

Aufgabe		Fassungsvermögen der drei leeren Krüge, in Litern			laut Aufgabe abzufüllende Wassermenge, in Litern
1		29	3	—	20
2	E1	21	127	3	100
3	E2	14	163	25	99
4	E3	18	43	10	5
5	E4	9	42	6	21
6	E5	20	59	4	31
7	T1	23	49	3	20
8	T2	15	39	3	18
9		28	76	3	25
10	T3	18	48	4	22
11	T4	14	36	8	6

Aufgabe 1 diente zur allgemeinen Erklärung des Vorgehens. Die Aufgaben 2–6 waren die Übungsaufgaben, bei denen der Einstellungseffekt erzielt werden sollte (deshalb hier Aufgaben E1–E6 genannt). Die Übungsaufgaben können folgendermaßen gelöst werden: Aus dem großen Gefäß einmal mit dem mittleren und zweimal mit dem kleinen Krug Wasser schöpfen.

Die Aufgaben 7 und 8 waren die Testaufgaben (T1 und T2). Die für die Aufgaben E1 bis E6 beschriebene Methode kann auch bei den Aufgaben 7 und 8 angewandt werden. Beide Aufgaben können jedoch auch einfacher gelöst werden (Aufgabe 7: 23 1 − 3 1! Aufgabe 8: 15 1 + 3 1!).

Die Aufgabe 9 kann jedoch nicht nach dem eingeübten Verfahren gelöst werden (28 1 − 3 1 = 25 1).

Die Aufgaben 10 und 11 (Testaufgaben 3 und 4) können genau wie die Aufgaben 7 und 8 auf zwei Arten gelöst werden.

Die Vpn wurden in folgende Gruppen eingeteilt:

Die *Grundgruppe* erhielt die Aufgaben 1–11 nacheinandear vorgelegt.

Die *besonders instruierte Gruppe* erhielt folgende zusätzliche Instruktionen: »Schreiben Sie auf das Blatt, das Sie für die Lösungen benutzten, nachdem Sie die Aufgabe 6 gelöst haben – Achtung, gut aufpassen! – Das soll Sie darauf hinweisen, bei der Lösung der nächsten Aufgabe nicht ungeschickt vorzugehen...«

Die *Kontrollgruppe* ging direkt von Aufgabe 1 zu den Testaufgaben 7 und 8 über.

Ergebnis: Es ergaben sich bei allen Untersuchungen (bei Schülern, Studenten usw.) sehr ähnliche Ergebnisse.

Hier die Ergebnisse des Versuchs mit College-Studenten (222 Vpn):

Von den Vpn der *Grundgruppe* (ohne zusätzliche Instruktion) löste der größte Teil (in den einzelnen Schulklassen zwischen 70–100%) die Testaufgaben 7 und 8 auf die komplizierte Weise.

In der *Kontrollgruppe* (ohne die Übungsaufgaben 2–6) wurden die Testaufgaben zu 100% auf dem einfacheren und kürzeren Weg gelöst.

Die Wirkung der *zusätzlichen Instruktionen* zeigte sich darin, daß diese Gruppen bei den Testaufgaben von 7–50% mehr direkte Lösungen aufwiesen als die Grundgruppen. Daraus ist ersichtlich, daß diese College-Klassen zwar einem erheblichen Einstellungseffekt unterlagen, jedoch nach der Warnung »Achtung, gut aufpassen« und nach der Aufgabe 9 erkennbar häufiger die kürzere Methode wählten.

Luchins: »Einstellung oder Gewöhnung verursachen eine Automatisierung der Denkvorgänge, ein blindes Vorgehen gegenüber Aufgaben; man geht an die Aufgabe nicht mit der ihr angepaßten Überlegung heran, sondern verbleibt automatenhaft bei dem eingeübten Denkmuster.«

5.8.4 Übungen

(1) Beobachten Sie Eltern oder Lehrer in einer konkreten Erziehungssituation! Sind die Erwachsenen ein Modell für angemessenes soziales und emotionales Verhalten sowie für Leistungsverhalten?

(2) Erklären Sie einen Fall von Handlungssteuerung unter Verwendung der TOTE-Einheit! Diese Aufgabe wird Ihnen leichter fallen, wenn Sie zunächst eine relativ einfache Handlung auswählen, z. B. Koffer packen.

(3) Handlungen sind hierarchisch-sequentiell organisiert. Studieren Sie diese an einer komplexen Handlung (z. B. Urlaubsreise planen und durchführen)! Wird eine bewußtseinsmäßige Entlastung der unteren Regulationsebenen (Teilpläne, Teilhandlungen) sichtbar?

(4) Beobachten Sie bei sich oder anderen Menschen effizientes bzw. ineffizientes Handeln! In welcher Form lassen sich die Merkmale realistisch, stabil-flexibel, organisiert nachweisen?

(5) Handlungsschemata weisen eine gleichbleibende Struktur auf, sind wiederholbar und innerhalb gewisser Grenzen auf neue Situationen übertragbar. Betrachten Sie ein einzelnes Handlungsschema, z. B. Einkaufen gehen!

(6) In welcher Weise zeigen sich die handlungsleitenden und hand-

lungsrechtfertigenden Funktionen von subjektiven Theorien über Hygiene im Haushalt, Anwendung von Strafen usw.? Analysieren Sie konkrete Aussagen einzelner Personen über die angesprochenen Beispiele!

(7) Unter welchen Umständen ist für eine Person die Herstellung einer Sauce bearnaise eine Aufgabe oder ein Problem? Untersuchen Sie solche Alltagssituationen, bei denen entweder die Anwendung epistemischer oder heuristischer Regeln erforderlich ist!

(8) Finden Sie je ein Beispiel für die drei Arten von Barrieren, die eine Problemlösung behindern können!

(9) An einem feuchten Herbstmorgen springt das Auto nicht an, weil Feuchtigkeit in den Verteiler gelangt ist. Demonstrieren Sie die Entwicklung des Problems und der Lösung anhand der vier Schritte nach *Duncker*!

(10) Ein allgemeines Lösungsprinzip (Funktionalwert) kann sinnvoll auf eine Kategorie von Problemen angewandt werden. Eine mechanische Verwendung kann allerdings auch zukünftiges Problemlösen behindern. Suchen Sie Beispiele!

(11) Untersuchen Sie Strategien! Auf sehr komplexe Regeln werden Sie beim Schachspiel und dem Zauberwürfel (*Rubik*'s Cube) stoßen. Vielleicht können Sie mit einem Tonband eine Phase sukzessiver Hypothesenprüfung am Anfang einer Unterrichtsstunde aufnehmen.

(12) Führen Sie mit Bekannten einmal ein Brainstorming durch! Beachten Sie dabei aber sehr genau die Spielregeln dieser Kreativ-Technik!

5.8.5 Diskussion

(1) Handlungstheorien beschreiben den »idealen Handelnden«, der sich ggf. Ziele selbst setzt, die Wahl zwischen Handlungsalternativen hat und insgesamt mit einem hohen Grad an Bewußtheit flexibel und effizient seine Ziele erreicht. Ist eine solche Art von Handeln im Alltag und im Beruf häufig zu beobachten? Sind »ideale Handlungen« nicht vielmehr eine Seltenheit? Wird hier eine Ideologie der autonomen und verantwortlichen Persönlichkeit sichtbar? Diskutieren Sie!

(2) Der Kernpunkt von Handlungstheorien ist die Annahme einer *internen* Handlungssteuerung. Gibt es aber nicht außerordentlich zahlreiche Aktivitäten, bei denen sich ein starkes Ausmaß von Außensteuerung durch antizipierte belohnende oder bestrafende Konsequenzen nachweisen läßt? Soll man bei der kognitiven Repräsentation dieser Außenreize noch von einer Innensteuerung sprechen? Wie lassen sich Handeln und Verhalten gegeneinander abgrenzen?

(3) Handlungstheorien charakterisieren Handeln meist als gegenständlich, d. h. als auf Zwecke gerichtet, die außerhalb der eigentlichen Handlung liegen (Zweckrationalität). Welche Bedeutung für das menschliche Leben haben z. B. Freizeitaktivitäten, deren Ziel in der Ausführung der Handlung liegt, ohne daß weitere Zwecke erreicht werden sollen?

(4) Partialisierte Handlungen, d. h. Handlungen, die nur noch wenige Merkmale der »idealen« Handlung aufweisen, sind im Beruf und im Alltag sehr häufig und für viele Menschen unbefriedigend. Welche Möglichkeiten gibt es zur Verringerung der Häufigkeit partialisierten Handelns?

(5) Erscheint Ihnen das Allgemeine Lehr-Lern-Modell ALL geeignet, defizitäre Vorstellungen über den Lehr-Lern-Prozeß zu korrigieren?

(6) Während in älteren Problemlösetheorien meist einfach strukturierte Probleme untersucht werden (Streichholz-Problem, Umgieß-Problem) befaßt sich *Dörner* mit komplexen Problemen. Er hat u. a. festgestellt, daß die meisten Menschen wenig befähigt zum Systemdenken sind. Wenn Politiker und Fachleute zur Lösung komplexer Probleme vorwiegend ein lineares Denken einsetzen, kann dies zu gefährlichen Entwicklungen führen.

(7) Divergentes Denken und kreatives Problemlösen werden vermutlich in Familien und Schulen wenig toleriert und noch weniger unterstützt. Wie beurteilen Sie diese Vermutung? Welche Möglichkeiten der Förderung bieten sich vielleicht dennoch?

5.8.6 Weiterführende Literatur

Über Modell-Lernen informiert
Bandura, A.: Sozial-kognitive Lerntheorie. Klett-Cotta, Stuttgart 1979.

Ein im Vergleich zu verhaltenstheoretischen Auffassungen neues Menschenbild wird propagiert in
Groeben, N./*Scheele,* B.: Argumente für eine Psychologie des reflexiven Subjekts. Steinkopff, Darmstadt 1977.

Einen Überblick über verschiedene handlungstheoretische Ansätze bietet
Lenk, H. (Hrsg.): Handlungstheorien interdisziplinär. Bes. Band 3 (2 Halbbände). Fink Verlag, München 1981.

Das Buch, das die Entwicklung von Handlungstheorien am meisten beeinflußt hat und als erstes die TOTE-Einheit als Grundmuster der Handlungsregulation verwendet, ist
Miller, G. A./*Galanter,* E./*Pribram,* K. H.: Strategien des Handelns. Klett, Stuttgart 1973.

Mit dem Lehrerhandeln, subjektiven Theorien von Lehrern und deren Veränderung befaßt sich
Hofer, M. (Hrsg.): Informationsverarbeitung und Entscheidungsverhalten von Lehrern. Urban und Schwarzenberg, München/Wien/Baltimore 1981.

Pädagogische Psychologie wird unter besonderer Beachtung des Theorie-Praxis-Problems als handlungsorientierte Wissenschaft dargestellt in
Huber, G. L./*Krapp,* A./*Mandl,* H. (Hrsg.): Pädagogische Psychologie als Grundlage pädagogischen Handelns. Urban und Schwarzenberg, München/Wien/Baltimore 1984.

Über neuere Entwicklungen im Bereich des Problemlösens informieren
Dörner, D.: Problemlösen als Informationsverarbeitung. Kohlhammer, Stuttgart/Berlin/Köln/Mainz 1979.
Dörner, D./*Kreuzig,* H. W./*Reither,* F./*Stäudel,* Th. (Hrsg.): Lohhausen. Vom Umgang mit Unbestimmtheit und Komplexität. Huber, Bern/Stuttgart/Wien 1983.

Einen Überblick über Grundfragen der Kreativitätsforschung gibt
Landau, E.: Psychologie der Kreativität. Ernst Reinhardt, München/Basel 1969.

Lösungsschlüssel zum Test »Planvolles Handeln und Problemlösen«

Folgende Lösungen waren richtig:

Aufgabe	1	2	3	4	5	6	7	8	9	10
A	b	a	a	d	c	b	b	c	d	c
B										

Tragen Sie Ihre Lösungen in die Zeile B ein und zählen Sie die Übereinstimmungen aus. Sie können jetzt beurteilen, ob Sie das Lernziel erreicht haben.

Haben Sie das Lernziel nicht erreicht, sollten Sie den Informationsteil oder einzelne Abschnitte noch einmal durcharbeiten. Das ist auch dann zu empfehlen, wenn Sie den Test zwar insgesamt bestanden haben, aber dennoch einige Aufgaben nicht richtig lösen konnten. Sie sollten auch die Items beachten und in Ihre Nacharbeit mit einbeziehen, die Sie richtig gelöst haben, bei denen Sie sich Ihrer Sache aber nicht so sicher waren. Wenn Sie an dieser Stelle konsequent sind, erleichtert Ihnen das die weitere Beschäftigung mit dem Arbeitsteil.

6. Kapitel: Der Begriff des Lernens

6.1 Der Inhalt dieses Kapitels

Zunächst werden noch einmal die vier Grundformen des Lernens zusammenfassend dargestellt. Dabei wird sichtbar, daß Lernen abhängig ist von Person- und Situationsfaktoren. Probleme ergeben sich bei der Unterscheidung von Verhalten und Handeln. Aus psychologischer Sicht bedeutet Lernen die Bildung von Erfahrungen. Es werden Dispositionen erworben, d. h. die Fähigkeit, bestimmte Leistungen zu vollbringen. Abschließend wird das Theorie-Praxis-Verhältnis diskutiert.

6.2 Die vier Grundformen des Lernens

6.2.1 Überblick

In diesem Buch wurden vier Grundformen des Lernens vorgestellt: das assoziative Lernen (AL), das instrumentelle Lernen (IL), das kognitive Lernen (KL) und das planvolle Handeln und Problemlösen (p. H.). Abb. 89 gibt noch einmal einen Überblick.

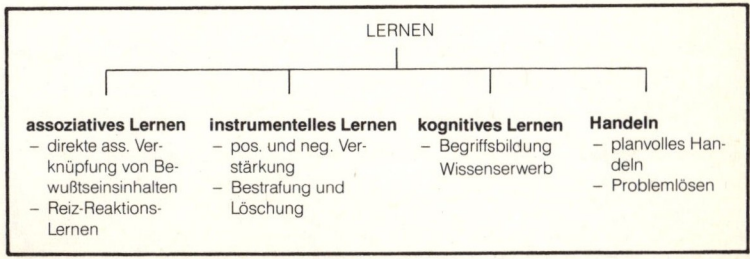

Abb. 89: Die vier Grundformen des Lernens.

6.2.2 Reaktion und Verhalten

Die Beschreibung des assoziativen Lernens von Typ 2 (Reiz-Reaktions-Lernen) und des instrumentellen Lernens sind der Beitrag der verhaltenstheoretischen Psychologie zu einer Theorie des Lernens. Die wesentlichen Merkmale werden in Abb. 90 zusammengefaßt.

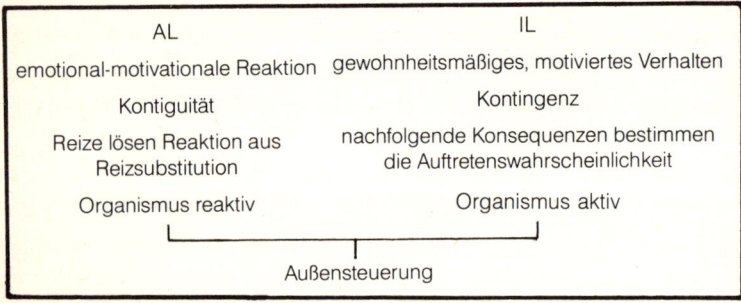

Abb. 90: Reaktion und Verhalten

Beide Lernformen sind durch eine weitgehende Außensteuerung durch Reize gekennzeichnet. Beim assoziativen Lernen lösen vorausgehende Reize die Reaktion aus und beim instrumentellen Lernen entscheiden die nachfolgenden Reize (Konsequenzen) über den Auf- bzw. Abbau des Verhaltens.

6.2.3 Wissen und Handeln

Der Beitrag der kognitiven Psychologie und der Handlungstheorien ist in Abb. 91 zusammenfassend dargestellt.

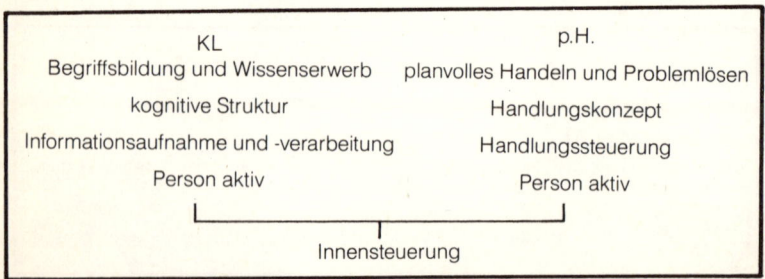

Abb. 91: Wissen und Handeln

Sowohl beim kognitiven Lernen im engeren Sinn wie auch beim Handeln läßt sich deutlich ein Überwiegen der Innensteuerung durch die Person selbst feststellen.

6.2.4 Person und Umwelt

Lernen ist demnach abhängig von der *Person* und der *Umwelt*. Die Faktoren P und U haben bei den verschiedenen Lernformen ein unterschiedliches Gewicht, was in Abb. 92 schematisch dargestellt ist.

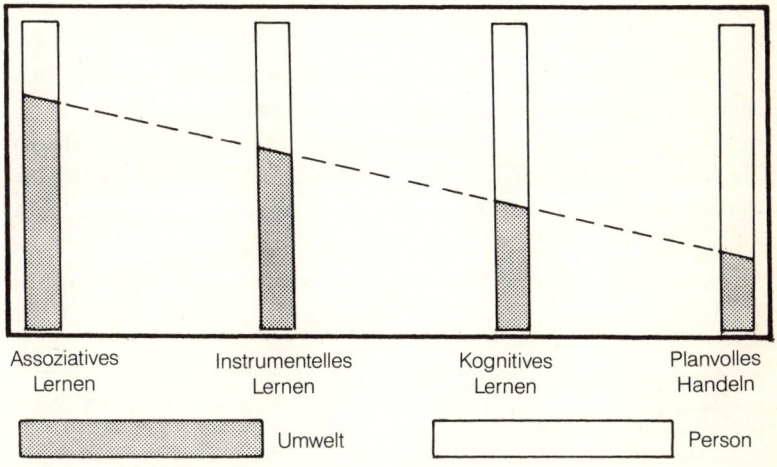

Abb. 92 Lernen in Abhängigkeit von Person und Umwelt

Nach dem Schema nimmt die Bedeutung der Außenreize vom assoziativen Lernen über das instrumentelle und kognitive Lernen bis zum planvollen Handeln stetig ab.

6.3 Verhalten und Handeln

Ein Problem besteht darin, planvolles Handeln von gewohnheitsmäßigem motivierten Verhalten abzugrenzen.
Lerntheorie ist zunächst paradigmatische Forschung (*Herrmann* 1976).

Sie gewinnt grundlegende Kategorien und Modellvorstellungen von Lernen, die dann zur Beschreibung und Erklärung von Lernerscheinungen in der Schule oder anderen Sozialisationsfeldern verwendet werden. Diese Theoriekerne nennt man Paradigmen. Seit einiger Zeit ist die Rede von einem *Paradigmenwechsel*. Nicht mehr ein verhaltenstheoretisches Modell mit seiner Betonung der Außensteuerung soll gelten, sondern ein neues Modell des reflexiven Subjekts, das Lernen schwerpunktmäßig als Innensteuerung begreift.

So sehr einerseits diese Gegenbewegung zur verhaltenstheoretischen Psychologie verständlich und nötig ist, so sehr handelt es sich nach meiner Meinung bei diesem mit Leidenschaft vorgetragenen »neuen« Paradigma um eine Art kollektiver Verdrängung. Den Menschen vorwiegend als relativ autonomes, rationales Handlungssubjekt zu sehen, stellt neunzig Jahre Psychologiegeschichte von *Freud* bis *Festinger* auf den Kopf. Kaum zu bestreiten dürfte sein, daß zu allen Zeiten die Mehrzahl der Menschen genötigt war, sich häufiger unter äußerem Zwang und Repressionen zu *verhalten* als autonom nach flexiblen Plänen zu *handeln*.

Es erscheint sinnvoll, das Verhältnis von Verhalten und Handeln nicht als Dichotomie (Gegensatz), sondern als *Kontinuum* aufzufassen (Abb. 93).

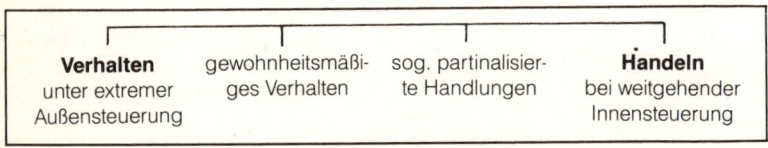

Abb. 93: Kontinuum von Verhalten und Handlung

Manche Handlungstheorien gehen von dem »idealen Handelnden« aus. Dies ist ein Subjekt, das sich ggf. selbst Ziele setzt, zwischen verschiedenen Handlungsalternativen wählen kann, willentlich sich für eine Möglichkeit entscheidet und die eigentliche Handlung dann durch ein solchermaßen flexibles und im höchsten Maße bewußtes Handlungskonzept effizient steuert. Menschliche Tätigkeit läßt sich aber nur relativ selten nach diesem Modell beschreiben.

Beispiele:

– Bei einer Erpressung ist der Erpresser u. U. in der Lage, das Verhalten des Betroffenen sehr weitgehend zu kontrollieren. Beispielsweise sind die Art des

Zahlungsmittels, Zeitpunkt und Übergabe des Lösungsgeldes usw. genau festgelegt. Selbstverständlich entwickelt der Erpreßte ein antizipatorisches Konzept der erforderlichen Tätigkeiten. Ein solches »Handlungsschema« ist aber die kognitive Repräsentation einer Zwangssituation und weist kaum Merkmale des autonomen Handelns auf.

– Die Macht der Gewohnheit wird sichtbar bei der Geschichte des britischen Phantom-Piloten, der bei einem Übungsflug mit einer scharfen Rakete ein anderes britisches Kampfflugzeug abschoß. Vor dem Kriegsgericht erklärte der Pilot, es sei ihm nicht bewußt gewesen, daß er die Rakete abschoß. Die Übung sei genau so verlaufen, wie er es acht Jahre lang erlebt habe. Früher hatte er allerdings keine Raketen mitgeführt, sondern ein elektronisches System, das die »Treffer« registrierte.

– Manche Firmen vergeben Arbeitsaufträge, die von den Arbeitnehmern dann in Heimarbeit erledigt werden. So übernimmt eine Frau beispielsweise den Auftrag, eine gewisse Anzahl von Pudelmützen ganz bestimmter Strickart in einem festgelegten Zeitraum herzustellen. Vermutlich kann man diese Tätigkeit als sog. partialisiertes Handeln kennzeichnen, bei dem der Handlungsspielraum der Arbeiterin augenscheinlich stark eingeschränkt ist.

Wenn man als zentrales Merkmal des Handelns die Entwicklung eines *flexiblen Handlungskonzepts* annimmt, dann können ein Verhalten mit starker Außensteuerung, ein gewohnheitsmäßiges Verhalten mit verminderter Bewußtheit beim Vollzug sowie das sog. partialisierte Handeln mit eingeschränktem Handlungsspielraum nicht mehr zu der Kategorie des planvollen Handelns im engeren Sinn gezählt werden.

Es gibt zwischen einem Verhalten mit extremer Außensteuerung und einem »idealen Handelnden« eine Reihe von Übergangsstufen. Die kognitive Repräsentation des Zieles und der Mittel zur Zielerreichung allein machen in diesem Verständnis noch keine Handlung aus. Ein gewisser Handlungsspielraum sowie ein Mindestmaß an bewußter Steuerung sind weitere kritische Attribute des Begriffs Handlung.

Der Begriff des planvollen Handelns in diesem Buch meint ein Handeln, das möglichst zahlreiche der besprochenen Merkmale aufweist. Wenn man dem inflationären Gebrauch des Begriffs »Handlung« nicht folgt, dann ist verantwortliches, rationales, flexibles und effizientes Handeln im menschlichen Leben eher eine Seltenheit. Je vielfältiger der Begriffsinhalt, desto geringer der Begriffsumfang. Je mehr kritische Attribute man beim Handlungsbegriff annimmt, desto geringer wird die Anzahl menschlicher Aktivitäten, die als Handlung bezeichnet werden können.

Dies wird auch in der Werbepsychologie so gesehen: »Der Anteil von solchen extensiven (= überlegten, rationalen) Entscheidungen ist auf etwa 15–20% aller Kaufentscheidungen zu schätzen, der Anteil von teilweise überlegten Kaufentscheidungen auf 30% und der Anteil rein gefühlsmäßiger und gewohnheitsmäßiger Entscheidungen auf mindestens 50%« (*Kroeber-Riel/Meyer-Hentschel* 1982, S. 14). Auch wenn diese Zahlen grobe Vermutungen darstellen, erscheint mir die Sichtweise realistisch.

6.4 Die Zuordnung zu den vier Lernformen

Die Zuordnung eines Lernprozesses zu einer dieser vier Kategorien schafft gewisse Schwierigkeiten. Es handelt sich um eine *akzentuierende Zuordnung*, um eine *schwerpunktmäßige Interpretation*.
Beispiele:

– Whisky
Eine Person trinkt gerne Whisky und eine andere verabscheut dieses Getränk. Der Aufforderungscharakter bestimmter Marken ist stark durch die Werbung beeinflußt (AL).
Im Zusammenhang mit dieser Spirituose bilden sich gewisse Trinkgewohnheiten aus, wie pur, mit Quellwasser oder mit Eiswürfeln genießen (IL).
Der Kenner wird Scotch deutlich von Bourbon unterscheiden und zudem wissen, daß es in Schottland reine Maltwhiskies und blended Whiskies gibt (KL).
Man kann sich für den Kauf einer Flasche Whisky entscheiden und sich eine günstige Einkaufsquelle überlegen (p. H.)
– Mengenlehre
Die Mengenlehre kann sehr schnell zu einem beliebten oder regelrecht gehaßten Unterrichtsgegenstand werden (AL).
Hierbei kann es zur Ausbildung fester Gewohnheiten kommen, z. B. die Hausaufgaben vor dem Unterricht abzuschreiben (IL).
Das Ziel eines solchen Lehrgangs besteht im Erwerb von Begriffen und dem Aufbau einer möglichst klaren kognitiven Teilstruktur (KL).
Der Lehrer plant, in der nächsten Unterrichtsstunde besondere Anschauungsmittel einzusetzen (p. H.).

Lernphänomene begegnen uns meist unter einer bestimmten Perspektive und aus dieser Sichtweise tritt *ein* Aspekt deutlich hervor, der die Kategorisierung in eine der vier Lernformen ermöglicht.
Hierbei handelt es sich jedoch um ein *instabiles Gleichgewicht*. Die Sichtweise kann sozusagen umkippen und ein anderer Aspekt des Lernprozesses kann zu einer andersartigen Kategorisierung führen.

Beispiel:

Das Lernziel des Unterrichts in Mengenlehre (Begriffsbildung) ist zunächst dem Bereich von KL zuzuordnen. Wird als Ziel aber definiert, die Lernmotivation der Schüler durch eine attraktive Unterrichtsgestaltung zu fördern, treten Gesichtspunkte von AL, IL und p. H. in das Blickfeld.

Je komplexer ein Lernphänomen ist, desto wahrscheinlicher ist es, daß mehrere Lernformen zu beobachten sind. Allerdings steht meist *eine* Art des Lernens im Vordergrund.

6.5 Der Lernbegriff

Das gemeinsame Merkmal aller Arten des Lernens ist aus psychologischer Sicht die *Erfahrungsbildung*.

Der Prozeß des Lernens führt zu dem Produkt des Neuerwerbs oder Veränderung psychischer *Dispositionen,* d. h. zur Bereitschaft und Fähigkeit, bestimmte seelische oder körperliche Leistungen zu erbringen. Manchmal spricht man in diesem Zusammenhang auch von Erwerb eines »Verhaltens*potentials*«. Lernen ist durch relativ überdauernde Veränderung im Organismus gekennzeichnet, während die Leistung (Performanz) von momentanen Bedingungen (z. B. Motivation, Ermüdung usw.) abhängt. Das eigentliche Lernen besteht also im Erwerb von Dispositionen, d. h. von Verhaltens- und Handlungs*möglichkeiten*.

Man könnte auch sagen, Lernen führt zur Herstellung relativ dauerhafter Verbindungen zwischen

– Reiz und Reaktion,
– Verhalten und Konsequenzen,
– den Elementen einer kognitiven Struktur,
– Wissen und Handeln.

Das Verlernen wäre als Unterbrechung dieser Verbindungen zu begreifen.

Der psychologische Begriff des Lernens schließt nicht nur das durch Unterricht absichtlich und planvoll organisierte Lernen ein. Lernen ist auf keinen Entwicklungsabschnitt beschränkt. Sowohl der Säugling als auch der alte Mensch verändern laufend ihren Erfahrungsschatz. Lernen findet nicht nur aufgrund eigener individueller Erfahrung statt, Lernen ist

z. T. auch sozialvermittelt, d. h. der einzelne kann einen Teil der Erfahrungen der Gattung Mensch verwerten. Lernen meint nicht nur den Erwerb einzelner, isolierter Dispositionen, sondern auch Aufbau einer individuellen Persönlichkeit durch Aneignung der menschlichen Kultur in einem individuellen Lebensweg.

Neben diesem Begriff von Lernen, der als einziges kritisches Attribut den relativ dauerhaften Aufbau bzw. die Veränderung von Dispositionen beinhaltet (affirmativer Begriff), gibt es noch andere Auffassungen. *Rogers,* ein klinischer Psychologe und Vertreter der Humanistischen Psychologie, kennzeichnet in seinem Buch »Lernen in Freiheit« sein Verständnis von Lernen folgendermaßen:

– »Es schließt persönliches Engagement ein – die ganze Person steht sowohl mit ihren Gefühlen als auch mit ihren kognitiven Aspekten im Lernvorgang.
– Es ist selbst – initiiert – sogar dann, wenn der Antrieb oder der Reiz von außen herrührt, kommt das Gefühl des Entdeckens, des Hinausgreifens, Eingreifens und Begreifens von innen.
– Es durchdringt den ganzen Menschen – es ändert das Verhalten, die Einstellungen, vielleicht sogar die Persönlichkeit des Lernenden.
– Es wird vom Lernenden selbst bewertet – er weiß, ob es sein Bedürfnis trifft, ob es zu dem führt, was er wissen will, ob es auf den von ihm erlebten dunklen Fleck der Unwissenheit ein Licht wirft. Wir könnten sagen, daß der geometrische Ort des Bewertens zweifelsfrei im Lernenden selbst liegt.
– Sein wesentlichstes Merkmal ist Sinn – wenn derartiges Lernen stattfindet, dann ist in der gesamten Erfahrung enthalten, daß der Lernende Sinn darin sieht« (*Rogers* 1974, S. 13).

Hier liegt ein wesentlich enger gefaßter Begriff von Lernen vor (konjunktiver Begriff).

Von Lernen sind *angeborene Reaktionstendenzen* (z. B. Reflexe und Instinkte) und durch *Reifung* (d. h. durch genetisch vorprogrammierte Entwicklungsschritte) bedingte Veränderungen des Verhaltens und Denkens abzuheben. In beiden Fällen treten Schwierigkeiten auf, weil sowohl bei angeborenen Reaktionstendenzen wie auch bei Reifungserscheinung häufig zusätzlich noch Lernen zu beobachten ist (z. B. Kontrolle der Aftermuskulatur beim Kleinkind).

6.6 Das Theorie-Praxis-Verhältnis

Die Pädagogische Psychologie gilt als handlungsorientierte Wissenschaft, von der Hilfen bei der Bewältigung pädagogischer Aufgaben und Probleme erwartet werden.

Es lassen sich drei Modellvorstellungen des Theorie-Praxis-Verhältnisses unterscheiden (*Huber/Krapp/Mandl* 1984, S. 9f.):

(1) Pädagogische Psychologie als verkürzte »Allgemeinpsychologie« für Praktiker.
Lehrer, Erzieher, Berater usw. sollen Wissen, das ihnen in vereinfachter und verkürzter Form aus zahlreichen Teildisziplinen der Psychologie angeboten wird, in konkreten Handlungssituationen anwenden (z. B. Gestaltgesetze, Phasenmodell der Entwicklung).
(2) Pädagogische Psychologie als Anwendung ausgewählter Theorien und Methoden auf Probleme der pädagogischen Praxis.
Im Gegensatz zu der ersten Konzeption wird die Übertragung des psychologischen Wissens nicht in erster Linie dem Praktiker überlassen. sondern ist Aufgabe der Pädagogischen Psychologie (z. B. Untersuchung der Begriffsbildung im Kindesalter, pädagogische Verhaltensmodifikation).
(3) Pädagogische Psychologie als Theorie pädagogischer Praxis.
Relevante Gegenstände der Pädagogischen Psychologie werden aus den Problemfeldern gewonnen, mit denen sich Praktiker auseinandersetzen müssen (z. B. Theorie des sinnvollen verbalen Lernens von *Ausubel*).

Zu (1): Dem erstgenannten Verständnis liegt eine naive Wissenschaftsgläubigkeit zu Grunde. Diese Auffassung wird kaum noch vertreten.
Zu (2): Die Lösung des Theorie-Praxis-Problems kann man mehr aus der Perspektive des Wissenschaftlers oder mehr aus der Perspektive des handelnden Praktikers sehen.
Unter dem ersten Aspekt ergeben sich für die Pädagogische Psychologie vorrangig drei Aufgaben:
– Entwicklung und Bereitstellung von Grundlagenwissen (z. B. Wissenserwerb);
– Entwicklung und Bereitstellung von standardisierten Techniken (z. B. Instrumentarium von diagnostischen und fördernden Verfahren);
– Adressatenbezogene Vermittlung dieses pädagogisch-psychologischen Wissens (z. B. anwendungsbezogene Lehrbücher, handlungsorientierte Trainingsprogramme).
Unter dem zweiten Gesichtspunkt wird der Pädagoge als *Problemlöser*

gesehen, der in konkreten Situationen schnelle Entscheidungen zu treffen hat. Neben gewohnheitsmäßigen Verhaltensweisen stehen ihm für seine Handlungsregulation mehr oder minder subjektive Theorien und Modelle zur Verfügung. Durch einen Austausch ihrer Alltags- und Berufstheorien mit Konzepten der Pädagogischen Psychologie werden Praktiker (Lehrer, Erzieher, Eltern, Ausbilder) zu einem effizienteren, handlungsorientierten *pädagogisch-psychologischen Denken* befähigt. Der Satz von *Einstein* »Die Theorie bestimmt, was wir beobachten« ließe sich abwandeln in die Aussage »Die Theorie bestimmt, in welcher Weise wir handeln«.

Zu (3): Die anspruchsvolle Bezeichnung »Theorie pädagogischer Praxis« ist derzeit innerhalb der Pädagogischen Psychologie dagegen eher als Programm und weniger als Forschungsrealität zu sehen. Dies ist auch der Grund, warum die Hoffnung auf eine wissenschaftlich begründete Praxisverbesserung häufig enttäuscht wird.

In der Pädagogischen Psychologie verbinden sich ein psychologisch-erfahrungswissenschaftlicher und ein pädagogisch-normativer Aspekt. Am Beginn des 1. Kapitels wurde die Aufgabe der Pädagogischen Psychologie als »Bereitstellung, Vermittlung und Anwendung psychologischen Wissens zur Optimierung von Entwicklungsprozessen« definiert. In diesem Sinne versucht auch das vorliegende Lehrbuch der Lernpsychologie zur »Verbesserung von Erziehung und Unterricht« beizutragen, indem es durch die differenzierte Darstellung von Lern- und Lehrprozessen – möglicherweise – eine Verbesserung der Handlungskompetenz von Lehrern und Erziehern bewirkt. Dies würde einerseits eine größere Zufriedenheit bei der Bewältigung pädagogischer Anforderungen zur Folge haben und andererseits eine bessere Förderung von Kindern und Jugendlichen ermöglichen.

Literatur

Adameit, H., Heidrich, W., Möller, Ch. & Sommer, H.: Grundkurs Verhaltensmodifikation. Ein handlungsorientiertes einführendes Arbeitsbuch für Lehrer und Erzieher. Weinheim: Beltz (1983) 3. Aufl.

Aebli, H.: Grundformen des Lehrens. Stuttgart: Klett-Cotta, 11. Aufl., 1983.

Aebli, H.: Denken: Das Ordnen des Tuns. Stuttgart: Klett-Cotta, (2 Bände), 1980/81.

Allen, D. W., Ryan, K. A.: Microteaching. Weinheim: Beltz 1972.

Ambler, E.: Schirmers Erbschaft. Zürich: Diogenes 1975.

Ammer, Ch., Buggle, F., Wetzel, H. & Wilhelm, M.: Veränderung von Schülerverhalten. Eine Einführung in die Verhaltensanalyse und Verhaltensmodifikation. München: Urban & Schwarzenberg 1976.

Angermeier, W. F.: Kontrolle des Verhaltens. Das Lernen am Erfolg. Berlin: Springer 1976.

Angermeier, W. F. & Peters, M.: Bedingte Reaktionen. Berlin: Springer 1973.

Arnold, W., Eysenck, H. J. & Meili, R. (Hg.): Lexikon der Psychologie. Freiburg: Herder 1976.

Asanger, R. & Wenninger, G. (Hg.): Handwörterbuch der Psychologie. Weinheim: Beltz 1980.

Atkinson, J. W.: Einführung in die Motivationsforschung. Stuttgart: Klett 1975.

Ausubel, D. P.: Psychologie des Unterrichts. Weinheim: Beltz 1974 (2 Bände).

Bandura, A.: Lernen am Modell. Ansätze zu einer sozialkognitiven Lerntheorie. Stuttgart: Klett 1976.

Bandura, A., Grusec, J. E. & Menlove, F. L.: Some social determinants of self-monitoring reinforcement systems. Journal of Personality and Social Psychology, 5, 1967, 449–455.

Bandura, A.: Sozial-kognitive Lerntheorie. Stuttgart: Klett-Cotta 1979.

Bandura, A., Ross, D. & Ross, S. A.: Imitation of film-mediated aggressive models. Journal of abnormal and social Psychology, 66, 1963, S. 3–11.

Bandura, A. & Walters, R. H.: Social learning and personality development. New York 1963.

Bastine, R., Fiedler, P. A., Grawe, K. & Schmidtchen, S. & Sommer, G. (Hg.): Grundbegriffe der Psychotherapie. Weinheim: Edition Psychologie 1982.

Berlyne, D. E.: Konflikt, Erregung, Neugier, Zur Psychologie der kognitiven Motivation. Stuttgart: Klett 1974.

Blöschl, L.: Grundlagen und Methoden der Verhaltenstherapie. Bern: Huber 1974[4].

Blöschl, L.: Belohnung und Bestrafung im Lernexperiment. Weinheim: Beltz 1970[2].

Bloom, B. S. (Hg.): Taxonomie von Lernzielen im kognitiven Bereich. Weinheim: Beltz 1972.

Brandtstädter, J., Reinert, G. & Schneewind, K. A. (Hg.): Pädagogische Psychologie – Probleme und Perspektiven. Stuttgart: Klett-Cotta 1979.

Brandtstädter, J., Fischer, M., Kluwe, R., Lohmann, J., Schneewind, K. A. & Wiede, H. H.: Entwurf eines heuristisch-taxonomischen Schemas zur Strukturierung von Zielbereichen pädagogisch-psychologischer Forschung und Lehre. Zeitschrift für Entwicklungspsychologie und Pädagogische Psychologie, 6 (1974), 1–18.

Brandtstädter, J. & Fischer, M. & Lohmann, J. & Reinert, G. & Schneewind, K. A. & Wiede, K. H.: Zur Entwicklung eines Curriculums für das Hauptfachstudium der Psychologie mit der Spezialisierungsrichtung »Pädagogische Psychologie«. Psychologische Rundschau, 27 (1976), 95 –117.

Bredenkamp, K. & Bredenkamp, J.: Was ist Lernen? In: *Weinert, F. E., Graumann, G. F., Heckhausen, H. & Hofer, M. u. .a.* (Hg.): Pädagogische Psychologie. Funk-Kolleg. Bd. 2. Frankfurt/M.: Fischer 1974.

Bredenkamp, J. & Wippich, W.: Lern- und Gedächtnispsychologie. Stuttgart: Kohlhammer, 1977 (2 Bände).

Bretecher, C.: Die Frustrierten. Reinbek: Rowohlt 1978.

Brown, P. & Elliot, R.: Control of aggression in a nursery school. Journal of Experimental Child Psychology, 2, (1965), 103–107.

Bruner, J. S.: Der Prozeß der Erziehung. Düsseldorf: Schwann 1973, 1. Aufl. 1970; 3. Aufl. 1973.

Bruner, J. S.: Entwurf einer Unterrichtstheorie. Düsseldorf: Schwann 1974.

Bruner, J. S.: Der Akt der Entdeckung. In: *Neber, H.* (Hg.): Entdeckendes Lernen. Weinheim: Beltz 1973.

Bruner, J. S.: Toward a theory of instruction. Harvard University Press, Cambridge 1966. (dt.: Entwurf einer Unterrichtstheorie. Düsseldorf: Schwann 1974).

Bruner, J. S. (Hg.): Lernen, Motivation und Curriculum. Frankfurt/M.: Athenäum Fischer 1974.

Bruner, J. S., Goodnow, J. J. & Austin, G. A.: A study of thinking. New York: Wiley 1956.

Bruner, J. S., Olver, R. R. & Greenfield, P. M.: Studien zur kognitiven Entwicklung. Stuttgart: Klett 1971.

Bühler, Ch. & Allen, M.: Einführung in die Humanistische Psychologie. Stuttgartß Klett 1974.

Burger, E.: Einführung in die Theorie der Spiele. Berlin: De Gruyter 1959.

Christoph-Lemke, Ch.: Bestrafung. In: *Kraiker, C.* (Hg.): Handbuch der Verhaltenstherapie. München: Kindler 1974.

Correll, W.: Lernen und Verhalten. Grundlagen der Optimierung von Lernen und Lehren. Frankfurt/M.: Fischer 6. Aufl., 1976.

Cranach, M. von, Kalbermatten, U., Indermühle, K. & Gugler, B.: Zielgerichtetes Handeln. Bern: Huber 1980.

Dann, H.-D., Humpert, W., Krause, F. & Tennstädt, K.-C. (Hg.): Analyse und Modifikation subjektiver Theorien von Lehrern. Forschungsberichte 43. Universität Konstanz 1982.

De Bono, E.: Kinderlogik löst Probleme. Bern: 1973.

Duncker, K.: Zur Psychologie des produktiven Denkens. Berlin: Springer 1963.

Dörner, D.: Problemlösen als Informationsverarbeitung. Stuttgart: Kohlhammer 1979 (2. Aufl.).

Dörner, D., Kreuzig, H. W., Reither, F. & Ständel, Th. (Hg.): Lohhausen. Vom Umgang mit Unbestimmtheit und Komplexität. Bern: Huber 1983.

Domarus, M.: Hitler, Reden und Proklamationen 1932–1945. München 1965.

Ebbinghaus, H.: Über das Gedächtnis. Untersuchungen zur experimentellen Psychologie. Darmstadt: Wissenschaftliche Buchgesellschaft 1971 (Nachdruck der Ausgabe von 1885).

Edelmann, G.: Adressatenbezogene Curriculumentwicklung und Evaluation. Probleme der Evaluation von Lehrmaterialien und Lehrmethoden. Frankfurt/ M.: Fischer 1978.

Edelmann, W.: Pädagogische Psychologie in der Lehrerausbildung. Braunschweiger Psychologische Arbeiten 1980a, Nr. 1.

Edelmann, W.: Entwicklungspsychologie. Ein einführendes Arbeitsbuch. München: Kösel 1980.

Edelmann, W., Hage, R., Sieland, B. & Warns, C.: Überlegungen zu einem Allgemeinen Lehr-Lern-Modell Allg. Psychologie in Erziehung und Unterricht 29 (1982), S. 343–352.

Edwards, A. E. & Acker, L. E.: A demonstration of longterm retention of a conditioned galvanic skin response. Psychosomatic Medicine, 24, (1962), 459–463.

Enzyklopädie der Psychologie. Göttingen: Hogrefe. (Dieses Werk ist erst im Aufbau begriffen. Jedes Jahr erscheinen einige Bände.)

Euler, H. A.: Die Reduktion des Zigarettenrauchens durch Selbst-Monitoring. Zeitschrift für Klinische Psychologie und Psychotherapie, 3, (1973), 271–282.

Eysenck, H. J. & Rachmann, S.: The causes and cures of neurosis. San Diego: Knapp 1965

Festinger, L.: Theorie der kognitiven Dissonanz. Bern: Huber 1978.

Fittkau, B.: Angst. In: *Fittkau, B.* (Hg.): Pädagogisch-psychologische Hilfen für Erziehung, Unterricht und Beratung. Braunschweig: Westermann/Agentur Pedersen 1983 (2 Bände).

Foppa, K.: Lernen, Gedächtnis, Verhalten. Ergebnisse und Probleme der Lernpsychologie. Köln: Kiepenheuer und Witsch 1965.

Foppa, K. & Groner, R. (Hg.): Kognitive Struktur und ihre Entwicklung. Bern: Huber 1981.

Förster, E. & Wewetzer, K.-H.: Selbststeuerung. Bern: Huber 1973.

Freud, S.: Hemmung, Symptom und Angst. 1926 (GW, Bd. 14).

Frey, D.: Informationssuche und Informationsbewertung bei Entscheidungen. Bern: Huber 1981.

Frey, K. & Lang, M. (Hg.): Kognitionspsychologie und naturwissenschaftlicher Unterricht. Bern: Huber, 1973.

Fürntratt, E.: Angst und instrumentelle Aggression. Weinheim: Beltz 1974.

Fürntratt, E.: Motivation schulischen Lernens. Weinheim: Beltz 1976.

Fürntratt, E.: Zwang und Repression im Schulunterricht. Weinheim: Beltz 1977.

Fürntratt, E. & Möller, Chr.: Lernprinzip Erfolg. Entwurf einer Pädagogischen Psychologie auf verhaltenstheoretischer Grundlage. Frankfurt/M.: Peter Lang 1982 (2 Bände).

Gage, N. L. & Berliner, D. C.: Pädagogische Psychologie. München: Urban & Schwarzenberg 1977.

Gagné, R. M.: Die Bedingungen des menschlichen Lernens. Hannover: Schroedel 1969.

Gagné, R. M. & Bassler, O. C.: Study of retention of some topics of elementary non-metric geometry. Journal of educational Psychology, 54, (1963), 123–131.

Gantt, W. H.: Reflexology, schizokinesis, and autokinesis. Conditional Reflex, 1, (1966), 57–68.

Gibson, E. J. & Olum, V.: Experimental methods of studying perception in children. In: *Mussen, P. H.* (Hg.): Handbook of research methods in child development. New York: Wiley 1960.

Glaser, R.: Psychology and instructional Technology. Training research and education. Pittsburgh 1962.

Glaser, R. (Hg.): Programmiertes Lernen und Unterrichtstechnologie. Berlin: Cornelsen-Velhagen und Klasing 1971.

Gottschaldt, K., Lersch, Ph., Sander, F. & Thomae, H. (Hg.): Handbuch der Psychologie in 12 Bänden. Göttingen: Hogrefe 1966–1982.

Graumann, C. F. (Hg.): Denken. Kiepenheuer & Witsch, Köln und Berlin 1965.

Grell, J.: Techniken des Lehrerverhaltens. Weinheim: Beltz 1974.

Groeben, N. & Westmeyer, H.: Kriterien psychologischer Forschung. München: Juventa 1975.

Groeben, N. & Scheele, B.: Argumente für eine Psychologie des reflexiven Subjekts. Darmstadt: Steinkopff 1977.

Günther, M., Heinze, R. & Schott, F.: Konzentriert arbeiten – gezielt studieren. München: Urban & Schwarzenberg 1977.

Guilford, J. P.: Creativity. American Psychologist 5, (1950), S. 444–454.

Guilford, J. P.: Persönlichkeit. Weinheim: Beltz 1964.

Guthrie, E. R.: The psychology of learning. New York: Harper and Row 1935.

Habermas, J.: Vorbereitende Bemerkungen zu einer Theorie der kommunikativen Kompetenz. In: *Habermas, J. & Luhmann, N.:* Theorie der Gesellschaft oder Sozialtechnologie. Frankfurt/M.: Suhrkamp 1971.

Hacker, W.: Allgemeine Arbeits- und Ingenieurpsychologie. Bern: Huber 1978.

Halisch, F., Butzkamm, J. & Posse, N.: Selbstbekräftigung. Theorieansätze und experimentelle Erfordernisse. Zeitschrift für Entwicklungspsychologie und Pädagogische Psychologie 8 (1976), S. 145–164.

Haseloff, O.: Fünf Stufen der Kreativität. *Manager-Magazin,* 2, (1971), S. 83–90.

Haygood, R. C. & Bourne, L. E. Jr.: Attribute- and rulelearning aspects of conceptual behavior. Psychological Review, 1965, 72 (3), 175–195.

Heckhausen, H.: Motivation und Handeln. Berlin: Springer 1980.

Heiligmann, W., Janus, H. & Länge, H.: Das Tier. Stuttgart: Klett 1979.

Heller, K. & Nickel, H. (Hg.): Psychologie in der Erziehungswissenschaft. Ein Studienprogramm. Bd. I: Verhalten und Lernen. Stuttgart: Klett 1976.

Herbart, J. F.: Allgemeine Pädagogik. Bochum: Kamp 6. Aufl., 1983.

Herrmann, Th.: Die Psychologie und ihre Forschungsprogramme. Göttingen: Hogrefe 1976.

Herrmann, Th.: Lehrbuch der empirischen Persönlichkeitsforschung. Göttingen: Hogrefe 1972.

Herrmann, Th.: Psychologie als Problem. Stuttgart: Klett 1979.

Herrmann, Th., Hofstätter, P. R., Huber, H. P. & Weinert, F. E.: (Hg.): Handbuch psychologischer Grundbegriffe. München: Kösel 1977.

Hilgard, E. R. & Bower, H. G.: Theorien des Lernens. Stuttgart: Klett 1970/73 (2 Bände).

Hilgard, E. R. & Marquis, D. G.: Conditioning and learning. New York: Appleton Century Crofts 1940.

Höhne, E.: Tiere im Gebirge. München: R. Rother 1977.

Hofer, M.: Zur impliziten Persönlichkeitstheorie von Lehrern. Zeitschrift f. Entwicklungspsychologie und Pädagogische Psychologie (1970), S. 197–209.

Hofer, M.: Lehrerhandlung und Handlungstheorien. In: *Schiefele, H. & Krapp, A.* (Hg.): Handlexikon der Pädagogischen Psychologie. München: Ehrenwirth 1980.

Hofer, M. (Hg.): Informationsverarbeitung und Entscheidungsverhalten von Lehrern. München: Urban & Schwarzenberg 1981.

Hofstätter, P. R.: Gruppendynamik. Reinbek: Rowohlt 1973.

Holland, J. G. & Skinner, B. F.: Analyse des Verhaltens. München: Urban und Schwarzenberg 1974[2].

Homme, I., Csanyi, A. P., Gonzales, M. A. & Rechs, J. R.: Verhaltensmodifikation in der Schulklasse. Ein praxisbezogenes Trainingsprogramm für Lehrer und Studenten. Weinheim: Beltz 1974.

Horn, H. & Schwarz, E.: Bildertest – BT 1–2. Deutsche Schultests. Weinheim: Beltz 1967.

Huber, G. L.: Begriffsbildung im Unterricht. München: Ehrenwirth 1970.

Huber, G. L., Krapp, A. & Mandl, H. (Hg.): Pädagogische Psychologie als Grundlage pädagogischen Handelns. München: Urban und Schwarzenberg 1984.

Hull, C. L.: Principles of behavior. New York: Appleton 1943.

Hull, C. L.: A behavior system. New Haven: Yale Univ. Press 1952.

Hussy, W.: Denkpsychologie. Stuttgart: Kohlhammer 1984 (Band 1).

Jones, E. E.: Ingratiation: a social psychological analysis. New York: Appleton Century Crofts 1964.

Jones, M. C.: Eine experimentelle Untersuchung der Furcht: Der Fall Peter. In: *Hofer, M. & Weinert, F. E.* (Hg.): Pädagogische Psychologie, Funk-Kolleg Grundlagentexte Bd. II. Frankfurt/M.: Fischer 1973.

Kaesz, G.: Möbelstile. Leipzig: VEB Koehler/Amelang 1974.

Kaminski, G.: Überlegungen zur Funktion von Handlungstheorien in der Psychologie. In: *Lenk, H.* (Hg.) 1981.

Kanfer, F. H.: Self-regulation: Research, issues, and speculation. In: *Neuringer, C. & Michael, J. L.* (Hg.): Behavior modification in clinical psychology. New York: Appleton Century Crofts 1970, S. 178–220.

Kanfer, F. H. & Goldstein, A. P. (Hg.): Möglichkeiten der Verhaltensänderung. München: Urban & Schwarzenberg 1976.

Katona, G.: Organizing and memorizing. New York: Colombia University Press 1940.

Kaufmann-Mall, K.: Kognitiv-hedonistische Theorie menschlichen Verhaltens. Zeitschrift für Sozialpsychologie. Bern: Huber 3 (1978).

Keil, W.: Psychologie des Unterrichts. München: Juventa 1977.

Kern, H. J.: Verhaltensmodifikation in der Schule. Anleitung für die Schulpraxis. Stuttgart: Kohlhammer 1974.

Klix, F. & Rautenstrauch-Goede, K.: Struktur- und Komponentenanalyse von Problemlösungsprozessen. Zeitschrift f. Psychologie. 174, (1967), 167–193.

Kluwe, R.: Wissen und Denken. Stuttgart: Kohlhammer 1979.

Kluwe, R. H. & Spada, H. (Hg.): Studien zur Denkentwicklung. Bern: Huber 1981.

Köhler, W.: Intelligenzprüfungen an Menschenaffen. Berlin: Springer 1917 (Neudruck 1963).

Konorski, J.: Integrative Activity of the Brain. Chicago 1967.

Konorski, J. & Miller, S.: The two types of conditioned reflex. Journal of Genetic Psychology 1937.

Kraiker, C.: (Hg.): Handbuch der Verhaltenstherapie. München: Kindler 1974.

Krause, R.: Produktives Denken bei Kindern. Weinheim: Beltz 1977.

Krech, D. & Crutchfield, R. S. u. a.: Grundlagen der Psychologie in 8 Bänden. Weinheim: Beltz 1985.

Kroeber-Riel, W. & Meyer-Hentschel, G.: Werbung – Steuerung des Konsumentenverhaltens. Würzburg: Physica 1982.

Krohne, H. W.: Theorien zur Angst. Stuttgart: Kohlhammer 1976.

Krueger, F.: Zur Philosophie und Psychologie der Ganzheit. Schriften aus den Jahren 1918–1940. Berlin: Springer 1953.

Kuhlen, V.: Verhaltenstherapie im Kindesalter. Grundlagen, Methoden und Forschungsergebnisse. München: Juventa 3. Aufl., 1973.

Landau, E.: Psychologie der Kreativität. München: Reinhardt 1969.

Laucken, U.: Naive Verhaltenstheorie. Stuttgart: Klett 1974.

Lazarus, R. S.: Emotions and adaption: Conceptual and empirical relations. In: *Arnold, W. J.* (Hg.): Nebraska Symposium on Motivation. Lincoln 1968.

Lefrancois, G. R.: Psychologie des Lernens. Berlin: Springer 1976.

Lenk, H. (Hg.): Handlungstheorien interdisziplinär. München: Fink Verlag 1981. 3 Bände mit je 2 Halbbänden. (Bd. II, 1 1978, Bd. III 1 1981).

Lewin, K.: Dynamic Theory of Personality. New York: McGraw Hill 1955.

Lewin, K.: Feldtheorie in den Sozialwissenschaften. Bern: Hans Huber 1963.

Lompscher, J. (Hg.): Sowjetische Beiträge zur Lerntheorie. Die Schule J. P. Galperins. Köln: Pahl-Rugenstein 1973.

Lorenz, R. & Molzahn, R. & Teegen, F.: Verhaltensänderung in der Schule. Systematisches Anleitungsprogramm für Lehrer. Verhaltensprobleme erkennen und lösen. Reinbek: Rowohlt 1976.

Loser, F. & Terhart, E.: (Hg.): Theorien des Lehrens. Suttgart: Klett 1977.

Luchins, A. S: Mechanization in problem solving – the effect of Einstellung. Psychol. Monogr. 54, Nr. 6 (1942). Deutsch: Mechanisierung beim Problemlösen. Die Wirkung der Einstellung. In *Graumann, C. F.* (Hg.) 1965.

Machiavelli, N.: Der Fürst. Stuttgart: Reclam 1961.

Machiavelli, N.: Discorsi. Gedanken über Politik und Staatsführung. Stuttgart: Kröner 1977.

MacLean, A.: Die Männer des »Ulysses«. Darmstadt: Ullstein 1962.

MacMillan, D.: Verhaltensmodifikation. Eine Einführung für Lehrer und Erzieher. München: Kösel 1975.

Mahoney, M. J.: Research Issues in self-management. Behavior Therapy, 3, (1972), 45–63.

Mandl, H. & Huber, G. L.: Subjektive Theorien von Lehrern. In: Psychol. Erz., Unterr., 30. Jg. (1983), S. 98–112.

Marcks, M.: Vatermutterkind. Heidelberg: Quelle und Meyer 1982.

Mednick, S. A., Pollio, H. R. & Loftus, E. F.: Psychologie des Lernens. München: Juventa, 1. Aufl. 1975, 2. Aufl. 1977.

Merz, J.: Berufszufriedenheit von Lehrern, Weinheim: Beltz 1979.

Metzger, W.: Gesetze des Sehens. Frankfurt/M. 1953.

Miller, N. E. & Dollard, J.: Social learning and imitation. New Haven: Yale University Press 1941.

Miller, G. A., Gallanter, E. & Pribram, K. H.: Plans and the structure of behavior. New York: Rinehart and Winston 1960. (Dt.: Strategien des Handelns. Stuttgart: Ernst Klett Verlag 1973).

Montada, L. & Setter To Bulte, U.: Strafwirkung als Funktion der Selbstbewertung. Zeitschrift für Entwicklungspsychologie und Pädagogische Psychologie 4, (1974), 75–89.

Mowrer, O. H.: Learning theory and behavior. New York: Wiley 1960.

Mowrer, O. H.: Learning theory and the symbolic processes. New York: Wiley 1960.

Mühle, G. & Schell, Chr. (Hg.): Kreativität und Schule. München: Piper 1973 (3. Aufl.).

Müller, G. E.: Zur Analyse der Gedächtnistätigkeit. 1911–1917 (3 Bände).

Neber, H. (Hg.): Entdeckendes Lernen. Beltz, Weinheim und Basel 1973.

Neff, G.: Kreativität in Schule und Gesellschaft. EGS-Texte. Ravensburg: Otto Maier Verlag 1975.

Nolting, H.-P. u.a.: Psychologie lehren. Weinheim: Beltz 1985.

Nolting, H.-P. & Paulus, P.: Psychologie lernen. Weilheim: Beltz 1985.

Normann, D. A. & Rumelhart, D. E.: Strukturen des Wissens. Stuttgart: Klett-Cotta 1978.

Oerter, R.: Psychologie des Denkens. Donauwörth: Auer 1971.

Osgood, C. E., Suci, G. J. & Tannenbaum, P. H.: The measurement of Meaning. Urbana 1957.

Pawlow, J. P.: Auseinandersetzung mit der Psychologie. München: Kindler 1973.

Piaget, J.: Gesammelte Werke. Studienausgabe in 10 Bänden. Stuttgart: Klett.

Pierrel, R. & Sherman, J. G.: Train your pet the Barnabus way. Brown Alumni Monthly, February (1963), 8–14.

Pongratz, L. J.: Lehrbuch der klinischen Psychologie. Psychologische Grundlagen der Psychotherapie. Göttingen: Hogrefe 2. Aufl., 1975.

Pongratz, L. J.: Problemgeschichte der Psychologie. Bern: Francke 1967.

Posner, M. I.: Kognitive Psychologie. München: Juventa 1976.

Rogers, C. R.: Entwicklung der Persönlichkeit. Stuttgart: Klett 1973.

Rogers, C. R.: Lernen in Freiheit. Zur Bildungsreform in Schule und Universität. München: Kösel 1974.

Rogers, C. R.: Die Kraft des Guten. München: Kindler 1978.

Rohracher, H.: Einführung in die Psychologie. Wien: Urban & Schwarzenberg 1971 (10. Aufl.).

Rotter, J. B.: Social learning and clinical psychology. Englewood Cliffs: Prentice Hall 1954.

Ruch, F. L. & Zimbardo, P. G.: Lehrbuch der Psychologie. Berlin: Springer 2. Aufl., 1975.

Schachter, S.: Emotion, obesity and crime. New York: 1971.

Schulz, W.: Umriß einer didaktischen Theorie der Schule. In: *Fürstenau, P., Furek, C.-L., Müller, C. W., Schulz, W. & Wellendorf, F.* (Hg.): Zur Theorie der Schule. Weinheim: Beltz 1969, 2. Aufl. 1972.

Schreiner, G.: Muß Strafe sein? In: *Cloer, E.* (Hg.): Disziplinkonflikte in Erziehung und Schule. Bad Heilbrunn/Obb.: Klinkhardt 1982.

Sechenow, I. M.: Die Reflexe des Gehirns. 1863.

Sherif, M. & Hovland, C. I.: Social Judgement. New Haven: Yale Univ. Press 1961.

Sieland, B.: Psychohygiene und Selbstreflexion als Elemente integrativer Lehrerbildung. In: *Huber, G. L., Rotering-Steinberg, S. & Wahl, D.* (Hg.): Kooperatives Lernen. Weinheim: Beltz 1984, S. 155–165.

Sieland, B.: Selbstreflexion – Umgang mit sich selbst. In: Fernstudienlehrgang Pädagogisch-Psychologische Grundlagen für das Lernen in Gruppen. Studienbrief II, Tübingen 1985.

Sieland, B. & Siebert, M.: (Hg.): Klinische Psychologie für Pädagogen. Braunschweig: Westermann 1979.

Skinner, B. F.: The behavior of organisms. New York: Appleton Century Crofts 1938.

Skinner, B. F.: Futurum Zwei. Reinbek: Rowohlt, 1972.

Skinner, B. F.: Jenseits von Freiheit und Würde. Reinbek: Rowohlt 1973.

Skinner, B. F.: Was ist Behaviorismus? Reinbek: Rowohlt 1978.

Skowronek, H.: Psychologische Grundlagen einer Didaktik der Denkerziehung. Hannover: Schroedel 1968.

Staats, A. W. & Staats, C. K.: Complex human behavior. New York: Holt, Rinehart und Winston 1963.

Tausch, R. & Tausch, A.: Erziehungspsychologie. Göttingen: Hogrefe. 7. Aufl. 1973, 8. Aufl. 1977.

Teegen, F., Grundmann, A. & Röhrs, A.: Sich ändern lernen. Anleitung zur Selbsterfahrung und Verhaltensmodifikation. Reinbek: Rowohlt 1975.

Thiele, H.: Zur Beeinflussung des Entscheidungsverhaltens im Unterricht: Eine empirische Untersuchung zu einem theoriegeleiteten Lehrertraining. In: *Hofer, M.* (Hg.) 1981, S. 278–311.

Thiele, H.: Trainingsprogramm Gesprächsführung im Unterricht. Bad Heilbrunn: Klinkhardt 1983.

Thoresen, C. E. & Mahoney, M. J.: Behavioral self-control. New York: Holt, Rinehart und Winston 1974.

Thorndike, E. L.: The fundamental of learning. New York 1932.

Thorndike, E. L.: The Psychology of learning. New York 1913.

Thorndike, E. L.: Animal intelligence. Psycholog. Rev. Monogr. Suppl. 1898.

Tomaszewski, T.: Tätigkeit und Bewußtsein. Weinheim: Beltz 1978.

Ueckert, H. & Thenius, D. (Hg.): Komplexe menschliche Informationsverarbeitung. Bern: Huber 1979.

Ulich, E. & Frei, F.: Persönlichkeitsfördernde Arbeitsgestaltung und Qualifizierungsprobleme. In: *Volpert, W.* (Hg.) 1980.

Ulich, D.: Emotion. In: *Huber, G. L., Krapp, A. & Mandl, H.* 1984, S. 372–415.

Ulmann, G.: Kreativität. Weinheim: Beltz 1968.

Ulmann, G. (Hg.): Kreativitätsforschung. Köln: Kiepenheuer & Witsch 1973.

Vogl, S.: Modellernen. In: *Kraiker, C.* (Hg.): Handbuch der Verhaltenstheorien. München: Kindler 1974.

Volpert, W.: Handlungsstrukturanalyse. Köln: Pahl-Rugenstein 1974.

Volpert, W. (Hg.): Beiträge zur psychologischen Handlungstheorie. Bern: Huber 1980.

Wahl, D.: Psychologisches Alltagswissen im Unterricht. In: *Fietkau, H.-J. & Görlitz, D.* (Hg.): Umwelt und Alltag in der Psychologie. Weinheim: Beltz 1981, S. 67–90.

Wahl, D., Schlee, J., Krauth, J. & Mureck, J.: Naive Verhaltenstheorie von Lehrern. Schlußbericht eines Forschungsvorhabens zur Rekonstruktion und Validierung subjektiver psychologischer Theorien. Oldenburg 1983.

Walter, H.: Angst bei Schülern. München: Reinhardt 1978.

Watson, J. B.: Psychology as the behaviorist view it. Psychological Review 20, (1913), 158–177.

Watson, J. B.: Behaviorism. New York 1925. Dt.: Behaviorismus. Fachbuch für Psychologie, Frankfurt a. M. 1976[2].

Watson, J. B. & Rayner, R.: Conditioned emotional Reactions. Journal of Experimental Psychology 3, (1920), 1–14.

Watson, D. & Tharp, R.: Einübung in Selbstkontrolle. Grundlagen und Methoden der Verhaltensänderung. München: Pfeiffer 1975.

Watzlawik, P., Beavin, J. H. & Jackson, D. D.: Menschliche Kommunikation. Bern: Huber 1969.

Weber, M.: Soziologische Grundbegriffe. Tübingen: Mohr 1976 (3. Aufl.).

Weidenmann, B.: Lehrerangst. Ein Versuch, Emotionen aus der Tätigkeit zu begreifen. München: Ehrenwirth 1978.

Weinert, F.: Lehrt die Lernpsychologie lehren? In: *Irle, M.* (Hg.): Bericht über den 26. Kongreß der Deutschen Gesellschaft für Psychologie Tübingen 1968. Göttingen: Hogrefe 1969.

Weinert, F. E., Graumann, C. F., Heckhausen, H. & Hofer, M. (Hg.): Funk-Kolleg Pädagogische Psychologie. Frankfurt: Fischer 1974.

Weltner, K.: Autonomes Lernen. Stuttgart: Klett-Cotta 1978.

Wender, K. F., Colonius, H. & Schulze, H. H.: Modelle der menschlichen Gedächtnisse. Stuttgart: Kohlhammer 1980.

Werbik, H.: Handlungstheorien. Stuttgart: Kohlhammer 1978.

Wertheimer, M.: Produktives Denken. Frankfurt/M.: Kramer 2. Aufl., 1964.

Westmeyer, H.: Kritik der psychologischen Unvernunft. Stuttgart: Kohlhammer 1973.

Wieczerkowski, W., Bastine, R., Fittkau, B., Nickel, H., Tausch, R. & Tewes, U.: Verminderung von Angst und Neurotizismus bei Schülern durch positive Bekräftigungen von Lehrern im Schulunterricht. Zeitschrift für Entwicklungspsychologie und Pädagogische Psychologie, 1, (1961), 3–12.

Wolpe, J.: The practice of behavior therapy. New York: Pergamon Press 1969 (dt.: Praxis der Verhaltenstherapie. Bern: Huber 1974).

Zimbardo, P. G.: Psychologie. Berlin: Springer 4. Aufl., 1983.

Zumkley-Münkel, C.: Imitationslernen. Theorien und empirische Befunde. Düsseldorf: Schwann 1976.

Sachverzeichnis

Personenverzeichnis

Pädagogische Psychologie
Ein Lehrbuch
Hrsg. v. Bernd Weidenmann, Andreas Krapp,
Manfred Hofer, Günter L. Huber und Heinz Mandl
1986, ca. 900 Seiten, kartoniert
ISBN 3-621-14311-4

Lernen und Erziehen

sind die Themen der Pädagogischen Psychologie
oder Erziehungspsychologie. Sie erforscht
pädagogische Situationen in Familie, Schule, Beruf,
Freizeit und untersucht die Psychologie von
Schülern, Lehrern, Eltern, erwachsenen Lernern,
von Medien und Lernumwelten.
Dieses neue Lehrbuch gibt einen Überblick über
die aktuelle Pädagogische Psychologie in
drei Bereichen: (1) Wissenschaftliche Grundlagen,
(2) Theorien und Ergebnisse, (3) Pädagogisch-
Psychologisches Handeln.
Es ist entstanden unter Mitarbeit bekannter
Experten aus verschiedenen Teilgebieten der
Psychologie und Pädagogik.

Psychologie Verlags Union
Urban & Schwarzenberg

Herrmann, Theo
Allgemeine Sprachpsychologie
1985, 328 Seiten, kartoniert
ISBN 3–541–14241–3

Allgemeine Sprachpsychologie

Theo Herrmann schließt mit seiner Monographie
„Allgemeine Sprachpsychologie" eine Literaturlücke: Das
Problemfeld der Sprachpsychologie wird in einem
einheitlichen, theoretischen Bezugsrahmen, und zwar in
einem Modell informationsverarbeitender und regulativer
Systeme dargestellt. Dabei wird die Sprachpsychologie
konsequent als Teil der Allgemeinen Psychologie
konzipiert und mit deren übrigen Teildisziplinen in
Beziehung gesetzt.

Der Autor beschreibt das Sprachverstehen und die
Sprachproduktion in ihrer funktionalen Verknüpfung und
ordnet sie als „sporadische" und „suppletorische"
Teilvorgänge in das permanente Informations-
verarbeitungs- und Regulationsgeschehen ein. Er weist
anhand vorliegender empirischer Befunde eine große
Anzahl sprachpsychologischer Detailprobleme auf und
macht entsprechende Lösungsvorschläge. Das Werk
unterscheidet sich von den meisten anderen sprach-
psychologischen Monographien dadurch, daß der Autor
seine theoretischen Voraussetzungen vorab eingehend
diskutiert.

Psychologie Verlags Union
Urban & Schwarzenberg